民事诉讼法专题研究

A Monographic Study of Civil Procedure Law

刘金华 著

中国政法大学出版社

2014·北京

图书在版编目（ＣＩＰ）数据

民事诉讼法专题研究/刘金华著. —北京:中国政法大学出版社,2014.8
ISBN 978-7-5620-5546-4

Ⅰ. ①民… Ⅱ.①刘… Ⅲ.①民事诉讼法－研究－中国 Ⅳ.①D925.104

中国版本图书馆CIP数据核字(2014)第198632号

出 版 者　　中国政法大学出版社

地　　址　　北京市海淀区西土城路 25 号

邮寄地址　　北京 100088 信箱 8034 分箱　邮编 100088

网　　址　　http://www.cuplpress.com（网络实名: 中国政法大学出版社）

电　　话　　010-58908285(总编室) 58908334(邮购部)

承　　印　　固安华明印业有限公司

开　　本　　720mm×960mm　1/16

印　　张　　17.5

字　　数　　290 千字

版　　次　　2014 年 8 月第 1 版

印　　次　　2014 年 8 月第 1 次印刷

定　　价　　42.00 元

前　言

　　民事诉讼法作为国家的基本法律之一，全面而详细地规定了民事诉讼程序，它既是人民法院审理民事案件必须遵循的操作规程，也是当事人和其他诉讼参与人进行诉讼活动必须遵守的行为规范。新中国的第一部民事诉讼法是 1982 年 3 月第五届全国人民代表大会常务委员会第二十二次会议通过的《中华人民共和国民事诉讼法（试行）》。九年后，全国人民代表大会根据司法实践和法律试行过程中积累的经验，对民事诉讼法（试行）进行了修改和补充，1991 年 4 月第七届全国人民代表大会第四次会议通过了《中华人民共和国民事诉讼法》。2007 年，第十届全国人大常委会第三十次会议对民事诉讼法关于审判监督程序和执行程序的规定进行了修改。

　　随着我国社会经济的快速发展和社会转型的推进，经济成分、组织形式、社会主体、利益关系日趋多样化，新情况、新问题不断出现，民事纠纷日益增多，民事诉讼法的有些规定已经明显不能适应人民司法的现实要求。因此，2012 年 8 月 31 日，第十一届全国人大常委会第二十八次会议审议通过《关于修改〈中华人民共和国民事诉讼法〉的决定》，对《民事诉讼法》进行了全面修订，并于 2013 年 1 月 1 日起施行。

　　这次修订《民事诉讼法》不仅涉及范围比较广泛，而且确立了一些新的制度，在一定程度上增强了民事诉讼法的科学性和适用性，能够更好地保障人民法院依法审理民事案件，保护当事人的合法权益，维护社会和谐稳定。但是，也应当看到，法律修改还存在一些不足之处：新确立的法律制度都规定得比较原则化，司法实践中缺乏操作性，很容易造成"有法可依，无法实施"的困境；有些法律制度的具体适用，还缺乏相应的协调性规定；有些法律规定中适用性较强的内容还存在明显的缺陷；民事诉讼的救济和法律规制制度还很不健全等。

本书主要针对 2012 年新修订的《民事诉讼法》，选择法律规定比较原则、缺乏实际操作性、争论较大的热点问题进行专题研究。全书分为价值与原则、诉讼制度、诉讼程序、救济与规制四个部分。每一部分选择的研究内容主要涉及内容较新、实用性较强、存在问题较多、争议较大的热点问题，这些问题也是作者多年来一直比较关注的，特别是相关的立法动态和司法实践的发展。因此，各专题的研究过程比较长，对大部分专题都进行了比较细致、深入的研究。就研究的内容来说，不仅进行理论研究，比较分析中国大陆与域外的相关法律制度，还注重针对我国民事诉讼法的有关规定在司法实践中面临的问题，研究提出建立、完善相关法律制度、法律规定的具体建议。力争做到理论研究与实践相结合，使提出的建议既有理论依据，又有较强的可操作性，这也是当前民事诉讼法学研究迫切需要的。

本书可以说是笔者多年研究民事诉讼法热点问题的心血与汗水的结晶。当然，鉴于作者水平有限，不足之处在所难免，恳请读者批评指正。

刘金华

2014 年 2 月 12 日

目 录

第一部分　价值与原则

　　法理学家张文显先生指出："法的价值具有双重性质。它一方面体现了作为主体的人与作为客体的法之间需要和满足的对应关系，即法律价值关系；另一方面它又体现出法所具有的，对主体有意义的、可以满足主体需要的功能和属性。"[1] 法的价值取向，涉及法律的本质和功能。法律的本质是一种具有国家强制力的规则。法律的功能是通过对法律规则的设立和执行，将社会的各种矛盾控制在一定的限度之内，以维系社会的平衡、稳定和发展。古往今来，任何一个立法者无不希望将法律的功能实现最大化。但是，在制定和实施法律的过程中却又永远都充满无休止的争议。之所以如此，可以简单地归结为理念不同，而产生不同理念的深层原因则是对法律价值取向的认识不同。因此，价值取向问题直接影响法律功能实现的程度。民事诉讼法的修改和完善亦是如此，首先必须确定价值取向。本书首先研究作为民事诉讼价值取向的公正与效率问题，原因即在于此。

　　原则是观察问题、处理问题的准则。民事诉讼法的基本原则，是指在民事诉讼的整个过程中起指导作用的准则，它体现的精神

---

〔1〕　张文显：《法哲学范畴研究》（修订版），中国政法大学出版社 2001 年版，第 192 页。

实质是为人民法院的审判活动和诉讼参与人的诉讼活动指明方向，概括地提出要求，因此具有普遍的指导意义。我国民事诉讼法规定的基本原则有诚实信用原则、调解原则、当事人权利平等原则、处分原则、辩论原则等，其中，调解原则的适用一直存在较大争议，特别是最高人民法院提出"调解优先"原则后，更引起社会各界对适用、完善调解制度的广泛关注与讨论。

法院调解作为一种和缓的纠纷解决方式，既能避免双方当事人关系破裂，又能权衡利弊，寻求合乎情理的解决办法，可以说是中国式纠纷解决方式的传统优势。2012年新修订的《民事诉讼法》规定，当事人起诉到人民法院的民事纠纷，适宜调解的，先行调解。这一规定是否确立了调解优先原则，目前还存在争议。因此，很有必要对我国社会转型期间实行调解优先的必要性、甚至必然性，以及调解优先原则的具体运用，进行更深入细致的研究。

一、民事诉讼的价值取向

公正与效率是民事诉讼的基本价值取向。原最高人民法院院长肖扬曾指出："司法公正与效率是一个世纪性主题，也是一个世界性主题。在不同历史时期，不同社会制度的国家，社会公众都迫切要求司法公正与高效。如果裁判不公，是非颠倒，审判就会成为违法者获得非法利益的工具，合法利益得不到保护，社会正义就无法得到实现，社会就难以前进和发展。"[1] 诉讼公正与效率是一个矛盾的统一体。诉讼公正是诉讼效率的目标，诉讼效率是实现诉讼公正的保障。我国民事诉讼法实施以来，对促进司法公正、提高诉讼效率发挥了重要作用。但同时，程序设计上的缺陷以及司法实践中存在的问题，也越来越不能适应现实的需要。因此，为了更好地实现司法公正与效率，迫切需要改革和完善现行民事诉讼制度，使诉讼程序和制度的设计趋于规范化、合理化，达到公正与效率的最佳结合，以最大限度地实现公正与效率的价值目标。

（一）诉讼公正

任何司法制度的确立都必须以一定的价值观念作为基本依据和取向。保障

---

[1] 肖扬："在'公正与效率世纪主题论坛'上的致辞"，载曹建明主编：《公正与效率的法理研究》，人民法院出版社2002年版，第8页。

诉讼公正，是诉讼法永恒的出发点和归宿。公正作为诉讼制度得以存在的不变基础，历来都是人类社会追求和崇尚的理想目标。自诉讼制度产生以来，人类社会为追求诉讼公正做出了不懈努力，也付出了沉重的代价。那么，什么是公正？如何实现公正？只有弄清这些看似浅显的基本问题，才能更好地指导司法实践和促进司法制度的完善。

1. 公正的含义

英语的"justice"一词译成中文后，具有公正、正义、公平等意思。在一般意义上，三个意思可以通用，没有实质区别。但在专业意义上进行仔细研究，三者之间仍然存在差异。正义含有平等，即公平和公正的意思，公平和公正是正义的基本内涵，但公平和公正不完全等同于正义，它们更多地强调正义的某个方面。公平侧重于强调人们在法律面前的平等地位或者当事人双方在审判过程中的机会、待遇同等，其核心内涵是平等。公正则侧重于强调法官对待双方当事人和适用法律不偏不倚的品质，即居间者中立无私，不受外界压力、当事人身份和自身情绪的影响，其核心内涵是无私。因此，严格地说，公平、公正、正义三者并不完全等同，正义一词包容了公正和公平。[1]

而且，正义是一个涉及政治学、哲学、法学、伦理学等多方面的开放性概念。对此，美国著名思想家庞德明确指出："在伦理上，我们可以把它看成是一种个人美德，或是对人类的需要或者要求的一种合理、公平的满足。在经济和政治上，我们可以把社会正义说成是一种与社会理想相符合，足以保证人们的利益和愿望的制度。在法学上，我们所讲的实现正义（执行法律）是指在有组织的社会中，通过这一社会和法律来调整人与人之间的关系及安排人们的行为。现代法哲学的著作家们也一直把它解释为人与人之间的理想关系。"[2] 事实上，这种理想一直处于不固定的动态发展过程之中。相反，公正却是一个相对确定的、易于把握的概念。一项具体的诉讼结果是否公正，人们至少在主观上容易得出一个明确的结论。因此，司法实践中如果过分强调完全正义，势必导致凡事必究、讼争不止，司法裁判缺乏既判力和确定性，即缺乏程序的时限性和终

---

〔1〕 吴明童、张婷："诉讼公正与效率之关系研究"，载《中国诉讼法学研究会 2001 年年会论文集》。

〔2〕 ［美］罗斯科·庞德：《通过法律的社会控制》，沈宗灵译，商务印书馆 1984 年版，第 73 页。

结性。[1] 这样一来，不仅原本追求的正义目的未能达到，反而破坏了稳定的社会秩序，使当事人的生活和利益一直处于不安定的状态，因而是非正义的。显然，与正义这一概念相比较，公平、公正这两个概念相对明确、固定，具有程序上的可操作性。公平的含义相对较窄，因而将公正作为保障诉讼的价值取向最为适宜。

2. 公正的相对性

绝对的、完全的公正无疑是人们崇尚和孜孜追求的目标，但司法审判本身具有特殊的运行规律和制度要求，不同于人们基于一般的道德情操和朴素的伦理标准做出的价值判断。因而，司法公正只能是相对而言的。[2] 司法公正的相对性主要体现在下述三个方面：

第一，法律真实与客观真实之间具有相对性。客观真实一度曾经成为我国司法审判实践的判案标准，给司法实践带来了很大困难。实际上，由于司法活动的后天性，认识能力的有限性和诉讼规则的确定性，法院运用证据查明的事实只能是法律事实，并不是案件的客观事实。结果，法律真实与客观真实可能是一致的，但在多数情况下可能不一致，甚至存在冲突，由此实现的司法公正只能是相对的。

第二，实体公正与程序公正是相对的。日本法学家谷口安平指出："程序正义的观念即使不是赋予审判正当性的唯一根据，也应当被认为是重要根据之一。"[3] 程序公正与实体公正是构筑司法公正的重要内容，两者相辅相成，缺一不可。一方面，从一定意义上说，程序公正是实体公正的前提条件和客观基点，实体公正是程序公正的反映和体现。社会公众判断裁判结果的正当性，虽然并非完全建立在程序公正的基础上，但在很大程度上说，仍然是从制度上评价司法程序是否得到了严格的遵守。另一方面，程序公正尽管与实体公正关系密切，但程序公正并不是实体公正的唯一前提或者充分必要条件，在有些情况

---

〔1〕 陈桂明、李仕春："程序安定论——以民事诉讼为对象的分析"，载《政法论坛》1999 年第 5 期。程序的时限性，不仅指诉讼过程的每一个环节都有时间上的需要，而且指诉讼进程的及时性。程序的终结性，是指民事诉讼程序通过产生一项最终裁判而告终结。从诉讼效率的要求出发，必须明确诉讼程序的时限性和终结性。

〔2〕 杨浙京、彭海鹏："论司法公正的相对性"，载《人民司法》2001 年第 11 期。

〔3〕 ［日］谷口安平：《程序的安定与诉讼》，王亚新、刘荣军译，中国政法大学出版社 1996 年版，第 10 ~ 11 页。

下，程序公正并不必然导致实体公正。程序公正可以是绝对的、独立的，实体公正则是相对的、主观的，具有依附性。

第三，判决结果具有相对性。我国传统法学理论认为，法院对同一案件的裁判结果应当是确定的，并且是唯一的。事实上，由于当事人举证能力的限制、法律规定的疏密程度不同和法官自由裁量权的运用，即使不受任何外界干扰，没有任何人为影响，对同一性质的案件，不同法院、法官的裁判结果也可能不一样，甚至相互矛盾。所以，判决结果也是相对的。

3. 实体公正和程序公正

司法公正包括实体公正和程序公正。所谓实体公正，是指实体法律对人们权益的规定与人们应当获得的权益相一致，法院的裁判能使每个人应当获得的权益得到完全保障。程序公正，是指在法律的具体运作过程中，通过正当程序充分保障每一个人的权益。依法学理论，实体公正重视的是"结果价值"，追求的目标是使法律程序产生好的结果；程序公正重视的是"过程价值"，追求的目标是所有受程序结果影响的人受到应得的待遇，对程序结果并不关心。实体公正与程序公正各有不同的侧重点，但两者同等重要，缺一不可。司法实践中，一方面，程序公正是实体公正的重要保障，离开程序公正，实体公正通常难以实现；另一方面，实体公正又是检验程序公正的重要尺度。同时，程序公正具有自身的独立性。在纷繁复杂的司法实践中，可能存在着衡量什么是公正的客观标准，但却很难对这种标准做出客观的判断，因此，通常只能以程序公正来推断实体公正。

（二）诉讼效率

诉讼效率是人类社会在司法过程中永远无法回避的一个难题，因为只要人类还生存在一个资源稀缺的环境中，不管是出于自觉还是被迫，为了种群的可持续发展，就不得不考虑自己的所作所为的效率性。

1. 效率的含义

效率的英语原词是"efficiency"，含义是"做得又快又省又好"，翻译成汉语后，有人理解为"效率"，有人理解为"效益"。实际上，效率与效益是有区别的。①效率表达的是做事的快慢速度，与活动过程中花费的时间、投入、产出相联系，强调如何优化过程，达到良好的效果，侧重于活动的过程价值。经济学上有"经济效率"之说，是指投入与产出或者成本与收益的关系，[1] 含有"多快好省"的意思，即多产出，快产出，好质量，省资源。②效益强调行为结果的好坏，有"好"的意思，实际运用时又被赋予"快"的意思，侧重于活动的结果价值。[2]

显然，将效益与司法活动的公正、效率相提并论，可能会造成两个概念在语义上的交叉和含混，因此，本书采用效率、诉讼效率的概念。既然司法实践已经普遍把公正与效率并提，包含"又快又好"的价值取向，那么，我们有理由认为，效率应当包含三层含义：一是快和迅速，二是省和多，三是充分利用。

2. 诉讼效率

诉讼效率，是指诉讼进行的快慢程度，解决纠纷数量的多少，以及诉讼过程中人们对各种资源的利用和节省程度。从理论上说，它强调的是尽可能地快速地解决纠纷、多解决纠纷，尽可能地节省和充分利用各种诉讼资源。本书不赞成机械地套用经济效率的分析方法进行诉讼效率分析，因为经济效率作为一种投入—产出分析方法，主要适用于生产领域，与产品的分配无关；但诉讼产品的生产与分配是无法明显区分的，审判的过程其实也是各种权利分配的过程。因此，诉讼效率的概念体现了效率的可比性，即多、快、省以及充分利用资源。

（三）诉讼公正与诉讼效率的关系

诉讼公正与效率如果都能完美地实现，不仅当事人满意，法院及法官的良好形象得到充分体现，受到人们的尊重，而且法律的权威、依法治国方略也会在人民群众心中扎根，这才是最理想的诉讼。作为司法活动追求的价值目标，诉讼公正与诉讼效率可以和谐相处，但在许多情况下却处于相互对立的状况。一旦两者发生矛盾或冲突，应当如何取舍？这是法学界长期以来争论不止、无法解决的一个难题。

目前，法学界主要存在三种观点。一种观点认为，公正是司法活动最高的、

---

〔1〕 樊纲：《市场经济与经济效率》，上海三联书店、上海人民出版社 1995 年版，第 67 页。此外，经济学上还有一种"帕累托效率"，又称帕累托最优，强调资源的充分利用。它是指资源配置达到了这样一种状态，要增加任何一个人的利益就必须以相应地减少另一个人的利益为代价。就是说，当现有资源被人们充分利用且毫无剩余时，这种资源配置状态就是帕累托最优或者帕累托效率。

〔2〕 谭世贵、黄永锋："论诉讼效率及其实现"，载《中国诉讼法研究会 2001 年年会论文集》。

唯一的价值目标，为了追求公正，人们对法院那种不慌不忙、从容不迫的工作效率表现出相当大的宽容；为了实现公正，宁愿选择低效率，甚至牺牲效率。[1]另一种观点认为，效率是司法的第一要素，不能只讲公正而付出司法资源的巨大代价，为保证司法过程的效率，可以考虑降低公正的标准。第三种观点认为，司法公正与效率是不能同时实现的两个相互冲突的目标，追求司法公正，就会损害司法效率，反之亦然。[2]

上述三种观点都有一定道理，但过于片面和绝对。诚然，效率着眼于速度，公正着眼于过程和结果，两者从不同的出发点作用于同一对象，即诉讼过程，自然会产生矛盾，但这并不表明它们是势不两立、互不相容的。公正与效率之间是密不可分的关系，没有公正，效率何益？没有效率，何谈公正？公正与效率必须协调发展，单纯追求哪一方面都是片面的，都是对整个司法价值的损害。具体来说，司法公正与效率的关系既体现出冲突性，也体现出一致性。

1. 冲突性

司法公正与效率之间很容易发生冲突。在正常情况下，审判公正性的增强会直接导致司法成本的增大，以致降低审判活动的效率，因为实现公正就要求诉讼各方的权利都得到充分保护，诉讼程序的各个琐碎细节都不容忽略，这肯定会导致审判速度降低和成本增加，而国家的司法资源总是有限的。与此相反，不适当地追求审判效率，往往会导致对公正的要求无法实现。司法实践中，充足的司法资源不一定能够确保查明真相，以实现公正，但司法资源不足肯定不能保证司法公正的实现。因此，我们既要防止盲目追求审判速度，影响司法公正，又要使审判能够迅速及时地进行，避免不合理的拖延。公正与效率的这种内在冲突，再次佐证了人类选择的一个永恒的困境："你要追求阳光，就必须接受阳光投下的阴影。"[3]为保证审判过程符合公正的要求，审判机关必须耗费必要的司法成本，投入必要的人力、财力和物力；为提高审判活动的经济效率，司法部门又必须使审判资源的耗费降低到最低程度。因而，审判效率与公正难免发生冲突。

---

〔1〕 章剑生："公正与效率——法院如何适应市场经济的建立和发展"，载《中国法学》1994年第2期。

〔2〕 任群先："司法公正与效率的法理学思考"，载《人民司法》2001年第12期。

〔3〕 刘庆富、谷国文："司法公正与审判效率之辩证关系"，载《人民司法》2001年第5期。

2. 一致性

公正与效率也具有一致性。美国著名法官和法学家波斯纳曾经明确指出："公正在法律上的第二个意义是指效率。"可见，公正与效率这两个价值目标在一定程度上是竞合的，都是诉讼追求的理想目标。一方面，不讲公正的裁判绝对没有效率可言，因为一个案件以极快的速度审结，法庭甚至不能充分听取当事人的主张，当事人享有的诉讼权利很难得到保障，无法让当事人感到安全和可靠。这种司法审判表面上缩短了审理周期，简化了诉讼程序，似乎节约了司法资源，实际上很可能导致当事人不服判息诉，反复申诉，反而延长了审判周期，造成司法资源的浪费。更重要的是，不公正的裁判还会使人们对司法产生信任危机，损害司法的尊严。正是在这个意义上，有学者指出："只有公正的司法才是最有效率的。不公正的裁判甚至枉法的裁判不仅不能及时解决冲突和纠纷，而且会诱发社会的情绪和行为，加剧社会的无序和混乱状况，因此是最没有效率的。"[1]

另一方面，不讲效率的司法也是不公正的司法。西方法谚曰："迟到的正义不是正义。"一个案件在审限内审结，并不一定意味着有效率，因为法律规定的审限是法官审理案件的最大诉讼周期。即使如此，审判实践中还有一些案件经过一年、两年甚至更长时间都未给出裁判结果。审判进程越迅速，证据就越会得到及时有效的收集和保全，案件事实真相也可能因为证据的流失少而得到最大程度的再现。而且，适当地快速审判，更容易获得社会公众的理解，有利于法律的实施。没有效率的司法是可怕的，如同一潭死气沉沉的水，一台锈迹斑斑的机器，没有生机与活力。

实际上，司法公正与效率是相辅相成的，司法过程中根本不存在绝对的公正与效率，司法公正与效率总是相互妥协。有时候，为了追求公正而牺牲效率，目的是为了追求更高的效率；有时候，为了追求效率而抑制公正，目的是为了追求更大的公正。在不同的历史时期，司法公正与效率就是这样根据社会现实利益的变化而此消彼长的。

（四）诉讼公正与效率的实现

如前所述，公正与效率的内在冲突和矛盾，使审判活动面临两难选择。如

---

[1] 王利民：《司法改革研究》，法律出版社 2000 年版，第 60 页。

何协调好公正与效率的关系，既确保司法公正，又适当地节省诉讼成本，提高审判效率，已经成为各国立法和司法共同面临的一个重大问题。但是，公正与效率并不是时时对立的，在许多情况下，两者之间存在着一致性。因此，我们既不能将公正视为唯一目标，更不宜把效率作为审判活动至高无上的价值目标。诉讼公正与效率作为民事诉讼的价值目标，既对立、矛盾，又协调、统一，二者同等重要，不可偏废。失去公正或者效率，对于司法正义来说都是灾难。要防止只讲效率不讲公正、只讲公正不讲效率的极端观点。司法实践需要协调好两者之间的关系，既能确保司法公正，又能适度地节约司法成本，提高审判效率。

思想家庞德曾经指出："正义并不意味着个人的德行，也并不意味着人们之间的理想关系。我们以为，它意味着一种制度，意味着一种关系的调整和行为的安排，它能使人类享有某些东西和做某些事情的要求，在最少阻碍和浪费的条件下，尽可能多地予以满足。"[1] 司法公正是诉讼的最高价值目标，但不是唯一目标。公正在法律上的第二意义是指效率。审判效率的提高，目的不仅在于减少法院的审判成本，也应减少当事人的诉讼成本，即从总量上降低诉讼成本。这体现了公正与效率的一致性。若单纯地追求公正，任何诉讼支出都是值得的。但是，国家司法资源的有限性从总体上又限制了审判活动对公正的绝对追求，司法机关不可能为了满足诉讼各方对公正的追求而不惜一切代价，不可能为查明某一疑难案件的事实真相而无限期地展开法庭调查、辩论。正如古罗马思想家西塞罗所说的："绝对的正义就是绝对的不正义。"特别是，当事人为追求公正而投入的诉讼成本可能有收益，案件审结后当事人胜诉的，诉讼成本可以得到补偿。但国家的诉讼成本没有直接收益，并且司法资源是有限的。由此看来，公正与效率就好比鱼与熊掌不可兼得。

在这种情况下，完善诉讼制度特别是诉讼程序的最大任务，就是要采取措施，使公正与效率的目标协调一致，使审判程序的运作既能节省一定的成本，减少开支，又能节约时间，提高效率，最大限度地实现公正与效率。

诉讼公正与效率既是司法实践对司法价值的高度概括和总结，也是国家审判机关长期追求的价值目标。从21世纪司法发展的趋势看，不同社会制度，不同国家的司法工作者，都把公正与效率作为历史性课题进行深刻反思和广泛讨

---

[1] [美] 罗斯科·庞德：《通过法律的社会控制》，沈宗灵译，商务印书馆1984年版，第35页。

论。无论是英美法系国家还是大陆法系国家，都围绕公正与效率权衡各国法律制度的利弊得失，相互借鉴对方有利于实现公正与效率的成功经验。它反映出不同社会制度下社会公众对诉讼公正与效率的强烈渴求。根据域外民事诉讼发展和完善的过程和经验，从我国民事诉讼的实践和现状出发，最大限度地实现诉讼公正与效率的途径是完善我国的民事诉讼法，重点是健全民事诉讼的相关制度和程序。

二、调解优先原则

（一）调解优先原则的含义与历史演变

调解优先原则的基本含义是：当产生纠纷时，鼓励当事人首先选择调解而非诉讼；即使纠纷诉讼到法院，也鼓励当事人尽量选择司法调解。

调解优先原则在一些国家和地区的法律规定或司法实践中都有体现。美国法院就明确鼓励当事人选择调解和 ADR 解决纠纷。例如，在美国加利福尼亚州北区，法院在受理每一起经济纠纷案件后，都会给当事人发送一份《同意 ADR 程序或需要举行 ADR 电话会议通知》，要求当事人在参加案件管理的早期会议前，要么同意一个 ADR 程序，要么参加一次 ADR 电话会议。法院在发出通知时，还给当事人寄送《加利福尼亚北区法院的 ADR 宣传品》，以使当事人对 ADR 有更深入的了解。[1] 日本调解制度的设计也体现了尽量鼓励当事人首先利用调解来解决纠纷的精神，作出了一些引导当事人选择调解的程序规定。例如，申请调解需要缴纳申请费只是起诉时缴纳的诉讼费用的一半。并且，当事人又在两周内起诉的，已缴纳的调解申请费可以折抵诉讼费。[2] 我国台湾地区的调解优先原则表现得更为突出，其现行"民事诉讼法"规定了 11 类应当调解的案件，还制定了一些类似日本法鼓励当事人选择调解程序的规定，并通过一些宣传措施动员当事人使用调解程序。在学术研究方面，国外不少学者也对各种纠

---

〔1〕 章武生："ADR 与我国大调解的产生和发展"，载上海市高级人民法院、上海市司法局、上海市法学会编：《纠纷解决多元调解的方法与策略》，中国法制出版社 2008 年版，第 10 页。

〔2〕 ［日］石川明、栀村太市编：《注释民事调解法》（改订版），青林书院 1993 年版，第 597 页。

纷解决方式进行了深层次研究。[1] 而在我国，直到最近才明确提出调解优先原则，一些地方的司法实践开始施行，虽然有一些实践经验，但在立法上尚无直接的明确规定，理论研究也处于摸索和探讨阶段，可以说还是一个研究空白。

调解是在第三方主持下由当事人自主协商解决纠纷的活动。[2] 从诉讼调解制度的发展进程看，调解优先原则的产生主要经历了以下五个阶段：

1. "调解为主"阶段

这一阶段主要指，新中国成立后至 1982 年《中华人民共和国民事诉讼法（试行）》颁布施行时期。1963 年，最高人民法院召开了第一次全国民事审判工作会议，在会议上，总结了新民主主义革命时期的司法实践和新中国成立以来的审判工作经验，制定了《关于民事审判工作若干问题的意见》，提出了"调查研究，就地解决，调解为主"的民事审判工作十二字方针。

1964 年，该方针又发展为"依靠群众，调查研究，调解为主，就地解决"的十六字方针。所谓"调解为主"，是指法院审理民事案件应当尽量采用调解方式，以调解结案。这一审判工作方针，对我国民事审判活动产生了重大的影响。在以后的几十年里，民事审判工作的开展均依此方针，此方针对以后的民事诉讼立法也产生了深远的影响。文化大革命期间，我国民事诉讼立法基本处于停滞状态，直至 1978 年，民事诉讼立法活动才进入了全面恢复和发展阶段。在此期间，1979 年 2 月最高人民法院发布的《人民法院审判民事案件程序制度的规定（试行）》再一次明确规定："处理民事案件应坚持调解为主，凡是可以调解的，就不用判决，需要判决的，一般也要先进行调解。处理离婚案件，必须经过调解。调解要尽量就地进行。"在当时社会生活高度政治化、法律控制手段极为薄弱的历史背景下，强调调解的做法适应了形势的需要，取得了很好的社会效果。

---

〔1〕　章武生："ADR 与我国大调解的产生和发展"，载上海市高级人民法院、上海市司法局、上海市法学会编：《纠纷解决多元调解的方法与策略》，中国法制出版社 2008 年版，第 10～11 页。

〔2〕　从某种意义上说，调解是谈判的延伸。两者的区别在于中立第三方的参与。调解作为一种纠纷解决方式，在世界各国被广泛应用。但是，由于存在形式和运用方式不同，各国的调解制度亦存在一定的差异。例如，有些国家的调解是构成司法体系的一个重要组成部分；有些国家的调解是作为非正式的民间性组织或活动存在；有些国家的调解应用广泛，区分为民间调解、行政调解、法院调解等不同形式。有些国家则把调解作为一系列替代性纠纷解决方式的总称。参见范愉：《非诉讼纠纷解决机制研究》，中国人民大学出版社 2000 年版，第 176～177 页。

2. "着重调解"阶段

这一阶段主要指，1982 年《中华人民共和国民事诉讼法（试行）》颁布施行至 1991 年《中华人民共和国民事诉讼法》颁布实施时期。20 世纪 80 年代初期，当国家从"文化大革命"的浩劫中逐渐苏醒，并意识到只有建立完善的社会主义民主和法制，国家才能长治久安时，一味强调调解的思路就显得不合时宜了。为了提高民事诉讼中审判的地位，避免造成审判与调解的对立，1982 年《中华人民共和国民事诉讼法（试行）》将"调解为主"的提法改为"着重调解"，并作为民事诉讼的一项基本原则加以规定。该法第 6 条规定："人民法院审理民事案件，应当着重调解；调解无效的，应当及时判决。"法律这样规定，具有两方面的益处，一方面可以避免调解和判决的对立，另一方面亦可以突出法院审判机关的性质。因为，"调解为主"的提法在司法实践中容易使人在理解上产生片面性，即一般认为，"为主"是相对于"为辅"而言，既然强调"调解为主"，那么，是否意味着法院审判"为辅"？然而，从人民法院是审判机关的性质看，人民法院的审判不可能"为辅"，因此，"调解为主"的提法缺乏相对性，需要改变。

从我国调解制度的历史发展来看，调解不仅是中华民族的优良传统，也是解决纠纷的一种行之有效的方式，如果案件能够调解而当事人也愿意调解的，人民法院应当尽量用调解方式结案。因此，立法规定应当"着重调解"。但是，应当看到，在《中华人民共和国民事诉讼法（试行）》施行的过程中，虽然"着重调解"的法律规定在用语上避免了调解与判决的对立，但实质上仍然保持着调解优先的倾向性。虽然对司法实践中的强制调解、变相调解以及强制达成调解协议的情况有所改变，但是，并没有从根本上解决问题，强制调解、变相调解等问题依然存在，需要法律纠正与调整。

3. "自愿合法调解"阶段

这一阶段主要指，1991 年《中华人民共和国民事诉讼法》颁布施行至今。为了适应我国社会政治、经济、文化的发展，为了提高民事诉讼中人民法院审判地位，纠正强制调解的弊病，1991 年《中华人民共和国民事诉讼法》又将"着重调解"改为"根据自愿和合法的原则进行调解"。该法第 9 条规定："人民法院审理民事案件，应当根据自愿和合法的原则进行调解；调解不成的，应当及时判决。"法律修改的原因主要是，为了纠正个别人认为"着重调解"就是"着轻判决"的思想意识；也是为了解决法院在调解过程中存在的强迫调解、违法调解、片面追求调解率以及久调不决等问题。这些问题的产生，从根本上说都是由于违反自愿和合法原则造成的。因此，立法者意识到，调解的关键不是能不能够调解，而是愿不愿意调解。所以，修改后的《民事诉讼法》把当事人自愿调解作为首要原则确定下来。根据此项原则，即使是能够调解结案的案件，如果当事人不愿意通过调解的方式结案，法院就不能强行调解。立法修改的目的，不是否认法院调解，而是为了把法院调解纳入法制的轨道，使其能够健康地发展。[1]

4."调判结合"时期

2005年3月9日，原最高人民法院院长肖扬在第十届全国人民代表大会第三次会议作的《最高人民法院工作报告》中首次提出了"能调则调、当判则判、调判结合、案结事了"的十六字方针。2005年4月1日，最高人民法院发布的《关于增强司法能力提高司法水平的若干意见》中，要求大力加强诉讼调解工作，坚持"能调则调、当判则判、调判结合、案结事了"的要求，尽量通过诉讼调解达到平息纠纷的目的。2005年9月19日，最高人民法院发布的《关于全面加强人民法庭工作的规定》第17条规定："人民法庭审理案件，应当将调解贯穿案件审理的全过程，做到'能调则调、当判则判、调判结合、案结事了'。"2005年11月4日，最高人民法院发布的《法官行为规范（试行）》第37条规定：法官应当增强调解意识，坚持将调解贯穿于民事诉讼的全过程，充分发挥诉讼调解在解决纠纷中的作用；坚持自愿、合法，能调则调、当判则判、调判结合、案结事了。2007年3月7日，最高人民法院发布的《关于进一步发挥诉讼调解在构建社会主义和谐社会中积极作用的若干意见》中，重申了能调则调、当判则判、调判结合、案结事了作为当前民事审判工作的指导方针，要求各级人民法院大力推动诉讼调解工作。

5."调解优先"阶段

2009年2月中旬，最高人民法院下发《关于进一步做好2009年人民法庭工作的通知》，明确提出法院要贯彻"调解优先，调判结合"的司法原则。2009年3月10日，最高人民法院院长王胜俊在第十一届全国人民代表大会第二次会议上作的《最高人民法院工作报告》中指出，人民法院高度重视运用调解手段

---

〔1〕 杨荣馨主编：《民事诉讼原理》，法律出版社2003年版，第501～502页。2007年我国修改《民事诉讼法》，对诉讼调解制度的法律规定未作改变。

化解矛盾和纠纷，着眼于促进社会和谐，转变审判观念，坚持"调解优先，调判结合"原则，把调解贯穿立案、审判、执行的全过程。全面推进民商事案件调解工作。

2009年7月29日，在全国法院调解工作经验交流会上，最高人民法院常务副院长沈德咏代表最高人民法院第一次提出了"三全调解"，即"全面、全程、全员"调解。"三全调解"的提法实际上是对"调解优先"原则的进一步强调与细化。所谓"三全"调解，是指全面调解、全程调解和全员调解。"全面调解"是指把调解作为化解矛盾纠纷的优先选择，从单一的民事审判领域向刑事审判、行政审判和执行工作全面拓展。"全程调解"是指把调解工作贯穿于立案、审判、执行的各个环节，贯穿于一审、二审、再审、信访的全过程，实现调解工作的无缝隙。"全员调解"是指法院系统内全体员工都要参与调解。在调解过程中，通过院长、庭长示范调解，审判长指导调解，老法官传授调解等方式，提升全体法官调解工作的实战能力。对于"三全调解"的提法，有学者提出了质疑，认为这种提法过于极端，不够科学。因为并非所有的案件都适合调解，并非诉讼的任何阶段都适合调解。"三全调解"虽然能够满足诉讼纠纷的解决功能，但却弱化了诉讼的判断是非功能、权利保护功能、形成规则功能，且容易导致强制调解。因此，应当摒弃"三全调解"的提法。[1]

需要注意的是，2012年我国新修订的《民事诉讼法》第122条规定："当事人起诉到人民法院的民事纠纷，适宜调解的，先行调解，但当事人拒绝调解的除外。"该项法律规定，体现了诉讼中的调解优先。但是，其只是作为一审普通程序的操作规则被规定，并不属于贯穿于民事诉讼始终的调解优先原则，不具有普适性。

总之，从调解制度发展和实践的历史演变进程看，调解制度在适用过程中一直受到学者们的高度关注，同时，对于调解制度的存废，特别是如何完善调解制度，学者们也一直争论不休。从我国调解制度的历史发展进程看，调解制度的适用经历了从强化到有所弱化再到强化的发展过程。虽然道路曲折，但是足以表明调解制度具有赖以生存的顽强生命力。究其原因，不是法律理论和法律制度设计不能没有调解制度，而是现代社会纠纷的解决离不开调解制度，构

---

〔1〕 郭晓光："对人民法院'三全'调解的冷思考"，载《中国政法大学民商经济法学院 2009 年秋季论坛论文集》，第 159 页。

建和谐社会更离不开调解制度。虽然在调解制度适用过程中也出现了这样那样的问题，实施的效果不能完全令人满意。但是，必须承认，调解制度在及时、有效地解决民事纠纷、化解社会矛盾方面发挥的作用是占主导地位的。而且，不论是学术界还是政府有关机构，都在积极进行理论研究和实践探索，试图完善相关制度，避免调解制度在实践中可能产生的弊端，寻找确立符合我国基本国情、文化传统和经济社会发展现实需要的调解法律制度。因此，从目前情况看，如何完善调解制度，正确理解和适用调解优先原则，理清调解与判决的关系，搞好调解与判决的衔接，同时注意和避免调解制度适用过程中可能出现的问题，更好地发挥调解的作用，应当说是当务之急。

（二）确立调解优先原则的必要性

美国学者柯恩曾说："中国法律制度最引人注目的一个方面是调解在解决纠纷中不寻常的重要地位。"[1] 调解制度被称为东方经验而为西方法学界所推崇和借鉴。但在我国司法制度发展过程中，却曾经一度出现废除调解制度的呼声，究其原因，其中一个重要因素是，有些学者认为，调解制度与现代法治相悖。然而，随着经济发展和社会变革，纠纷显著增加导致法院的案件数量激增，许多地方的法院超负荷运转。而且，由于立法的滞后和法律的不够完善，随着新事物和新型纠纷的不断出现，法院的判决越来越不容易得到当事人和社会公众的认可和信任，案结事未了，反而可能造成当事人反复申诉、信访，引发更多的社会矛盾和纠纷。由此，调解制度以其形式灵活、简洁快速、便于执行等优点，重新受到了人们的青睐。在此基础上，最高人民法院明确提出了调解优先的原则，一些地方法院也从实际出发，大力推进调解，应当说是符合当前我国经济社会发展需要的。

基于我国目前经济、社会发展的现实，基于我国的传统文化，基于我国法律体系建设和司法实践的现状，在当前和今后一个阶段里应当特别强调发挥调解的作用，倡导调解优先原则，更好地通过调解来解决民事纠纷。其理由如下：

第一，从我国的法律体系和立法制度来看，我国的法律体系被普遍认为属于大陆法系，法律的基本渊源是全国人大及其常委会通过的宪法和法律，人民法院和法官不像英美法系那样具有造法功能，只能严格遵守法律的规定作出判

---

〔1〕 强世功：《调解、法制与现代性：中国调解制度研究》，中国法制出版社 2001 年版，第 88 页。

决。目前，我国的立法一般采取"从特殊到一般"的立法技术，就是根据纷繁复杂的现实情况，研究、归纳、抽象出一些法律规则，通过法律条文反映出来。由于我国幅员辽阔，不同地区的经济地理环境、资源状况、风俗习惯、文化传统以及经济、社会发展水平的差异，国家的立法甚至地方性法规的制定通常只能作出抽象、原则的规定，才能具有普适性。加上多年来我国的立法实践一直坚持"宜粗不宜细"的原则，遇到有争议的问题或者难以作出明确规定的，通常就会回避矛盾，在立法中只作出原则性的、模糊的规定。而法官审理民事纠纷，则必须从"一般到特殊"，就是将高度抽象的、原则性的规定，具体运用于现实生活中面临的各种各样的案件。这与英美法系法官根据"遵循先例"的原则直接按照上级法官在类似事实的案件中所作的先例判决来作出自己的判决相比，对我国的法官无疑提出了更高的要求。一方面，我们的法官很容易出现不同地区、不同法官针对同一事实作出不同判决的现象[1]；另一方面，法官作出"错误判决"的可能性在客观上就要比英美法系更大，因为英美法系的法官寻找、更准确地说是确认（因为事实上通常是由当事人的律师负责寻找）一个与本案事实相近的先例判决，显然要比我国的法官把抽象的、原则性的规定适用于特定的案件更容易得多，而且，当事人判断法官的判决是"正确"还是"错误"的标准也更明确得多。所以，人民法院依法作出的判决越多，当事人认为出现"错误"判决的概率就越大。比较而言，通过调解解决纠纷，当事人认为"错误"的概率显然就会大大降低。

第二，从我国立法现状看，基层人民法院依法判决也面临一些实际困难。一是随着我国经济快速发展，特别是体制转轨过程中出现的两极分化，社会的分化日益明显，不同的社会阶层、不同的利益集团逐渐形成。理论上说，立法应当协调并充分反映各阶层的利益，但客观上，法律作为上层建筑归根到底是经济基础的反映，在社会利益的冲突面前，不同利益集团在立法过程中的参与和表达能力显然不同，基层民众参与立法的机会与能力无疑受到限制，他们的利益和要求、他们的生活在法律中的反映受到影响。因此，法官将法律运用于他们之中出现的纠纷，其适宜性或适用性难免受到影响。二是伴随着法治的进

---

〔1〕 比较典型的是前几年沸沸扬扬的王海打假案（被称为知假买假），不同省，甚至同一城市不同的区人民法院，针对大体相同的案件事实，却分别作出了截然不同的判决。单就《消费者权益法》来说，对消费者的定义，对知假买假是否应当予以赔偿，不同地方的法院都作出过不同的判决。

程，立法越来越形式主义，越来越抽象，离基层民众的现实生活越来越远。许多民商事法律对社会大众的民事活动提出了越来越多的形式要件，倾向于要用统一的法律规则来规范、限制复杂的现实生活，而不是针对现实生活中发生的复杂现象和问题规定法律上的规则和救济措施。[1] 现实生活中，基层人民法院面对的当事人，许多都是在不知道、不注意法律规定的形式要件的情况下从事民事活动的。法律本来应当承认他们的行为（只要不侵犯国家、集体的利益和他人的合法权益），即如果他们出现纠纷，法律就应当根据他们的争议情况，为他们提供相应的救济，但现实却是法律试图以严格的形式要件来规范、解释当事人的行为。立法形式化的趋势日益明显，与此相对，基层民众的社会、经济生活和思想观念适应这种趋势却相对比较缓慢。因此，基层人民法院如果单纯按照法律规定的形式要件进行审判，当事人显然难以服判息诉。三是民事立法对民事习俗和传统关注不够。一个地方的习惯、习俗和传统，是当地民众在长期的社会生活中形成的，客观上成为民众的思想观念和行为准则，应当得到法律的尊重。但是，我们制定的民事法律，并没有十分关注民事习惯、习俗和传统。[2] 因此，在一些地方，特别是具有特殊民事习惯、传统的地方，人民法院在基层适用某些民事法律依法作出判决，就比较容易招致当事人的疑问甚至责难。

第三，从我国经济社会发展所处的阶段来看，我国正处于经济发展、体制转轨、社会变革、矛盾凸显的转折时期。随着改革的深化，社会主义市场经济体制逐渐取代计划经济体制，整个社会发生了翻天覆地的变化，人民法院依法审理民事纠纷作出判决，因此也面临一些困难。一是在经济飞速发展、社会急剧变革的同时，新问题、新事物、新矛盾也不断出现，而立法本身总是滞后的。而且我国立法的通常做法是，先有一段时间的实践经验，再总结经验制定部门规章、行政法规，然后再上升为法律。因此，法律对社会现实特别是对新事物

---

〔1〕 例如，基层人民法院需要解决的大部分合同纠纷都是口头协议引起的，但是，前些年制定统一《合同法》时甚至提出《合同法》只应规范书面合同。结果，关于《合同法》是否规范口头合同这样一个不言而喻的问题，反而成为立法过程中需要反复研究的一个重大问题，经过到基层人民法院调研，才明确《合同法》也应当适用于口头合同。

〔2〕 众所周知，我国在制定《民法典》过程中，至少从披露的材料来看，不论是有关的专家学者还是立法机关，在起草这样一部直接关系成千上万人基本的日常生活行为和法定权益的法律的过程中，都没有从事广泛的民事习惯、习俗调查等，更没有在这方面进行全面、深入的调查研究。不难想象，这样制定出来的统一适用的民事法律规定与一些地方的习俗肯定会出现让当地人很难接受的差别。

的反应一直比较缓慢，立法滞后的问题就更显得突出。新闻媒体不时报道"某某方面无法可依"、"是制定法律加以规范的时候了"等等，就正好反映了人民法院在审理某些纠纷（包括民事纠纷）时遭遇的缺乏法律依据的尴尬，人民法院如果非要作出判决，当事人就可能难以接受，更难以信服。二是由于经济、社会发展的不平衡，社会分化日趋严重，特别是城乡二元结构的长期影响，一方面是高楼林立、五彩斑斓的城市社会日益现代化甚至全球化，人们的思想观念、文化水平、法律素质和生活水平、生活方式等都发生了显著变化；另一方面，广大农村地区的发展步伐显然落后，固守在农村而没有进城打工的农民，仍然在很大程度上坚守着传统的文化和生活方式，待人处事仍然遵循传统的观念和规矩，加之普法不够深入，他们的法律知识有限、法律观念淡薄，在他们的心目中，对公平、正义自有一套可能与法律并不一致的看法，即所谓对于天理、人情，对于公平、正义，百姓心里有杆秤。由于前述原因，法律很容易更多地照顾现代化的城市社会。在这种情况下，基层人民法院作出的判决，就很有可能与当地民众在对公正、正义的观念方面出现分歧。[1] 当前，上诉上访案件越来越多，在一定程度上反映了社会公众的公正观念与法律的差异。2004 年国家信访局局长指出，80% 的上访案件是"有道理的"，是应当解决也可以解决的。[2] 而人民法院对上诉案件的改判率通常只有 10% 左右。由于统计数字的不全面，我们难以准确地计算信访案件中有多少涉法涉诉案件，其中"有道理的"是多少。但是，两个数字之间的巨大反差足以说明，至少有相当一部分案件经人民法院多次审理后被认定属于依法作出的正确判决，而当事人继续上诉、申诉被认为是"有道理的"。

第四，从构建和谐社会的要求来看，人民法院应当树立新的司法观念。一是要进一步明确人民法院在构建和谐社会中的责任。建设社会主义和谐社会，是广大人民群众的愿望，符合全体人民的利益，是新时期、新阶段我们国家的

---

〔1〕 费孝通先生在五十多年前谈到这样一个案件：有个人因妻子偷汉子打伤了奸夫，在当时的乡间这是理直气壮的。但按照当时的法律，和奸（通奸）没有罪，殴伤却有罪。兼任司法官的县长问他怎么判决好？县长说：他明白，善良的乡下人自己知道做了坏事绝不敢到衙门里来，这些凭借一点法律知识的败类却会在乡间为非作恶起来，法律还要保护他。费先生评论说：法治秩序的建立不能单靠制定若干法律、设立若干法庭，重要的还得看人民怎么运用这些设备。更进一步，在社会结构和思想观念上还得先有一番改革。这个案件和费先生的评论在今天或许仍有现实意义。参见费孝通：《乡土中国》，三联书店 1984 年版，第 58 页。

〔2〕 参见《法制日报》2004 年 4 月 4 日。

重大战略任务。人民法院作为国家机器的一个组成部分，不能脱离整个国家当前和今后一个时期的战略任务而单纯地谈人民法院的审判工作；不能简单地把人民法院的审判工作技术化，人民法院不是电气化工厂，法官不是计算机。[1]相反，人民法院应当依法充分发挥各项审判职能，解决纠纷，化解矛盾，消除可能造成社会不和谐的隐患，减少社会不和谐的因素，促进社会和谐，为完成构建和谐社会的战略任务作出应有的贡献。[2]二是要进一步明确审判工作的目标。按照构建和谐社会的要求，人民法院的审判工作不能简单地要求"依法判决"，而是应当在依法判决的基础上，努力实现"定纷止争、案结事了"的目标。人民法院审理民事案件，当然应当依法作出判决，但在此基础上还应当提出更高的要求。人民法院审理民事案件，应当有利于和谐社会的建设，而不应当影响、阻碍和谐社会的建设。具体来说，人民法院审理民事案件，应当尽可能彻底解决当事人之间的争议，使他们服判息诉，而不应当简单地作出判决，不仅没有解决争议，反而导致当事人反复上诉、长期申诉，甚至因此产生更严重的争议；应当尽可能地解决社会矛盾，促进社会稳定，而不应当因此制造新的甚至更大的矛盾，影响社会稳定；应当尽可能使当事人成为信仰法律、维护社会的公民，而不应当使当事人变成不相信法律、敌视社会的人。只有这样，

---

〔1〕 实践中，有的学者对调解制度不屑一顾，认为司法不应当庸俗化，应当强调程式，一招一式皆按程序，不问人情。例如，举证期限哪怕只过了一天，当事人提交的证据亦不予采纳，不管理由是否恰当。结果是端坐在法庭上的法官永远不会办"错案"，有错的只能是当事人。但是，实践证明，判决后社会效果并不好，当事人心中不服，四处上访，搞得积怨很多。参见严亚国："司法审判应当回归本质"，载《法制日报》2009 年 4 月 20 日。老百姓对"公正"的判决"不领情"，这说明老百姓对"司法为民"、"司法公正"以及对法律的认识和感受来源于生活和实践，而非理论家的论证。司法实践中过度地强调法院的"中立性"、"消极性"，司法过程中不说理、不沟通，法官以冷冰冰的面孔机械地办案，当事人对这种"看不懂的方式"实现的正义如何能服判息诉。司法需要符合国情，重情理在我国有着悠久的历史传统和丰厚的民间资源，特别是在民事法律领域，情理本身是法律上"日常生活中的经验法则"的重要表现形式。在有些案件中，法官囿顾法律的精神，对法律作教条主义式的机械理解，不顾常识、常情、常理，结果是符合了所谓的"法律"，群众却难以接受。陈冠羽："马锡五精神实质没有过时"，载《法制日报》2009 年 4 月 20 日。

〔2〕 如前所述，全国法院受理各类案件突破了一千万件，最高人民法院也突破了一万件，这是前所未有的。每一起案件至少有两方当事人，这就涉及几千万个家庭和企业。个人或企业有官司，就会牵扯整个家庭甚至亲戚朋友的精力，牵扯大量企业员工的精力，所以，一千多万件案件要牵扯亿万人。十个人中就会有一个人为官司牵扯精力。从争议解决的数额看，去年全国法院解决争议的标的额是 7954.88 亿元，财政收入是 5300 多亿。法院解决争议的标的额可以比得上一个中等发达省份的国民生产总值，超过一个发达省份的财政收入。由此可见，这些案件的处理对经济社会发展和社会和谐稳定的影响有多大。参见王斗斗："受理案件破千万法院如何突围——代表建议向科技要效率向改革要人力"，载《法制日报》2009 年 3 月 13 日。

人民法院才能更好地履行自己的职责。人民法院特别是基层人民法院要达到这些要求，通过调解使双方当事人自主、自愿地解决纠纷，服判息诉，显然是一个较好的办法。

第五，从我国人民法院法官的情况来看，一方面，基层法官往往面对的是社会公众中文化程度最低、法律素养最差、传统观念最强、生活方式和思想观念最落后的一部分民众；需要解决的争议既有鸡毛蒜皮的家庭琐事，又有价值较大的交易纠纷和各种情形的侵权案件，即使有些案件价值不大、损害不重，但也可能对当事人来说是至关重要的，甚至直接影响到当事人家庭的生活。总之，基层法院各种案件五花八门，甚至千奇百怪，要让大部分案件的当事人服判息诉，对法官解决纠纷的要求很高。法官不仅要具有丰富的法律知识，有高度的责任心和耐心，而且还必须具有超乎寻常的智慧。另一方面，基层法官的待遇不高，随着民众法律意识的增强，民事纠纷案件越来越多，大部分地方基层法官的工作负担都比较重，同时缺乏系统的、有计划的培训，基层法官的业务素质无疑受到影响。特别是国家加强立法工作，每年都有十多部法律（包括制定新的法律和修改现有法律）通过、实施，甚至大学里的法律教授都戏称自己快要成为法盲了，基层法官如果未定期接受专门的培训，要真正掌握相关法律的精神实质和条文的准确含义，真正做到依法判决，并且让当事人服判息诉，谈何容易！

基于上述原因，可以认为，在当前我国经济体制转轨、社会转型时期，国家应当大力倡导调解优先原则。纠纷产生后，对于能够调解结案的案件，首先应当考虑在诉讼外调解解决。即使案件诉讼到法院，法院也应当鼓励、劝导当事人，在开庭审理前通过调解的方式解决。事实上，近年来全国各地基层人民法院涌现出的优秀法官，大都以擅长调解而著称，这一现象是值得深思的。人民法院在司法实践中适用调解优先原则时，也进行了一系列改革探索的尝试。例如，实践中施行的"三调联动"纠纷解决方式，取得了较好的成效。[1] 该成功经验，值得完善立法时参考借鉴。综上所述，通过立法的形式确立纠纷解决的调解优先原则，既具有必要性也具有可行性，已经成为当务之急。

---

[1] 所谓"三调联动"，是指人民调解、行政调解、司法调解相互衔接、相互协调的纠纷解决机制。

（三）调解优先原则的具体运用

所谓诉讼调解，亦称法院调解，是指在人民法院审判人员的主持下，双方当事人就争议的实体权利、义务自愿协商，达成协议，解决纠纷的活动。[1] 诉讼调解是民事诉讼的一项基本原则，是人民法院依法解决纠纷的一种重要方式，具有独特的功能和作用。我国几十年的实践表明，调解是一种具有中国特色的诉讼制度，在解决民事纠纷，化解社会矛盾，维护社会稳定、构建和谐社会等方面，发挥了不可替代的作用。

1. 诉讼调解制度的法律规定与理论争议

在我国，有关诉讼调解制度的法律规定，主要见于民事诉讼法和相关的司法解释。我国《民事诉讼法》第9条规定："人民法院审理民事案件，应当根据自愿和合法的原则进行调解，调解不成的，应当及时判决。"同时单列一章规定了调解制度的具体内容。[2] 根据《民事诉讼法》的规定，我国诉讼调解制度主要具有以下四方面的特点：一是调解制度的适用贯穿民事诉讼的始终，即立案阶段、案件审理阶段、判决阶段法官都可以对案件进行调解；二是调解法官与审判法官不分，一身兼二职；三是法官在调解中居于主导地位；四是法官进行调解应当根据当事人自愿原则，在查明事实、分清是非的基础上进行。这就是我国现行法律规定的"调审合一"的诉讼调解制度。

从司法实践看，"调审合一"诉讼调解制度的适用主要产生了以下弊端：一是法官在调解过程中的权力过分集中，并且缺乏必要的监督。我国法官集调解

---

〔1〕 杨荣馨主编：《民事诉讼原理》，法律出版社2003年版，第496页。

〔2〕 我国《民事诉讼法》第93条规定："人民法院审理民事案件，根据当事人自愿的原则，在事实清楚的基础上，分清是非，进行调解。"第94条规定："人民法院进行调解，可以由审判员一人主持，也可以由合议庭主持，并尽可能就地进行。人民法院进行调解，可以用简便方式通知当事人、证人到庭。"2003年最高人民法院发布的《关于适用简易程序审理民事案件的若干规定》第14条规定："下列民事案件，人民法院在开庭审理时应当先行调解：（一）婚姻家庭纠纷和继承纠纷；（二）劳务合同纠纷；（三）交通事故和工伤事故引起的权利义务关系较为明确的损害赔偿纠纷；（四）宅基地和相邻关系纠纷；（五）合伙协议纠纷；（六）诉讼标的额较小的纠纷。但是根据案件的性质和当事人的实际情况不能调解或者显然没有调解必要的除外。"第15条规定："调解达成协议并经审判人员审核后，双方当事人同意该调解协议经双方签名或者捺印生效的，该调解协议自双方签名或者捺印之日起发生法律效力。当事人要求摘录或者复制该调解协议的，应予准许。调解协议符合前款规定的，人民法院应当另行制作民事调解书。调解协议生效后一方拒不履行的，另一方可以持民事调解书申请强制执行。"2004年最高人民法院发布的《关于人民法院民事调解工作若干问题的规定》，以24条的篇幅对调解的时间、范围、方式等内容作出了明确规定。

权与审判权于一身，这对提高调解效率具有重要作用，但是，同时也会导致在调解中法官的权力行使缺乏监督，使调解公正性的保障依赖法官的个人素质。一旦不能胜任，后果相当严重。法官在调解中扮演双重身份难以体现调解的公正性。二是"事实清楚、分清是非"原则的运用，限制了当事人的处分权。调解与审判是两种不同的纠纷解决方式，现行的民事诉讼法对调解与判决设置了同样的前提条件，即调解必须在查明事实、分清是非的基础上进行，变相扭曲了调解的本质，势必会对调解的灵活性与自愿性造成损害。三是调解具有任意性。主要表现为：启动程序具有任意性，即在整个诉讼进行中，法官只要征得当事人的同意，就可以进行调解；调解进行的任意性，即调解不具有固定的程序，具有较大的流动性；调解的结束具有任意性，即只要双方当事人达成合意，就可以达成调解协议。[1]

针对以上存在的问题，近年来，学者们对诉讼调解制度不断进行研究并取得了积极成果，也形成了不同学说。有的学者提出，应当实行调审分离，即把法院调解程序从审判程序中分离出来，作为法院处理民事纠纷的另一种方式，以解决部分法官偏好调解、片面追求调解结案率的问题。[2] 有的学者建议实行调审分立，把人民法院的调解纳入独立于诉讼程序外的调解程序，与审判并立，避免或减少以调解代替审判的现象。[3] 还有的学者认为，应当以审前和解取代调解，避免调解的强制性，保障当事人意志的真正体现。[4] 还有一些学者直接对诉讼调解提出了批评意见。这些意见对于完善诉讼调解制度及相关的法律规定，保障和促进调解制度更好地发挥应有的作用，无疑具有积极的指导意义。

2. 诉讼中调解优先原则的具体适用

从上述法律规定可以看出，虽然法律没有明确规定调解优先原则，但是，调解不成应当及时判决的提法亦是将调解放在第一位，司法实践中更是极力倡导调解。可以认为，调解产生的弊端，原因不在于立法确立了调解原则，而在于实践中的调审合一。因此，在诉讼调解制度的具体应用中，应当采取以下措

---

〔1〕 林艺芳："由 ADR 制度谈我国法院调解制度的改革"，载《法制与社会》2008 年第 7 期。

〔2〕 章武生、张其山："我国法院调解制度的改革"，载江伟、杨荣新主编：《民事诉讼机制的变革》，人民法院出版社 1998 年版，第 369 页。

〔3〕 王红岩："试论民事诉讼中的调审分立"，载《法学评论》1999 年第 3 期。

〔4〕 张晋红："法院调解的立法价值探究——兼评法院调解的两种改良观点"，载《法学研究》1998 年第 5 期。

施来保证诉讼调解制度的顺利实施，避免实践中产生的一些弊端。

第一，确立调解优先原则，实行调审分离。[1] 一旦谈及诉讼调解，总会使人想到诉讼调解可能带来的"久调不决"、"以判压调"等弊端，有学者因此认为，诉讼调解就是以牺牲当事人利益为前提的，应当取消调解作为基本原则的地位。现在再提出将调解优先确定为民事诉讼的基本原则，这些学者很可能认为夸大了调解，忽视了判决。如前文所述，上述弊端的产生是与调审合一紧密相连的，而本文提出将调解优先作为原则的同时，还附着了调审分离制度，将调解与判决分立，就能较好地解决"以判压调"的问题。规定审前调解的期限，就可以解决"久调不决"的问题。明确适用调解案件的类型，就可以防止调解优先原则扩大适用的问题。使调解法官与审判法官相分离，就可以防止法官在后续的判案中先入为主，司法不公的问题。解决好调解与诉讼的衔接问题，就可以解决诉讼拖延的问题。总之，制度设置合理化，确立调解优先原则，实行调审分离，不仅不会为纠纷解决带来弊端，反而有利于调解制度的具体适用，达到节约诉讼成本，实现司法公正，提高诉讼效率的功效。

第二，建立诉前调解与审前调解相结合的调解制度。所谓诉前调解，又称附设在法院的 ADR 或司法 ADR，是指以法院为主持机构或者受法院指导，但与诉讼程序截然不同的具有准司法性质的诉讼外解决纠纷的程序。[2] 司法 ADR 实质是国家将部分司法权附条件地委托给某些地方性或者专门性 ADR 机构进行处理，同时保留法院对他们的司法审查权，他是一种直接辅助诉讼程序的替代性纠纷解决方式。司法 ADR 综合了诉讼与当事人自行和解的优点，是介于两者之间的纠纷解决模式。诉讼由于过于强调国家强制力的作用，往往不利于纠纷的解决，也不利于执行。当事人自行和解则更多地强调当事人自身的意志，缺乏约束力。司法 ADR 体现国家司法权的介入，在不剥夺当事人诉权的前提下，使

〔1〕 理论界对"调审分离"存在两种观点：一种观点认为，应当实行"诉讼内的调审分离"，即在保留法院调解制度的前提下实行调审分离。具体运作方式是，在法院内部对调解的运用方法进行改革，调解仍然是法官主持下的诉讼内调解，但是由不同的法官分别在审前准备程序和庭审程序中各负责对同一案件调解和审判，达到调审分离的目的。参见江伟：《民事诉讼法专论》，法律出版社 2005 年版，第311 页。另一种观点认为，应当实行"诉讼外的调审分离"，即将法院调解从民事诉讼程序中分离出去，构建非讼化的民事调解制度，建立法院附设的调解委员会。参见李浩："民事审判中的调审分离"，载《法学评论》1996 年第 4 期。本文所说的调审分离既包括附设司法 ADR 的调解，也包括诉讼中的审前调解。与一些学者阐述的调审分离的含义不完全相同。

〔2〕 章武生：《民事简易程序研究》，中国人民大学出版社 2002 年版，第 293 页。

当事人运用 ADR 解决纠纷，并通过法定程序使当事人遵守所作出的决定。[1] 审前调解，是指诉讼中的调解限于审前准备阶段，在法院立案后至开庭审理前，设置审前法官对案件进行调解，使双方当事人达成和解协议，解决纠纷。我国 1991 年施行的民事诉讼法没有规定审前准备程序，只规定了审前准备阶段，不能起到通过证据交换整理争点、分流案件、促进和解的作用。2012 年新修订的民事诉讼法，确立了审前准备程序，期望审前准备程序真正发挥应有的功能，使案件尽早得到解决。[2] 除在上述两个阶段可以对案件进行调解外，案件一旦进入庭审，不允许法院再对案件进行调解。但是，在此后的诉讼阶段，应当允许当事人庭外自行和解。

第三，明确调解案件适用范围，实行强制调解。明确调解案件的适用范围，是为了防止调解优先原则适用的扩大化，借鉴国外和我国台湾地区的立法和司

---

〔1〕 2012 年我国新修订的《民事诉讼法》规定了确认调解协议案件的特别程序，但是法律规定比较原则，主要是为了配合《人民调解法》的施行。关于司法确认的性质，众说纷纭，尚无定论，施行效果也有待实践检验。

〔2〕 自 20 世纪 60 年代后期，美国法院受理的民商案件大幅度上升，为缩短审理周期，提高办案效率，也为了使当事人节省人力、费用，法院开始试行调解制度。具体做法是：在当事人向法院提交起诉状 6 周内，法院可以组织双方当事人的律师对起诉状和答辩状进行讨论，并由律师主持调解。在这个阶段大约有 30% 的案件可以通过调解结案。70% 的案件进入第二阶段，即法官要求双方的律师提供文件和证据，在法官的主持下，双方的律师可向对方的当事人或者证人进行质证，由律师在一定时间内进行调解。这一时期，又有 30% 的案件可以达成庭外和解。此后，法官可以对另外 40% 的案件要求社会机构、律师，或者法院的调解员主持，对双方进行诉讼之前的调解。这一阶段又有 25% 的案件能够达成协议。对其余的案件，法院要求双方的律师作好准备，在法官的主持下举行审前会议，这样又有 5% ~8% 的案件在审前调解成功。最后进入庭审程序的只有 5% ~7% 的案件。参见孙泊生："美国法院的调解制度"，载《人民司法》1999 年第 3 期。在日本，法院附设调解的具体表现形式是民事调停制度，即法院根据民事纠纷一方当事人向法院提出的调停申请，由一名法官或者两名以上民事调停委员组成的调停委员会或由独任法官作为调停委员，以第三人的身份进行劝说，促使当事人之间达成协议以解决纠纷的制度。其独立于法院审判程序之外，由专门机关进行，适用专门的法律。参见柴发邦主编：《民事诉讼法新编》，法律出版社 1992 年版，第 46 页。我国台湾地区民事诉讼中，将调解与和解进行了明确的划分。调解是法院附设调解的代表，由法院在双方当事人发生纠纷而又未起诉时，进行调停排解，使之在诉讼外达成协议，以免诉讼发生的一种制度。该项法律制度，是独立于诉讼的一种非讼程序，与起诉相互独立。和解，是指当事人于诉讼系属后，在受诉法官、受托法官前，约定相互让步，以终止争执的发生。同时，又以终止诉讼之全部或一部为目的之合意之制度。参见吴行政："海峡两岸法院调解制度之比较"，载《法律适用》2000 年第 6 期。上述国家和地区法院调解制度的规定和适用说明，各个国家和地区都在积极运用调解制度解决纠纷，尽管具体的制度设计略有差别，但是方法和目的却有异曲同工之妙，都是为了使当事人在纠纷解决中拥有更大的自主权，降低诉讼成本，提高纠纷解决效率，达到社会和谐。成功经验值得我国法律完善参考借鉴。

法实践经验，[1] 涉及调解案件的适用范围应当包括以下五类：一是当事人双方合意调解的案件；二是诉讼标的额较小的案件；三是涉及亲情、邻里和合作关系的案件，例如，婚姻家庭纠纷、继承纠纷、宅基地和相邻关系纠纷等；[2] 四是权利义务关系较为明显的损害赔偿案件；五是目前法律尚未明文规定产生纠纷的案件，例如，房屋买卖合同、医疗纠纷等领域出现的新型案件。

规定某些案件在诉前强制调解，目的是保障调解制度的贯彻落实。因为在制度设置之初，当事人可能对其不太了解。某些类型案件强制适用诉前调解，可以帮助或引导当事人具体运用这项制度，并从中受益。因此，应当在法律中明确规定，对某些类型的民事案件实行诉前强制调解，案件没有经过诉前调解，不能进入诉讼程序。如果调解不成，转入诉讼程序由法庭对案件进行审理。具体强制调解的适用范围同前文所述调解案件的适用范围。[3]

第四，实行调解法官与审判法官相分离制度。调解与判决正当性的基础不同，调解更多地依赖当事人的合意，而审判的正当性来源于程序的保障，更多地体现裁判者的意愿。目前，根据我国现行民事诉讼法的规定，调解法官与审判法官重合，调解人具有双重身份，在调解中占主导地位，容易导致以判压调的情况出现。修改民事诉讼法，在法律中规定调解优先原则，与之相配套的措

---

[1] 英国1999年《民事诉讼规则》第1条就规定，应该根据案件金额、案件重要性、系争事项的复杂程度以及各方当事人的经济状况，采取相应的审理方式，同时要求当事人协助法院推进基本目标的实现，并课以当事人与ADR相关的义务。在具体的制度中，其将ADR引入案件管理制度，并通过诉讼费用制度和法律援助制度等经济杠杆来促使当事人采用ADR。参见齐树洁：《英国民事司法改革》，北京大学出版社2004年版，第178页。我国台湾地区修订民事诉讼法时，进一步充实和完善了诉前调解制度，根据案件的性质、当事人之间的关系、居住的环境、非business色彩及争议金额等因素扩大了诉前调解的范围，主要包括两类案件适用诉前调解：一是实行诉前强制调解的案件，如不动产的相邻、共有、租赁争议，雇佣契约争议，交通事故争议，医疗纠纷，亲属财产争议，离婚及同居，抚养争议，财产争议金额在10万台币以下等案件；二是当事人双方合意调解的案件，不论诉讼事件之种类，也不问诉讼标的之金额的多少，当事人均可以在起诉前向法院申请调解。参见张黎华："法院诉前调解若干问题浅析"，载上海市高级人民法院、上海市司法局、上海市法学会编：《纠纷解决多元调解的方法与策略》，中国法制出版社2008年版，第470～471页。

[2] 最高人民法院2003年9月颁发的《关于适用简易程序审理民事案件的若干规定》第14条规定了下列案件在开庭审理时应当先行调解，具体包括：①婚姻家庭纠纷和继承纠纷；②劳务合同纠纷；③交通事故和工伤事故引起的权利义务关系较为明确的损害赔偿纠纷；④宅基地和相邻关系纠纷；⑤合伙协议纠纷；⑥诉讼标的额较小的纠纷。

[3] 我国台湾地区《民事诉讼法》第403条就规定了11种情形的案件，以及离婚之诉、夫妻同居之诉和终止收养关系之诉，都应在起诉前向法院申请强制调解，否则不能进行诉讼。参见陈荣宗、林庆苗：《民事诉讼法》（下），三民书局2001年版，第1057页。

施是，实行调审分离，实行调解法官与审判法官分离制度，使审者不调，调者不审。该项法律制度的实行，将有利于更好地发挥调解的功能。[1]

第五，建立调解激励机制与当事人恶意利用调解惩罚机制。为了鼓励当事人利用诉讼调解，可以建立诉讼费用的补偿机制，即对通过调解达成协议解决纠纷的案件，可以少收诉讼费用。目前，根据我国法律规定，对于通过调解结案的案件，诉讼费用减半收取。在此基础上，可否考虑进一步规定，对于调解占用时间较少的，还可以适当少收诉讼费用。确立当事人恶意调解的惩戒机制，主要是针对司法实践中存在的当事人恶意串通达成调解协议的情形，确立具体的惩罚措施和惩罚办法，同时，适用《民事诉讼法》第 198 条的规定，启动再审程序查清事实后作出公正的处理。[2]

3. 适用调解优先应当注意的问题

从我国目前的情况看，调解优先原则虽然没有在立法中作出明确的规定，但是却被司法机关积极倡导，并在司法实践中具体适用。由于制度适用没有相关的法律规定配套措施，属于"新瓶装旧酒"，因此，其在实际运用中出现了一些问题，受到社会各界的声讨与抨击。历史的经验值得注意，将调解优先作为原则在立法中明确作出规定，即使实行了调审分离，也应当注意制度适用过程中可能出现的问题，即过度适用调解优先原则，忽视判决。

在现有民事诉讼法规定的框架内，如何理顺调解与判决的关系，一直是民事诉讼理论界争议不止的问题。确定调解优先原则实行调审分离，同样需要理顺调解与判决的关系，过度适用调解优先原则，将会"穿新鞋走老路"，重蹈覆辙。

从前述调解优先原则演变的历史进程看，诉讼调解制度经历了由强盛到衰败，再由衰败到强盛的过程，这说明"以和为贵"的调解诉讼文化在我国根深

---

〔1〕 2009 年 7 月 24 日，最高人民法院发布施行的《关于建立健全诉讼与非诉讼相衔接的矛盾纠纷解决机制的若干意见》第 16 条第 2 款规定：开庭前从事调解的法官原则上不参与同一案件的开庭审理，当事人同意的除外。建议法律修改时，将该项司法解释的内容纳入民事诉讼法。

〔2〕 2012 年我国新修订的《民事诉讼法》第 56 条第 3 款增加规定，第三人因不能归责于本人的事由未参加诉讼，但有证据证明发生法律效力的判决、裁定、调解书的部分或者全部内容错误，损害其民事权益的，可以自知道或者应当知道其民事权益受到损害之日起六个月内，向作出该判决、裁定、调解书的人民法院提起诉讼。人民法院经审理，诉讼请求成立的，应当改变或者撤销原判决、裁定、调解书；诉讼请求不成立的，驳回诉讼请求。该项法律规定，完善了对第三人的救济程序，对保护第三人的合法权益，遏制恶意调解协议的达成具有重要作用。

蒂固，深入人心，通过调解的方式解决纠纷，比较容易被当事人接受。因为通过调解的方式解决纠纷比较柔和，当事人之间平等、自愿、友好协商，纠纷解决气氛和谐，不伤和气，达成的协议也就容易执行。因此，这种纠纷解决方式才比较受推崇。但是，需要注意的是，强调调解优先，并不意味着忽视判决。调解与判决在纠纷解决中处于同等重要的地位。

实际上，重调轻判同样会产生社会弊端。在最高人民法院将调解优先作为一种办案方针在全国推行的过程中，实际上已经出现了问题的苗头。例如，我们在报纸上见到的报道某法院工作业绩时，说某些法院在某一时间段内调解结案率达 90% 以上，有些法院甚至出现了零判决。[1] 有学者抨击说，如果每个法院都是零判决，所有的案件都是调解结案，那么，法院就应当改成调解院了。这种批评意见可谓一针见血。

众所周知，诉讼是使国家法治具体化、生活化的主要方式，也是使社会法律化的基本途径。作为一种存在已久的纠纷解决机制，社会对其寄予厚望。因此，在目前我国社会矛盾、冲突呈现激烈化和复杂化的情况下，应当进一步发挥诉讼的作用，以保障公民的诉讼权利得以实现，纠纷得到解决。由于社会政治和经济的原因，以往我们偏重通过调解的方式解决纠纷，忽视判决。之后，随着政治体制和经济体制的改革完善，以及社会的发展，社会导向又趋于重判决结案，轻诉讼调解，导致诉讼调解制度逐渐衰弱。历史的经验值得注意，确立调解优先原则，应当协调好调解与判决的关系，切不可重蹈覆辙，轻此重彼，应当统筹兼顾、协调发展。从前述制度设置看，实行调审分离，会避免"以判压调"的情形出现。确定调解案件适用范围，会防止调解范围扩大化问题。但是，需要注意，本文所说的调解优先，仅指调解在纠纷解决中的程序优先，而且，适用的决定权在当事人，如果当事人不愿意通过运用调解的方式解决纠纷，案件应当进入审判程序，法院应当在查清事实的基础上，依法作出判决。在司

---

[1] 有数据显示，2004～2008 年，福建省漳州市法院民商事案件调撤率分别为 57%、65%、68%、71%、77%，2009 年上半年高达 86%。参见"调解成人民法院最重要司法符号"，载《法制日报》2009 年 8 月 24 日。孟州法院刑事附带民事案件调解结案率达 95%。见中国法制网，2010 年 8 月 28 日。隆林各族自治县人民法院克长人民法庭今年以来，共审结各类民商事案件 124 件，其中调解结案 118 件，调解率为 95.2%。参见《右江日报》2010 年 9 月 17 日。有记者对湖北某地法院进行了实地调研，吃惊地发现：其调解结案率竟然高达 99%。参见朱雨晨："法院高调解率背后的隐忧"，载法制网 2009 年 6 月 11日。

法实践中，切忌将调解与法院的结案率结合，否则，即使实行了调审分离，也会在诉前调解和审前调解中出现久调不决、强制调解的现象。

总之，诉讼调解制度的适用符合我国国情，当产生纠纷时，应当倡导适用调解优先原则，鼓励当事人利用调解机制解决纠纷。同时，也应当充分尊重当事人的处分权和选择权，理清调解与判决的关系，搞好调解与判决的衔接，注意实践中可能出现的过度适用调解优先原则所产生的问题，使调解优先原则真正发挥应有的作用。

第二部分 诉讼制度

法律制度是指一个国家或地区的所有法律原则和规则的总称，民事诉讼法律制度是有关民事诉讼程序的法律规范的总称，是民事诉讼程序的法律化、制度化。在众多的民事诉讼法律制度中，本部分选择人民陪审制度、管辖权异议制度、举证时限制度和专家辅助人的诉讼地位、民事公益诉讼制度作为专题进行研究，主要是基于以下考虑：

第一，民事公益诉讼制度是新修订民事诉讼法增加的内容。公益诉讼涉及社会公共利益，近年来侵害社会公共利益的案件不断增多，危害较大，社会各方面对建立并发挥公益诉讼制度的作用寄予较高的期望，但由于法律规定的比较原则化，可操作性不强，可能会导致这一制度在司法实践中缺乏适用性。因此，迫切需要进一步深化理论和实证研究，以期完善立法，增强民事公益诉讼制度的实用性和可操作性，使其真正发挥应有的作用。

第二，证据制度是民事诉讼法的核心内容，但我国民事证据制度的法律规定比较薄弱。这次修订民事诉讼法，在证据制度方面，完善举证时限制度、确立专家辅助人制度是最引人关注的两个问题。新修订的民事诉讼法对举证时限制度作了较大修改，初衷是好的，但如果适用不当，就会产生诸多弊端，甚至可能导致侵犯当事人的合法权益，滋生司法腐败。专家辅助人是新确立的法律制度，但是立法并未明确专家辅助人的诉讼地位，法律适用可能面临难以解决的现实问题。因此，对这两个问题应当深入研究，及早发现问题，寻求解决途径，并促使立法机关进一步完善法律。

第三，人民陪审制度、管辖权异议制度在司法实践中运用较多，但这次修订民事诉讼法基本没有涉及。这两项制度都涉及当事人权利的保障，特别是陪审制度还涉及当事人民主权利的实现，应当引起足够的重视。实践表明，这两项制度的适用都存在不少问题。因此，针对现实存在的问题进行专题研究，提出完善的法律修改建议，也是很有必要的。

一、人民陪审制度

陪审作为一项具有悠久历史的法律制度，在促进政治民主、实现司法民主、维护司法公正等方面都发挥了重要的作用。但由于陪审制度自身所具有的局限性，包括拖延诉讼、成本过高、陪而不审等，导致近百年来其在世界范围内处于衰落状态。我国的人民陪审制度虽然已经存在多年，2004 年全国人大常委会还专门作出完善人民陪审员制度的决定，通过立法形式两次予以肯定，但理论上对陪审员的职能、资格、选任、管理等一直争论不休，实践中人民陪审员陪而不审的现象比较普遍，导致法学理论界废除人民陪审员制度的呼声不绝于耳。令人意想不到的是，在陪审制度趋于弱化的现实环境下，日本却在 2009 年 5 月 21 日正式施行裁判员制度[1] 这一项制度的施行虽然在日本国内遭到一些人特别是法学专业人士的反对，但具有至关重要的理论和现实意义。由此很自然地引起我们重新思考我国人民陪审员制度的存废和完善问题。本书试图对陪审制度的含义、历史发展、运作方式及其利弊进行分析，深入研究陪审制度的政治

---

〔1〕 日本的所谓"裁判员制度"，是指随机抽取具有选举权的国民与法官一起进行刑事审判的制度。目前一个案件的审理需要 3 名法官，实施裁判员制度后，在 3 名法官的基础上再增加 6 名裁判员，在对案件的事实关系没有异议的情况下，审判人员可以压缩为 1 名法官、4 名裁判员。裁判员在案件审理与裁判中，就事实认定、法律适用、量刑决定等，与法官组成合议庭共同裁决，与法官具有相同的权限。裁判员一旦被选定，便负有出庭的义务，裁判员以及候补裁判员必须出庭及参加合议，无故缺席的将被课以10 万日元以下罚款。参见"日本法院'裁判员制度'正式实施——战后最大司法改革争议中起步"，载《法制日报》2009 年 6 月 19 日。

价值、司法价值及其具体功能，在此基础上结合我国的立法和司法实践，提出完善人民陪审员制度的具体建议。

（一）陪审制度的含义与运作方式分析

1. 陪审制度含义解析

"陪审"一词，英美法称为"Jury"、"Acessor"，德国法称为"Geschworene"、"Sohoffe"。陪审制度（Jury System），是指由非法律职业者参加法庭审判，与法官共同行使审判权的制度。这一制度起源于古代奴隶制国家的雅典和罗马，被扼于封建专制社会，称颂于资产阶级革命时期，盛行于英美等资本主义国家，仿效于世界各国，实行于前苏联、东欧国家，移植于我国，其进步意义和历史功绩应予肯定。但是，陪审制度的缺陷也是客观存在的，一些国家曾经尝试过实行陪审制度，但最终又将其废止。[1] 这些缺陷可能让人们感到，陪审制度似乎成为司法制度的"鸡肋"，食之无用，弃之可惜。

尽管陪审制度的基本功能是一致的，但在不同的司法制度背景下，陪审制度具有不同的含义和运作方式，具体主要包括两种情形：一种是英美式的陪审团制度。按照这种制度，在民事诉讼或刑事诉讼过程中，由当事人选择若干普通公民组成一个陪审团，由陪审团负责对案件事实的判定，由法官适用法律作出最终裁决。另一种是大陆法国家的参审制，即作为法律外行人的参审员与职业法官一起组成合议庭，共同就法律问题和事实问题行使审判权。[2]

2. 英美法系的陪审制度

英国的陪审制度起源较早。1066年诺曼底公爵威廉征服英国后，将诺曼人设立陪审团的古老习惯带到英格兰。为了建立统一的中央集权国家，树立王权权威、防止地方滥用权力的行政需要，国王决定对英国的土地、人口等进行详细调查，在调查过程中王室的调查员需要召集当地12名居民了解情况，这些居民对其所知情况必须如实回答，这被视为陪审制度在英国的早期形式。1164年亨利二世颁布《克拉灵顿诏令》，规定巡回法官在审理土地纠纷案件和重大刑事案件时，应当找12名了解案情的当地居民担任陪审员。[3] 1215年英国的《自

---

[1] 李学宽："陪审制若干问题研究"，中国法学会诉讼法研究会1999年年会论文，载金友成主编：《民事诉讼制度改革研究》，中国法制出版社2001年版，第20页。

[2] 汤维建等：《民事诉讼法全面修改专题研究》，北京大学出版社2008年版，第156页。

[3] 何家弘："陪审制度纵横论"，载《法学家》1999年第3期。

由大宪章》进一步明确了陪审团制度。在美国，陪审制度被写入宪法是独立战争取得胜利的结果，迄今已有二百多年历史。据说，当初之所以规定陪审员人数众多，就是为了防止滋生腐败，甚至还有句名言，"收买12个人总比收买1个人困难得多"。[1] 从某种意义上说，陪审制度吸收普通民众参与司法审判，的确使司法更贴近社会、接近民众、反映民众的呼声。[2]

英美法系国家实行的陪审团制度，有大陪审团和小陪审团之分。大陪审团的任务是决定重罪案件是否起诉；小陪审团的任务是就案件事实作出裁断。英国自1933年起逐步取消了大陪审团。保留大陪审团的主要是美国。美国联邦系统的法院受理的重罪案件，如叛逆、谋杀、武装抢劫等，必须经大陪审团决定起诉。各州的法院则分两种情况：一种情况是必须经大陪审团审查同意方能起诉，而且被告人不得放弃此项权利；另一种情况是由法官根据案情决定是否须经大陪审团审查。大陪审团一般由12～23人组成，作出裁断采取多数表决制，不要求全体一致通过。美国的小陪审团与英国现行的陪审团相似。英国的陪审团由12人组成，其职权是审查证据，听取辩论，对刑事案件，就被告人是否有罪的事实问题作出裁断，如果裁定有罪，再由职业法官据以判刑；对民事案件，则就当事人主张的事实是否成立作出裁断，对有些涉及赔偿的案件还可以就赔偿数额作出裁决。陪审团作出裁决通常要求全体一致，但有些地方只要求大多数票通过即可作出裁决；如果陪审团意见分歧太大，就必须解散陪审团，另行召集陪审团进行裁决。

一般认为，英美法系陪审制度的优点主要体现在，一方面，陪审团成员来自社会公众，了解普通民众的生活状态和基本的社会道德规范，他们不仅直接

---

〔1〕 在美国，法官的产生往往是两党斗争或利益集团抗衡的结果，因而法官实际上是代表某种利益集团的半个政客，政治意味相当浓厚。人们通常根据美国联邦最高法院大法官的政治倾向，将他们分为保守派、开明派。与法官相比，陪审团的成见（Biases or Prejudices）较易于掌握。美国具有很多自由精神的人，相信在背后支撑法律的正义精神，宁愿认为12名业余人士的判断比一位专业人士造成失误的可能性更小。律师不能询问法官的个人经历、成长背景及其他可能对客户不利的因素，但在选择陪审员的时候可以适度对陪审员候选人进行"除虫"手续（Debugging），即从陪审团成员候选名单中剔除某些明显不合适的人选。被随机抽出的陪审员候选人到法庭由双方律师及法官从中挑选参与审判的陪审员。双方律师挑选陪审员时有两种剔除方式，即具理由的剔除（Challenge for Cause）与不具理由的剔除（Peremptory Challenge）。双方律师具有相等的挑选权利，故对原告和被告也是平等的。理论上讲，律师也可申请法官回避，不过，很少有人这样做。有经验的律师挑选的陪审团应当是比较公正的。参见丁子江：《美国之劫：美籍华人与美国法律的真实较量》，中国工人出版社2002年版，第379页。

〔2〕 南岸："'平民法官'，听起来很美"，载《法制日报》2009年6月19日。

参与案件的审理，而且对案件事实独立行使裁判权，案件的裁决结果更容易获得当事人和社会公众的信任，同时通过陪审让更多的普通民众亲身参与审判，表达民意，更能体现制度的民主性。另一方面，陪审团在设置上独立于法官，在案件审理中职责明确，负责独立地认定案件事实，不受法官影响，法官在陪审团认定案件事实的基础上负责适用法律，陪审团能够对法官形成有效的制衡，可以较好地防止法官的片面和偏私。

英美法系陪审制度的缺点主要有：①诉讼成本高。从陪审员候选人的召集、陪审员的挑选，到庭审过程中陪审员的相对隔离，都需要支付相应的费用，特别是庭审时间较长的，有时可能持续数日甚至几个月，这些花费数额很大，付出的代价过高，被认为浪费了纳税人的金钱。②诉讼效率低。挑选陪审员，组成一个双方当事人都满意的陪审团本身就是一项复杂的工作，法庭审理又采取对抗式，以当事人和证人的口头证据为主，诉讼过程更加繁杂，而且陪审团通常需要全体一致才能作出裁决，12 位陪审员如果不能就事实问题达成一致意见，还需要另行组成陪审团重新开庭审理，因而必然会拖延诉讼进程，降低诉讼效率，甚至影响司法制度的效率。③陪审员易受影响。陪审员来自形形色色的普通民众，都是不懂法律的非专业人员，缺乏专业训练，比较容易被个人的族裔传统、家庭背景、社会价值观念、同情弱者的情感等因素所左右，可能被能言善辩、擅用法律技巧的律师所迷惑和操纵，从而即使保证司法过程和程序的公正，也未必能够保证审判结果的公正，结果，刑事案件容易导致放纵犯罪，民事案件容易发生判决不太切合实际的巨额赔偿。事实上，美国一些案件的判决表明，陪审团作出裁决时不同程度地受到种族、宗教、政治偏见等因素的影响。[1]

3. 大陆法系的参审制度

从参审制的历史渊源看，法国是大陆法系里最早采用陪审制度的国家。在

---

〔1〕 美国有些经典影片如：《失控的陪审团》、《杀死一只知更鸟》就直接反映出陪审制度的弊端。《失控的陪审团》故事梗概是：某公司职员被解雇后失去理智开枪杀害同事，受害人的妻子控告军火商并要求巨额赔偿。军火商高价聘请著名律师和陪审顾问，通过监视、窃听、心理档案分析选出有利的陪审团后，又以挖隐私、巨额利诱等企图控制陪审团，陪审团在严苛的制度下失去控制。幸好有一位精通法律和心理分析的陪审员以其善解人意、真诚善良和宽容、幽默赢得其他陪审员的信赖，可以左右陪审团的意见，最终成功地判决军火商支付巨额赔偿。但具有讽刺意义的是，这位陪审员是一个蔑视法律、蔑视陪审制度的人，他是想方设法混入陪审团的，而且以操控陪审团的违法方式实现了正义。《杀死一只知更鸟》则描述了一个完全由白人组成的陪审团，在证据已经表明黑人被告人无罪的情况下，仍然坚持判决被告人强奸一位白人妇女的罪名成立，并且，本为白人的辩护律师也遭到死亡的威胁，原因就是当地存在严重的种族歧视。

法国资产阶级革命时期，陪审团制度就受到启蒙思想家们的普遍认同，甚至被誉为"民主自由的守护神"。当时有很多法国人甚至认为，实行陪审制度是根治刑事诉讼所有病症的灵丹妙药。[1] 法国大革命胜利后全盘引入陪审制度，但实践证明，其实施效果并不如期望的那么美好，实践中控告方可以轻而易举地得到陪审团的支持，于是，本来是想用陪审团来保障公民的权利，结果却成了控告方滥用起诉权力的工具，该项制度随之招来一片抨击声。人们哀叹法国社会的土壤并不适宜英国式"树苗"的生长，越来越多的法国人丧失了对英国式陪审制度的兴趣。[2] 1808 年，拿破仑制定的刑事诉讼法典取消了大陪审团，即废除了控告陪审团制度，只保留小陪审团。1827 年以后，法国进行了一系列司法改革，其中陪审制度的改革，对陪审员的遴选方式、表决制度进行了修改，并增加了陪审团对减刑情节的表决权，打破了陪审团与法院之间原有的权力分配。此后，陪审团制度在法国又经过多次改革，例如，1848 年恢复了控告陪审团制度，1872 年对陪审员遴选资格进行修改等。但是，这些改革并没有解决陪审团制度在法国"水土不服"的情形，直至法国最终采用参审制度代替了原有的陪审制度。[3]

德国也与法国一样引进了英国模式的陪审团制度，但是与法国一样，陪审团在德国也没有取得预想的良好效果，因而德国转而建立参审制。1850 年，德国首先在汉诺威实行参审制，随后参审制普及到普鲁士及其他各邦。德国、法国实行的参审制可以看成是大陆法系参审制的典型代表。

与英美法系的陪审员不同，德国、法国的陪审员拥有的权力与法官相同，不仅包括认定事实，还包括适用法律。法国只有重罪法庭设陪审团，由 9 名陪审官与 3 名法官组成合议庭，判决的最终结果由法官与陪审官共同投票决定，8 票以上才能定罪，多数票可决定刑期。民事案件、违警罪、轻罪没有陪审员。德国陪审员参审制度的适用范围比法国更宽一些，初级法院审理民事案件、涉及农业的案件适用陪审制度，中级法院一审民事案件中的商务案件由陪审员参加审理。在刑事审判中，初级法院判处 2 年以下徒刑的案件实行法官独任审判，判处 2~4 年徒刑的案件可以由陪审员参加审理；中级法院审理的一、二审案件必须有陪审员参加。高级法院和最高法院只对法律适用进行审查，不实行陪审

---

〔1〕 沙国文、房保国：《诉讼制度改革研究》，学林出版社 2003 年版，第 63 页。

〔2〕 金友成主编：《民事诉讼制度改革研究》，中国法制出版社 2001 年版，第 25 页。

〔3〕 韩妍：《论陪审制度》，中国政法大学 2009 年硕士学位论文，第 7 页。

制度。初级行政法院审理案件，由 3 名法官和 2 名陪审员组成合议庭进行审理；社会福利法院审理案件，由 2 名陪审员参加审理，1 名来自保险机构，1 名来自被保险方；财税法院审理案件，由 3 名法官和 2 名陪审员组成合议庭进行审理；劳动法院审理案件，由劳资双方各自挑选 1 名陪审员参加案件审理。[1]

大陆法系参审制度的优点主要体现在，一方面，陪审员参加案件的审判，既可以避免职业法官可能在长期司法实践中形成的职业偏见，又可以减少年轻法官因经验不足、缺乏对社会生活的了解而产生的错误判决，从而使案件事实的判断更准确、判决更公正；客观上还可以弥补单纯依靠法官审理案件面临的案多人少的不足，减轻法官的压力。另一方面，陪审员来自社会公众，可以将民众的法律意识和正义观念反映到司法裁判中，使法院的判决更接近公众，既可以增强社会公众对司法的信赖，又能够使陪审员通过参加案件审理直接接近司法过程，切身了解司法，强化对司法的理解和信心。

参审制的缺陷主要有：①陪审员是行政机构或司法机构按照一定的标准个别选任的，因而，担任陪审员不仅必须具备一定的条件，还需要经过特定的遴选程序，客观上必然导致能够取得陪审员资格的人员范围受到一定的限制，不符合特定条件的人员，从一开始就被排斥在陪审员的候选人范围之外，不仅容易使参加审判的陪审员的代表性受到合理的质疑，更重要的是有违平等原则。②陪审员参加审理案件，不仅需要认定案件事实，还要参与适用法律作出判决，而陪审员绝大多数既缺乏相应的法律知识，又没有经过足够的法律训练，在适用法律上明显处于弱势，难以真正发挥作用，陪审员在一定意义上只是临时选任而暂时充当案件的裁判者，本身就可能存在应付心理，加之缺乏专业知识，容易受法官的支配和左右，使陪审流于形式。③陪审员几乎与法官担负相同的职责，因此不仅选任的程序比较复杂，而且需要对陪审员进行法律知识和法律程序等方面的培训，与法官审判相比，在一定程度上也增加了诉讼费用和整个司法的成本。

4. 陪审制度与参审制的比较分析

如前所述，英美法系的陪审制与大陆法系的参审制是陪审制度的两种不同运作模式，它们之间存在内在的渊源关系，既有联系，当然也有区别。不论是陪审制还是参审制，归根到底都是普通公众以陪审员身份直接参与司法审判的

---

[1]　周道鸾主编：《外国法院组织与法官制度》，人民法院出版社 2000 年版，第 88 页。

方式，是政治民主和司法民主的体现；从实施效果看，都可以在一定程度上弥补法官行使审判权时存在的知识、能力、生活经验等方面的不足，使司法判决更容易得到普通公众的理解和信任，同时又在一定程度上对法官行使审判权形成一定的监督和制约。这些是陪审制、参审制的共同之处。

从制度设计和运作实践看，陪审制与参审制的区别主要在于陪审员的职责不同：陪审制中陪审团的职责是认定案件事实，不参与案件的适用法律与作出判决；参审制中的陪审员在理论上与法官几乎享有相同的职责，既负责参与认定案件事实，又参与法律适用与作出判决。这种职责的区别导致陪审员与法官的关系有所不同：英美法系的陪审员与法官各司其职，陪审团负责认定案件事实，法官负责适用法律，他们之间是对立统一的关系；大陆法系的陪审员与职业法官共同组成审判组织，法官与陪审员之间理论上的区别很小。而且，职责的不同客观上也影响审理同一案件的陪审员的人数，英美法系的陪审团人数较多，一般由 12 位陪审员组成，负责审查起诉的大陪审团则有 12～23 位陪审员，他们只需要全体一致地认定事实；大陆法系的参审制下，参与审理同一案件的陪审员人数比较少，一般为 2 位陪审员，他们如同法官一样参与认定事实与适用法律，如果人数太多，显然难以实施。

至于两大法系诉讼模式的差别与陪审模式之间也是相互影响的，英美法系采对抗式诉讼模式，使陪审团能够通过双方当事人在庭审过程中的陈述、证人的证言和双方的交叉询问认清案件事实并作出裁决，陪审团如果不能直接面对当事人和证人，就很难查清案件事实，法官就无法作出判决。而大陆法系的职权式诉讼模式更多地适应法官主导的审判方式，陪审员既然与法官享有几乎相同的权利，理论上他们同样有权通过询问当事人而调查案件事实，并与法官一起就案件事实与法律适用问题作出判决。因而，似乎可以说，诉讼模式与陪审方式是相互作用、相互适应的。

（二）陪审制度的政治价值与基本功能

1. 陪审制度的政治价值

陪审制度表现为一项具体的司法制度，但正如托克维尔在其名著《论美国的民主》里指出的，陪审制度首先是一种政治制度，应当把它看成是人民主权的一种形式。实行陪审制度，就是把人民本身，或至少把一部分公民提升到法官的地位。这实质上就是把领导社会的权力置于人民或一部分公民之手。陪审制度在美国就像普遍的选举权一样，是人民掌握主权的直接且最大程度上的结果。[1]

现代社会里，君权神授早已退出历史舞台，人民的意愿成为政治权力合法性的唯一基础，这是现代民主政治的出发点。民主政治意味着人民的统治，人民作为国家的主人有权参与国家和社会事务的管理，国家机关政治权力的取得必须得到人民的认可，权力的运用必须接受人民的监督，这是现代民主政治的应有之义。那么，在现代民主政治的环境下，如何让普通民众的意愿以合法、有效的方式表达出来并发挥建设性作用，需要在制定法律规则、作出政治决策的过程中充分发扬民主，听取并尊重人民的意愿，除此以外，一个重要途径就是让民众有秩序地参与司法活动、监督司法过程，陪审制度正是民主政治引入司法领域的一个重要体现。

陪审制度的发展兴衰与民主政治的发展是密不可分的。英美法系的陪审制度在产生之初是为了增加国王收入、加强国王的集权，但经过长期斗争，最终发展成为普通民众行使司法权的重要途径，达到了人民行使司法主权的效果。在依法由陪审团参与审理的案件里，陪审团享有认定事实的排他性或决定性权利，法官只是在陪审团认定事实的基础上依法作出判决，陪审团认定被告无罪的，必须当庭释放，无须法官再作其他判决。这样的制度设计既凸显了普通民众参与司法过程的权利，也有利于保护民众不受强权的迫害。因而，英国学者、法官早就指出："由陪审团审判不仅是实现公正的手段，不仅是宪法的一个车轮，它还象征自由永存的明灯。只要这种保障仍然是神圣不可侵犯的，英国的自由就会继续存在。"[2]而陪审制度最为强势的美国，在立国之初就以宪法条文确立了普通民众的陪审制度。法国也是在发生大革命开启现代民主政治之门后，才开始建立陪审制度的。近几十年来陪审制度被认为趋于弱化，其实主要体现在陪审的案件范围有所缩小，特别是民事诉讼案件适用陪审的范围越来越小。相反，近年来一些国家（重要的有俄罗斯、西班牙、日本、韩国等）相继重新采用或确立陪审制度，反映了政治民主的发展和陪审制度的生命力。真正废除陪审制度的国家，有些是因为出现独裁统治或军事政权（这恰好证明了陪审团制度的民主属性），有些是因为国家出现社会动乱，有些是出于民众对殖民地时期陪审审判的种族歧视制度的反感，有些是因为多种族混居很难保证陪审

---

〔1〕　[法] 托克维尔：《论美国的民主》（上卷），董果良译，商务印书馆1988年版，第314～315页。

〔2〕　[英] 丹宁勋爵：《法律的未来》，刘庸安、张文镇译，法律出版社1999年版，第40～41页。

团审判的公正性。[1]

因此，在当今时代论及陪审制度，不能单纯考察陪审运作的技术含义，而是必须首先明确其政治价值。把陪审制度首先看成是民主政治的成果与体现，是实现公民政治参与的基本形式之一，在现代社会里具有重要的政治意义。

2. 陪审制度的基本功能

纵观世界主要国家的陪审制度，尽管具体运作方式可能有所不同，但都在一定程度上具有强烈的政治价值，而且一般来说具有如下基本功能：

（1）有助于促进司法民主和司法公正。随着法律规定越来越细密、越来越专业化，司法亦越来越成为一种专业的技艺。面对这种趋势，陪审制度在实现司法民主方面的作用，无论怎么强调似乎都不过分。普通民众通过陪审参与司法程序，既是民众在一定程度上分享国家司法权的体现，又为民众铺设了直接表达民意的路径。可以这样认为，选举制是把人民和政府连接起来的第一道桥梁，陪审制度则是使人民和政府处在经常性的沟通状态的另一座桥梁。有了这两座桥梁，人民认为自己是介入到政府中的人民，而政府则认为是存活于人民中的政府。上情得以下达，民意得以上通；人民以政府为依托，政府以人民为源泉。[2] 同时，司法权是国家的一项重要权力，主要由职业法官行使。法官虽然来源于民众，在一定意义上也是民意的代表，但是这种代表肯定不如民众亲身参加审判那么直接、有效。法官自身客观存在的知识、能力、经验的不足，以及长期形成的职业偏向，客观上导致有时可能对案件作出不够公正的判决，加之现实中确实存在一些被认为不公正的判决，必然使本来就不了解司法过程的普通公众对司法公正缺乏信任和信心。陪审员作为普通民众的代表以独立身份参加案件审理，可以根据"普通理性人"的良知、生活常识、逻辑推理等对案件作出裁决，不仅具体体现了司法民主，显然也有利于促进司法公正以及民众对司法公正的认知。

（2）有助于实现民众对司法的监督。目前，由于法制尚不健全、有些法官素质不高等原因，现实中存在一些司法腐败、司法不公的现象，在有些地方还比较严重。这些现象的出现，极大地打击了社会公众对司法公正的信心和对法

---

[1] 何家弘："中国陪审制度的改革方向——以世界陪审制度的历史发展为借鉴"，载《法学家》2006年第1期。

[2] 汤维建等：《美国民事司法制度与民事诉讼程序》，中国法制出版社2001年版，第189页。

院、法官的信赖。从目前我国的实际情况看，法官的社会公信度远没有达到应有的高度，这既有制度设计方面的原因，也存在人为因素。从制度设置的角度来看，法院高高在上，案件审理呈神秘化状态，法官审理案件实际上享有很大的自由裁量权。因为法律规定还不同程度地存在原则性强、针对性弱、操作性差等问题，甚至还有一些空白地带，给法官任意解释法律提供了可能与便利，甚至留下很大的空间。这导致民众要打赢官司，首先想到的就是找熟人、拉关系，接近甚至贿赂法官。人为因素主要体现在监督不到位，虽然我国法律规定的监督渠道不少，但多数都是间接的，难以真正落实。而且，有些监督方式的实际效果欠佳。特别是，普通民众更是缺乏直接、有效的监督手段。人民陪审员参加审判活动，直接与法官一起审理案件，这不仅使案件的审理过程能够更加公开、透明，减少法官的暗箱操作，而且形成一种民众对法官的"亲密接触"和近距离监督，无疑可以降低法官接受贿赂、枉法裁判的可能性。而且，陪审员在法庭上的存在本身就对法官是一种不容忽视的警醒。就监督的实际效果来说，陪审员的监督显然比其他监督方式更有效。同时，由于陪审员是在案件审理前随机抽取的，一案一产生，滋生腐败的概率相对于法官而言要小得多。

（3）有助于弥补职业法官知识和经验的不足。法官是案件的审理者和裁判的作出者，绝大多数法官都受过良好的法律专业训练，长期从事审判活动又使法官积累了比较丰富的司法实践经验，由法官对案件进行审理并作出裁决无疑是最好的选择。但同时也必须注意到，职业法官长期从事审判工作，容易形成思维定势和职业偏向；法官工作繁忙且业有专攻，可能导致法官在一定程度上与现实社会生活脱节，造成评判标准的偏差。[1] 我国对法官的任职条件要求很

---

〔1〕 从世界各国职业法官的任职情况看，对法官的任职条件要求都很高。因为审判所要求的艺术性很强，不仅要求法官具有完备的法律知识，也要求其洞察世事，体察民生疾苦，以精湛的司法技巧、丰富健全的社会经验与善良、宽厚的品行将机械的法律适用于鲜活的现实，以在判决中体现出对真实的市民社会的人性关怀。但是，职业法官在这一点上无疑是欠缺的。以日本为例，成为法官的前提条件是，必须通过两次难度相当大的国家司法考试。法官则从通过考试的人员中择优任命。根据《审判临时增刊》（2001年4月10日）的统计数据，1997年报考司法考试的人数为27 038人，通过746人，最终担任法官者仅为97人。由此可见，在日本要想成为一名法官是相当难的事情。而一旦任命为法官，即为终身任职，并且享受丰厚的待遇。以这种方式选拔出来的法官，一般都具备较好的法学素养，能够很好地胜任相当专业化的审判任务。在多数日本民众心中，法官的形象是公正、清廉而有能力的。但是，为了维护所谓的司法独立和中立，法官大多洁身自好，自愿与真实而喧嚣的市民社会隔离。此外，成为法官者大都有良好的家庭背景，对市民社会缺乏全面而健康的体验。因此，作为法官工作结果的判决，时常被指责为不能反映健全的市民社会的常识。参见刘兰秋："日本陪审员制度之评介"，载《中国司法》2005年第8期。

高，需要具有学士学位、通过国家司法考试和公务员考试。从职业法官的发展趋势看，高学历、高素质、精通法律是未来法官的突出特点。基于对法官公正司法的要求，某些隔离措施也是必要的，但同时可能会导致法官脱离社会。而且，根据我国法律规定，法官的最低任职年龄为 23 岁，如此年轻的法官能否真正理解复杂的现实生活，难免让人心生疑虑。目前，我国各级法院有相当数量的法官是直接从校门到法院的，一直未能深入现实的社会生活，尤其是对生活在社会底层的民生疾苦难以体察，对有些当事人的生活和心理可能难以真正理解。况且，现代社会是一个知识爆炸、信息泛滥的时代，法官不可能行行精通，对一些新出现的专业、行业，法官在一定时间内可能所知甚少。人民陪审员参加案件审理，可以弥补这方面的不足。

同时，陪审制度还有助于弥补职业法官在事实认定方面思维定势化的弱点。况且，现代社会的知识、信息呈几何级增长，法官不可能行行精通，适合各种新型专业案件的审判。人民陪审员的介入恰好弥补了法官在这些方面的不足。陪审员本身就是现实生活中的普通民众，可以根据自身的生活实践、经验、知识和常识，按照普通人的一般判断标准，对案件事实作出可能最接近实际的判断。同时，具有专业知识的陪审员参与审理特定案件，可以弥补职业法官对特定专业、行业专门知识掌握的欠缺。

与此相联系，人民陪审员参加案件的审理，还有利于社会公众法治观念的培养和法律知识的普及。因为陪审员直接参与审判活动，可以了解诉讼程序，掌握相关的法律知识，理解法律的规定，并真实地体会法律在解决纠纷中的实际意义，逐渐树立法治观念。现代英国著名法官丹宁认为，参加陪审活动培养英国人的守法习惯所起的作用要超过其他任何活动。[1] 深入考察美国民主状况的法学著名学者托克维尔也认为："美国人的政治常识和实践知识，主要是在长期运用陪审制度中获得的。普通公民作为陪审员参与审判活动，亲身经历审判过程，正是普通公民学习法律知识、认识社会、养成权利观念、领悟法治精神的最佳途径。"[2] 而且，随着参加陪审的民众数量的不断增多，社会公众总体上会更了解和理解法律的真谛，对法官的工作能够加深理解，对法官在案件审理中出现的某些失误能够予以更多的谅解。日本确定"裁判员制度"之初，社

---

〔1〕［英］丹宁勋爵：《法律的未来》，刘庸安、张文镇译，法律出版社 1999 年版，第 39 页。

〔2〕［法］托克维尔：《论美国的民主》（上卷），董果良译，商务印书馆 1988 年版，第 314 页。

会上反对的呼声很高，很多人不愿意担任陪审员，主要原因之一就是"没有信心作出正确的判决"。[1] 原先，案件审理和裁判的权力独由法官行使，受各种因素的制约，社会公众总是感觉裁判不公，即使法官尽心竭力，不受任何外界干扰，使出全身解数，也难以幸免。当然这里不包括徇私舞弊、枉法裁判的法官。现在，参与案件审理和裁判的机会被赋予每个人，使每位社会公众都置身其中，从一个旁观者变成参与者，一方面可以使社会公众增强对司法的理解，另一方面也可以充分调动社会上一切可以利用的力量，化解社会矛盾，及时解决纠纷，促进社会和谐发展，使社会公众体会到，司法不是法官的司法而是社会公众的司法，这可能是设立裁判员制度的真正意义所在。

（4）有助于解决法院案多人少问题。"依法治国"是我们建设社会主义国家的一项重要国策，提升了当代中国人对法律社会功能的期待。司法最终解决是维护司法独立、树立司法权威的一个重要原则。但同时其也容易使一些人在认识和理解上出现偏差，误认为司法是解决纠纷的万能钥匙，似乎任何纠纷都可以、都应当、都必须通过司法途径，由法官来解决。但在现实生活中不难发现，司法资源是有限的，诉讼案件的激增以及诉讼程序的日益复杂，使得司法资源不堪重负。[2] 实际上我国许多经济发达地区的法院都存在案多人少的问题。从我国的实际情况看，仅靠增加法官的数量来解决这个问题是不现实的。人民陪审员参与审判，履行陪审的职责（如认定事实），与法官共同审理案件，可以在一定程度上减轻法官的负担，可能也是现实条件下比较可行的选择。当然，解决案多人少问题，还需要确立多元化纠纷解决机制，通过不同机制以不同方式化解纠纷。但是，完善人民陪审制度，充分发挥司法审判的效能，无疑是化解纠纷的一个重要途径。

---

〔1〕 "日本法院'裁判员制度'正式实施——战后最大司法改革争议中起步"，载《法制日报》2009年6月19日。

〔2〕 实际上，许多国家都面临以诉讼方式解决纠纷"案多人少"的问题。在美国，由于民事案件太多，等待审理需要排队很长时间，有的甚至达数年之久，近年来美国一些州以赢利为目的的所谓出租法庭和出租法官应运而生，经诉讼双方协商同意，可以共同租赁一个"法官"和"法庭"。这些"法官"多是退休或离职的前任法官，"法庭"则是一些法律服务公司提供的类似正规法庭、配有各种文员和设备的场所。这种"法庭"采取与正规法庭一样的审理程序，最大的好处是不用排队等候很长时间，缺陷是价格昂贵，而且不一定公正。参见丁子江：《美国之劫：美籍华人与美国法律的真实较量》，中国工人出版社2002年版，第378页。

（三）我国陪审制度的存与废

1. 我国人民陪审制度的发展历程概述

我国陪审制度的名称近似于英美法系的陪审团制度，实质上更接近大陆法系的参审制，准确地说应当界定为人民陪审制度或者人民陪审员制度。这一制度沿袭前苏联经验而产生，起源于革命战争时期，1932 年中华苏维埃中央执行委员会颁布的《裁判部暂行组织与裁判条例》规定，陪审员是各级法庭的法定组成人员。新中国成立后，人民陪审制度作为一项基本的司法制度被确定下来，1951 年颁布的《人民法院暂行组织条例》第 6 条明确规定：为便于人民参与审判，人民法院应视案件性质，实行人民陪审制。陪审员对于陪审的案件，有协助调查、参与审理和提出意见之权。并且首次规定，人民陪审员按选举原则产生。1954 年《宪法》把陪审制度纳入国家根本法予以规定，反映出国家对普通大众参与司法程序行使民主权利的一种重视。同年颁布的《人民法院组织法》进一步对陪审制度作出了具体规定：即人民法院审理第一审案件实行人民陪审员制度，但是简单的民事案件、轻微的刑事案件和法律另有规定的案件除外。应当说，20 世纪整个 50 年代（解放初期）是人民陪审制度的辉煌时期。但是，从 20 世纪 50 年代末的大跃进时期开始，人民陪审制度陷入低谷。特别是"文化大革命"期间，由军管人员代替法官办案，司法制度受到冲击，人民陪审制度名存实亡。

"文化大革命"结束后，1978 年《宪法》重新规定了陪审制度，其第 41 条规定：实行群众代表陪审的制度。但是，此项规定在司法实践中并未受到重视，亦未真正在人民法院得到实际执行。1982 年《宪法》没有规定陪审制度。1983 年修改《人民法院组织法》时，将原来规定的第一审案件应当实行陪审制度，改为由审判员组成合议庭或者由审判员和人民陪审员组成合议庭进行审理，从而赋予法院选择适用陪审制的灵活性。1991 年《民事诉讼法》第 40 条作了类似的规定：人民法院审理第一审民事案件，由审判员、陪审员共同组成合议庭或者由审判员组成合议庭。合议庭的成员人数必须是单数。适用简易程序审理的民事案件由审判员一人独任审理。陪审员在执行陪审职务时，与审判员有同等的权利义务。此后，人民法院在案件审理中重新适用陪审制度，吸纳陪审员组成合议庭对案件进行审理。但是，由于缺乏具体规范，陪审制度的实施总体来说不尽人意。2012 年新修订的《民事诉讼法》对该项法律规定未作修改。

　　为进一步规范和推进人民陪审员制度，2004 年 8 月 28 日第十届全国人大常委会第十一次会议通过《关于完善人民陪审员制度的决定》，这是我国历史上第一部关于人民陪审员制度的单行法律，也是目前人民法院审理案件采用人民陪审员制度的重要依据。这部法律的出台，对于改革和完善我国审判制度产生了重大影响。但是，从立法之初，各方面对人民陪审员的职责定位、选任办法等关键问题就存在很大争议。《关于完善人民陪审员制度的决定》虽然明确了陪审员的职责（与法官享有同等权利）和选任管理办法，实践几年来，不可否认，人民陪审员在案件审理过程中与法官共同认定案件事实、适用法律确实也发挥了一定作用。但是，关于人民陪审员陪而不审的问题越来越引起关注。由于陪审员的作用在制度设计和实践上都受到限制，甚至引发了专家学者对人民陪审制度的存、废之争，不少学者明确建议废除人民陪审制度。他们认为，我国的陪审制度存在重大缺陷，陪审员参审活动少，"陪"而不审，"审"而不判，陪审成"陪衬"，陪审形式化，陪审员整体素质低，在现实中发挥不了多大作用，与其如此，不如干脆废除。[1] 应当说，这些学者确实准确地看到了陪审制度在实施中存在的突出问题，很有针对性。不过，陪审制度作为普通民众参与司法活动的一种重要方式，如有其他可供选择的办法，例如，通过完善陪审制度来解决实践中存在的陪而不审等主要问题，似不宜轻言废除人民陪审制度。

　　2. 人民陪审制度应当重构而不能废除

　　从目前我国的现实情况和民主政治建设的发展趋势看，应当保留人民陪审制度，通过制度重构，使其发挥应有的作用，而不宜废除人民陪审制度。具体理由如下：

　　（1）人民陪审制度是民主政治建设的需要。我国是人民当家作主的国家，国家的一切权力属于人民，人民可以依法行使管理国家事务的权力。国家权力包括立法权、行政权、司法权，实行人民代表大会制度畅通了使人民群众参与立法和国家政治决策的渠道，但是就司法权和行政权来说，虽然最主要的司法、行政官员是由人民代表大会选举产生的，但是这并不能代替人民群众参与司法权的行使。陪审制度的确立，让普通民众参与案件的审理，并赋予陪审员一定的权力，比较容易被社会公众接受，是民主政治的体现，也是进一步发展社会

---

〔1〕 刘艺工、李拥军："关于人民陪审制度难以执行根源的探讨"，载《甘肃政法学院学报》1998 年第 1 期。

主义民主政治的需要。党的十七大报告明确提出，要从各个层次、各个领域扩大公民有序的政治参与，最广泛地动员和组织人民依法管理国家事务和社会事务。人民陪审员参加案件的审理，使得普通公民能够普遍地直接行使审判权、监督司法，这是我国现实条件下社会公众实现直接民主与政治参与的一种好形式，具有重要的政治意蕴。[1] 人民陪审制度可以说是扩大公民政治参与的一项有效途径，也是人民参与司法审判、监督司法活动的一个不可多得的重要渠道，是绝对不能废除的。而且，从目前情况看，全世界都在追求民主，政治民主、司法民主是大势所趋。如前文所述，俄罗斯、日本、韩国、西班牙等国家充分认识到社会公众参与案件审理的价值，近几年相继采用和重新确立陪审制度，更多地让普通民众参与司法活动。在这样的现实背景和国际大趋势下，我们却要废除重新建立不久的人民陪审制度，显然是逆历史潮流而动的。

（2）人民陪审制度是实现司法公正的需要。如何妥善处理好社会转型中产生的各种矛盾，实现司法公正，是构建和谐社会必须解决的问题。目前，随着改革开放的不断深化和经济社会的快速发展，我国正处于体制转轨、社会变革、利益分化、观念更新的矛盾凸显期。利益主体多元化，社会关系复杂化，贫富差距扩大化，导致社会矛盾日趋复杂，民事纠纷日益增加，迫切需要寻求适合我国国情的纠纷解决方式来缓解社会矛盾。在现实生活中，面对上述状况，受各种条件的限制，立法、司法还不能快速地作出反应，以适应社会变化的需要，加上地方保护主义、枉法裁判等现象在一些地方不同程度地存在，导致人民群众对司法公正信心不足，司法的权威不足。同时，广大人民群众缺乏参与司法、监督司法的切实有效途径和手段，一方面对人民法院的审判活动不太了解、不够信任；另一方面通常就司法问题以非理性的、难以控制的方式表达民意，例如，近年来频繁出现的群体性事件和网络炒作现象等。这些民意的体现和表达方式很容易诱导、煽动极端思想，对人民法院造成不适当的舆论压力，影响司法公正。

面对当前司法公正的状况以及社会公众对司法公正的看法，迫切需要采取有效措施使社会公众加强对司法过程的参与和监督。人民陪审制度能够让社会公众更多地进入司法过程，参与司法审判，这对于遏制司法的暗箱操作，更好地实现司法公正，显然是必要的，而且在现实情况下也是十分重要的。社会公

---

[1] 刘计划："我国陪审制度的功能及其实现"，载《法学家》2008 年第 6 期。

众参与案件的审理，不仅能够监督司法，防止贪赃枉法情况的出现，还能够有效地防止司法活动与社会现实脱节，使判决能够体现社会公众普遍认同的价值观。人民陪审制度是广大群众直接参与司法过程、接近法院审判活动、监督法官依法办案的最重要渠道之一，如果仅仅因为有些陪审员未能很好地发挥作用就要予以废除，不仅很容易遭到社会公众的反对，还可能被看成是司法民主的倒退和对司法不公的放纵，而且客观上也不利于司法公正。

（3）现行人民陪审制度存在的问题可以通过制度重构加以避免或解决。目前，从法律规定和司法实践看，现行人民陪审制度确实存在一些问题，这些问题主要可归因于人民陪审员的职责定位不准。根据《关于完善人民陪审员制度的决定》规定，人民陪审员除不能担任审判长外，与法官享有同等的权利，既负责认定事实，又负责适用法律。这样规定表面看来是充分尊重人民陪审员的权利，但陪审员作为普通民众的代表，他们实际上根本不可能同时很好地履行这两项职责，否则他们就成为法官了。由于立法给陪审员规定了他们不可能完成的任务，实践中就不可避免地会产生一些问题：一是有些陪审员明显感到或者清楚地知道自己能力不足，只能是"陪而不审"，甘当摆设或陪衬，徒有陪审的形式。二是法律对陪审员的条件要求太高（例如，一般需要具有大专以上文化水平，目前我国具有大专以上文化水平的人约占4%），导致人民陪审员的选择范围很小，排除了绝大部分社会公众担任陪审员的可能性，使现任陪审员的代表性大打折扣。三是法律规定人民陪审员与法官享有同等权利，使法官在审理案件时与陪审员形成了一种竞争关系，他们必须共同行使权利，没有主次之分，在这种情况下，法官为了树立和维护自己的权威，方便案件审理，自然而然地喜欢选择听话的、容易说服的陪审员参与审理案件，结果就出现了目前受到学者们指责的现象，即有些陪审员经常地参与案件的审理，成为常任陪审员或者编外法官，而有些陪审员却很少有机会参与陪审案件，这当然不是自然选择的结果。由此可见，人民陪审员陪而不审，不能有效地发挥作用，在很大程度上是由于现行制度设计的缺陷造成的，并非陪审制度配制存在问题。而制度设计的问题可以通过完善法律、重构人民陪审员制度加以解决，以此为理由取消人民陪审制度显然是不可取的。

理论上说，陪审制度的运作出现问题，也可能与法院不喜欢适用陪审制度有很大关系。法院不愿意采用陪审员制度的原因似乎是因为陪审很麻烦，法院似乎认为，具有法律知识是陪审员的必要条件，由于选出有法律知识的陪审员很困难，因此这一制度就不需要那么严格地坚持。[1] 权力行使者当然不喜欢别人的监督，这是权力拥有者的共性，也是人类的本性。但是，权力如果不受监督就必然产生腐败，就必然会导致权力滥用。从这个意义上说，在目前阶段陪审制度也是不能取消的，道理很简单，那就是，有监督总比没有监督更好。尽管陪审员的监督功能可能发挥得不够充分、有效，但是，有人民陪审员坐在主审法官的旁边共同审理案件，终归要比法官关门审判好得多！

（4）审判方式改革为完善陪审制度创造了良好条件。近年来推行的审判方式改革，使我国的诉讼模式逐渐由职权主义转向当事人主义，这对于完善陪审制度、发挥陪审员的作用具有重要意义。在职权主义诉讼模式下，法院在诉讼中起主导作用，可依职权推进诉讼、收集诉讼资料和证据，当事人处于次要、消极地位。在这种情况下，人民陪审员虽然理论上说与法官享有同等权利，但在司法实践中，陪审员实际上不可能像法官一样查阅案卷、调查取证、进行询问等，这在客观上就限制了陪审员作用的发挥。在当事人主义的诉讼模式下，案件的当事人在诉讼中居于主导地位，诉讼按照当事人的意志进行，当事人对于是否请求权利保护、提出诉讼资料、如何进行诉讼等具有支配权，同时，当事人负责为其主张收集并提供证据，在法庭上依法举证、进行质证、展开辩论等，通常不需要由法官进行调查取证。因此，陪审员只要全程参与庭审活动，通过双方当事人的举证、质证、辩论等活动，就能够比较好地了解案件情况，作出正确的判决。可以说，审判方式的改革和转变，为完善和重构人民陪审员制度创造了很好的条件。

总之，不论从当前的国际潮流，还是从我国民主政治建设的发展趋势，以及推进司法公正的需要来看，都不能简单地废除人民陪审员制度，而是应当通过制度重构，保证人民陪审员能够有效地发挥应有的作用。

（四）重构我国人民陪审制度的具体设想

如前所述，我国的人民陪审制度只能坚持并不断完善，而不宜废除。事实上，近年来理论界就如何完善和重构人民陪审制度展开了广泛而深入的讨论，提出了许多很有价值的意见和具体建议。受其启发，我认为，为了使人民陪审制度更好地发挥应有的作用，按照现行《关于完善人民陪审员制度的决定》确

---

[1] 吴玉章："陪审制度在中国的兴衰"，载《读书》2002 年第 7 期。

立的陪审制度基础，重构我国的人民陪审制度，必须重新确定陪审员的职责，即以认定事实为主；然后，围绕如何使陪审真正有效发挥作用，调整陪审员的资格条件要求，扩大陪审员的群众基础和代表性；适当缩小并明确适用陪审的案件范围，使陪审集中于某些最需要通过陪审促进司法公正的案件；同时进一步完善相关诉讼制度，为陪审制度有效运作创造良好的制度条件。具体建议分述如下：

1. 关于陪审制度的运作模式

关于陪审模式的选择，学者们主要有以下几种观点：一种观点认为，为了改变人民陪审员成为"陪衬员"的状况，应当将现有的人民陪审制度改为英美法系的陪审团模式，由人民陪审员组成陪审团，仅就案件的事实问题作出裁决。[1] 另一种观点认为，为了保证最大限度地实现司法民主和对司法进行监督，应当保留现有的参审制模式不变，使人民陪审员享有与法官同等的权力，对案件的事实问题和法律问题作出裁决。还有一种观点认为，应当实行陪审制和参审制混合的模式，同时规定人民陪审团和人民陪审员两种制度。人民陪审员设在基层人民法院，基本保持现有的参审制模式；人民陪审团设在中级人民法院，适用于重大刑事案件的审判，只负责认定案件事实；同时，各级人民法院的审判中均可使用专家陪审员，属于参审制，适用于法律明文规定的若干类案件的审判。[2]

上述观点各有一定的道理，同时也存在疑问。完全采用英美法系的陪审团诉讼模式明显不可取，主要是因为诉讼成本太高、诉讼效率太低。继续实行现行的参审制模式，很难解决陪审员陪而不审的问题，而这也正是诸多学者提出废止我国陪审制度的主要原因。从实践效果看，参审制下陪审员只陪不审的现象并非我国特有，前苏联也曾经实行参审制，不论对事实问题还是法律问题，陪审员与审判员享有同等的表决权，然而，效果并不佳。一位同样来自参审制国家的著名比较法学家就明确地指出，事实上审判员对陪审员具有巨大的影响力，陪审员使审判员处于少数地位的情况则属例外。[3] 因此，参审制不太可能

---

〔1〕 詹菊生："论我国陪审制度的缺陷与重构"，载人民司法编辑部编：《中国司法改革十个热点问题》（论文集），人民法院出版社 2003 年版。

〔2〕 何家弘："中国陪审制度的改革方向——以世界陪审制度的历史发展为借鉴"，载《法学家》2006 年第 1 期。

〔3〕 ［法］勒内·达维德：《当代主要法律体系》，漆竹生译，上海译文出版社 1984 年版，第 235～236 页。

真正解决陪而不审的问题。实行陪审制和参审制混合的模式，不但不能完全解决诉讼成本太高、诉讼效率太低、陪审员陪而不审的问题，反而可能产生混合管理、实施的复杂性问题。就我国目前的法治状况和司法管理能力而言，尚不适宜采取过于复杂的陪审运作模式。从世界各国陪审制度的发展演变过程看，近年来，无论是英美法系的陪审团制度，还是大陆法系的参审制度，都曾因为制度自身存在的弊端，导致在一些国家呈现衰败趋势。但与此同时，需要引起关注的是，一些曾经废弃过陪审制度的国家又重新制定陪审法律，再次推行陪审制度并寄予厚望，如日本、俄罗斯等。针对这种完全相左的情况，很难作出孰是孰非的判断，可以视为陪审制度的一次理性回归。

近几十年来，民事诉讼制度的发展呈现出相互交汇的趋势，陪审制度的发展同样也有渐趋融合的势态。例如，日本建立的裁判员制度就是典型的代表，其制度设置兼具两种陪审运作模式的特点和优势。历史的经验值得借鉴，在陪审制度的发展历史上，法国曾经照搬英美法系的陪审制度，但最终因"水土不服"转而采用参审制度。[1] 相反，苏联采用参审制模式，而俄罗斯又改为陪审制。陪审制度兴衰演变的发展史表明，各个国家完全可以根据自身特点，建立适用本国法治状况和需要的陪审运作模式。因此，确定我国陪审模式，既不应以陪审制的优点贬低参审制，亦不能用参审制的长处否定陪审制。我国确定人民陪审制度的最终目的是为了实现司法民主，维护司法公正，陪审模式的选择必须与我国的民族传统、法律文化、制度体系和法治需要相适应，形成具有中国特色的陪审运作模式。

从目前我国的实际情况看，我们既不适合全盘引入英美法系的陪审制度，也不适合完全移植大陆法系的参审制度，可以参考日本最近的司法改革，确立一种尽可能集陪审制度和参审制度优点于一身的、符合我国国情、具有适用性的人民陪审制度。为了与现行人民陪审制度相区别，暂且称之为"新人民陪审员制度"，其主要内容是：在现行人民陪审员制度的基础上，缩小陪审员的职责，修改陪审员的任职条件，增加陪审员的人数，缩小并明确陪审的案件范围，具体内容下文分别予以论述。这种陪审模式的确立，期望既能够从根本上解决参审制导致的"陪而不审"的问题，又可以解决引入英美陪审制度可能带来的诉讼成本过高、诉讼过于拖延、诉讼效率低下的问题。

---

〔1〕 韩妍：《论陪审制度》，中国政法大学 2009 年硕士学位论文，第 22~23 页。

2. 关于陪审员的职责定位

准确定位人民陪审员的职责是重构人民陪审制度的核心。根据《关于完善人民陪审员制度的决定》的规定，人民陪审员依法参加审判活动，除不得担任审判长外，与法官享有同等权利。从法律规定看，人民陪审员除不能担任审判长以外，既负责案件事实的认定，又负责法律的适用。但从司法实际工作运用的状况看，两项职责都难以得到很好的履行，实际效果不佳。主要原因是陪审员欠缺法律知识，参加案件审理的陪审员少，自身自信心不足，容易受法官的控制。这也是导致目前陪审员"陪而不审"，难以发挥作用的一个主要原因。

赋予陪审员与法官几乎相同的职权，使其对案件的各方面都能产生影响并发挥作用，这实际上对陪审员提出了与法官相同的要求。因为陪审员只有真正具有与法官基本相同的知识、能力、经验和工作条件等，才可能真正行使与法官相同的职权。这种法律规定，表面上看似乎很重视普通民众的陪审功能，尊重民众的意愿，其实是为陪审员戴上了一顶他们根本戴不起的高帽子。因为人人都知道，作为普通民众代表的陪审员与法官行使相同的职权根本是不现实的，甚至是不可能的，否则陪审员就成为职业法官了。很明显，这种制度设计本身就存在重大的矛盾和缺陷，赋予陪审员根本不可能完成的职能，其践行绩效必然难如所愿。我国有些地方的调查显示，多数陪审员在临近开庭时才被通知陪审，到了法庭对陪审的案件一点不知情，每次开庭就跟走过场一样，自己完全成了摆设。人民陪审员变成陪听、陪看、陪坐，只陪不审。[1] 正因为如此，在大陆法系国家，尽管法律规定陪审员享有与专业法官平等的表决权，但陪审员的专业知识难以与法官相比，不得不接受法官的专业指导，并自然地产生一种权威趋从的心理，从而在表决时总是唯法官意愿是从，使"合议"完全流于形式。[2] 同样地，在我国司法实践中，一方面专业法官对人民陪审员信心不足，

---

〔1〕 林亮景："论陪审制度的完善——以人民陪审员陪而不审为视角"，载《四川教育学院学报》2009 年第 4 期。

〔2〕 罗智勇、冯浩："对我国陪审制的理性思考——从比较两大法系国家陪审制生存条件的视角"，载《时代法学》2004 年第 3 期。

导致不敢、不愿让陪审员参加案件的审理；[1] 另一方面，根据现行法律规定，陪审员既要负责认定案件事实又要负责适用法律，但他们并不具有专业的法律知识，而且随着法律法规越来越多，法律分工越来越细，法律知识越来越专业化，要求人民陪审员负责适用法律实在勉为其难，大部分陪审员根本无法胜任。

归根到底，建立陪审制度的初衷，就是要由普通公民依据自己的人生经验、生活常识和基本的价值观念，从有别于职业法官的角度出发参与案件的审理。可以说，在审判活动中引入普通民众作为陪审员参与审理，显然不是为了借助于他们的法律专业知识，而是要利用他们作为与案件当事人相似的普通民众，以同类人的思维方式、生活经验、价值观念、伦理人情等，帮助职业法官作出判断。因此，要使普通公众在案件审理过程中真正发挥作用，陪审员的职责只能是认定案件事实，而不能是适用法律。如何适用法律是需要专业知识和法律技能的，绝不是普通人所能够承担的。早在17世纪之初，英国伟大的法学家科克就曾经明确指出这一点，科克的这一论述几乎是法律界人所共知的。

从司法审判实践看，适用法律与认定事实是两种完全不同的审判活动。适用法律需要精深的法律知识和丰富的司法经验，而认定事实更多地取决于证据和裁判者的自由心证。在一般案件里，事实证据本身比较明确，认定事实和适用法律都比较容易。例如，对争议的事实人证物证俱全，甚至有未经修改的影像、音像证据，认定事实和适用法律都不会带来很大的困难。问题往往出在证据不足或者没有直接的、明确证据的情况下。例如，日常生活中十分常见的借款案件，双方发生借贷后，一方主张已经偿还，另一方主张没有偿还，双方都没有直接证据，只有自己的口头表述，在这种情况下，如何适用法律可能是明确的，而事实真相到底是什么，却没有明显的证据予以证明，因而最终必须依靠裁判者的自由心证。在这种情况下，让一位职业法官自由心证对事实作出认定，还是由数位与案件当事人相近的普通民众共同作出自由心证予以认定，哪

---

〔1〕 由于法律规定陪审制度的适用不具有强制性，目前陪审制度采用与否完全由法院控制，适用陪审的比例比较低。据北京市高级人民法院统计，1998年北京辖区的法院共审结各类一审案件96 839件，在适用普通程序审理的20 849件案件中，陪审员参加陪审的案件共5353件，占总数的25.7%。其中刑事案件占45.7%，民事案件占16.9%，经济和知识产权案件占6.2%，行政案件占8.2%。其他地区的情况大致也是如此。根据海口市中级人民法院的统计，海口市3个区法院在1995年前每年可以适用人民陪审员陪审的案件约为3000件，但真正有人民陪审员陪审的案件只有600件左右，只占20%。1995年以后3个区法院的民事、经济、行政案件几乎没有陪审员参加审判。参见《海南日报》1999年9月19日。

一个认定更有可能接近事实真相，随着法律的日益专业化，答案越来越倾向于后者。问题的核心还在于，不仅客观上普通民众的自由心证更有可能接近事实，而且案件当事人有可能相信这些普通民众更能够理解并发现事实，或者说，当事人更相信他们自己，因为在这个意义上说，陪审员本身与案件当事人都是普通民众。

　　鉴于上述，应当把人民陪审员的主要职能定位于认定案件事实，以使他们能够很好地履行职能。[1] 这样限定陪审员的职责，使陪审员与法官分工明确，陪审员负责认定案件事实，法官负责适用法律，陪审员可以发挥社会经验丰富、体察民情、代表民意的优势，法官可以发挥法律专家的特长，优势互补，从而使陪审制度真正得到实施，解决目前陪而不审、陪而不议的问题。正如有的学者指出的，这样设定陪审权符合人民陪审员的性质，表面看来人民陪审员的权力缩小了，但从实质看人民陪审员的权力将更落到实处，毕竟事实是审判的基础。[2] 同时，为了使法官适用法律能够更多地体现民意，陪审员可以对法律适用提出建议，鉴于通过陪审员表达公众对特定事实行为的态度，使司法判决能够适应普通民众的价值观念、人情伦理，不至于与现实的社会生活产生严重脱节。陪审团的建议应当是原则性的，例如，陪审员表示希望对被告从轻处罚、减轻处罚、适当减轻处罚、不予以处罚等，或者反之，重要的是反映出普通民众的态度和社会价值变化的趋势，而不是适用法律的准确意见；陪审员的建议不具有强制性，由法官酌情考虑。至于陪审员认为法官适用法律不当的，是否

---

　　[1]　在美国，陪审团的功能相当重要，甚至起决定性作用，因而成为事实证据的判定者。陪审团依据庭审中的证人、证词、证物和一切相关的文件来决定事实，一般由 12 名成员组成，还可能有数名候补成员。多数州都要求在全体陪审员都一致认为被告有罪的情况下才能裁定被告有罪，只要 12 名陪审员有一人或一人以上认为检方未能提供超越合理怀疑的证据，就形成悬疑陪审团（Hung Jury）而导致流审。这种情况下，可以另行组成陪审团重新审理，但若检察官放弃重审，法庭就会宣布被告无罪释放。参见丁子江：《美国之劫：美籍华人与美国法律的真实较量》，中国工人出版社 2002 年版，第 378～379 页。

　　[2]　李爱玲："英美法系陪审制度对我国的借鉴价值"，载《法制与社会》2009 年第 5 期。

允许陪审员提出建议要求法官改正，可以进一步研究。[1] 考虑到法官与陪审团的职责分工明确，而且案件当事人本身享有各种诉讼权利，包括上诉权，似乎没有必要再赋予陪审员此项职能和权利。

由人民陪审员负责认定案件事实，在特殊情况下也可能出现错误认定，特别是在施行新人民陪审员制度之初还缺乏实践经验，为防止出现明显错误的事实认定造成极端的不公正，可以规定，如果法官认为陪审员认定案件事实确有错误，可以提议另行选择陪审员重新审理，重新对案件事实作出认定。

3. 关于参与审理案件的陪审员人数

如果我们将陪审员的主要职责确定为认定案件事实，在具体审理案件时参加审判的陪审员的人数就应当相应地有所增加。目前，根据《关于完善人民陪审员制度的决定》，人民陪审员和法官组成合议庭审理案件时，合议庭中人民陪审员所占人数比例应当不少于1/3。司法实践中有时由2名审判员和1名陪审员、有时由1名审判员和2名陪审员组成合议庭。陪审员的人数较少，既要负责认定案件事实又要负责适用法律，容易被法官控制，受法官左右。陪审员认定案件事实，如果人数较少，难以保证评判结果的准确性和公正性，也难以形成对法官的监督和制约。因此需要增加陪审员的人数。此外，总结各国陪审制度发展的经验教训，我们也必须注意到，陪审员的人数太多，又会产生英美法系陪审团制度的成本太高、拖延诉讼等弊端。根据我国目前经济、法治、文化等方面的发展现状，可以参考日本的裁判员制度，将参加每一个案件审理的陪审员的人数确定为4～6人。这样，既可以在一定程度上保证陪审员比较准确、公正地认定案件事实，而诉讼成本的投入不至于太高；又可以使陪审员依法独立履行职责，避免法官的控制，从根本上解决目前存在的陪而不审的问题；同时

---

〔1〕 英美陪审制中有一个独特的"使法律归于无效的权力"，即在特殊案件中，如果陪审团认为法律不恰当，有权置法官指导或法律规定于不顾，使其良心作出无罪裁决，陪审团的否决权使陪审团的独立性达到了新的高度。虽然有人认为"它蕴含着最终的无政府的逻辑"，但某些情况下它可以表达对更广泛政治和社会问题的看法，从而促进法律变革。英国在20世纪初对交通事故的处罚多为终身监禁，后来在交通事故案件中，身为驾驶员的陪审员即使得到法官作出的明确指示，也往往不愿对被告人作出有罪判决。结果，1991年英国对道路交通法作出修改，规定危险致人死亡的可判10年以下监禁。从这个意义上看，陪审员实际上享有废除不当法律的权力。分别参见［美］博西格诺等：《法律之门》，邓子滨译，华夏出版社2000年版，第514、517页；麦高伟、杰弗里·威尔逊主编：《英国刑事司法程序》，姚永吉译，法律出版社2003年版，第363～364页；齐树洁主编：《英国民事司法改革》，北京大学出版社2004年版，第112页。

还可以解决目前法院案多人少的问题，缓解法院案件审理的压力。

4. 关于陪审员的任职条件

人民陪审制度是人民通过直接参与司法审判行使自己的民主权利，管理国家事务。陪审员参加案件审理，对案件的事实问题作出决断，对法律适用问题提出建议，直接关系到当事人的切身利益，可以说陪审员重任在肩。因此，对担任人民陪审员作出任职条件的规定是必要的。按照《关于完善人民陪审员制度的决定》有关条款的规定，担任人民陪审员必须拥护宪法、品行良好、公道正派、身体健康，年满 23 岁并且一般应当具有大学专科以上文化程度；人民代表大会常务委员会委员，人民法院、人民检察院、公安机关、国家安全机关、司法行政机关的工作人员和职业律师等人员，不得担任人民陪审员；因犯罪受过刑事处罚的人员，以及被开除公职的人员，不得担任人民陪审员。这些规定基本上是可行的，但也需要适当加以完善，主要是降低陪审员的文化水平要求，并根据不同情况对应当排除担任陪审员的人员予以细化。

陪审员的任职条件主要涉及三个问题：一是陪审员的年龄要求；二是对陪审员是否应当规定条件；三是哪些人应当被排除在陪审员的范围之外或者可免于担任陪审员。以下分别进行分析，并提出具体建议。

(1) 关于人民陪审员的任职年龄。根据《完善人民陪审员制度的决定》第 4 条规定，年满 23 岁的人可以担任人民陪审员。这可能是参照《法官法》、《检察官法》对法官、检察官的年龄要求作出的规定。[1] 这一规定在陪审员与法官共同组成合议庭审理案件时，或许是可以接受的，因为陪审员只是合议庭成员之一，实际上还有法官主导审判活动，即使陪审员只能发挥树立形象的作用，法官的把关也不会造成对审判产生重大的不利影响。但在陪审员对案件事实作出认定的情况下，这个年龄要求可能有些偏低，而且，原来的陪审员是推荐选任产生的，虽然法律允许年满 23 岁的人担任陪审员，但实际上很少出现这种情况。陪审员如果在符合条件的候选人中随机抽取，不同年龄的人被抽中的概率就是相同的。陪审员的年龄较低，司法实践中不利于陪审员职务的履行。因为担任人民陪审员需要具有一定的生活经验和社会阅历，陪审员过于年轻，缺乏

---

〔1〕 顺便指出，"两官法"的这一规定本身也是值得研究的，在改革开放之初缺乏法律人才的情况下可能是适当的，但在目前已经没有什么实际意义了。高等法律院校（系）的毕业生在法院工作数年后才可能担任法官，此时的年龄肯定已经超过 23 岁。

足够的社会生活经验，对复杂的现实生活了解不深，可能对案件事实缺乏足够的判断能力，导致不敢发表意见或者发表的意见与现实生活存在较大偏差。据此而论，人民陪审员的年龄应当适当提高，建议将陪审员的最低年龄规定为年满 28 岁为宜，因为这个年龄的人一般来说已经具有一定的生活阅历、社会经验和判断能力，心智趋于成熟，有独立的见解，也有能够融合于社会的认同感。

现行法律对人民陪审员任职的最高年龄未作规定，似有不妥。陪审员的工作比较辛苦，一旦被选中参与陪审，需要在一段时间内不断往来于法院履行职责，如果年龄过大，受身体条件的限制，陪审员很难承担繁重的任务，同时也不利于陪审员的身体健康。[1] 由此而言，法律在规定陪审员最低年龄的同时，还应当规定陪审员的最高年龄限制。根据我国目前社会实际情况，结合各企业、机关制定的合理退休年龄，可以考虑将人民陪审员的最高任职年龄限定为不超过 65 岁。[2]

（2）关于人民陪审员的排除条件。《关于完善人民陪审员制度的决定》规定了一些排除条件，但排除的范围比较窄，在陪审员实行推荐选任的情况下可能不会出现太大的问题，因为实际上能够被推荐的人都是被认为适宜担任陪审员的人，许多人虽然符合条件却不会被推荐，所以排除范围的大小实质上无关紧要。但陪审员实行随机抽取，就必须认真考虑排除的范围问题，因为每一个符合条件的人都存在同样被抽出来参加案件审理的概率。根据公正审理案件的客观需要，借鉴国外有关规定，我认为，陪审员的排除条件可作如下考虑：一是有些国家机关工作人员本身直接从事国家立法、司法的具体运作，基于其工作职责，不便于担任人民陪审员。主要包括各级人民代表大会常务委员会代表，以及各级人民法院、人民检察院、公安机关、司法行政机关的工作人员。二是各级人大机关、政府机关直接从事立法和相关法制工作的专业工作人员，包括律师、法学院校和研究机构的法律专业人员，以及其他专业从事法制工作的人

---

〔1〕 英国法律规定陪审员的最高年龄为 65 岁，美国规定为 70 岁，德国规定为 70 岁。参见罗勤：《关于人民陪审制度的再思考》，武汉大学 2004 年硕士学位论文，第 32 页。

〔2〕 有的国家将陪审员的年龄最低限制在 30 周岁。尽管如此，仍有当事人抱怨陪审员年龄偏小无法体谅老年人的心境，导致法官处于两难境地。例如，前不久报道的美国 79 岁的嫌犯利纳·西姆斯·吉斯克尔杀死前男友一案，其律师以"陪审团候选人年纪轻、无法理解吉斯克尔的心理"为由，声称吉斯克尔被剥夺了宪法赋予的应得到公正审判的权利。"因为陪审团成员和被告比起来都太年轻，以致被告得不到的不是与其年龄相仿者的审判。"参见《检察日报》2006 年 6 月 22 日。

员，不适宜担任陪审员。因为他们本身以法律为专业，被认为熟知法律，因而受到普通民众的信赖，如果他们与普通民众一同担任陪审员，一方面可能基于自身的法律知识优势和法律信念将自己的意志强加于其他陪审员；另一方面其他陪审员很可能因为他们的法律专业人士身份而依赖他们的判断或者受其影响，结果会影响每一位陪审员的独立意志，使本来应当由数位陪审员共同作出的判断变成其中一个人的判断，违反陪审制度的初衷。三是有些专业人士如消防队员、医生、护士、幼儿园教师等本身担负重要职责，可免于承担担任陪审员的义务。四是有些体障、智障人士，如盲人、聋哑人、精神病患者等存在严重身体和心智障碍，以及语言表达不清的人，没有足够的能力担任陪审员，可予以排除。五是因犯罪受过刑事处罚的人，被开除公职的人，不能担任人民陪审员。此外，有的学者甚至建议，排除从事公务的人员、接受过高等法律教育的人员、已通过司法考试的人员担任陪审员的可能性，以消除官员或精英兼任人民陪审员过多的现象，为普通公民提供更多的参与司法裁判的机会。[1] 这个意见尚可研究。

需要指出，法律规定陪审员的任职条件和排除条件都是一个最低要求，司法实践中，审理具体案件时还需要临时挑选具体参与案件审理的陪审员，届时双方当事人均可以排除某些他们认为不适合担任陪审员的人。

（3）关于陪审员的学历条件。《关于完善人民陪审员制度的决定》要求担任人民陪审员一般应当具有大学专科以上文化程度，由此引发了陪审员是平民陪审员还是专家陪审员之争。不难看出，这样规定的一个重要原因是，陪审员既参与认定事实，又参与适用法律，没有一定的文化基础就无法熟悉法律、理解法律规定，从而无法参与案件审理。但是，这一规定将陪审员局限于社会公众中文化水平较高的很小一部分人，将绝大多数人排除在外，不仅增大了案件审理出现某种倾向性判断的可能性（因为它只反映出小部分文化水平较高的人的意志），而且缩小了社会公众参与陪审的范围和层次，使人民陪审员缺乏代表性。[2] 法律规定人民陪审制度的目的，就是要让普通社会公众有机会参加案件

---

〔1〕　王冬冬："我国人民陪审制度应走向平民化——兼议《关于完善人民陪审员制度的决定》的有关规定"，载《法制与社会》2009 年第 3 期。

〔2〕　2002 年全国人口变动情况抽样调查数据显示：大专以上文化程度的公民仅占总人口比例的 4.41%，个别省份更低。例如，甘肃仅为 2.85%、广西为 3.23% 等。参见《中国统计年鉴 - 2003》，中国统计出版社 2003 年版，第 16、29 页。

审理，依法行使法律规定的民主权利和法律监督权，法律规定过高的学历要求，仅仅因为文化程度的差异就剥夺了绝大部分人担任陪审员的权利，显然会导致权利的不平等，不仅违背了设置陪审制度的初衷，甚至可能与权利平等的宪法精神不一致。况且，即使这个条件在当时看来是有道理的，重新将陪审员的职责定位于认定事实之后，这一条件也是完全没有必要的。因为对事实的判断只需要普通民众的生活经验、正常的理性和一般的判断力，这些与文化程度的高低没有必要联系。一位普通农民就一件普通的家庭纠纷所做的事实认定，不一定会比一位"海龟"博士差。因此，陪审员的任职条件应当取消有关学历的要求，真正使绝大部分普通民众能够参与陪审。

5. 关于设立专业陪审员

近几十年来，随着科学技术突飞猛进，新技术、新行业、新领域不断出现，使案件涉及的领域越来越广，争议的问题越来越专业，案件的审理需要越来越多的相关专业技术知识。法官可能是法律专家，但不是、也不可能成为所有领域里的专家，特别是涉及新技术、新行业、新领域的专业性案件，法官和普通民众可能都缺乏必要的专业知识，甚至不能很好地理解案情，因而难以作出准确的判断和裁决。这类案件由法官和普通民众陪审员审理，不仅可能因为需要深入了解专业技术问题、进行技术鉴定甚至反复鉴定等，导致审理期限长、效率低、费用高，而且，案件的当事人很可能是该领域的专业人士，他们对法官的判决可能缺乏信任感。[1]

为解决这个难题，一些地方法院通过司法实践的探索，在审理一些专业性较强的案件时，邀请相关的专业技术人员作为人民陪审员参与陪审案件，取得了很好的效果。而且，这些实践探索在制度层面也有所反映。例如，1991年最高人民法院在《关于聘请技术专家担任陪审员审理专利案件的复函》中指出，人民法院审理第一审专利案件时，可以根据案件涉及的技术领域，聘请有关技术专家担任陪审员。2005年7月7日，最高人民法院院长肖扬接见全国基层法院院长培训班学员时进一步指出："一些基层法院聘请各个领域的专家做陪审员的做法是成功的，要结合新的规定，加以完善并大力推广。"[2] 实践表明，聘

---

〔1〕 刘晴辉："关于专家在民事诉讼中地位的思考——以专家陪审模式为视角"，载《社会科学研究》2009年第1期。

〔2〕 肖扬："树立科学的司法观，扩大民主，促进司法公正"，载《人民法院报》2005年7月8日。

请专业陪审员参与审理是顺利解决某些专业性案件的一个有效途径。

因而，总结这些实践经验，可以在普通民众陪审员之外，设置专业陪审员。需要注意，这里的专业陪审员不是指具有法律知识或受过法律专业培训的人员，而是指具有其他特定专业知识的人员。根据各地的司法实践和当前的技术发展，建议目前设立下述领域的专业陪审员：①计算机和软件工程领域；②证券、信托等金融领域里专业性较强的行业；③商标权、著作权、专利权等知识产权领域。今后随着科学技术的发展，可以适当调整设立专业陪审员的领域。

对涉及上述专业领域的案件，由具有相关专业知识的专业陪审员参与审理，负责认定案件事实，由法官负责适用法律，可以弥补法官在专业知识方面的不足，同时也可以保证案件审理的公正性，并获得当事人的认可。不过，担任陪审员的专业人士应当具有独立地位，有利益关系的专业人员应当排除在陪审员的范围之外，实践中可由当事人自行申请排除。

根据目前人民法院分级审理案件的实际情况，可以适当扩大上述专业领域里适用专业陪审员的审级范围，除基层人民法院审理上述专业领域的案件适用专业陪审员以外，中级人民法院、高级人民法院审理这些领域的一审案件，在法院认为必要时，也可以适用专业陪审员参与审理。

6. 关于陪审案件的范围

瞿同祖先生认为，如果只关注条文而不注意实施情况，只能是条文的形式的、表面的研究，而不是活动的、功能的研究。我们应该知道法律在社会上的实施情况是否有效、推行的程度如何、对民众生活有什么影响等[1]。确定陪审案件的范围，必须考虑到陪审的必要性和可操作性。从司法实际情况看，并非所有的案件都需要陪审员参加审理，这是显而易见的。因而，让所有案件均可以适用陪审员审理肯定是不必要的。

根据《关于完善人民陪审员制度的决定》，目前我国人民陪审制度主要适用于社会影响较大以及原、被告申请由人民陪审员参加合议庭审判的案件。这一规定存在两个问题：一是"社会影响较大"的规定过于原则化，没有明确的判断标准，缺乏可操作性，事实上由法院根据情况自行掌握，自由裁量性过强，这种高度灵活的规定给人一种可以随心所欲的感觉，难以体现出"认真对待陪审制度"的态度。二是范围过宽，只要原、被告提出陪审的申请，就应当由陪

---

〔1〕　瞿同祖：《中国法律与中国社会》，中华书局 2005 年版，导论。

审员参与审理。目前西方国家对适用陪审制度审理的案件范围已有所限制，主要适用比较严重的刑事案件和少数特殊的民事案件，对简单、轻微的刑事案件和大部分民事案件，一般很少适用陪审制度。例如，英国通过陪审制审理的刑事案件不到全部刑事案件的4%，美国通过正式审理程序审理的案件不到10%。[1] 2009年日本正式实施裁判员制度，适用的案件类型主要限于重大刑事案件。

为了使人民陪审员制度真正发挥作用，同时避免因为陪审带来严重的增加诉讼成本、拖延诉讼、降低司法效率等问题，目前我国适用人民陪审员审理的案件范围不宜过宽。具体来说，首先，应当明确只有基层人民法院和中级人民法院审理的一审案件，才适用人民陪审员参加审理。当然，适用专业陪审员例外。其次，就刑事案件来说，应当限定为可能判处有期徒刑3年以上（或者人民检察院提起公诉要求判决的刑罚在3年有期徒刑以上），被告人不认罪并且要求适用人民陪审员进行审理的案件。被告人已经认罪的，不需要陪审员认定案件事实；其他一些处罚较轻的简单、轻微刑事案件，在推行人民陪审员制度之初，可暂不适用陪审制，今后取得一定的实践经验后，再考虑是否适当扩大陪审案件的范围。再次，就民事案件来说，主要是涉及侵犯名誉权的案件以及涉及邻里、亲情纠纷的案件，主要是婚姻家庭、相邻关系、继承纠纷等案件。当事人的行为、言辞等是否侵犯了他人的名誉权，他人的名誉是否因此受到贬损，最适合由当地的普通民众作为陪审员作出判断。而邻里、亲情案件往往情况复杂，涉及人情世故、风俗习惯，甚至涉及家族历史、家庭隐私等情况，由陪审员参与审理，更有可能作出符合实际的事实认定。最后，行政案件可不适用陪审制，因为作为被告的行政机关的行为都有明确的法律规范、法定程序和具体要求，行政机关的具体行政行为是否违法、是否侵害了相对人的合法权益通常比较容易判定。而且，被告行政机关在行政诉讼中负有举证责任，必须为其行为的正当性、合法性提供充分的证据，否则就会败诉。因此，似乎没有必要再要求由陪审员参与审理认定事实。虽然普通民众作为陪审员参与审理行政诉讼案件客观上可能有利于防止法院迫于行政机关的压力而作出不公正的判决，但在另一方面，一旦社会上形成某些行政争议的热点，陪审员也很容易受到社会情绪的左右，结果无视证据而作出错误的事实认定，从而形成难以解决的僵局。

---

〔1〕 罗勤：《关于人民陪审制度的再思考》，武汉大学2004年硕士学位论文，第38页。

考虑到由陪审员认定事实还缺乏实践经验，可不将行政案件纳入陪审范围。事实上，目前的司法实践中陪审员参与审理行政案件并不多见。

7. 关于陪审员的选择与管理

人民陪审员的选任是实行陪审的第一步。根据现行法律规定，我国人民陪审员的选任程序是，符合条件的公民，可由所在单位或户籍所在地的基层组织向基层人民法院推荐，或者本人提出申请，由基层人民法院会同同级人民政府司法行政机关进行审查，并由基层人民法院院长提出人民陪审员人选，报同级人民代表大会常务委员会任命，任期5年。人民法院审判案件依法应由陪审员参加合议庭的，应在人民陪审员名单中随机抽取确定。这些规定是与人民陪审员承担认定事实、适用法律双重职责相适应的，由人民法院会同司法机关审查确定人民陪审员人选，可以在一定程度上保证陪审员具有相应的参与审判的能力。

但是，这样规定的缺陷是显而易见的。从这些规定不难看出，人民法院对于人民陪审员的选任具有决定性作用和实际的权力。人民法院负责对推荐、申请的候选人进行审查，提出人民陪审员的人选名单，虽然表面上要报同级人大常委会正式任命，但从我国的现实运作情况看，任命更多地是一种程序和形式，实际上都是由人民法院操作和控制的。这样选择出来的人民陪审员名单，无论是陪审员的代表性还是可信度，都很难让人信服。而且，具体审理案件时选择陪审员参加合议庭时，虽然规定应当随机抽取，但是，一方面，案件当事人对于陪审员的选择没有任何限制，完全由法院运作，主观随意性较大；另一方面，对被抽中又因故或无故不参加审判的陪审员并没有严格的处罚措施，担任陪审员更多的是一种荣誉和权利而不是严格的法律义务，加上审判程序复杂，确实有些陪审员因各种原因不能随时参与审判，这就给法官随意操作留下了很大的空间，不排除有些主审法官根据自己的好恶决定参与审判的陪审员，尽量选择熟悉的、听话的、容易"沟通"的陪审员审理案件，而排斥一些认真行使权利、严格履行监督职责的陪审员，结果，有些陪审员可能经常参与陪审案件，而有些陪审员可能长期不参与审判。目前专家学者普遍批评的部分陪审员常任化、成为陪审专业户或者编外法官的现象，足以表明这种担心并非多余，而是已经不幸地变成了现实。[1]

---

　　[1]　例如，乌鲁木齐市某区人民法院共有44名陪审员，2012年全年陪审10件以上的只有4人，但有一位陪审员审理了623件，超过该院当年陪审案件的1/3。参见《法制日报》2014年2月12日。

事实上，一些地方法院经过实践已经认识到这些问题，并探索进行相应的改革尝试。例如，2008 年初，南京下关区人民法院就进行了"海选"人民陪审员的尝试，由参与海选的人自愿报名，经过几轮复试、面试的环节，在全社会范围内选出人民陪审员。[1] 通过海选的方式产生人民陪审员，可以说是陪审员产生方式的一次良性实验，海选产生的陪审员都是自愿加入人民陪审员行列的，工作积极性比较高，民众代表性更强，同时也有利于社会公众对人民陪审员进行监督。不过，现行陪审员选任制度的其他弊端仍然存在，例如，由于陪审员的名额限制以及主审法官在抽取参加合议庭的陪审员方面的实际主导权，陪审员可能仍然是一个相对固定的团体，一部分陪审员仍然可能成为常任陪审员，另一些陪审员参与陪审的机会同样可能比较少。

为此，根据人民陪审员认定事实的职责定位，应当适当调整和完善人民陪审员的产生方式。具体建议：

（1）确定陪审员名单与抽取参与审理案件的陪审员可以考虑实行分离制，即由不同的单位分别负责。例如，可由司法行政管理部门根据上一次地方人民代表大会代表选举时本地区有选举权的选民册，按照前述年龄要求和应当排除在陪审员之外的规定，确定当地的人民陪审员名册，供审理案件时抽取确定参与审理案件的陪审员。专业陪审员可由行业协会、专业协会推荐，由司法行政管理部门以此为根据确定专业陪审员名单。

（2）人民法院审理依法应当由陪审员参与审理的案件时，从陪审员名册中随机抽取一定数量的候选陪审员，开庭前，在主审法官的主持下，依次询问候选陪审员的基本情况和特定事项，由双方当事人依据一定的理由排除某些不适宜审理该案件的候选人，最终确定 4～6 位陪审员参与案件审理，负责认定案件事实。当事人可依据哪些理由排队候选陪审员可另作统一规定，同时允许当事人根据案件的特定情形以特殊理由提出排除某位候选陪审员的意见，但由法官决定是否应当排除。

（3）通过立法明确规定，列入陪审员名单的社会公众担任人民陪审员，既是一项权利，也是一种义务，是每一位社会公众的职责。一旦被列入陪审员名册，并被随机选中参加案件审理，除非有正当理由（例如，因本人或关系密切

---

〔1〕 李克诚："海选人民陪审员观察：司法改革的'鲶鱼'试验"，载《东方早报》2008 年 1 月 14日。

的近亲属患有疾病，不能履行陪审职责），必须参加案件的审理，依法履行法定职责。同时，建立责任处罚制度，即规定被选中的人民陪审员如果无故拒绝或懈怠履行法定职责，依法给予罚款、拘留等处罚。

实践中，为防止某些陪审员总是被抽中参加案件审理，确保列入名单的陪审员有均等的机会被抽中，可以在一定时间里（例如一年内）将曾被选中参与案件审理的陪审员，排除在抽取的范围之外，或者限定每一年陪审员在一定时间里参加案件陪审的次数（如每年不超过3次）。这样规定有两方面好处：一方面可以减轻陪审员的负担，因为担任陪审员是每个符合法定条件的公民的权利和义务，是必须履行的职责，某一位陪审员参加陪审的次数过多，可能会加重其负担；另一方面可以避免出现常任陪审员，实现陪审员机会均等，并且可以减少产生陪审腐败的可能性。

二、管辖权异议制度

管辖权异议是我国民事诉讼法赋予当事人的一项诉讼权利。这项权利的赋予，既有利于解除当事人的思想顾虑，维护当事人的合法权利；又有利于保障人民法院各司其职，正确裁判，及时解决当事人之间的纠纷。但从目前情况看，法律对管辖权异议制度的规定显得比较笼统，适用过程中存在诸多问题，迫切需要完善相关立法，从根本上解决问题。因此，作者根据现行法律规定，针对司法实践中存在的问题，结合管辖权异议制度的理论研究成果，对管辖权异议制度的立法完善提出一些粗浅的看法，建议通过修改现行《民事诉讼法》有关规定，拓宽管辖权异议主体的范围，明确管辖权异议涉及的管辖种类，并确立附带诉讼模式的争议解决机制。

（一）拓宽管辖权异议主体的范围

民事诉讼中的管辖权异议，是指民事诉讼当事人提出的，认为受理案件的人民法院对案件没有管辖权的意见或主张。提出管辖权异议，是我国《民事诉讼法》赋予当事人的一项重要的诉讼权利。但在司法实践中，由于地方保护主义和司法腐败的影响，一些当事人把管辖权异议当成"争管辖权"的一种手段，把管辖权和管辖法院的确定当成诉讼胜负的关键。因此，什么人在什么情况下有权提出管辖权异议，即谁应当是管辖权异议的主体，不仅在理论界争议很大，而且也是司法实践面临的一个亟待解决的重要问题。

所谓管辖权异议的主体，是指民事诉讼中有权提出管辖权异议的人。我国《民事诉讼法》第 127 条规定："人民法院受理案件后，当事人对管辖权有异议的，应当在提交答辩状期间提出。"据此，管辖权异议的主体应当是民事诉讼的当事人，即以自己的名义请求人民法院保护其民事权益，并由此引起民事诉讼程序发生、变更或消灭的人及其相对人。[1] 理论上说，民事诉讼的当事人有狭义与广义之分。狭义的当事人仅指原告和被告；广义的当事人除原告、被告外，还包括诉讼代表人、第三人等。由于上述规定比较原则，法学理论界和司法实践中对管辖权异议主体一直存在不同认识。有的学者认为，管辖权异议只能由案件的被告提出，其他人不享有这项权利。[2] 有的学者认为，在一般情况下，提出管辖权异议的当事人是被告和受诉法院通知参加诉讼的有独立请求权的第三人；在极少数情况下，可由原告提出管辖权异议等。[3]

确立管辖权异议的主体应当遵循两个原则。一是公平原则，即通过管辖异议权的行使，使当事人真正处于平等地位，以公平地保护各方当事人的利益；二是当事人意思自治原则，即法院管辖权的确定应当充分尊重当事人的诉讼权利，体现当事人依法自主选择。因此，对诉讼当事人能否作为管辖权异议的主体，不能抽象地一概而论，而应当根据具体情况进行具体分析。下面分别探讨各当事人在什么情况下可以作为管辖权异议的主体。

1. 原告

民事诉讼的原告为维护自身利益，以自己的名义向人民法院提起诉讼，引起民事诉讼程序发生。因此，有学者指出，既然管辖法院是原告自己选择的，原告就不能成为管辖权异议的主体，因为原告对受诉法院的管辖权如有异议，就不应向该法院起诉。[4] 原告主动向法院起诉，应视为承认、接受受诉法院的管辖。[5] 这些看法一般来说是有道理的，通常情况下，提起诉讼的原告不应作为管辖权异议的主体。但在另一方面，司法实践中民事诉讼的情形十分复杂，在有些情况下，按照上述公平原则和当事人意思自治原则，应当允许原告提出

---

〔1〕 杨荣新主编：《民事诉讼法学》，中国政法大学出版社 1997 年版，第 143 页。
〔2〕 刘家兴主编：《民事诉讼法学》，北京大学出版社 1994 年版，第 119 页。
〔3〕 徐瑞柏、汤树华主编：《经济审判实用全书》，中国经济出版社 1995 年版，第 498 页。
〔4〕 周溯、吴远阔："试论管辖异义的主体和客体"，载《法学》1995 年第 3 期。
〔5〕 肖晗、王茜："浅析管辖权异议"，载《江西法学》1994 年第 1 期。

管辖权异议，否则就难以保障当事人的诉讼权利平等。

在下面两种情况下，应当承认原告的管辖权异议主体地位：①原告起诉后，其他当事人未提出管辖权异议，但受诉法院主动裁定将案件移送其他法院。其他当事人（如被告）提出管辖权异议的，在法院作出裁定后，根据《民事诉讼法》第164条的规定，原告对受诉人民法院的裁定不服的，有权在接到裁定书后10日内向上一级人民法院提起上诉。[1] 但是，受诉人民法院依职权将案件移送其他法院的，原告如认为受移送的法院没有管辖权，法律没有规定原告可以获得什么救济。在这种情况下，依理显然应当给原告一个行使诉讼权利的机会，即允许原告提出管辖权异议。②诉讼开始后，依法被追加的共同原告。当事人被追加作为共同原告的，虽为原告，但并未主动起诉，受诉法院非其自主选择，理应允许其提出管辖权异议，始为公平。

至于原告误向无管辖权的人民法院起诉，法院受理后，原告方知受诉法院对案件无管辖权的，能否提出管辖权异议，值得研究。原告向人民法院起诉应当慎重地作出准确的选择，其主动起诉的行为应当视为接受受诉法院的管辖。因此，这种情况下原告不宜主动提出管辖权异议，可由被告提出管辖权异议或由受诉法院依职权将案件移送至有管辖权的法院。

2. 被告

民事诉讼的被告作为管辖权异议的主体，理论界和实务界一致持肯定的态度。但在司法实践中，下面三个问题仍然值得引起特别注意。

第一，我国《民事诉讼法》第127条第2款规定：当事人未提出管辖异议，并应诉答辩的，视为受诉人民法院有管辖权，但违反级别管辖和专属管辖规定的除外。被告未在规定期限内提出管辖权异议，即对案件的实体问题进行答辩的，应视为放弃了提出管辖权异议的权利，此后不得再提出管辖权异议。但是，如果其他当事人提出管辖权异议或者受理法院依职权重新确定管辖法院的，已经答辩的被告如认为该法院没有管辖权，仍应有权提出管辖权异议，因为被告进行的答辩是以原定的受诉法院为前提的，管辖法院变更后，应当给被告一个重新行使管辖异议权的机会，由其决定是否针对新的管辖法院提出管辖权异议。

---

〔1〕《民事诉讼法》第164条规定："当事人不服地方人民法院第一审判决的，有权在判决书送达之日起十五日内向上一级人民法院提起上诉。当事人不服地方人民法院第一审裁定的，有权在裁定书送达之日起十日内向上一级人民法院提起上诉。"

第二，被告如有正当理由，未能在规定的期限（即提交答辩状期间）内提出管辖权异议的，可否延期提出？根据《民事诉讼法》第83条规定的精神，被告确有正当理由，未能在规定的期限内向受诉法院提出管辖权异议的，应当允许其在障碍消除后10日内申请顺延期限，并在法院确定的顺延期限内提出管辖权异议，因为被告未能如期提出管辖权异议有客观上的正当原因，非被告的主观、真实的意思表示。[1]

第三，在规定的答辩期间，即提出管辖权异议的期限届满后，人民法院在审理过程中追加的被告，应当看成是一个新的被告，法院应当指定一个合理的期限，由其决定是否提出管辖权异议，而不能以答辩期已过为由，取消追加的被告提出管辖权异议的权利，因为在此之前，人民法院追加的被告没有机会对受诉法院提出管辖权异议，而且其答辩期并未届满，剥夺其提出管辖权异议的权利，显然是不公平的。

3. 共同诉讼人

共同诉讼是指一个案件的当事人一方或双方有两人以上共同参加的诉讼，分为普通共同诉讼和必要共同诉讼。普通共同诉讼是指诉讼标的为同一种类的案件，人民法院可以应当事人的要求分别进行审理。但符合下列条件的，也可以合并审理：①案件均属人民法院主管，且受诉法院有管辖权；②诉讼能适用同一诉讼程序；③符合合并审理的目的；④当事人同意合并审理。可见，普通共同诉讼属于可分之诉，当事人认为必要的，可由人民法院分别审理；只有当事人各方均表示同意，才能合并审理，形成共同诉讼。因此可以说，共同之诉是当事人的选择，其中包括对受诉法院的选择，所以，共同诉讼人不应存在提出管辖权异议的问题。当事人对受诉法院的管辖权有异议的，可不参加共同诉讼，另行向其认为有管辖权的法院提起诉讼。

必要共同诉讼是指同一方当事人之间具有共同的诉讼标的，当事人必须共同参加的诉讼。共同诉讼人对诉讼标的有共同的权利义务，必须一同起诉、应诉。因此，必要共同诉讼属于不可分之诉。其中，一个人的诉讼行为，只有取得其他共同诉讼人的承认，才能对其他共同诉讼人产生效力。

必要共同诉讼的原告可否成为管辖权异议的主体，目前尚有争议，主要有

---

〔1〕《民事诉讼法》第83条规定："当事人因不可抗拒的事由或者其他正当理由耽误期限的，在障碍消除后的十日内，可以申请顺延期限，是否准许，由人民法院决定。"

两种观点。一种观点认为，必要共同诉讼的原告参加诉讼有两种情况：①如系原告申请参加诉讼，说明他已经承认其他共同原告的诉讼行为，应当受到约束，不应再对其他共同原告选择的管辖法院提出异议；如有异议，可不申请参加诉讼。②如原告系法院依职权追加的，则存在两种可能性：一种可能是，原告既放弃实体权利又放弃诉讼权利，既然原告的实体权利都放弃了，自然也不存在对管辖权的异议了；另一种可能是，原告不放弃实体权利但又不愿参加诉讼，这说明他放弃了诉讼权利，当然也不能成为管辖异议的主体。[1] 另一种观点也承认必要共同诉讼的原告可以成为管辖权异议的主体，但同时认为，自己申请参加诉讼的共同原告享有管辖异议权，但他放弃这一权利自愿参加到已进行的诉讼中，理应接受受诉法院对案件的管辖。对于那些既放弃实体权利又放弃诉讼权利，不愿意参加诉讼，法院可不予追加的人，以及那些不放弃实体权利但又不愿参加诉讼，而由法院追加为共同原告的人，由于其放弃了诉讼权利，当然也就放弃了管辖异议权。但放弃不等于不享有，他们享有管辖异议权，只是放弃了该项权利而已。[2]

必要共同诉讼作为一种不可分之诉，当事人不能依其选择单独行使诉讼权利。共同诉讼的原告无论是自己申请参加诉讼，还是被法院依职权追加的，实际上都没有选择权，因为他不能另行起诉，如不参加诉讼，势必影响其实体权利，因而只能选择参加已经开始的诉讼。在这种情况下，如不允许其提出管辖权异议，其合法权益的维护就会受到影响，也难以体现当事人之间的诉讼权利平等。《民事诉讼法》第 52 条第 2 款规定：“共同诉讼的一方当事人对诉讼标的有共同权利义务的，其中一人的诉讼行为经其他共同诉讼人承认，对其他共同诉讼人发生效力；对诉讼标的没有共同权利义务的，其中一人的诉讼行为对其他共同诉讼人不发生效力。”据此，先行参加诉讼的共同诉讼人对法院管辖权的认可，并不当然地成为追加的共同诉讼人之意愿。既然必要共同诉讼的原告是不得已才申请参加诉讼的，或者是被法院依职权追加而被迫参加诉讼的，就应当赋予他们管辖异议权主体地位，允许其提出管辖异议权。就是说，被追加的必要共同诉讼人有权在收到应诉通知之日起 15 日内，向受诉法院提出管辖权异

---

〔1〕　周溯、吴远阔：“试论管辖异义的主体和客体”，载《法学》1995 年第 3 期。

〔2〕　叶仁文、魏鸣镝：“也谈管辖异议的主体——与周溯、吴远阔同志商榷”，载《人民司法》1996 年第 1 期。

议，人民法院不得以该异议未得到其他共同诉讼人附和为由而裁定驳回。

4. 诉讼代表人

诉讼代表人是在当事人一方人数众多的诉讼中，为方便诉讼的顺利进行，由众多当事人推选或由法院指定，代表众多当事人进行诉讼的人。代表人诉讼实质上也是一种共同诉讼，但诉讼代表人与共同诉讼人的行为效力和法律地位都存在十分重要的区别。根据《民事诉讼法》和相关司法解释的规定，在代表人诉讼中，诉讼代表人的诉讼行为当然地对被代表人发生效力，除非在起诉人人数确定的情况下，被代表人明确向人民法院表示反对，并且取消了代表人代表该当事人进行诉讼的资格。与此相反，共同诉讼人之一人的诉讼行为，须经其他共同诉讼人承认，才对其他共同诉讼人发生效力。因此，在能否提出管辖权异议的问题上，两者也应当区别对待。

诉讼代表人既然是被推选或指定代表众多当事人进行诉讼之人，理应有权向法院提出管辖权异议，法院据此做出的裁定，对全体被代表人均有法律约束力。而且，根据《民事诉讼法》第53条的规定，诉讼代表人"变更、放弃诉讼请求或者承认对方当事人的诉讼请求，进行和解，必须经被代表的当事人同意"，并未规定提出管辖权异议应经被代表人同意。所以，应当认为，诉讼代表人可以不经全体被代表人同意，直接以自己的名义，向受诉人民法院提出管辖权异议。

5. 诉讼第三人

诉讼第三人，包括有独立请求权的第三人和无独立请求权的第三人。有独立请求权的第三人，是对原告和被告之间争议的诉讼标的有独立请求权的人。最高人民法院在《关于第三人能否对管辖权提出异议问题的批复》中明确指出，有独立请求权的第三人主动参加他人已开始的诉讼，应视为承认和接受受诉法院的管辖，因而不发生对管辖权提出异议的问题。如属受诉法院依职权通知他参加诉讼的，他有权选择是以有独立请求权的第三人身份参加诉讼，还是以原告身份向其他有管辖权的法院另行起诉。因此，理论界一般认为，有独立请求权的第三人对于是否接受受诉法院管辖享有自主选择权，不宜作为管辖权异议的主体。这种观点未免有些太绝对化。现实生活中各类民事案件错综复杂，有独立请求权第三人的具体情形也可能各有不同，不宜一概而论。在下面两种特殊情况下，有独立请求权的第三人应当享有管辖异议权：①存在共同第三人。被遗漏的共同第三人在人民法院受理参加之诉后，如被追加参加诉讼，则受诉法院并非由其选择，而且在此之前他也没有机会对受诉法院提出管辖权异议，理应允许该共同第三人依法提出管辖权异议。②在参加之诉中，如发生移送管辖、指定管辖、管辖权的转移等情形，管辖法院发生了变更，有独立请求权的第三人应当与其他当事人一样，有权对新确定的管辖法院提出管辖权异议。

无独立请求权的第三人，是对原告与被告之间争议的诉讼标的没有独立的请求权，但与案件处理结果有法律上的利害关系，因而申请参加诉讼或由法院通知参加诉讼的人。无独立请求权第三人参加他人已开始的诉讼，通过支持一方当事人的主张来维护自己的利益。对于无独立请求权第三人能否作为管辖权异议的主体，理论界普遍持否定态度。[1] 主要理由是，无独立请求权第三人在诉讼中始终辅助一方当事人，并以该方当事人的主张为转移，对当事人之间争议的标的没有独立的请求权。法院对案件有无管辖权，是依据原告、被告之间的诉讼而确定的，无独立请求权第三人既非原告、亦非被告，无权行使本诉当事人的诉讼权利，故无权提出管辖权异议。[2] 最高人民法院《关于适用中华人民共和国民事诉讼法若干问题的意见》第 66 条也明确指出，无独立请求权的第三人在一审中无权对案件的管辖权提出异议。

上述传统观点需要重新考虑，并应当确定无独立请求权第三人为管辖权异议的主体。主要理由是：①理论上，有利于贯彻诉讼权利平等原则。无独立请求权第三人参加诉讼存在两个诉，一个是原告、被告之间的本诉；另一个是第三人与本诉中原告和被告之间形成的参加之诉。在参加之诉中，无独立请求权第三人的法律地位相当于被告之被告，但却不能享有被告的诉讼权利，这显然不符合民事诉讼的当事人诉讼权利平等原则。因此，在参加之诉中，应当赋予无独立请求权第三人管辖权异议主体地位。②实践中，有利于防范和克服地方保护主义。在审判实践中，有些法院出于地方保护的目的，随意追加与被告之间根本不存在法律关系的外地当事人作为第三人参加诉讼，并判决第三人承担民事责任，以此不正当地扩张自己的管辖权，为本地当事人谋取不正当利益，损害外地当事人的合法权益。赋予无独立请求权第三人管辖权异议主体地位，可以防止和遏制强拉硬扯第三人参加诉讼、非法强迫其承担责任的现象，防范

---

〔1〕 参见杨路："管辖权异议若干问题探讨"，载《法学评论》1998 年第 5 期；刘志英、李富堂："论管辖权异议"，载《河北法学》1993 年第 6 期；肖晗、王茜："浅析管辖权异议"，载《江西法学》1994 年第 1 期。

〔2〕 常怡主编：《民事诉讼法学》，中国政法大学出版社 1999 年版，第 117 页。

司法实践中的地方保护主义，促进司法公正。

（二）明确管辖权异议涉及的管辖种类

明确管辖权异议涉及的管辖种类，实际上是管辖权异议的客体问题，即诉讼主体之间权利与义务所指向的对象。简单地说，就是指当事人能在什么范围对哪个或哪级法院提出管辖权异议。根据我国《民事诉讼法》的规定，人民法院审理民事案件，实行两审终审制度。我国的人民法院有四级，即最高人民法院、高级人民法院、中级人民法院和基层人民法院，每一级人民法院都受理第一审民事案件。当事人不服第一审人民法院对民事案件所作的判决、裁定，可以上诉至第二审人民法院，第二审人民法院所作的判决、裁定为终审判决、裁定，当事人不得就此再进一步提出上诉。此外，人民法院依照特别程序、督促程序、公示催告程序和企业法人破产还债程序审理的案件，实行一审终结。总地来说，我国的民事审判实行两审终审制是基本制度，一审终结是例外情况。人民法院的管辖依法分为级别管辖、地域管辖、移送管辖、指定管辖四大类。其中，地域管辖又进一步分为六小类，即一般地域管辖、特殊地域管辖、专属管辖、共同管辖、选择管辖和协议管辖。法律对于人民法院对民事案件的主管也做了规定。但是，对于当事人能在什么范围内、对哪个或哪级法院提出管辖权异议，法律没有作出明确规定，导致司法实践中的困难和混乱，迫切需要从立法上加以完善。[1]

1. 主管

主管一般是指国家机关的职权范围。人民法院的主管，是指人民法院受理民事案件的权限范围。民事诉讼中的主管具有两方面的功能：一是划定法院对民事诉讼的受案范围，以确定哪些纠纷属于、哪些纠纷不属于人民法院民事审判权的作用范围；二是解决法院和其他国家机关、社会组织在解决民事纠纷上的分工和权限问题，以便他们按照各自职责范围有条不紊地受理和解决民事纠纷。[2] 人民法院的主管和管辖不同，管辖解决的是法院系统内部处理第一审民事案件的分工和权限。但管辖与主管也有联系，主管是确定管辖的基础，管辖

---

〔1〕 民事诉讼当事人不服人民法院的地域管辖，可以提出管辖权异议。对此，有关立法、法学理论界和司法实务界的认识基本是一致的，故这里不再多述。

〔2〕 江伟主编：《民事诉讼法》，高等教育出版社、北京大学出版社2002年版，第68页。

是主管的体现，只有确定属于人民法院主管，才能落实由哪一个法院管辖。通常情况下，不属于人民法院主管的案件，人民法院在审查起诉阶段就不应当受理。

但是，民事纠纷错综复杂，人民法院有时可能难以在立案前的短时间内对案件作出全面、准确的审查，结果可能作出错误的受理决定，或者，在某些情况下，人民法院认为案件应当由自己主管，被告却认为不应由人民法院主管，而应当由其他国家机关或有关组织解决。在这些情况下，被告能否对受诉法院的管辖权提出异议，这是否属于管辖权异议的范围，我国法律没有明确的规定。《民事诉讼法》第 127 条只是规定："人民法院对当事人提出的异议，应当审查。异议成立的，裁定将案件移送有管辖权的人民法院；异议不成立的，裁定驳回。"这一规定似乎表明，管辖权异议的范围仅限于人民法院内部，即只解决已经确定由人民法院主管的案件在不同人民法院之间的管辖争议，不涉及案件的主管问题。

当事人提出管辖权异议的范围，不应当只限于人民法院系统内部的分工和权限，对于民事案件的主管问题，当事人也可以提出管辖权异议。因为社会矛盾和纠纷是错综复杂的，有的适合作为法院民事审判权的对象，有的未必适宜采用民事审判的方式解决。正是出于这样的考虑，法律明确规定，除人民法院外，其他国家机关和社会组织也具有依法解决纠纷的职能。有关的各个国家机关和社会组织各尽其能、各司其职，相互配合，才能构成完整的纠纷解决体系，使不同的纠纷采取最适宜的方式予以解决；才能打消当事人的顾虑，使纠纷尽可能地按照当事人所期望的方式得到圆满解决，真正做到定纷止争，使当事人息诉，促进社会的和谐。因此，应当完善相关立法，把人民法院的主管也纳入管辖权异议的范畴，并明确规定：当事人不服人民法院的主管，可以提出管辖权异议。人民法院对当事人提出的管辖权异议，应当审查。异议成立的，人民法院应当将案件移送其他主管机关处理解决；异议不成立的，裁定驳回。对于人民法院的移送，受移送机关应当接受。

2. 级别管辖

对于级别管辖，当事人能否提出管辖权异议，理论界和实践中的争议都很大。一种观点认为，管辖权异议应当包括级别管辖在内，因为民事诉讼法关于管辖和管辖权异议的规定，都没有明确地排除级别管辖。另一种观点认为，当事人对级别管辖不服的，不能提出管辖权异议。这个问题在司法实践中具有重要意义，有必要进行深入研究，得出正确结论。

案件的受理违反级别管辖规定的，应当赋予当事人管辖异议权。主要理由是：①民事诉讼法关于级别管辖的规定，综合考虑了案件的性质和复杂程度、各级人民法院的审判力量和分工等因素，目的就是为了保证案件、特别是重大疑难案件的审判质量，其前提就是较高级的人民法院具有较强的审判力量和较高的审判水平。据此，当事人有权根据案件情况获得一定级别的案件审理权，依法要求由相应级别的人民法院审理其纠纷。如果案件本应由级别较高的人民法院审理，却交由级别较低的法院审理，可能受到审判力量、审判水平、地方利益、人情等方面因素的影响，降低案件的审判质量，损害当事人的合法权益。②在某种程度上，审级利益会直接影响实体裁判的内容。管辖法院级别的下调，很有可能使终审法院的层级也相应地降低，从而意味着当事人本可以向更高级别法院表示不服而上诉的机会，也随着级别管辖的改变而丧失。③司法实践中确实存在人为降低案件审级，损害当事人合法权益的现象。某些当事人从个人利益出发，故意向级别较低的法院起诉；个别基层人民法院乃至中级人民法院出于地方保护主义甚至徇私枉法，故意违反级别管辖的有关法律规定受理案件。④1995 年 7 月 2 日，最高人民法院在《关于当事人就级别管辖提出异议应如何处理问题的函》中规定，当事人就级别管辖权提出管辖异议的，受诉法院应认真审查，确无管辖权的，应将案件移送有管辖权的法院，并告知当事人，但不作裁定。受诉法院拒不移送，当事人向其上级法院反映情况并就此提出异议的，上级法院应当调查了解，认真研究，并作出相应的决定，如情况属实有必要移送的，应当通知下级法院将案件移送有管辖权的法院；对下级法院拒不移送，作出实体判决的，上级法院应当以程序违法为由撤销下级法院的判决，并将案件移送有管辖权的法院。同时还应以违反审判纪律对有关人员严肃处理。⑤为了改革有关民事案件级别管辖异议的行政化处理模式，为当事人级别管辖异议权提供诉讼程序保障，强化上级法院对级别管辖秩序的审判监督力度，提高审判的权威性和公信力，2009 年 7 月 20 日，最高人民法院审判委员会第 1471 次会议通过了《关于审理民事级别管辖异议案件若干问题的规定》。该规定第 10 条规定："经最高人民法院批准的第一审民事案件级别管辖标准的规定，应当作为审理民事级别管辖异议案件的依据。"上述法律规定，摒弃以往的行政化处理模式，采取与地域管辖异议相同的诉讼化模式，明确赋予了当事人级别管辖异议权。

由此可见，民事诉讼法并未将管辖权异议限于地域管辖，最高人民法院的司法解释对当事人的级别管辖异议权作出了明确的规定。审判实践中，存在着级别管辖权错误的情形。因此，允许当事人对级别管辖权提出异议既是法理之所在，也有利于人民法院正确执行民事诉讼法关于级别管辖的规定，更有利于维护当事人的合法权益。

3. 指定管辖

指定管辖，是指上级人民法院以裁定方式指定下级人民法院对某一案件行使管辖权。根据我国《民事诉讼法》的规定，指定管辖主要适用三种情形：①受移送的人民法院认为自己对移送来的案件无管辖权；②有管辖权的人民法院由于特殊原因，不能行使管辖权；③法院或当事人通过协商未能解决管辖权争议。对于指定管辖是否属于管辖权异议的范围，有些学者认为，指定管辖属于人民法院内部的分工和协调问题，因此，当事人不能对管辖提出异议。[1]

对于指定管辖当事人亦应享有管辖异议权。主要理由是：①司法实践中存在指定管辖错误的情形。根据法律规定，在司法实践中，一旦出现管辖权争议，人民法院或者当事人通过协商未能解决管辖权争议的，应当由上级人民法院指定管辖。在这种情况下，由于地方保护主义的现实影响，当事人之间通常要争夺管辖权，尽可能使案件由本地法院审理。在这种客观环境下，上级法院确有可能出现指定管辖的错误。即使上级法院的指定管辖决定是正确的，当事人仍可能认为是错误的。不论是哪种情况，只要当事人对指定管辖有异议，都应当允许其提出管辖权异议。因此，应当赋予当事人管辖异议权。②指定管辖应当便利当事人进行诉讼。便利当事人进行诉讼，便利人民法院审理案件，是民事诉讼法确定管辖应当遵循的原则。受移送的人民法院认为自己对移送来的案件无管辖权，或者有管辖权的人民法院由于特殊原因不能行使管辖权，需由上级人民法院指定管辖的，上级法院作出指定管辖决定时，应当按照便利当事人诉讼的原则，考虑当事人的诉讼成本。如果指定管辖的结果给当事人参加诉讼带来不便，或者明显增大了当事人的诉讼成本，那么，当事人理应有权提出管辖权异议。

4. 移送管辖

移送管辖，是指人民法院在受理民事案件后，发现自己对案件并无管辖权，

---

[1] 周朔、吴远阔："试论管辖异义的主体和客体"，载《法学》1995 年第 3 期。

依法将案件移送给有管辖权的人民法院审理。移送管辖是为人民法院受理案件发现错误时提供的一种纠错办法，它只涉及案件的移送，不是管辖权的移送。我国《民事诉讼法》有关移送管辖的规定比较原则，司法实践中，对于法院依职权移送案件，没有时间和诉讼阶段的限制，只要案件尚未作出裁判，法院随时都可以依职权移送案件。有的法院在案件审理过程中，发现案件复杂棘手、不容易结案，并且可能存在移送情节的，便赶快将案件移送出去。在这种情况下，当事人也无法行使权利予以制约。

那么，移送管辖是否适用管辖权异议的规定？对于移送管辖，应当区分不同情况分别予以处理：①人民法院受理案件后，当事人提出了管辖权异议，受诉法院裁定异议成立，并将案件移送给另一个法院管辖的，该当事人对受移送的法院不得再提出管辖权异议，因为当事人对管辖权异议的诉权已经行使，人民法院已经作出裁决并移送了案件。②人民法院受理案件后，当事人没有提出管辖权异议，受诉法院发现自己对案件无管辖权，将案件移送另一个法院。在这种情况下，当事人可以对受移送的法院提出管辖权异议，因为当事人对管辖权异议的诉权还没有行使，而且，当事人原本未提出管辖权异议，表明他默认了受诉法院的管辖，现案件被移送其他法院，并非出于当事人的申请或意愿，因此，应当允许当事人提出管辖权异议，由受移送的法院对管辖权异议作出裁定。

5. 管辖权转移

管辖权转移，是指依据上级人民法院的决定或经上级人民法院同意，将案件的管辖权从原来有管辖权的人民法院转移至无管辖权的人民法院，使无管辖权的人民法院因此而取得管辖权。有学者认为，按照《民事诉讼法》的规定，上级人民法院可以将自己审理的第一审民事案件交由下级人民法院审理，也有权审理下级人民法院管辖的第一审民事案件；下级人民法院认为需要的，也可以将自己审理的第一审民事案件报请上级人民法院审理。据此形成的管辖，是人民法院内部上、下级法院之间对第一审民事案件的分工与协调，是法律赋予人民法院的权力，所以，不适用管辖权异议的规定。[1]

其实，管辖权的转移包括上调性转移和下放性转移两种情形，它实质上属于人民法院变更管辖权的另一种形式，是对级别管辖的变通和补充。管辖权转移虽属法律规定的上级人民法院享有的一项职权，表面看来是人民法院内部对

---

[1] 周朔、吴远阔："试论管辖异义的主体和客体"，载《法学》1995 年第 3 期。

案件的分工和协调，但是，这项职权的行使直接关系到当事人的审级利益，应当区分不同情况区别对待：①下放性转移。管辖权的下放性转移，使原来由上级人民法院依法享有的管辖权移交下级人民法院行使，当事人如不服一审判决，要求提出上诉的，上诉法院的级别也将随之下移，即当事人原本可以向更高级别法院上诉，但随着管辖权的下移，丧失了这种可能性。由于案件的审理涉及当事人的切身利益，无论从司法实践来看，还是从当事人的角度来说，案件由不同级别的人民法院审理，在现实和观念上都会影响当事人的利益，因此，应当允许当事人向作出管辖权转移决定的人民法院提出管辖权异议。当事人提出的管辖权异议被驳回的，可以向作出决定法院的上级人民法院提出上诉。[1]②上调性转移。由于审级利益在某种程度上会影响实体裁判的内容，从现实和当事人的观念上看，管辖权的上调性转移对当事人来说应当是利大于弊的，一般认为会更有利于保护当事人的合法权益，因此，可以规定当事人不享有管辖异议权。

（三）确立附带诉讼模式的争议解决机制

附带诉讼模式，是指因当事人提出管辖权异议或管辖权抗辩之诉所引起的民事管辖权争议，被看作是一种与本诉相连的附带诉讼，由法院运用诉讼程序审理。解决管辖权争议被看成是一种附带诉讼程序，当事人向法院提出的管辖权异议，就是当事人向法院提出的管辖权抗辩之诉。对民事诉讼采取当事人主义的一些国家，例如德国、日本、美国、法国等，在其民事诉讼中均将管辖权异议视为抗辩之诉，纳入附带诉讼程序，运用民事诉讼程序方式进行审理解决。这种做法，被称为附带诉讼模式。

与其他国家相比，我国民事诉讼管辖权异议的处理程序存在很大的差别，主要体现是处理程序的行政化。我国《民事诉讼法》第127条规定："人民法院

---

〔1〕　我国新修订的《民事诉讼法》第38条规定："上级人民法院有权审理下级人民法院管辖的第一审民事案件；确有必要将本院管辖的第一审民事案件交下级人民法院审理的，应当报请其上级人民法院批准。下级人民法院对它所管辖的第一审民事案件，认为需要由上级人民法院审理的，可以报请上级人民法院审理。"可见，法律规定严格适用案件管辖权自上而下的转移，只有当"确有必要"和"报请其上级人民法院批准"两个条件同时具备时，才可以将本院管辖的第一审民事案件交下级人民法院审理。该项法律规定，体现了立法对当事人权益的保护。但是，需要注意，无论是"确有必要"还是"报请其上级人民法院批准"，都属于人民法院系统内部的行为，司法实践中出于地方保护主义，不排除存在上下级法院串通侵害当事人权益的情形，因此，对于法院依职权将案件由上级法院移送下级法院审理的情形，应当允许当事人提出管辖权异议。

受理案件后，当事人对管辖权有异议的，应当在提交答辩状期间提出。人民法院对当事人提出的异议，应当审查。异议成立的，裁定将案件移送有管辖权的人民法院，异议不成立的，裁定驳回。"第 164 条又规定，对管辖权有异议的，可以上诉。当事人不服地方人民法院第一审裁定的，有权在裁定书送达之日起 10 日内向上一级人民法院提出上诉。这些法律规定说明，我国管辖权异议的处理程序带有鲜明的职权主义色彩，处理管辖权争议的程序带有浓重的行政化色彩。这种行政化处理模式的主要特点是，法律规定的内容十分简单，强调国家意志、法院职权和法院的权威作用，当事人对于管辖权争议的解决缺乏主导性，虽然允许当事人提起管辖权异议，并赋予当事人上诉权，但是，当事人对管辖权争议的解决结果影响甚微，解决管辖权争议的结果以法院的裁定为主要形式，既不举行听证，也不进行法庭审理，当事人缺乏参与的机会。结果导致法院在解决管辖权冲突的过程中发挥主导作用，法院即使违法管辖也不影响对诉讼结果的评判，而当事人在管辖权异议中的诉讼权利义务虚无。这种处理程序造成了明显的弊端，一方面，过分强调法院职权主义，导致法院对管辖权异议的处理具有较大的自主性和随意性；另一方面，当事人对解决管辖争议的参与缺乏明确的法律依据和应有的机会，当事人的意志无法体现，导致处理结果往往不为当事人所理解，使案件的审理从管辖开始就可能失去当事人的信任。

同行政化处理模式相比，附带诉讼模式的主要特点是，核心内容在于当事人提起管辖权抗辩之诉，由法院适用相对简易的审判程序进行审理。但是，法院即使是适用简易程序，其简易的程度也不能超出正当程序允许的合理限度。由于程序的普遍形态是按照某种标准和条件整理争论点，公平地听取各方的意见，因此，当事人要到场陈述，法院在当事人可以理解或认可的情况下作出裁定。[1] 同时，围绕核心内容，法律再详细规定附带诉讼模式的各项诉讼规则。

针对我国管辖权异议存在的问题，结合外国立法和司法实践经验，应当完善我国《民事诉讼法》有关管辖权异议的规定，确立附带诉讼模式的争议解决机制，并详细规定诉讼规则。具体来说，主要应当从以下几个方面考虑。

1. 确立当事人的主导地位

如前所述，我国管辖权异议的解决模式具有鲜明的职权主义和行政化色彩。

---

〔1〕 季卫东："法律程序的意义——对中国法制建设的另一种思考"，载《中国社会科学》1993 年第 1 期。

为了片面追求审判效率，人民法院在解决管辖权冲突时起主导作用，当事人的参与和影响都十分有限，忽视了管辖权异议的程序功能。附带诉讼模式则由当事人在争议解决中占主导地位。例如，法国《民事诉讼法》规定，提交两个法院受理的数个案件之间相互有联系，将其合并审理和判决有益于正确司法时，得要求其中一个法院放弃管辖，并将案件移送另一法院。当法官就管辖权事由作出宣告，但并未就争议实体作出审理裁判时，对其裁判决定仅能经管辖权异议途径攻击之；即使法官已对管辖权所带来的实体问题作出了裁判，亦同。当事人上诉时虽然不得对二审案件的管辖权提出异议，但如果认为一审法院对案件无管辖权，仍然可以将此作为程序违法的上诉理由。除有关鉴定的特别规则之外，当法官就管辖权事由作出宣告并且命令采取审前预备措施或临时处分措施时，对其裁判决定，亦仅能经管辖权异议途径，就有关管辖权事由攻击之。

参照附带诉讼模式完善我国《民事诉讼法》，应当针对我国管辖权异议成立经由法院依职权移送案件处理方式存在的问题，完善相关法律制度，明确规定：管辖权异议成立，需向有管辖权的法院移送案件时，应当根据当事人的申请或者征得当事人同意后，移送指定的法院。当事人既不申请又未同意的，法院可以依职权移送案件；但当事人不服的，可以提出上诉。依据这些规定，确立当事人在管辖权异议中的主导地位，变法院主导为当事人主导，弱化法院的职权，彰显当事人的意思。

2. 明确中止诉讼规则

中止诉讼的主要目的，是防止诉讼资源的浪费。对此，《法国民事诉讼法》规定，如法院宣告其有管辖权，至可以提出管辖权异议的期限届满，诉讼中止；在提出管辖权异议的情况下，至上诉法院作出裁判，诉讼中止。我国《澳门民事诉讼法典》也规定，裁判书制作人认为出现管辖权冲突，且属于积极冲突者，应命令以公函通知牵涉入冲突之各法院中止有关诉讼程序之进行，并于指定期间内作出答复。牵涉入冲突之各法院须以公函答复，并得随函附上有关诉讼程序卷宗之任何证明。[1] 我国《民事诉讼法》对管辖权异议中止诉讼的情形没有作出规定，应当予以完善。在修改《民事诉讼法》时应当明确规定：管辖权异议期间，人民法院及任何人不得实施促进诉讼的措施或行为。法院在管辖权异议合法解决前，不得对案件作出判决；当事人也不得实施任何使诉讼进一步发

---

〔1〕《澳门民事诉讼法典》，中国政法大学出版社 2000 年版，第 14 页。

生的行为。管辖权异议期间，法院必须履行告知义务，将当事人提出管辖权异议的情况告知相关当事人和有关法院。

3. 设立听证程序

听证，是指为了解案情或其他特殊事件的真相，听取当事人的证词与说明。听证程序是附带诉讼模式的一项重要内容。设立听证程序，能够为当事人诉讼权利的行使提供一个机会和场所，是正当程序的基本要求。美国联邦地区法院《民事诉讼规则》规定："对管辖权异议的申请，对所有当事人都应当提供合理机会；法院应当根据当事人申请进行听证并作出决定。"[1] 我国《澳门民事诉讼法典》也规定："法院在收到答复或将答复附入卷宗之期间届满后，如已提出人证，须随即进行对证人之调查；继而，让委托之律师查阅卷宗，以作书面陈述；最后，作出判决。"

应当说，设立听证程序是改革和完善我国民事诉讼管辖权异议制度的一项重要内容。一方面，听证程序为当事人行使诉讼权利提供了一个机会和场所，体现正当程序的要求和程序正义；另一方面，通过听证，使管辖权异议的解决与其他制度相衔接，因为从证明对象理论的角度看，管辖权异议属于程序法上的事实问题，当事人应当提出证据加以证明，并需要在法庭上进行质证和认证；审判组织应当在法庭上听取管辖权异议申请人的陈述，通过当事人参加庭审，达到确定和落实案件管辖权的目的。因此，我国《民事诉讼法》应当设立听证程序，增加规定：当事人提出管辖权异议的，人民法院根据当事人的申请，应当在 10 日内组织听证，在充分质证的基础上进行认证，并作出决定。

4. 保障当事人的上诉权

根据我国《民事诉讼法》的规定，当事人不服人民法院管辖权异议裁定的，可以向上级人民法院上诉，上诉法院的处理决定也采取裁定的方式。但是，对于谁可以提出上诉，即谁享有上诉权，在司法实践中还有不同认识。主要有两种观点：一种观点认为，上诉人只限于管辖权异议申请人。因为当事人提出管辖权异议，是不服法院对案件的管辖权，上诉抗争的对象也应当是法院程序性审查的职权。确定管辖是法院依职权确认当事人诉讼要件是否完备的程序性事项，强调的是法院的职权。当事人对管辖不服，实质上是对法院就诉讼要件程序性审查后，作出的处理结果有不同意见。因此，上诉人应只限于管辖权异议

---

[1] 白绿铉：《美国民事诉讼法》，经济日报出版社 1998 年版，第 102 页。

申请人。另一种观点认为，上诉人包括各方当事人。因为当事人提出管辖权异议，不是对案件管辖权不服，而是对原告起诉时管辖法院的选择权不服。实际上，当事人提出的管辖权异议是对原告选择管辖权的抗辩。在管辖权异议案件的审查过程中，异议申请人与相对方应当进行辩论，在此基础上，由人民法院作出裁决。因此，对人民法院的裁决，各方当事人如有不服，均可提出上诉。这种观点强调辩论原则。

本书赞同第二种观点，并且认为，应当从维护多数当事人的利益出发，保障多数当事人的上诉权。对当事人不服管辖权异议裁定而提出上诉的案件，二审法院也不适宜用径行裁决的方法作出裁定，而是应当询问当事人，在充分听取当事人陈述后，再作出裁决。

5. 防止当事人滥用管辖异议权

赋予当事人管辖异议权，有利于保障人民法院正确行使管辖权，防止地方保护主义。同时，管辖权异议的解决由行政化变为司法化程序，无疑更有利于保障当事人诉讼权利的行使，维护当事人的合法权益。在另一方面需要注意的是，按照上述建议赋予当事人较为广泛的管辖异议权，同时也应当要求当事人正当地行使管辖异议权，防止个别当事人滥用管辖异议权，以达到拖延诉讼等不正当目的。因此，应当建立一套合理有效的防止当事人滥用管辖异议权的机制，确立相关的制度，以保障诉讼的顺利进行。以法国为例，为防止当事人滥用异议权，主要采取以下三项措施：①交纳诉讼费。在一审程序中，当事人如提出管辖权异议，应当交纳诉讼费。当事人对管辖权异议的裁定不服而提出上诉的，还要交纳等额的费用。根据《法国民事诉讼法》规定，书记室如果要求对提出的管辖权异议收取费用，那么，只有提出管辖权异议的当事人交费用之后，其递交的异议始予接收。②罚款。在审理不服管辖权异议裁定的上诉案件时，当事人如属无理上诉，原审法院对案件有管辖权的，上诉法院将对提起管辖抗辩的当事人予以罚款。③赔偿损失。一方当事人对法院无管辖权的抗辩如有过失，并给对方当事人造成损失的，上诉法院还可以发出命令，要求该当事人赔偿对方当事人的损失。[1] 这些规定和措施被证明是行之有效的，可供我国修改《民事诉讼法》时予以参考和借鉴。

总之，管辖权异议是我国民事诉讼的一项重要制度，它与人民法院对案件

---

[1] 张卫平、陈刚：《法国民事诉讼法》，中国政法大学出版社 1996 年版，第 55 页。

管辖权的确定、审判权的行使以及对当事人诉讼权利的保护，都有密切联系，在案件进入实体审判前的程序审理中，具有至关重要的地位。针对目前存在的地方保护主义、司法腐败和滥争管辖权的现象，在修改《民事诉讼法》时，应当按照公平原则和当事人意思自治原则，拓宽管辖权异议主体的范围，确定原告、被告、共同诉讼人、第三人的管辖权异议主体地位；明确管辖权异议涉及的管辖种类，规定对主管、级别管辖、地域管辖、指定管辖、移送管辖、管辖权转移等，根据具体情况，均可提出管辖权异议；确立附带诉讼模式的争议解决机制，明确规定中止诉讼、听证程序等诉讼规则；同时采取措施，防止当事人滥用管辖异议权。这些修改对于完善我国民事诉讼法律制度，维护当事人的合法权益，遏制地方保护主义，保证人民法院公正裁决，都具有重要的现实意义。

三、证据制度

（一）举证时限制度

从广义上讲，举证时限制度包含举证期限的确定、逾期举证的法律后果和新的证据等内容。2012 年 8 月 31 日，第十一届全国人民代表大会常务委员会第二十八次会议通过的，2013 年 1 月 1 日施行的《中华人民共和国民事诉讼法》第 65 条规定："当事人对自己提出的主张应当及时提供证据。人民法院根据当事人的主张和案件审理情况，确定当事人应当提供的证据及其期限。当事人在该期限内提供证据确有困难的，可以向人民法院申请延长期限，人民法院根据当事人的申请适当延长。当事人逾期提供证据的，人民法院应当责令其说明理由；拒不说明理由或者理由不成立的，人民法院根据不同情形可以不予采纳该证据，或者采纳该证据但予以训诫、罚款。"上述法律规定，对举证期限的确定及当事人逾期举证应当承担的法律后果作出了明确的规定，应当说是立法的一大进步，有利于督促当事人及时提供证据，也有利于法院及时审结案件。但是，法律规定的缺陷也比较明显，包括举证期限确定的职权化，证据失权的宽松化，强制措施的行政化等。本书着重从举证期限的确定、逾期举证的法律后果和新证据的界定这三个方面对其进行梳理，提出相应的立法建议，以期进一步完善法律。

1. 举证期限的确定

举证时限制度，是指负有举证责任的当事人应当在法律规定或法院指定的期限内提出证明其主张的相应证据，逾期不举证则承担证据失权法律后果的一项民事诉讼期间制度。[1] 我国1991年《民事诉讼法》没有规定举证时限制度，实行"证据随时提出主义"，即当事人可以在一审、二审甚至再审程序中提出证据。这种制度设置带来了如下问题：①影响法院办案效率。举证无时限造成部分当事人拖延举证，使法院迟迟不能下判，而法院办案又有审限的要求，举证无期限与办案有审限的矛盾变得相当突出。②诉讼中出现"证据突袭"。诉讼中，一些当事人或诉讼代理人为了对对方实施意外打击，达到出奇制胜的效果，将关键性的证据藏而不露，等到开庭审理时作为杀手锏，突然抛出，使对方当事人措手不及，无法进行有效的质证。③增加司法成本，浪费司法资源。在诉讼中，一方当事人突然提出证据，另一方当事人往往要求给予必要的准备时间，认真审查对方提出的证据，或者收集相反的证据进行反驳。法院也需要时间审核新提出的证据。因此，法官往往不得不将正在进行的审理活动停下来，择日再开庭。多次开庭势必增加当事人和法院的诉讼成本。④有损生效裁判的稳定性。个别当事人故意在一审中不提供证据，而将证据在二审中提交，二审法院只能依据当事人提出的新证据将一审判决撤销，发回重审或改判。如果当事人在再审中提交关键性的证据，已经发生法律效力的判决就会被推翻，使得法院判决的稳定性受到了相当大的威胁。[2] 针对上述存在的问题，2001年12月21日，最高人民法院颁布的《关于民事诉讼证据的若干规定》（以下简称《证据规定》），对当事人行使举证权的期限，以及举证期限届满后提出证据的效力问题作出了详细的规定，标志着我国从"证据随时提出主义"向"证据适时提出主义"的转变。但是，《证据规定》毕竟只是司法解释，存在效力问题，同时制度设置也存在诸多不完善之处。新修订的《民事诉讼法》第一次以立法的形式规定了举证时限制度，可以说是立法的一大进步。

举证时限制度的法定化，对于解决"证据随时提出主义"产生的问题，必将起到一定的积极作用。但是，该项法律制度在司法实践运用中将要产生的问题，也不得不引起我们的注意，主要体现在以下两个方面：

（1）没有明确规定确定举证期限的时间。根据新修订的《民事诉讼法》第65条规定，举证期限由人民法院根据当事人的主张和案件审理情况确定。从现

---

〔1〕　叶自强：《民事证据研究》，法律出版社1999年版，第136页。

〔2〕　江伟主编：《民事诉讼法》（第二版），高等教育出版社2005年版，第190～191页。

在人民法院案件审理程序设置看，主要包括立案阶段、审前准备阶段、法庭审理阶段。立案法官与庭审法官分别设置，在诉讼过程中，在哪个阶段确定举证期限，是立案阶段，还是法庭审理阶段？新修订的民事诉讼法规定，根据"当事人的主张"、"案件审理情况"确定，可以理解为立案阶段和庭审阶段，法官都可以根据当事人的主张和案件审理情况确定举证时限，然而，在庭审过程中再确定举证期限显然有违诉讼效率原则。

（2）举证期限确定职权化，即没有赋予当事人协商确定举证期限的权利。从举证时限制度的发展历程看，《证据规定》第33条不仅规定了法院指定举证期限，而且规定了当事人协商确定举证期限。新修订的民事诉讼法，仅规定了法院指定举证期限，没有赋予当事人协商确定举证期限的权利，应当说是一种退步，忽视了当事人诉讼主体的地位，体现出较强的法院职权主义色彩。[1]

针对上述存在的问题，本书相应地提出以下两项建议：

（1）立法应当明确规定确定举证期限的时间和终点。举证期限终点问题，直接关系到当事人诉讼权利的行使，关系到举证时限制度的价值实现。目前关于举证期限的终点问题，我国理论界主要存在两种观点：一种观点认为，应当将举证期限确定为一审法庭辩论终结时；[2]另一种观点则主张，将举证期限确定为法庭开庭审理之日。[3]我认为，随着我国民事诉讼法的修改，以"证据交换，明确争点"为核心的审前准备程序的设置，应当将举证期限的终点明确规定在审前准备程序终结前，并且由负责审前准备的法官确定。因为在立案阶段，法官对案件情况不甚了解，确定举证期限存在一定的困难。在庭审阶段确定举证期限，会影响庭审的顺利进行，拖延诉讼进程，而在案件审前准备阶段，随着法官对案件情况的进一步了解，可以根据案件的具体情况，确定合理的举证期限，既可以为庭审作好准备，通过证据交换确定无争议的证据，排除与案件无关联的证据，又可以保证庭审工作的顺利进行。

（2）赋予当事人协商确定举证期限的权利。在民事诉讼中，当事人是案件的当事者，是举证主体，对证据获得的难易程度了如指掌，因此由双方当事人

---

〔1〕《证据规定》第33条第2、3款规定："举证期限可以由当事人协商一致，并经人民法院认可。由人民法院指定举证期限的，指定的期限不得少于三十日，自当事人收到案件受理通知书和应诉通知书的次日起计算。"

〔2〕李浩：《民事举证责任研究》，中国政法大学出版社1993年版，第93页。

〔3〕陈桂明、张锋："民事举证时限制度初探"，载《政法论坛》1998年第3期。

通过协商的方式确定举证期限，最科学合理。赋予当事人双方协商确定举证期限，可能会产生这样的异议，即当事人在诉讼中是存在利益冲突的双方主体，由其自己协商确定举证期限不可能，利益冲突的双方当事人之间不可能找到共同点。[1] 我认为，案件情况是错综复杂的，司法实践中，双方当事人之间确实存在利益冲突，但是，利益冲突的双方主体之间并不是不能找到利益共同点，例如，诉讼中的调解协议，就是双方当事人互谅互让达成一致的结果。随着社会经济的发展进步，公民法律意识的提高，诉讼主体的诉讼行为越来越理智，到法院诉讼主要是为了解决矛盾和纠纷，为了节省诉讼时间和费用，双方当事人存在共同协商的可能性。法院是案件的事后裁判者，诉讼是双方当事人的事情，当事人是自身利益的最好维护者，因此法律应当赋予当事人更多的自主选择权，使当事人享有协商确定举证期限的权利，只有在当事人协商不成的情况下，才由法院依法确定举证期限，而且为了防止法院随意行使指定权，损害当事人的合法权益，法律应当确定法院指定举证期限的原则，即法院指定举证期限不得少于 30 日。关于人民法院指定举证期限时间的限制，《证据规定》中已经有规定，建议将司法解释的内容纳入法律规定。

　2. 逾期举证的法律后果

　　设定逾期举证的法律后果，是为了使当事人遵守已经确定的举证期限，如果不规定逾期举证的法律后果，举证期限将变得毫无约束力。我国新修订的《民事诉讼法》规定，当事人逾期提供证据的，人民法院应当责令其说明理由；拒不说明理由或者理由不成立的，人民法院根据不同情形可以不予采纳该证据，或者采纳该证据但予以训诫、罚款。从上述法律规定可以看出，法律规定逾期举证的法律后果有两个：一是证据失权，即当事人逾期提供证据，拒不说明理由或者理由不成立的，人民法院根据不同情形可以不予采纳该证据；二是证据不失权，但要对逾期提供证据者采取强制措施，即采纳该证据，但对逾期提供证据的当事人予以训诫、罚款。

　　法律条文内容的规定主要存在以下问题：

　　（1）证据失权情形的放宽，可能会导致举证时限制度难以落实。从条文规

---

　　〔1〕　全国人大常委会法制工作委员会民法室编著的《〈中华人民共和国民事诉讼法〉释解与适用》一书中也认为，从我国司法实践的情况看，当事人协商确定举证期限的方式操作性很差，双方当事人很难达成一致意见。参见全国人大常委会法制工作委员会民法室编著：《〈中华人民共和国民事诉讼法〉释解与适用》，人民法院出版社 2012 年版，第 103 页。

定的内容看，当事人逾期举证，拒不说明理由或者理由不成立的，人民法院根据不同情形可以不予采纳该证据，或者采纳该证据但予以训诫、罚款。但是，此项法律规定"分号"前，还有一项规定，即当事人逾期提供证据的，人民法院应当责令其说明理由。根据这项法律规定，如果当事人逾期提供证据，并且说明了理由，是否适用证据失权，是否适用采纳证据，对当事人训诫、罚款的规定。如果立法本意是当事人逾期提供证据，只要说明理由，理由成立，法院就可以采纳该项证据，那么逾期举证法律后果的规定就过于宽松，缺乏对当事人行为制约的举证时限制度将无法落实。同时，逾期举证的理由成立不成立，法律规定得较原则，一方面法官与当事人对理由成立与否可能会出现理解不一致的情形，导致当事人与法官矛盾激化；另一方面，司法实践中法官的自由裁量权过大，容易滋生司法腐败。

（2）人民法院采取的强制措施行政化。罚款是一种重要的行政处罚手段，是行政执法单位对违反行政法规的个人和单位给予的行政处罚，不需要经人民法院裁决，只要行政执法单位依据行政法规的规定，作出处罚决定即可执行。行政机关在依法履行法定职责时，经常使用该项行政处罚手段依法行政。在民事诉讼中，训诫、罚款属于对实施了妨碍民事诉讼行为的人采取的强制措施，如果当事人不提供证据支持自己的诉讼主张，可以判决该当事人败诉，使其承担举证不能的法律后果，而不宜适用训诫、罚款等强制措施。从证据提供角度看，公权力不应当过度介入私权领域，当事人提供证据不是公法义务，因此对怠于行使举证权利的当事人，法律不应当规定采取训诫、罚款的强制措施。否则，可能会诱发法官滥用该项权利借罚款之名违法敛财等不法行为。

针对上述存在的问题，本书提出以下完善建议：

（1）严格实行证据失权制度。法律规定证据失权制度，主要是为了提高诉讼效率，保证举证期限制度的贯彻落实。如果只规定举证期限制度，没有证据失权制度与之相配套，举证期限制度形同虚设。[1] 最高人民法院的《证据规

---

［1］ 从外国法律规定看，大多数国家施行较为严格的证据失权制度。例如，美国《联邦民事诉讼规则》第16条第3款第15项规定，法院可以在审前会议的事项中，确定允许提出证据的合理时间限制；在法官作出的最终审前命令中，主要就双方当事人将在法庭审理时所需证据开列证据目录，未列入审前命令中的证据不允许在开庭时提出；若当事人违反审前命令提出新证据，法官可拒绝审理或者限制当事人的证明活动。德国《民事诉讼法》第296条也规定，在作为判决基础的言辞辩论结束后，不能再提出攻击和防御方法。参见宋朝武：《民事证据法学》，高等教育出版社2003年版，第55页。

定》中已经规定了证据失权制度，在司法实践施行中产生了较大的负面效应，导致出现较多的反对声音。[1] 新修订的民事诉讼法放宽了对证据失权制度的要求，规定当事人逾期举证，如果能够说明理由，证据可以被采纳。事实上，《证据规定》中规定的证据失权制度在司法实践中贯彻落实失败，系制度设置不完善所致，新修订的民事诉讼法放宽该项制度的适用，不够慎重，可能又会变相重走"证据随时提出主义"的老路。因此在完善相关法律制度的同时，应当继续坚持严格的证据失权制度。[2]

根据《证据规定》的规定，由人民法院指定的举证期限不得少于 30 日，证据交换之日举证期限届满。除重大、疑难和案情特别复杂的案件外，证据交换一般不超过两次。[3] 上述法律规定存在的问题是，立法没有合理地协调举证期限与证据交换的关系，将证据交换作为举证期限届满的最后期限，并且限制证据交换的次数，导致当事人在举证期限内，不知道该提交何种证据，证据交换之时，发现还有证据需要收集、提交，但是举证期限已经届满，再收集、提供的证据不被采纳，合法权益得不到维护，对法律规定提出质疑。况且，在司法实践中，还存在有些案件不进行证据交换的情形。[4] 实际上，在诉讼进行中，

---

〔1〕《证据规定》第 34 条规定："当事人应当在举证期限内向人民法院提交证据材料，当事人在举证期限内不提交的，视为放弃举证权利。对于当事人逾期提交的证据材料，人民法院审理时不组织质证。但对方当事人同意质证的除外。当事人增加、变更诉讼请求或者提起反诉的，应当在举证期限届满前提出。"

〔2〕 按照新修订《民事诉讼法》的规定，当事人逾期提交证据的理由不成立，法院仍然采纳该证据，其结果必然是退回到《证据规定》出台前的老路上，证据随时提出的做法将再度泛滥成灾，即使存在训诫、罚款等配套措施，仍然难以有效防止实行证据随时提出主义带来的诉讼弊端，因为人们的意识中自觉或者不自觉地会形成这样一种认识，即逾期提交证据没关系，挨骂或者花钱就能摆平。

〔3〕《证据规定》第 33 条第 3 款规定："由人民法院指定举证期限的，指定的期限不得少于三十日，自当事人收到案件受理通知书和应诉通知书的次日起计算。"第 38 条第 2 款规定："人民法院组织当事人交换证据的，交换证据之日举证期限届满。当事人申请延期举证经人民法院准许的，证据交换日相应顺延。"第 40 条第 2 款规定："证据交换一般不超过两次。但重大、疑难和案情特别复杂的案件，人民法院认为确有必要再次进行证据交换的除外。"

〔4〕《证据规定》第 37 条第 2 款规定，人民法院对于证据较多或者复杂疑难的案件，应当组织当事人在答辩期届满后、开庭审理前交换证据。可见，根据上述法律规定，并不是所有案件的审理都需要进行证据交换，只有涉及"证据较多"或者"复杂疑难"的案件，才需要进行证据交换。司法实践中，证据交换的落实也存在较大的障碍。根据一些调研数据表明，一审证据交换的案件不到 40%，并且绝大部分是在中级人民法院进行。许多基层法院的法官认为，基层法院审理的案件百分之八九十都是适用简易程序，一般一次开庭审理即可解决纠纷，没有必要在简易程序中引入证据交换。参见厦门市中级人民法院、厦门大学法学院联合课题组："新民事诉讼证据司法解释的执行与完善——厦门市两级法院执行《关于民事诉讼证据的若干规定》情况的调研报告"，载《法律适用》2003 年第 4 期。

当事人之间通过证据交换，了解对方证据提交的情形，经过法官的释明，有时方能知晓自己应当或者需要向法院提交何种证据支持自己的诉讼主张，反驳对方的诉讼主张。而根据《证据规定》的规定，证据交换之日举证期限届满，恰恰堵死了当事人相互了解的渠道，导致证据交换之时，再想提交对自己有利的证据为时已晚。[1]

解决上述问题的具体方法是，将举证时限确定在审前准备阶段，延长审前准备时间，形成在举证期限内多次进行证据交换的"交换证据，整理证据——提交证据——再交换证据，整理证据——提交证据"的循环过程。首先由双方当事人协商确定举证期限，当事人协商不成的，由法院指定举证期限。根据案情需要，在举证期限内，法院可以多次组织双方当事人进行证据交换。多次进行证据交换的目的主要有两个：一是督促当事人尽快地提交证据；二是通过证据交换、整理证据，使双方当事人互相了解案件情况，法官向当事人释明需要收集、提交哪些未出示的证据，利于当事人在举证期限内收集，并向法院提交。上述整个运行过程可以循环往复进行，直至双方当事人将所有能够向法院提交的证据穷尽为止。为了防止诉讼拖延，法院可以依职权对整个运行过程进行控制。可以说，该项法律制度的确立，既有利于督促当事人及时、有针对性、全面地举证；也有利于保证法院案件审理的公正性，提高诉讼效率。同时，通过证据制度的设定，在知己知彼的情况下，还可以促进当事人达成和解协议，减轻庭审负担，充分发挥审前准备的作用。

（2）取消罚款强制措施的适用。从司法实际情况看，当事人逾期举证主要存在以下两种情形：一是当事人逾期向法院提交的证据对自己有利；二是当事人逾期向法院提交的证据对自己不利。当事人逾期向法院提交对自己有利的证

---

〔1〕 在我国，无论是《证据规定》还是新修订《民事诉讼法》中规定的证据交换，目的都是为了明确和固定争点，而在美国，审前准备程序包括证据开示和审前会议两个阶段，证据开示是多样化地获取证据和信息的手段和方法，审前会议在证据开示的基础上固定争议的争点。证据开示可以多次、反复地进行，当事人可以边保存证据边收集证据，因为对方当事人披露的信息可能会是发现新证据的线索，这样在客观上要求证据交换的重复进行，也就是每当有新的证据出现，证据开示就有必要进行，双方当事人在一个互动的过程中，尽可能地发现更多的证据。我国《证据规定》确立的证据交换制度与审前会议实质上合二为一，一方面，证据交换的手段其实只有一种，即通过申请人民法院组织交换，另一方面，又规定证据交换的次数一般不超过两次，这样的限制使证据交换仅仅成为整理争点的一道工序，而不是收集证据的方式。同时，当事人收集证据是封闭进行的，直到证据开示那一天，双方才互相了解对方的实力和"武器"，从本质上说，我国并没有确立严格意义上的证据开示制度。参见韩象乾主编：《民事证据理论新探》，中国人民公安大学出版社2006年版，第9～10页。

据，法律应当规定严格实行证据失权制度，因为根据上述对举证期限制度与证据交换制度的完善，已经给予当事人充分的举证时间，除非属于新证据，当事人再逾期举证，已经没有任何理由，证据失权当事人也无话可说。如果此时还规定可以采纳该项证据，诉讼一审、二审、再审将无休止地进行，既对对方当事人不公平，也会影响诉讼效率，浪费国家的司法资源。从追求司法公正的价值目标与我国目前当事人举证能力较差、律师制度不发达的角度考虑，可以做出法定的有限制的例外规定，赋予法官有限的自由裁量权，即法律明确规定：如果当事人逾期提出的证据涉及"妨碍判决实体公正"，当事人逾期提出无过失，并且不至于延迟诉讼终结的，可以由法庭自由裁量是否将其纳入质证程序。[1] 司法实践中，当事人往往不愿意将对自己不利的证据向法院提交。但是，如果对方当事人主张该证据的内容不利于证据持有人，并且有证据证明证据持有人持有证据，无正当理由拒不提供的，人民法院可以责令证据持有人提交证据，逾期提交的，可以对证据持有人进行训诫；拒不提交的，人民法院可以推定该项主张成立。如果因为当事人无正当理由拒不提交证据的行为，导致诉讼拖延，给对方当事人造成损失的，对方当事人可以要求赔偿。我国新修订的民事诉讼法规定逾期举证强制措施的适用范围广泛，适用条件过度原则化，司法实践中适用不宜掌握，容易被滥用，需要立法进一步完善，予以取消。

3. "新的证据"的界定

根据1991年民事诉讼法的规定，我国实行的是证据随时提出主义，允许当

---

〔1〕　在以美国、英国为代表的英美法系，以严格的正当程序理念支撑的诉讼模式中，法律规定了严格的举证时限，以防止诉讼进程被恶意拖延。在审前程序通过证据交换制度，裁定证据的范围，避免诉讼进程中的证据突袭，维护当事人的平等权与辩论权等，但是对于"妨碍判决实体公正"的证据，由法庭自由裁量是否将其纳入质证程序。参见肖建华：《民事诉讼立法研讨与理论探索》，法律出版社2008年版，第176页。以德国、日本为代表的大陆法系，也有相关的法律规定。例如，德国《民事诉讼法》第356条规定：因为有不定期的障碍致不能调查取证，法院应规定一定的期间，如在期间内仍不能调查，那么，只有在法院依其自由心证，认为不致拖延诉讼程序时，才可以在期满后使用该证据方法。此项期间可以不经言辞辩论定之。根据上述法律规定，在德国的民事诉讼中，证据失权需要符合以下条件：①法官实施了审前准备，为当事人提交证据提供了足够的时间和机会；②逾期举证将导致诉讼被延迟；③当事人逾期举证有重大过失。日本《民事诉讼法》第356条也规定：在准备性口头辩论终了之后，当事人提出的攻击和防御方法，如果对方当事人要求，则应向其说明在准备性口头辩论终了之前未能提出的理由，即迟延提出证据的理由是否正当、法院是否采纳、证据是否失权，由法官自由裁量。参见宋朝武：《民事证据法学》，高等教育出版社2003年版，第55页。上述国家的法律规定说明，在当事人逾期举证时，各国法律都赋予法官一定的自由裁量权来动态地衡量实体公正与程序公正之间的价值，最终作出决定。具体的法律规定，成功的经验，可供我国完善举证时限制度时参考。

事人在诉讼程序进行的任何阶段提出证据。《证据规定》初步实现了证据随时提出主义向证据适时提出主义的转变，即当事人应当在举证期限内提出证据，否则需承担由此导致的不利后果。2012 年新修订的民事诉讼法以立法的形式对举证时限制度作出了规定，应当说是立法的一大进步，该项法律制度的确立，对克服证据随时提出主义产生的弊端必将产生较大的作用。但是，需要注意的是，一方面举证时限制度的设置还不完善，存在上述的诸多弊端；另一方面，实践中各类案件的情况非常复杂，如果绝对不允许当事人在举证期限届满后提交证据未免过于严苛。因此，作为举证期限制度的例外，应当对举证期限届满后当事人可以提交"新的证据"作出专门的规定。纵观世界各国，诸多国家法律都对"新的证据"提交有例外规定，因为举证时限制度与"新的证据"本来就是一对天生的矛盾。举证时限制度体现了程序的不可逆性，而允许"新的证据"的提出必然引起程序的反复性和不安定性，弱化了举证时限制度对程序的固定作用。为了实现案件审理的公正性，立法需要平衡这一矛盾。

我国《证据规定》第 41、44 条对 1991 年《民事诉讼法》第 125、179 条关于"新的证据"的规定作了限制性解释，以限制"新的证据"出现的情形，并通过第 46 条规定，由于"新的证据"的提出，给对方当事人造成损失应承担相应法律责任，对当事人施加压力，以督促当事人遵守举证期限的规定。[1] 但是，关于"新的证据"的规定，在性质上应当也只能是举证期限制度的例外情形，而这种例外在实际效果上形成了对举证期限制度的限制。因此，《证据规定》所确立的举证期限制度实质上是一种相对化的举证期限制度。[2]

---

〔1〕《证据规定》第 41 条规定：1991 年《民事诉讼法》第 125 条第 1 款规定的"新的证据"，是指以下情形：（一）一审程序中的新的证据包括：当事人在一审举证期限届满后新发现的证据；当事人确因客观原因无法在举证期限内提供，经人民法院准许，在延长的期限内仍无法提供的证据。（二）二审程序中的新的证据包括：一审庭审结束后新发现的证据；当事人在一审举证期限届满前申请人民法院调查取证未获准许，二审法院经审查认为应当准许并依当事人申请调取的证据。第 42 条规定：当事人在一审程序中提供新的证据的，应当在一审开庭前或者开庭审理时提出。当事人在二审程序中提供新的证据的，应当在二审开庭前或者开庭审理时提出；二审不需要开庭审理的，应当在人民法院指定的期限内提出。第 46 条规定：由于当事人的原因未能在指定期限内举证，致使案件在二审或者再审期间因提出新的证据被人民法院发回重审或者改判的，原审裁判不属于错误裁判案件。一方当事人请求提出新的证据的另一方当事人负担由此增加的差旅、误工、证人出庭作证、诉讼等合理费用以及由此扩大的直接损失，人民法院应予支持。1991 年《民事诉讼法》第 125、179 条关于"新的证据"的规定，在新修订的民事诉讼法中没有改变，只是第 125 条变为第 139 条，第 179 条变为第 200 条。

〔2〕孙辙："新的证据与相对化的举证时限制度"，载《人民司法》2002 年第 5 期。

我国新修订的《民事诉讼法》没有对"新的证据"的范围作出明确规定。从现行法律规定看，有关"新的证据"规定存在的主要问题是：法律对"新的证据"认定标准规定得过于原则化，且一审、二审在"开庭前或者开庭审理时"都可以提出"新的证据"。这样规定的结果，会使某些当事人仍然有机会搞"证据突袭"，将所谓"新的证据"不在庭前提交，而选择在开庭审理时向法庭提交。有些案件当事人提交的"新的证据"不止一份，信息量很大，涉及范围较广，使对方当事人措手不及，难以当庭对证据的真伪提出有针对性的意见，导致在诉讼中处于被动地位。同时，法官对这些"新的证据"在短时间内，也往往很难判断是否属于新发现的证据，是否决定组织对"新的证据"进行质证，直接影响了庭审的质量和效果。

针对上述存在的问题，本书提出以下完善建议：

（1）明确"新的证据"的认定标准。"新的证据"认定标准的确立，直接影响对"新的证据"的认定。我国《证据规定》对"新的证据"的认定标准是"新发现的证据"，但是，何谓"新发现"？是主观标准还是客观标准？法律并没有作出明确的规定。[1] 新修订的民事诉讼法对此问题也未涉及，导致司法实践中具体判断的随意性。为了切实保障当事人诉讼权利的充分行使，维护当事人的合法权益，保障人民法院充分高效地行使审判权，考虑到随着案件审理中新情况、新问题的出现，一些地方对《证据规定》中个别条款规定理解的不统一，2008 年最高人民法院发布了《最高人民法院关于适用〈关于民事诉讼证据的若干规定〉中有关举证时限规定的通知》（以下简称《举证时限通知》），其中第 10 条对"新的证据"的认定作出了规定。根据《举证时限通知》的规定，人民法院对于"新的证据"，应当依照《证据规定》第 41 条、第 42 条、第 43 条、第 44 条的规定，结合以下因素综合认定：一是证据是否在举证期限或者《证据规定》第 41、44 条规定的其他期限内已经客观存在；二是当事人未在举证期限或者司法解释规定的其他期限内提供证据，是否存在故意或者重大过失的情形。上述规定对"新的证据"的认定标准从主观、客观两个方面进一步进行了明确，应当说是一大进步。

但是，在"新的证据"的界定上，将"新发现"的认定标准囊括主观原因和客观原因似有不妥。根据《证据规定》的规定，无论出于什么原因，只要是

---

[1]　韩波："论举证时限的裁量空间"，载《证据科学》2010 年第 6 期。

在一审举证期限届满后新发现的，或者是在一审庭审结束后新发现的证据，就可以分别作为一审、二审的"新的证据"。这样的法律规定，是不能鼓励当事人积极收集、调查取证的，是与举证时限制度设立的目的背道而驰的，是对举证时限制度的突破。因此，对"新发现"的认定，应当排除当事人的主观原因，即因当事人的主观原因逾期提供的证据，不能作为"新的证据"，对"新发现的证据"的认定标准应当确定为，在一审举证期限内或者在一审程序中，当事人不知道的或者在其后才产生的证据。由此建议，将"新的证据"的认定标准确定为：一是该证据在人民法院指定或者当事人协商确定的举证期限内没有出现过；二是虽然当事人意识到该证据有可能存在，但当事人并不知道该证据已经存在；三是当事人对该证据并不持有，也不知道他人持有。对于再审程序中"新的证据"的提出，《证据规定》第44条规定，再审程序中"新的证据"，是指原审庭审结束后新发现的证据。由于我国在审级制度上实行的是二审终审制，允许以"新的证据"启动再审程序，会损害程序的安定性，也会遏制举证时限制度功能的发挥，因此，从维护法院裁判的稳定性和权威性出发，不应当将"新的证据"作为发动再审程序的理由。[1]

（2）赋予对方当事人异议权并设置完善的责任赔偿制度。严格地讲，有关案件的全部证据都应当在举证期限内提供，举证期限届满后提供"新的证据"仅仅是例外。人民法院送达当事人的《举证通知》已经把举证不能的后果及诉讼风险告知了当事人。如果可以轻而易举地提供"新的证据"，就不能达到庭前固定证据、整理争议焦点的目的。因此，对当事人提出的"新的证据"必须严格把握，对不属于"新的证据"的情形，应当不予质证。建议法律修改时增加以下两项规定：

第一，赋予对方当事人异议权。一方当事人提出"新的证据"，对方当事人可以提出异议，要求当事人说明"新的证据"的来源和种类。因为通常情况下，在提供这些证据时，仅仅是提供方当事人认为是"新的证据"，法官和对方当事人则未必这样认为。对于这些证据法官必须尽到释明义务，对方当事人对该证据同意质证的，法官可以组织质证。对方当事人对新证据有异议的，提供证据的一方当事人应当对该证据是否属于"新的证据"说明理由，并提供相应证据

---

〔1〕 法国、德国、日本的民事诉讼法均否认当事人以"新的证据"为由提起再审之诉。参见田淑霞："浅议'新的证据'"，载《法制与经济》2012年第8期。

予以证明。法官根据当事人提供的证据和陈述的理由，及时决定是否属于"新的证据"，是否准予质证。

第二，设置完善的责任赔偿制度。在很多情况下，"新的证据"起着扭转被动局面的作用，决定着诉讼的成功与失败，直接关系当事人的合法权益，同时也涉及法律的公平和正义。司法实践中，当事人提出"新的证据"通常涉及两种情形：一是确实属于"新发现的证据"；二是该项证据本不属于"新的证据"，而是当事人为了拖延诉讼，或者某些当事人为了搞"证据突袭"，以达到胜诉的目的，将所谓"新的证据"不在庭前提交，而选择在开庭审理时向法庭提交。不论是哪一种情形，"新的证据"的出现，都会增加对方当事人的诉讼成本。为了兼顾双方当事人合法权益的维护，彰显诉讼制度设置的公正性，我国《证据规定》第46条规定：由于当事人的原因未能在指定期限内举证，致使案件在二审或者再审期间因提出新的证据被人民法院发回重审或者改判的，原审裁判不属于错误裁判案件。一方当事人请求提出新的证据的另一方当事人负担由此增加的差旅、误工、证人出庭作证、诉讼等合理费用以及由此扩大的直接损失，人民法院应予支持。根据上述法律规定，本书提出以下两点完善立法的建议：一是将上述司法解释的规定纳入法律，以增强法律适用的效力性；二是对于前述当事人提出"新的证据"涉及的第二种情形，建议纳入恶意诉讼的范畴，在这种情况下，对方当事人额外付出了较多的人力、物力、财力和精力，法律除规定其有权要求赔偿额外参加诉讼支付的合理费用外，还有权提出惩罚性赔偿，要求恶意诉讼的当事人额外支付相应的费用，具体数额由法院根据当事人受损害的程度确定，主要目的是对恶意诉讼的当事人进行惩处，以防止此类恶意诉讼的发生。

需要注意的是，根据法律规定，在二审程序中，还存在"视为新的证据"的情形，即当事人经人民法院准许延期举证，但因客观原因未能在准许的期限内提供，且不审理该证据可能导致裁判明显不公的，其提供的证据可视为新的证据。对此等新证据，几乎可以说完全要靠法官裁量，因为是否导致裁判明显不公，只能由法官来把握。[1] 因此，在法律对"新的证据"作出限制性规定外，法官的自由裁量权也是不容忽略的。为了保证案件审理的公正性，法律应当对"新的证据"作出例外规定，明确"新的证据"的认定标准，赋予对方当

---

[1] 韩波："论举证时限的裁量空间"，载《证据科学》2010年第6期。

事人异议权，设置完善的责任赔偿制度，并赋予法官一定的自由裁量权。

总之，为了保证诉讼公正与效率最大限度的实现，维护当事人的合法权益，法律应当对举证时限制度进一步进行完善，赋予当事人双方协商确定举证期限的权利，严格逾期举证的证据失权制度，在审前准备阶段，确定举证期限，并且在举证期限内多次进行证据交换，督促、协助当事人在举证期限内及时、全面地向法院提交证据。对于有利于证据提交一方当事人的证据，在举证期限内当事人不提交或者不能提交的，除属于法定的"新的证据"范畴，或者该证据"妨碍判决实体公正"，当事人逾期提出无过失，并且不至于延迟诉讼终结的，可以由法庭自由裁量是否将其纳入质证程序，其余逾期提交的证据严格适用证据失权制度。同时，取消罚款强制措施的适用，如果有证据证明一方当事人持有证据无正当理由拒不提供，对方当事人主张该证据的内容不利于证据持有人，人民法院可以责令证据持有人提交证据，证据持有人拒不提交的，法院可以推定该项主张成立，由此导致诉讼拖延，使当事人遭受损失的，当事人可以要求赔偿。此外，为了保证案件审理的公正性，法律应当对"新的证据"的认定标准作出明确的规定，赋予当事人对"新的证据"的异议权，设置完善的责任赔偿制度，以防止恶意诉讼的发生，保证案件审理的公正性。

（二）专家辅助人的诉讼地位

2012 年 8 月我国新修订的《民事诉讼法》增加规定了专家辅助人制度，即当事人可以申请法院通知有专门知识的人出庭，就鉴定人作出的鉴定意见或者专业问题提出意见。确立专家辅助人制度，对于弥补鉴定制度的不足、提高鉴定人专业素质、保证庭审质证的质量都具有重要意义，但由于法律规定比较原则，并未明确专家辅助人的诉讼地位，司法实践中会面临诸多问题。本书试图在比较研究的基础上明确专家辅助人的诉讼地位，完善相关的制度，以增强专家辅助人制度的可操作性，指导司法实践。

1. 专家辅助人与其他诉讼参与人的区别

在现代汉语里，"专家"是指对某一门学问有专门研究的人，擅长某项技术的人。[1]《布莱克法律词典》则将"专家"定义为，在某个专门领域内具有知

---

[1] 中国社会科学院语言研究所词典编辑室编：《现代汉语词典》（修订本），商务印书馆 1998 年版，第 1649 页。

识的人，该种知识的获得既可以是通过正式教育，也可以是通过个人实践。相应地，专家辅助人就是指在科学、技术以及其他专业知识方面具有特殊专门知识或经验的人员，根据当事人的申请，法院通知其出庭，就鉴定人作出的鉴定意见或专业问题提出意见的人。

我国有关专家辅助人的规定，最早见于 2001 年最高人民法院颁布的《证据规定》，[1] 2012 年 8 月新修订的《民事诉讼法》将上述司法解释关于专家辅助人的规定纳入法律，确立了专家辅助人制度，该法第 79 条规定："当事人可以申请人民法院通知有专门知识的人出庭，就鉴定人作出的鉴定意见或者专业问题提出意见。"专家辅助人制度的确立，对于弥补鉴定制度的不足、提高鉴定人专业素质、保证庭审质证的质量都具有重要意义。

但是，对于专家辅助人的诉讼地位，新修订的《民事诉讼法》并未作出明确规定，而这个问题可以说是专家辅助人制度建立和存在的基础，只有明确了专家辅助人的诉讼地位，才能相应地确定专家辅助人的相应资格、权利义务和责任等。为此，本书拟从分析专家辅助人与其他诉讼参加人之间的区别，来明确专家辅助人的基本特征。

首先，专家辅助人与鉴定人存在显著区别。根据现行有关法律的规定，虽然法律要求专家辅助人和鉴定人都必须具有专门知识，但是两者之间的区别还是十分显著的，具体来说，主要体现在三个方面：[2] ①参加诉讼的根据不同。根据民事诉讼法的规定，鉴定人由当事人协商确定，协商不成的，由人民法院指定；而专家辅助人则是因当事人的申请参加诉讼活动的。②在诉讼中发挥的作用不同。鉴定人参加诉讼的目的是就案件中的专门性问题作出结论性意见，鉴定人作出的鉴定意见在诉讼中可以作为证据使用；而专家辅助人的作用是就

---

〔1〕《证据规定》第 61 条规定："当事人可以向人民法院申请由 1 至 2 名具有专门知识的人员出庭就案件的专门性问题进行说明。人民法院准许其申请的，有关费用由提出申请的当事人承担。审判人员和当事人可以对出庭的具有专门知识的人员进行询问。经人民法院准许，可以由当事人各自申请的具有专门知识的人员就有关案件中的问题进行对质。具有专门知识的人员可以对鉴定人进行询问。"

〔2〕我国《民事诉讼法》第 76 条规定："当事人可以就查明事实的专门性问题向人民法院申请鉴定。当事人申请鉴定的，由双方当事人协商确定具备资格的鉴定人；协商不成的，由人民法院指定。当事人未申请鉴定，人民法院对专门性问题认为需要鉴定的，应当委托具备资格的鉴定人进行鉴定。"第 77 条规定："鉴定人有权了解进行鉴定所需要的案件材料，必要时可以询问当事人、证人。"第 78 条规定："当事人对鉴定意见有异议或者人民法院认为鉴定人有必要出庭的，鉴定人应当出庭作证。经人民法院通知，鉴定人拒不出庭作证的，鉴定意见不得作为认定事实的根据；支付鉴定费用的当事人可以要求返还鉴定费用。"

鉴定人作出的鉴定意见或者专业问题提出意见。③地位不同。根据民事诉讼法的规定，鉴定意见属于法定证据形式之一，具有法律效力；但是，对于专家辅助人的意见具有的效力，法律并未明确规定，专家辅助人在法庭上对专门性问题的说明不属于证据。

其次，专家辅助人也不同于普通证人。普通证人是指就其感知的案件真实情况向人民法院作证的人。[1] 专家辅助人与普通证人的区别主要体现在以下四个方面：①资格要求不同。专家辅助人是就鉴定人作出的鉴定意见或者专业问题提出意见，因此要求必须具有专门知识；而普通证人则是就其了解的案件事实向法庭作证的人，不需要具有专门的知识，只要能够了解案件事实情况，正确表达即可。②参加诉讼的原因不同。普通证人参加诉讼的原因是因为其了解案件的具体事实，法庭可以传唤证人到庭作证，当事人也可以向法庭申请证人出庭作证；而专家辅助人参加诉讼，利用其拥有的专业知识发表意见，是因为当事人本身缺乏专业知识。③了解案件事实的时间不同。专家辅助人是在诉讼开始后才了解案件事实，而普通证人一般是在案件事实发生、发展过程中了解案件事实的。④是否具有可以替代性不同。专家辅助人具有可替代性，具有相应专门知识的专业人员不止一个，当事人可选择的余地比较大，就是说，专家辅助人是可以替代的；而普通证人作证则是基于其对案件事实的感知，已经发生的事实具有不可逆性，普通证人对案件事实的感知过程同样具有不可重复性，因此，普通证人是不可替代的。[2]

最后，专家辅助人也区别于诉讼代理人。虽然专家辅助人与诉讼代理人都是受当事人的委托聘请参加诉讼的，但是两者之间至少存在两方面的重要区别：一是所处的地位不同。诉讼代理人以当事人的名义进行诉讼，而专家辅助人则以自己的名义参加诉讼。二是特殊授权的要求不同。诉讼代理人在诉讼中行使实体权利处分权时，需要得到当事人的特殊授权，而专家辅助人针对专业问题提出意见不需要获得当事人的授权。

2. 国外相关法律制度的主要特点

随着现代科技的发展以及社会变迁，民事诉讼中遇到的各种专门性问题越

---

[1] 我国《民事诉讼法》第72条规定："凡是知道案件情况的单位和个人，都有义务出庭作证。有关单位的负责人应当支持证人作证。不能正确表达意志的人，不能作证。"

[2] 宋朝武主编：《民事诉讼法学》，中国政法大学出版社2012年版，第183页。

来越多，越来越复杂，所需要的专业知识也越来越深入，因此，法官和当事人在庭审过程中有时很难、甚至不可能针对案件涉及的专门性问题进行有效的质证和认证，为了保证对案件事实的正确认定和诉讼的顺利进行，专家参与诉讼活动在许多情况下都已成为必须。

根据案件审判的需要，英美法系国家，先创设了专家证人制度，由专家充当证人，以提供意见或者其他方式作证；大陆法系国家则规定了专业技术人员制度，以鉴定结论作证。

英美法系国家的证人分为普通证人和专家证人。[1] 专家证人又称鉴定人、鉴定专家。根据《美国联邦证据规则》第702条的规定，当科学、技术或其他专业知识有助于案件事实审理者理解证据、确定系争事实时，具有本行业知识、技术、经验以及受过专门训练和教育的专家可以充当证人，以提供意见或者其他方式作证。[2]

在英美法系国家，作为专家证人至少应当具备以下条件：①作为专家证言所表达的意见、推论或结论，是依靠专门性的知识、技能和培训而作出的，而不是依靠陪审团的普通经验；②作为专家证人在法庭上必须表明，其作为某一特定领域内的专家所具有的经验，并证明其拥有能够胜任该种工作的能力；③作为专家证人必须对自己的意见、推论或结论作出合理的肯定（很可能）程度的证明；④作为专家证人应当首先表明其对待证事实有关的证据材料作出的有根据的意见、推论或结论。并且必须对依据有关事实提出的假设性问题作出肯定性回答。[3]

一般来说，英美法系国家往往从广义的角度看待专家证人的范畴，就是将在某些行业和领域具有特殊才能的人都看作某一特种行业的专家，只要他们对某些专门性问题拥有一般常人所不具备的专门知识和经验即可。

大陆法系国家则普遍赋予鉴定人比证人更高的诉讼地位。具有专家身份的鉴定人，通常被作为狭义的专业人员看待，被限定为少数具有大学和大学以上文化程度，以及在各种行业具有特殊专业才能和名望的人士，被视为法官的助手。例如法国，专家被视为法院的组成人员，《法国新民事诉讼法典》相关章节

---

〔1〕 刘善春、毕玉谦、郑旭：《诉讼证据规则研究》，中国法制出版社2000年版，第527页。

〔2〕 最高人民法院民事审判第一庭：《民事诉讼证据司法解释的理解与适用》，中国法制出版社2002年版，第296～297页。

〔3〕 吕慧：《论民事诉讼中的专家证人制度》，对外经济贸易大学2004年硕士学位论文，第5页。

规定的技术人员，就包括被称为"专家"的鉴定人；同时，专家作为自由职业者，按照法官的指令将鉴定结论作为发现事实真相的一种方式。[1]

德国的"专家"实际上包括鉴定人和鉴定证人两类。鉴定人包括经政府任命从事特种鉴定工作的人，或者公开营业从事具备鉴定所需知识的科学、技术工作或职业的人，或者是经政府委任或授权从事这些工作的人；鉴定证人主要适用于需要证明过去的事实或情况，而对这种事实和情况的认识需要特殊的专门知识时，询问具有这种专门知识的人。[2]

日本的规定与德国大体相同，其鉴定人也包括鉴定证人。根据《日本新民事诉讼法》第 217 条关于鉴定证人的规定，对于具有专门学识和经验者就其得知的有关事实的询问，应当根据有关询问证人的规定进行。[3]

从上述分析可以看出，两大法系国家在立法和司法实践中都需要具有专门知识的人员，两大法系主要国家的相关制度既有相同之处，也有很大区别。

相同之处主要体现在两个方面：一是对于鉴定结论或意见，都允许当事人及律师提出质疑，质疑的程序和方法主要是通过对鉴定人进行询问；二是鉴定结论或意见并不能对法官产生当然的约束力，法官作出裁判时不受鉴定人的鉴定结论或意见的限制。

不同之处主要体现在三个方面：一是英美法系国家将具有专门知识的人员作为广义的证人看待，称为专家证人；而大陆法系国家，无论在立法还是在司法上都将鉴定人与证人明确区分；二是英美法系国家的鉴定人通常由当事人选聘，法院选定鉴定人只是例外而非常态；但在大陆法系国家，鉴定人通常由法院选任或指定，当事人一般不得提供鉴定人；三是英美法系国家里专家证人的范畴较广，凡是对某些专门性问题拥有一般常人所不具备的专门知识和经验的人，都可以专家证人的身份出庭作证；但在大陆法系国家，只有依法授权的鉴定机构的鉴定人才能发挥专家意见的作用。

3. 确立我国专家辅助人的诉讼地位：专家证人

根据我国新修订的民事诉讼法，专家辅助人应当由当事人申请人民法院通知出庭。至于委托专家辅助人的主体是当事人还是人民法院，法律未作明确规

---

〔1〕《法国新民事诉讼法典》，罗结珍译，中国法制出版社 1999 年版，第 52～57 页。

〔2〕《德意志联邦共和国民事诉讼法》，谢怀栻译，中国法制出版社 2001 年版，第 99～102 页。

〔3〕 白绿铉编译：《日本新民事诉讼法》，中国法制出版社 2000 年版，第 86 页。

定，目前尚无定论。从上述分析可以看出，民事诉讼的专家辅助人与鉴定人、普通证人、诉讼代理人在诉讼中所处的地位都有显著的区别，专家辅助人应当属于专家证人，在诉讼中处于诉讼辅助人的地位，主要理由如下：

第一，从资质认定看。我国《民事诉讼法》第79条对专家辅助人资质的认定，只是比较笼统地规定为"具有专业知识"，明显缺乏可操作性。而相关法律对鉴定人资质的规定相对比较明确，也比较严格，并且采取鉴定人登记制度，要求鉴定人必须具有专业技术职称、专业职业资格、从业多年等。在《证据规定》适用的司法实践中，法院大都对专家辅助人适用鉴定人的认定标准。如此严格的专家辅助人资质认定标准，可能会成为实施专家辅助人制度的桎梏，因为随着科技发展，人民法院审理案件对专家辅助人的需求将越来越多，对专家辅助人的资质认定适用鉴定人的标准显然不合适。相反，把专家辅助人归入专家证人的范畴，对专家证人的资质要求可以适当宽松一些，专家证人不一定具有很高的学历、威望，只要知晓某方面的专业知识，具备普通人不具备的特定技能或知识，就可以看成是某方面的专家，可以作为专家证人参加诉讼，这样既符合专家辅助人的功能定位，也可以扩大现行法律规定的专家辅助人的范畴，更好地满足诉讼的需求。

第二，从诉讼地位看。把专家辅助人归入专家证人范畴，一方面，专家证人的称谓容易理解和接受；另一方面，委托专家辅助人的主体也比较容易确定，即案件当事人。专家辅助人的称谓很容易让人误解，误认为专家辅助人参加诉讼的目的是辅助鉴定人，因为从我国目前的实际情况看，出具鉴定意见的人员通常是被视为专家的人，而确立专家辅助人制度的重要目的，恰好就是要制约鉴定人、辅助当事人。[1] 因此，把专家辅助人称为专家证人比较合适。从专家辅助人的委托主体看，专家证人是辅助当事人诉讼的，由当事人委托并且支付适当的费用显然是比较合理的，这也与当事人主义诉讼模式相适应。不过，需要注意，虽然将专家辅助人归入证人的范畴，赋予其专家证人的法律地位，但是专家证人与普通证人还是存在一些重要区别：①普通证人直接感知案件事实，具有不可替代性；专家证人没有对案件事实直接感知的要求，具有可替代性；

---

[1] 一般认为，我国民事诉讼法确立专家辅助人制度，主要目的是为了弥补当事人专业知识的不足，就案件的专门性问题进行说明、质证，以及对鉴定人进行询问，对鉴定意见和案件中涉及的专业知识有效地进行质证。

②普通证人的作证属于义务，具有被动性；专家证人作证具有主动性，可以依法查阅作证所需要的证据；③普通证人不得旁听法庭审理，询问普通证人时，其他证人不得在场；但专家证人不受此规则的约束和限制。

第三，从参加诉讼的方式看。根据我国《民事诉讼法》第79条的规定，专家辅助人参加诉讼应当符合两个条件：一是"当事人申请"；二是"法院通知"。可见，专家辅助人参加诉讼主要是根据当事人的委托（申请）。从庭审情况看，专家辅助人不是普通证人，在庭审中可以旁听案件审理，其参加诉讼的目的，就是对鉴定人作出的鉴定意见或专业问题提出意见。在诉讼进行中，可能存在一方当事人委托专家辅助人辅助诉讼的情形，也可能存在双方当事人都分别委托专家辅助人参加诉讼的情形。从制度设置的初衷看，专家辅助人应当保持中立，仅对鉴定意见或者专业问题提出意见。但是，由于委托聘请关系的存在以及费用支付问题，[1] 专家辅助人很难保持中立，其关注的视角和意见的提出，很可能会更倾向于委托人。因此，对专家辅助人的意见也需要法官的审查判断。从这一角度来看，专家辅助人在诉讼中的作用与普通证人并没有实质性的区别，都是协助法院查清案情，只不过专家辅助人介入的案件专业性较突出。

第四，从制度运行机制看。假如说专家辅助人不同于现有法律规定的任何诉讼参与人，就需要专门为专家辅助人确立一套法律制度，包括参加诉讼的方式、诉讼中的地位、参加诉讼的程序、意见的效力等，对此，我们既缺乏司法实践经验，也没有充分的理论研究支持，因而是很困难的，而实践不能等待。相反，把专家辅助人的诉讼地位定性为专家证人，既然我国相关法律已经对普通证人制度作了规定，并且经过多年的适用，积累了比较丰富的实践经验，经过适当完善后，专家证人原则上就可以参照适用，因此，在制度建设和实际运行方面都更加现实可行。从运行机制来看，专家辅助人参加诉讼应当由当事人提出书面申请，并经法院同意；法庭开庭时，专家辅助人应当与当事人一起出庭，对案件中的专门性问题进行询问、被询问和对质。双方当事人都委托专家辅助人的，专家辅助人之间也可以进行对质和辩论，并各自阐明自己的观点。

第五，从意见的效力看。证据在民事诉讼中具有重要作用，是法院查明事实，依法作出判决的依据。专家辅助人发表的意见能否作为证据，决定着专家辅助人在诉讼中发挥作用的大小。我国《民事诉讼法》没有对专家辅助人的意

---

〔1〕 委托专家辅助人辅助诉讼的相应费用，一般由委托的当事人支付。

见定性，没有明确规定专家辅助人的意见具有法定证据的效力，可能会影响专家辅助人作用的发挥，导致有些法官忽视专家辅助人的意见，不将专家辅助人的意见作为裁判的参考，使专家辅助人的辅助功能失去意义。将专家辅助人纳入证人的范畴，既然证人证言属于法定的证据种类，对于专家辅助人的意见，法院就应当认真审查认定，无论是否采纳专家辅助人的意见，都需要说明理由，这样的制度设计有利于专家辅助人发挥应有的辅助作用。司法实践中，专家辅助人的资历、专业能力有时可能比鉴定人更高，即使如此，专家辅助人提出的意见也不能替代鉴定意见。是否根据专家辅助人的意见决定采信鉴定意见或者重新进行鉴定，应当由法官决定。由于专家辅助人具有专门知识，对鉴定意见能够进行最有力的质证，因此，专家辅助人的意见应当视为专业质证意见，法官不论是否采信，都应在裁判文书中详细写明其理由。

根据我国《民事诉讼法》第79条的规定，专家辅助人到庭参加诉讼，由当事人申请、人民法院通知。这就产生了法院对专家辅助人资格的审查认定问题。按照专家辅助人诉讼地位的上述定位，结合我国目前的司法实践来看，对专家辅助人资格的限制不宜过严，这是因为，一方面，限制过严，当事人可选择的专家辅助人范围有限，不利于发挥专家辅助人的作用；另一方面，受"厌诉"的传统思想和"无讼"文化的影响，人们普遍抱有多一事不如少一事的想法，许多具有专业知识的人其实并不愿意介入并辅助诉讼。因此，如果对专家辅助人的资格限制过严，从现实情况看，很可能会出现当事人委托专家辅助人比较困难或者费用过高等问题。由此可见，从有利于专家辅助人制度的实施、有利于发挥专家辅助人应有的作用，维护当事人合法权益保护角度出发，目前对专家辅助人资格的限制不宜过严。

但是，在《证据规定》施行过程中，各地法院普遍适用严格的审查标准，即要求专家辅助人高学位、高职称、在某一领域拥有权威地位。出现这种现象的一个重要原因，是因为专家辅助人资格的认定在很大程度上受到鉴定人资格认定的影响。对鉴定人的资格认定应当适用严格的审查标准，以保证鉴定意见的质量，但是，如前所述，专家辅助人不同于鉴定人，主要只是就鉴定人作出的鉴定意见或者专业问题提出意见，定位于专家证人，涉及内容较多的不是专业理论，而是实践运用。因此，实践能力和经验应当成为认定专家辅助人资格的重要标准。

从国外的法律规定看，美国对专家证人制度的立法可供我国完善专家辅助人制度参考借鉴。根据《美国联邦证据规则》及相关判例，考量专家证人主要涉及以下因素：受到的技能训练和教育，自身具有的特殊技能、知识和经验，熟练鉴定适用的标准，为某一领域的权威或者是专业组织、协会的成员。据此，即使是专业的汽车修理工，也可以成为专家证人。事实上，对某一品牌车辆所涉及的技术问题，汽车领域学术权威的了解程度可能远不如长期与该品牌车辆打交道的专业技工，[1] 现实诉讼中的关键问题，很可能不是特定汽车的设计原理和理论分析，而是驾驶汽车造成的问题，对此，长期负责汽车修理的高级技工可能比专攻汽车设计的大学教授，更能作出正确的判断。

最后，还需要指出，诉讼过程中同时出现了鉴定人和专家辅助人，无疑使诉讼法律关系变得更复杂了，而且，鉴定人和专家辅助人都属于具有专门知识的人员，在庭审中，针对某些专业问题，双方当事人委托的专家辅助人与鉴定人唇枪舌剑进行质证，但质证的结果最后却由不具有相应专业知识的法官做定论，这似乎又陷入了一个悖论。因此，专家辅助人制度不是万能的，具体适用中会出现诸如此类的问题。解决这个问题的一个比较好的办法是完善人民陪审员制度，针对某些可能涉及专业性问题的案件，可以适当增加专业陪审员参与审理，通过专业陪审员来弥补法官专业知识的不足，特别是双方当事人对鉴定意见存有异议，并且委托专家辅助人参加诉讼的，合议庭成员的组成，可以根据案件审理的特殊需要，增加具有相应专业知识的专业陪审员，以确保合议庭能够针对专业问题的争议作出准确的判断。

四、民事公益诉讼制度

随着我国经济的快速发展，民事侵权案件日益增多，公益诉讼也逐渐成为司法实践和理论研究的热门话题。由于我国民事诉讼法起诉条件规定的限制，在公共利益被侵害的案件发生后，存在没有直接的利害关系人或者直接的利害关系人不提起诉讼等情形，使得我国对公共利益的保护一直游离于司法程序之外。2012 年新修订的民事诉讼法增加规定了公益诉讼制度，但是法律条文规定得比较原则化，提起公益诉讼主体的范围狭窄，没有设置配套施行的制度体系，与公益诉讼相关的诸多问题还存在争议。因此，有必要进一步对公益诉讼制度

---

〔1〕 季美君、姚石京："国外专家证人制度探析及借鉴"，载《中国司法》2012 年第 8 期。

的核心问题进行进一步的研究，包括公益诉讼制度设置的模式、主体资格、范围、适用程序等问题，以期进一步完善立法，指导司法实践，维护社会公共利益。

（一）设置民事公益诉讼制度的价值分析

1. 民事公益诉讼的含义和特征

公益诉讼是相对于私益诉讼而言的，是指特定的主体根据法律的授权，就违反法律规定，侵犯国家利益、社会公共利益或不特定多数人利益的行为，向法院提起诉讼，由法院追究违法者法律责任的活动。公益诉讼起源于古罗马时期，以保护社会公共利益为目的，在当时的社会条件下，除法律有特别规定外，凡市民均可提起公益诉讼。[1] 虽然公益诉讼制度起源于古罗马，但是，到近现代社会才引起人们的广泛关注。在我国，近年来公益诉讼才成为一个热门话题，受到诉讼法学界的广泛关注。根据违法行为的性质不同，公益诉讼分为民事公益诉讼、行政公益诉讼和刑事公益诉讼几种类型。民事公益诉讼，是指在民商事法律活动中，特定主体根据法律的授权，就违反法律规定，侵犯国家利益、社会公共利益或不特定多数人利益的行为，向人民法院提起诉讼，由人民法院追究违法者法律责任的活动。与传统的私益诉讼相比，公益诉讼主要具有以下三个特征：

（1）诉讼目的的公益性。随着社会经济的发展和法制建设的不断推进，司法实践中涉及国家利益和社会公共利益的案件日益增多，立法者、司法者以及民事诉讼法学的研究者越来越意识到确立和完善民事公益诉讼制度的重要性。从公益诉讼制度设置的目的看，主要是为了维护国家利益和社会公共利益，制止个别组织和个人滥用权力或权利实施危害国家和社会的行为，保障社会每个成员的共同利益都得以实现，以形成良好的社会秩序。从这一角度看，公益诉讼与私益诉讼存在明显的区别，私益诉讼主要是维护当事人自身受到不法侵害的合法权益。

（2）诉讼主体的多元性。由于公益诉讼维护的是国家利益和社会公共利益，而在整个社会发展中，国家、社会和公民个人的利益具有一致性，侵害国家利益、社会公共利益，必然会使个人的合法权益受到侵害，维护国家利益和社会

---

〔1〕　周枬：《罗马法原理》，商务印书馆 1996 年版，第 886 页。

公共利益，实际上也是维护公民个人利益。因此，只要特定的组织和个人认为行为人的行为侵犯了国家利益和社会公共利益，就有权向人民法院提起诉讼，并且不以与案件有一定的利害关系为前提条件，这实际上是对传统的当事人适合理论的一种挑战。[1]

（3）损害事实的预防性。涉及民事公益诉讼，被告往往都是社会的强势群体，即经济实力强大的组织、从事公共事业的团体，甚至是政府机关。原告可能是权益受到侵害的多数当事人，在表面的利益主体背后隐藏着实质利益主体，利益的共通性使这些主体相互结合，以通过诉讼获得公正的裁判。公益诉讼不应简单地定位为事后的救济手段，防患于未然才是公益诉讼的最佳策略。因为一旦公共利益受到损害，不仅违法者难以有足够的财产弥补损失，而且很多损失是无法弥补的。例如，人的生命、健康等。以环境污染为例，一旦受到致命的打击，往往几十年都无法修复，甚至留有永远的遗憾。因此，公益诉讼不应以财产和人身损害实际发生为要件，只要某种行为可能导致损害发生的风险，就可以提起公益诉讼，这正体现了公益诉讼的预防性功能。[2]

2. 设置民事公益诉讼制度的必要性

在西方发达国家的司法制度中，民事公益诉讼作为诉讼法律制度的重要组成部分被广泛接纳和采用。而在我国，2012 年新修订的《民事诉讼法》才刚刚对民事公益诉讼制度作出规定。但是，需要注意的是，尽管我国法律对该项法律制度规定得较晚，但在司法实践中，为了保护公共利益的诉讼确早有发生。在法律已经出台的今天，重申设置公益诉讼制度必要性的目的是，期望制度设置能够引起司法者的足够重视，使该制度具体得到贯彻落实，而不致被闲置。

（1）确立民事公益诉讼制度必要性的理论争议。对于我国立法是否应当设置公益诉讼制度，即确立公益诉讼制度必要性的问题，在理论研究中主要存在以下三种观点，即赞成说、反对说、缓行说。赞成说认为，"中国亟须公益诉讼理念和制度"；"无论从什么意义上讲，现行法律中没有公益诉讼的一席之地都是令人遗憾的"；"专家、学者、司法人员对公益诉讼的各种解释和定义，赞扬或否定，似乎并不是最重要的。需要关注的是，倘若没有这类诉讼，他们所涉

---

〔1〕 廖中洪主编：《民事诉讼改革热点问题研究综述》，中国检察出版社 2006 年版，第 206 页。
〔2〕 林峰：《民事公益诉讼若干问题研究——以无锡太湖蓝藻污染事件为视角》，复旦大学 2008 年硕士学位论文，第 28 页。

及的问题，诉讼所指向的社会矛盾，在社会现代矛盾解决机制里是难以解决的。"[1] 反对说认为，涉及公益侵害及保护的纠纷，完全可以利用现行的民事诉讼、行政诉讼方式解决，因而没有必要创立公益诉讼制度。如果实行公益诉讼制度，允许非官方主体（特别是公民）就与本人无直接利害关系的问题提起诉讼，可能会导致"诉累"和"滥诉"。[2] 缓行说认为，由于公益诉讼目前在我国名不正言不顺，检察机关和公民个人提起公益诉讼面临着尴尬的境地。因此，当务之急是对公益诉讼加以完善和具体化。在公益诉讼援助制度尚未建立的前提下，从经济角度讲，对于公民个人和国家有限的司法资源来说，都是极大的浪费，毫无疑义公益诉讼应当缓行。[3]

（2）设置民事公益诉讼制度必要性分析。从我国目前的实际情况看，随着社会经济的发展和法制建设的不断推进，涉及国家和社会公共利益的案件日益增多，因此有必要建立公益诉讼机制以适应现实需要。在我国通过立法设置公益诉讼机制主要有以下三个方面的必要性：

第一，构建和谐社会的要求。我国十六大提出了建设社会主义和谐社会的理论，党的十七大首次把"构建社会主义和谐社会"正式写入党章。和谐社会的理念早已深入人心。按照和谐社会的总要求，要把我国社会建设成为民主法治、公平正义、诚信友爱、充满活力、安定有序、人与自然和谐相处的社会。对公共利益的保护，是"以人为本"理念的贯彻落实，社会的和谐在一定程度上依靠公共治理才能实现，如果公共治理不到位，诸多侵害公共利益的行为没有受到法律制裁，承担相应的法律责任，民主法治就得不到体现，公平正义就难以实现，和谐社会就难以构建。由此可见，实现公共治理，必须注重公共利益的保护。因此，构建民事公益诉讼制度是非常必要的。

第二，市场经济发展的需要。随着经济体制改革的不断深入，我国早已由计划经济转入市场经济社会。经济的转型导致社会发展过程中出现了诸多新矛盾、新问题，诸如假冒伪劣商品、欺诈等侵害消费者权益的案件时有发生。如果受害者以个人的身份对生产者或销售者提起诉讼，根据现行民事诉讼法的规定，人民法院只能针对生产者或销售者对消费者个人造成的损害作出赔偿的裁

---

〔1〕　颜运秋：《公益诉讼理念研究》，中国检察出版社 2002 年版，第 386～387 页。

〔2〕　叶明："公益诉讼的局限及其发展的困难——对建立新型经济诉讼的几点思考"，载《现代法学》2003 年第 5 期。

〔3〕　王健、孙舍飞："公益诉讼：缓行还是推行"，载《法律与生活》2002 年第 11 期。

判，难以有效地对损害行为作出惩罚，并遏制、根治这种行为。此外，在社会转型中，国有资产流失的现象也相当严重。据有关资料显示，改革开放后的十几年中，国有资产流失大约五千多亿元，即以每天一个亿的速度流失。如何保护国有资产，防止其流失已经成为我国的一个重大问题。从我国现行的诉讼法律制度规定看，诉讼主体缺位，提起诉讼出现盲区。因此，设置民事公益诉讼制度，由法律规定的特定民事主体提起公益诉讼，可以有效地解决上述问题。[1]

第三，诉讼法治化的必然结果。法治包含两重基本含义，即制定法本身是良好的；法律得到了社会普遍的服从和认可。在法律的施行过程中，制定的实体法需要程序法保证实施，通过公正的程序保证使违法者受到制裁，法律的正义得到实现，这才是法治的应有之意。公益诉讼制度的设置，弥补了传统私益诉讼只能由与损害后果有直接利害关系的诉讼主体提起的不足，促进了实体法律制度的充分适用，通过法定的正当程序，使实施了侵害国家利益和社会公共利益的行为人受到应有的制裁，既维护了法律的尊严，也符合司法救济原则。同时，这也是推进法治建设的进程，诉讼法治化的必然结果。

3. 设置民事公益诉讼制度的可行性

第一，公共利益与私人利益之间具有相通性。法律设置公益诉讼制度的目的，是为了保护公民个人所享有的社会利益和公共利益不受侵犯。实际上，公共利益与私人利益之间是具有相通性的，当某种个人利益具有社会普遍性时，就不再仅仅是个人利益，而是转变为了公共利益。因为国家的一切权力来源于人民，人民是国家的真正主人，人民可以在法律允许的范围内通过一切正当途径和形式参加管理国家事务。公益诉讼制度的确立，恰好为人们参加管理国家事务提供了新的途径，也为人们权利的行使提供了司法保障。因此，可以说，公共利益与私人利益是可以相互转化的。但是，需要注意的是，公共利益并不是个人利益的简单相加，只有当某种个人利益具有社会普遍性时，才成为公共利益。[2]

---

〔1〕 经济体制改革过程中暴露出的地方保护主义、行业保护主义，以及垄断、不正当竞争等行为，也严重破坏了市场经济的顺利发展，在很大程度上扰乱了正常经济秩序。对此，传统的救济方式显得乏力，必须强化司法手段，建立公益诉讼制度。廖中洪主编：《民事诉讼改革热点问题研究综述》，中国检察出版社2006年版，第207～208页。

〔2〕 孙笑侠："论法律与社会利益——对市场经济中公平问题的另一种思考"，载《中国法学》1995年第4期。

第二，确立公益诉讼制度存在充分的理论基础。在现代法治社会，权利的尊重、保护、救济已经成为时代的命题。在民事诉讼领域，公益诉讼正当性的核心理论基础应当是诉权理论。在权利的视角下，公益诉讼作为一种权利救济的重要途径，应当是以一定的权利保护与救济为前提的。从公益诉讼的内涵分析，公益诉讼不仅包括实体权利，也包括程序权利；从价值上看，公益诉讼不仅指向秩序，还包括社会正义；从结果上看，公益诉权的实现不仅保护公益，而且同时兼顾相关私人的利益。〔1〕可以说，公益诉讼拥有特定的权利基础和前提。任何制度的合理性安排都离不开理论的支持，公益诉讼依赖司法的能动主义，要求对司法权的介入和运行作出理论阐述和制度落实。公益诉讼的权利基础和前提决定，公益诉讼制度在诉讼目的、当事人、诉讼法律关系等方面具有特殊性，在具体程序设置中需要作出合理的制度安排。由于涉及公益诉讼的案件，原告方大多是因为被告方实施不法行为受到侵害或侵害危险的不特定多数人，具有集团型和扩散性的特点，被告方往往是在社会上具有一定影响力的大企业或公共团体，诉讼两造的实力极其不均衡。因此，构建合理的公益诉讼制度，是使权利得到救济的根本保障。

第三，确立公益诉讼制度符合现实需要。随着市场经济的蓬勃发展，传统的诉讼不能完全容纳所有的纠纷，诉讼过程中法的空间与制度的需求矛盾彰显。为了克服单一诉讼的弊端，迎合不特定多数人诉讼的需要，公益诉讼应运而生。近年来，理论界对公益诉讼制度设置的原则、制度进行了不懈的、如火如荼的讨论。司法实践中，也进行了诸多有益的尝试，然而，诸多的公益诉讼案件，要么法院裁定不予受理，要么法院裁定驳回。从社会实际情况看，一方面，随着经济的发展和工业的扩张，现代型纠纷已经大量涌现，公害案件、小额多数案件不断增多，国家利益、社会公共利益和不特定多数人利益遭受侵害却投诉无门；另一方面，1991 年民事诉讼法的规定又难以与公益诉讼制度顺利对接，受传统民事诉讼主体理论的局限，诸多间接受害者因与案件没有直接的利害关系，无法独立提起诉讼，被无情地挡在司法救济的大门之外，无法获得救济。〔2〕

---

〔1〕 郑晨："有关民事公益诉讼的法律思考"，载《科技创业月刊》2009 年第 1 期。

〔2〕 公益诉讼是为了保护公共利益而引发的诉讼，提起诉讼的原告与案件并不一定存在直接的利害关系。我国 1991 年《民事诉讼法》第 108 条规定，提起诉讼的原告必须是与案件有直接利害关系的公民、法人和其他组织，排除了与案件无利害关系者的诉权，从法律上排除了提起公益诉讼的可能性，使得公益诉讼的提起虽然受到社会各界的关注，但是却得不到法律的支持。

这与和谐社会的追求显然不相符。因此，民事公益诉讼制度的确立有利于解除法律困境，理顺法律关系，解决司法实践中存在的问题。

（二）提起民事公益诉讼的主体

究竟哪些主体可以提起公益诉讼，是目前争议比较大的问题，主要存在"广义说"和"狭义说"两种学说。广义说认为，结合我国的国情看，检察机关、公益组织（或公益法人）和具有一定专业知识、社会阅历与社会正义公信度的自然人均可成为公益诉讼的提起主体。[1] 狭义说认为，公益诉讼是为了维护国家利益和社会公共利益而提起的诉讼，因此它的主体只能是国家机关，在我国就是检察院，即由检察院作为公共利益和国家利益的代表提起，而公民个人和相关组织无权提起。[2] 新修订的民事诉讼法将公益诉讼的主体规定为法律规定的机关和有关组织，不包括公民，且法律规定的机关和相关组织这一规定比较模糊。我认为，我国法律确定民事公益诉讼主体，一方面应当明确赋予检察机关提起民事公益诉讼的主体资格；同时，也应当赋予法定组织和公民提起公益诉讼的主体资格，这样规定，法定机关确定，可以提起公益诉讼的主体范围广泛，有利于公共利益的保护。

1. 检察机关

由检察机关提起公益诉讼是两大法系国家的普遍做法。例如，《法国民事诉讼法》第421条规定：检察机关得作为当事人进行诉讼，或者作为从当事人参加诉讼，于法律规定情形，检察院代表社会。第422条规定：在法律有特别规定之情形下，检察院依职权进行诉讼。第423条规定：除法律有特别规定之情形外，在事实妨碍公共秩序时，检察院为维护公共秩序进行诉讼。[3]《美国联邦地区法院民事诉讼规则》第17条规定：在制定法另有规定的情况下，对于保护他人利益的案件，可以以美国政府的名义提起诉讼。[4]

---

〔1〕 韩志红、阮大强：《新型诉讼——经济公益诉讼的理论与实践》，法律出版社1999年版，第27页。

〔2〕 马守敏："公益诉讼亟待开放"，载《人民法院报》2001年6月15日。

〔3〕 张卫平：《程序公正实现中的冲突与衡平》，成都出版社1993年版，第278页。

〔4〕 在法治发达的国家，检察机关实质上都是作为政府组成部门（行政机关）的一部分。参见肖建华、唐玉富："论公益诉讼的理论基础与程序建构"，载《河南省政法管理干部学院学报》2008年第1期。

从我国现行的法律规定看，关于检察机关在民事诉讼中地位和作用的规定是比较笼统的。《民事诉讼法》第 14 条规定："人民检察院有权对民事诉讼实行法律监督。"第 208～213 条规定了检察机关的抗诉权。第 235 条规定了检察机关的执行监督权。[1] 至于检察机关是否属于《民事诉讼法》第 55 条规定的法律规定的国家机关范围，并未做出明确的规定。因此，不能理解为法律已经赋予检察机关提起民事公益诉讼的权利。在理论研究中，也出现了对赋予检察机关提起民事公益诉讼主体资格的质疑。质疑的理由主要是：①国家设置检察机关的主要任务是惩罚犯罪、保障人权。如果让检察机关过多地介入民事公益诉讼，会弱化检察机关自身的力量和职能。公共利益需要保护，但并不是必须要赋予检察机关提起民事公益诉讼的权力，可以通过加大行政机关的执法力度来保护公共利益。[2] ②私权自治是民商事法律的灵魂，在民事诉讼中尊重当事人的处分权，使当事人按照自己的意志处分诉讼权利，正是这一基本原则的集中体现。检察机关作为公权机关，以自己的名义作为原告提起民事公益诉讼，存在着不当干涉私权之虞。[3] ③社会公共利益理应由政府机构来维护，公益诉讼的原告只能由有权代表社会公共利益的政府行政机关来担任。因此，作为法律监督者的我国检察机关提起民事公益诉讼实有名不正、言不顺之感。[4] ④我国

---

[1] 《民事诉讼法》第 208 条规定："最高人民检察院对各级人民法院已经发生法律效力的判决、裁定，上级人民检察院对下级人民法院已经发生法律效力的判决、裁定，发现有本法第二百条规定情形之一的，或者发现调解书损害国家利益、社会公共利益的，应当提出抗诉。地方各级人民检察院对同级人民法院已经发生法律效力的判决、裁定，发现有本法第二百条规定情形之一的，或者发现调解书损害国家利益、社会公共利益的，可以向同级人民法院提出检察建议，并报上级人民检察院备案；也可以提请上级人民检察院向同级人民法院提出抗诉。各级人民检察院对审判监督程序以外的其他审判程序中审判人员的违法行为，有权向同级人民法院提出检察建议。"第 209 条规定："有下列情形之一的，当事人可以向人民检察院申请检察建议或者抗诉：（一）人民法院驳回再审申请的；（二）人民法院逾期未对再审申请做出裁定的；（三）再审判决、裁定有明显错误的。人民检察院对当事人的申请应当在三个月内进行审查，作出提出或者不予提出检察建议或者抗诉的决定。当事人不得再次向人民检察院申请检察建议或者抗诉。"第 211 条规定："人民检察院提出抗诉的案件，接受抗诉的人民法院应当自收到抗诉书之日起三十日内作出再审的裁定；有本法第二百条第一项至第五项规定情形之一的，可以交下一级人民法院再审，但经该下一级人民法院再审的除外。"第 212 条规定："人民检察院决定对人民法院的判决、裁定、调解书提出抗诉的，应当制作抗诉书。"第 213 条规定："人民检察院提出抗诉的案件，人民法院再审时，应当通知人民检察院派员出席法庭。"第 235 条规定："人民检察院有权对民事执行活动实行法律监督。"

[2] 陈兴生、宋波、梁远："民事公诉制度质疑"，载《国家检察官学院学报》2001 年第 3 期。

[3] 王福华："我国检察机关介入民事诉讼之角色困顿"，载《政治与法律》2003 年第 5 期。

[4] 杨秀清："我国检察机关提起公益诉讼的正当性质疑"，载《南京师大学报（社会科学版）》2006 年第 6 期。

《宪法》第 129 条规定："中华人民共和国人民检察院是国家的法律监督机关。"如果由检察院作为民事公益诉讼的原告，直接提起诉讼和参加诉讼，法院在案件审理中就难以保持中立。另外，检察机关强势的公权背景，也会导致当事人之间的诉讼地位失衡，权利义务不对等，从而影响案件结果的公正性。[1]

从我国目前的实际情况看，1991 年《民事诉讼法》没有规定公益诉讼制度。2011 年 10 月 29 日起公开征求意见的民事诉讼法修正草案（以下简称民诉法草案），规定了对环境污染、侵害众多消费者合法权益等损害社会公共利益的行为，有关机关、社会团体可以向人民法院提起诉讼。有学者认为，有关机关包括行政机关，而行政机关不宜被赋予公益诉权，应当把草案中的"有关机关"用"人民检察院"取而代之。[2] 在司法实践中，检察机关作为原告提起公益诉讼的案件已经为数不少，并取得了较大的成效。2012 年新颁布的《民事诉讼法》第 55 条规定："对污染环境、侵害众多消费者合法权益等损害社会公共利益的行为，法律规定的机关和有关组织可以向人民法院提起诉讼。"从该条法律规定看，新修订的民事诉讼法并没有明确检察机关作为提起公益诉讼主体的法律地位，同时，"法律规定的机关"的规定过于原则、模糊，缺乏可操作性。

结合我国的实际情况，借鉴国外立法经验，应当将"法律规定的机关"替换为"人民检察院"，明确赋予检察机关提起民事公益诉讼的主体资格。具体理由如下：

（1）检察机关提起民事公益诉讼与惩罚犯罪，保护人权的职责不相矛盾。检察机关是国家公权力机关，拥有法定的法律监督权，在相应的人力、物力、财力等权力行使方面以及资源利用等方面（例如，拥有的调查取证权等），具有绝对的优势。因此，能够更好地维护公共利益。近年来，在较多案件中检察机关已进行了民事公益诉讼的探索，并且取得了良好的成效，积累了丰富的经验。实践证明，民事公益诉讼权的行使，并没有妨碍检察机关惩罚犯罪，保护人权职

---

[1] 王福华："我国检察机关介入民事诉讼之角色困顿"，载《政治与法律》2003 年第 5 期。

[2] 汤卫建教授认为，行政机关不宜被赋予公益诉权，具体理由如下：一是提起诉讼带有司法属性，与行政机关行使行政权的宪法职能相悖；二是行政机关手握诉权与行政权，对另一方当事人存在不恰当的威胁和压迫，会打破诉讼平衡；三是可能掩盖行政失误，不利于通过公益诉讼揭示行政违法。另外，公益诉讼的产生，往往或至少有时与行政违法或行政懈怠相关联。这种情况的客观存在，一方面消解了行政机关提起诉讼的动力；另一方面，在其提起诉讼后，也会导致诉讼的中途流失。李湘宁、唐丹妮："'审慎'公益诉讼"，载《财经》2011 年第 27 期。本书赞同上述观点。

责的履行。

（2）检察机关提起民事公益诉讼不违反私权自治原则。私权自治虽然是民商事法律的基本原则，但并不意味着当事人依法享有的自治权不受任何限制。在权利行使过程中，民事主体对自己私权的处分应当以不损害国家利益、社会公共利益和他人合法权益为前提。如果公民、法人或者其他组织在行使民事权利或诉讼权利时，损害了国家利益或者社会公共利益，国家就应当予以干预，这种干预并不是对处分原则的反叛，恰是处分原则的使然。[1]因此，检察机关作为国家利益的代表，在国家利益或者公共利益遭受损害时，无疑最适合作为诉讼主体，代表国家提起民事公益诉讼。[2]

（3）检察机关提起民事公益诉讼与行使法律监督权并不冲突。检察机关在公益诉讼中，行使的法律监督权是广泛的。在公益诉讼提起时，检察机关法律监督权的行使，主要是为了保障实体法中有关公益诉讼的条款不被违背。在提起公益诉讼之后，检察机关监督的范围还应当包括诉讼法律条款的施行。因此，检察机关提起民事公益诉讼，不仅保护了公共利益不受非法侵害，而且还为提起民事公益诉讼提供了制度上的保障。最主要的是解决了立法中"法律规定的机关"指代不明的问题，有利于公益诉讼制度的切实贯彻落实。

2. 其他组织和公民个人

其他组织，是指合法成立、有一定的组织机构和财产，但又不具备法人资格的组织。我国《民法通则》没有规定其他组织，为了确保这些客观存在但又不是法人的社会组织的合法利益，我国《民事诉讼法》规定，其他组织可以作为民事诉讼的当事人。其他组织进行民事诉讼活动，是由其主要负责人为代表人。司法实践中，其他组织的形式多种多样，主要有以下几种：①依法登记领取营业执照的私营独资企业、合伙组织。②依法登记领取营业执照的合伙型联营企业。③依法登记领取我国营业执照的中外合作经营企业、外资企业。④经民政部门核准登记领取社会团体登记证的社会团体。⑤法人依法设立并领取营业执照的分支机构。例如，领取营业执照的证券公司营业部可以作为民事诉讼当事人。⑥中国人民银行、各专业银行设在各地的分支机构。⑦中国人民保险

---

〔1〕　张晋红、郑斌峰："论民事检察监督权的完善及检察机关民事诉权之理论基础"，载《国家检察官学院学报》2001年第3期。

〔2〕　章武生："论人民检察院发动再审权和对其他民事审判活动的监督权"，载《人大报刊复印资料·诉讼法学、司法制度》2004年第5期。

公司设在各地的分支机构。⑧经核准登记领取营业执照的乡镇、街道、村办企业。⑨符合规定条件的其他组织。

关于其他组织作为民事公益诉讼主体，需要注意以下两点：一是其他组织包括了经民政部门核准登记领取社会团体登记证的社会团体；二是并不是上述所有组织都有权提起公益诉讼，能够提起公益诉讼的应当仅限于法律明确授予诉讼实施权的组织。

在民事诉讼法修订过程中，有学者提出，应当赋予社会团体民事公益诉讼主体资格，具体理由是：现在社会关系错综复杂，各种新型社会关系层出不穷。政府作为公共事务的管理机构，不可能对社会生活面面俱到、事无巨细地进行管理。因此，国家通过法律法规将政府公共利益的管理职权部分地分离出来，由社会中介力量来承担以弥补国家力量的不足已成为必然。[1] 鉴于此，在民事公益诉讼中，有权提起诉讼的另一类重要主体是社会团体。由于社会团体依法成立，具有团体的章程，具有个人不可比拟的良好组织性、法律性，由社会团体作为原告提起公益诉讼具有较大的优势。社会团体成为公益诉讼的原告，概括有两大类情况：一是该社会团体为目的性法人组织，他的设立就是为了保护某种特定的公共利益，或者其章程中就有以保护某一公共利益为宗旨之一，当该利益受到侵害时，其就可依法以原告资格起诉；二是该社会团体虽然不具备法定的公益诉讼原告的资格，但是，根据权利主体的授权，以协议方式取得了原告资格。[2]

对社会团体作为民事公益诉讼的原告，理论界也有学者持反对观点。理由是：我国的社会团体尚不成熟，存在发展滞后、职位定性不清、独立性和自主性不强等问题，很多社会团体都是依附于行政机关而设立，在经费等问题上受制于行政机关。在诉讼中为维护公共利益，社会团体很可能会与行政机关或者实力雄厚的公司企业对簿公堂，而这些被告可能是社会团体的"衣食父母"，谁又能期望社会团体在这种情形下依然能够全力以赴进行诉讼。由于法律并未赋予社会团体公权力，社会团体享有的权力极其有限，我们能够想象的是，在相关的案件中，社会组织会因为缺乏相关权力而无法进行调查取证，因而有可能丧失了对整个案件胜诉的机会。因此，由社会团体提起公益诉讼，不利于公共

---

〔1〕 刘改新：《民事公益诉讼若干问题研究》，南阳理工学院 2005 年硕士学位论文，第 14 页。

〔2〕 宋朝武："论公益诉讼的十大基本问题"，载《中国政法大学学报》2010 年第 1 期。

利益的维护。[1]

我国民事诉讼法修正案赋予了社会团体提起公益诉讼的主体资格，但是，对社会团体的范围没有作出相关的界定。2012 年新颁布的《民事诉讼法》第 55 条规定："对污染环境、侵害众多消费者合法权益等损害社会公共利益的行为，法律规定的机关和有关组织可以向人民法院提起诉讼。全国人民代表大会办公厅有关领导在新闻发布会上回答有关记者提问时，针对公益诉讼主体的修改作了如下的解释，即民事诉讼修改在第三审稿的时候，还将公益诉讼的主体规定为"法律规定的机关和有关社会团体"，现在正式通过的民事诉讼修改决定，将诉讼主体表述为"法律规定的机关和有关组织"，主要是考虑到社会团体的概念无论是专家，还是社会都有不同的认识，主要分歧是社会团体是一个大概念，还是一个窄概念。如果是大概念，可能把很多都包括进去，但是实际上我国民政部门登记的社会团体只占社会组织的一部分。2011 年在民政部门登记的社会组织是462 000多个，其中 25 万左右的名称叫"社会团体"，还有 20 万叫"民办非企业单位"，还有 2000 多个是基金会。考虑到上述情况，法律委员会经过慎重研究，把原来的"有关社会团体"改为"有关组织"。哪些组织适宜提起民事诉讼，可以在制订相关法律时进一步明确规定。

从目前的现实情况看，新修订的民事诉讼法将"法律规定的有关组织"规定为提起民事公益诉讼的主体，是符合实际情况的。具体理由是：①其他组织的范围，法律规定的比较明确、具体，利于了解和掌握。②规定其他组织作为民事公益诉讼主体，并不排斥赋予经民政部核准登记的社会团体提起民事公益的主体资格。有些社会团体在相关领域内具有专业性，每个专业性的社会团体中都有较多的专家，这些专家对涉及本领域的案件认知程度比较高，法律保护意识也比较强，其不仅具有参与诉讼的能力、信息、精力，而且由于其成员的特殊性、职责的确定性，其更具有参与相关活动的动力。[2] 以上特点决定，这些社会团体可以为了其所代表的群体利益进行诉讼。同时，由于在日常的业务活动中积累了大量的实践经验，这些社会团体能够更有力地对抗损害社会公共利益的不法行为，更好地维护公共利益。③其他组织中的哪些组织享有提起民事公益诉讼主体资格，由法律另行作出规定，可以防止公益诉讼权的滥用。

---

[1]　郝霞：《论我国民事公益诉讼原告主体资格》，中国政法大学 2010 年硕士学位论文，第 14 页。

[2]　颜运秋：《公益诉讼理念研究》，中国检察出版社 2003 年版，第 187 页。

④其他组织中包含的社会团体并非都有权提起公益诉讼，能够提起公益诉讼的应当仅限于法律明确授予诉讼实施权的团体。具体来说，法律授予诉讼实施权的主体，应当是具有相当数量的成员，在本行业具有较高的认知度，具有一定代表性的团体。例如，中国环境保护协会、中国消费者保护协会等。

按照人民主权理论，人民是一切公共权力或国家权力的所有者，但人民一般不直接行使国家权力，而委托给国家机关及具体的工作人员去行使，人民则保持监督权及在特定条件下直接管理国家事务的权利。这些专门的国家机关及其工作人员在行使国家公共权力时，必须反映和体现人民的意志，否则人民可以启动相应的救济权。具体程序是，先由民选的代议机构指定反映民意的法律，然后由相应的国家机关和公职人员具体地去执行法律，在相关国家机关及工作人员官僚主义、执法不严、违法不究，不能体现和反映民意的情况下，人民可以放弃对他们的委托，直接对违法行为起诉，委托司法机关利用司法审判权来执行法律。同时，国家机关无论如何健全和调整，仅依靠相关机关及公务员来维护社会公共利益是不够的。因此法律应授权公民和社会团体来维护社会公共利益以弥补其不足。[1]

有学者认为，由于公益诉讼涉案人数比较多并具有复杂性，如果允许所有公民都不受限制地提起，可能会导致诉讼拖延、效率低下，甚至使原告在诉讼过程中感到力不从心、进退两难。但是，如果对公民提起公益诉讼加以条件的限制，又极易剥夺公民的诉权，造成不公，甚至减弱公民保护公共利益的热情和积极性。[2] 我国新修订的《民事诉讼法》，排除了公民作为公益诉讼主体的资格，实质上是剥夺了公民接近司法的权利。我认为，从目前我国的实际情况看，应当赋予公民个人提起民事公益诉讼的主体资格，具体理由是：公民个人涉及的范围广泛，对自身的权益也最关心，当利益受损时，应当是最先发觉、最为敏感的，只有具有切肤之痛者，才能更具有诉讼需求，才能积极参加诉讼，维护自身的合法权益与社会公共利益。在现代社会，公民作为最基本、最有力的社会监督者，充分运用法律赋予的权利维护公共利益，是名正言顺的。

需要注意的是，赋予公民个人提起公益诉讼的权利是一把双刃剑，其可以防止国家公权力的肆意，也可能鼓励公民为牟取一己之利滥用公益诉权。因此，

---

〔1〕 郭道辉："论公民权与公权力"，载《政治与法律》2005 年第 6 期。

〔2〕 廖中洪主编：《民事诉讼改革热点问题研究综述》，中国检察出版社 2006 年版，第 213 页。

在制度构建过程中应当加以防范，并建立相关的制约制度，例如，对不同的民事公益诉讼纠纷设置适当的前置程序，设立滥诉的侵权责任制度等。公益诉讼的目的在于保护或者恢复受到侵害的公共利益，根据公共利益的特点，公共利益是与不特定的多数人相关的，因而不得限制人们维护公共利益的权利，不能阻断通向正义之途。因此，立法应当规定凡本国公民，在公共利益受到侵害时，均有权以原告的身份提起诉讼。

（三）民事公益诉讼的案件范围

1. 公益诉讼的司法实践

公益诉讼，是指为了保护公共利益，由法院根据当事人的请求进行审判的制度。公共利益是一种介于国家利益和私人利益之间的权利和秩序，是一个历史性的概念，需要根据不同的语义背景具体考量。

目前，从相关报道看，我国民事公益诉讼主要集中在环境保护领域，比较典型的案例包括：广州石榴岗河污染公益诉讼案；"塔斯曼海"油轮海洋环境污染案；贵州"两湖一库"管理局诉贵州天峰化工有限公司环境污染纠纷案；北京海淀区华清嘉园小区绿地环境公益诉讼案；北大教授代表松花江受污染的鱼向中石油吉林分公司双苯厂提起的诉讼，以及中华环保联合会诉江苏江阴港集装箱有限公司环境污染侵权纠纷案等。

据人民大学学者肖建国教授统计，目前全国已经有四十多个环保法庭，从2002 年第一起环境公益诉讼开始，共受理关于环境污染的民事公益诉讼 12 件；其中原告是检察院的 6 件，行政机关 3 件，环保组织 3 件。前 9 件都以原告胜诉告终。[1]

近几年来，有些地方出现了一些"新型"的诉讼案件。例如，"3 角钱"入厕费用官司，因春运期间票价上浮的合法性而提起的诉讼，起诉电信局擅自收取代理费的案件等。这些案件之所以称其"新"，是因为当事人在提起诉讼维护自身权益的同时，也涉及"公共利益"，或者有些原告提起诉讼请求保护的权益、维护的利益，与自己没有直接的关联关系，是基于对公共利益的保护。这类案件在社会上引起了轰动，也引起了媒体和社会各界的广泛关注，以一种新型公益诉讼的形式展现在我们面前。

---

[1]　李湘宁、唐丹妮："'审慎'公益诉讼"，载《财经》2011 年第 27 期。

2. 外国有关公益诉讼范围的立法例

民事公益诉讼制度在美国、英国、日本、俄罗斯等国家的民事诉讼法和相关的法律规定中都有反映。其中，以美国的法律规定最为完备。美国《联邦地区法院民事诉讼规则》第 17 条规定："经法律授权的当事人，可以为未参加诉讼的诉讼受益人的权利以自己的名义起诉。如果法律另有规定时，为他人行使权利或为其权利的诉讼可以美国的名义提起。"[1] 这一精神在美国的反垄断法、环境保护法中都得以具体体现，并且有规范的程序。例如，1890 年《谢尔曼反托拉斯法案》（以下简称《谢尔曼法》）规定："美国检察官可以根据司法部长的指示，以民事诉讼的形式，禁止和限制违反《谢尔曼法》的行为。"由此，美国的民事检察制度得以产生。1914 年美国又制定了《克莱顿法》，以补充《谢尔曼法》的不足。该法规定："州司法长官作为政府监护人代表其州内自然人的利益，可以本州的名义，向被告有司法管辖权的美国区法院提起民事诉讼，以确保其自然人因他人违反《谢尔曼法》所获得的金钱救济。对违反《反托拉斯法》造成的威胁性损失或损害，任何人、商号、公司、联合会都可向对当事人有管辖权的法院起诉和获得禁止性救济。"[2] 再如，在环境保护领域，公民被视为"私人检察官"，与政府的职能相对应存在，即在法定情况下，公民可以以美利坚合众国的名义提起保护别人利益的诉讼。[3] 任何公民均可以依法就企业违反法定环境保护义务、污染环境的行为或主管机关没有履行法定职责的行为而提起诉讼，要求被诉者按照国家规定的排放标准排污、赔偿污染造成的损失或者履行法定义务。公民诉讼是美国环境保护法中一套完备而又颇具特色的公益诉讼制度。

在英国，公共权益的保护以检察长提起民事公益诉讼的方式进行。因为根据英国法律规定，检察长是唯一能在法庭上代表公众的人，是公共利益的保护人，私人不能直接提起阻止公共性不正当行为的诉讼。只有在不当行为已经直接使自己的利益受损，或者很可能受损的情况下，私人才可以寻求救助。此外，如果涉及公益性的问题应当引起检察长的注意，但是检察长却拒绝行使其职权，

---

〔1〕 ［美］哈泽德、米歇尔·塔鲁伊：《美国民事诉讼法导论》，张茂译，中国政法大学出版社 1998 年版，第 2 页。

〔2〕 阮大强："论在我国建立经济公益诉讼制度的根据"，载《天津师范大学学报（社会科学版）》2001 年第 4 期。

〔3〕 陶红英："美国环境法中的公民诉讼制度"，载《法学评论》1990 年第 6 期。

在这种情况下，公民可以请求检察长允许公民以检察长的名义提起民事诉讼。[1]为了更好地维护社会公共利益，英国法律进一步规定，地方政府机关在没有检察长的同意，也没有使用告发人诉讼的情况下，也能以自己的名义提起与保护、促进本地区居民利益有关的诉讼。[2]

在法国，《法国民事诉讼法典》规定，检察院得作为主当事人进行诉讼，或者作为从当事人参加诉讼。于法律规定之情形，检察院代表社会。在法律有特别规定之情形，检察院依职权进行诉讼。除法律有特别规定之情形，在事实妨碍公共秩序时，检察院得为维护公共秩序，进行诉讼。检察院在对向其通报的案件中的法律适用问题提出意见，参加诉讼时，为从当事人。下列案件，应当通报检察院：①涉及亲子关系、未成年人监护安排、成年人监护的设置与变更的案件；②先行中止追诉程序、集体复查负债程序、个人破产程序或其他制裁；③涉及法人时，裁判清理或财产清算程序，裁判清算与裁判重整程序以及有关公司负责人金钱性责任的案件。对法律规定检察院应当提出其意见的所有案件，检察院均应得到案件的通报。检察院可以了解其认为应当参加诉讼的其他案件。法官得依职权决定向检察院通报某一案件。向检察院通报案件由法官负责进行，有特别规定者除外。在已经通报案件的情况下，检察院应得到开庭日期的通知。[3]

在日本，民事公益诉讼分为两种类型，即民众诉讼和检察机关诉讼。民众诉讼，是指请求纠正国家或公共团体机关不符合法规行为的诉讼。原告以选举人的资格或其他与自己法律上利益无关的资格提起诉讼。1948年《日本地方自治法》规定，原告得以不涉及自己法律上利益的资格提起的诉讼。这样规定的目的不是为了直接保护、救济国民的利益，而是为了确认行政法规被客观、正当地适用，以确保国家和社会利益的维护。[4] 20世纪90年代，日本又兴起了以纳税人身份提起的诉讼，在该类诉讼中，享有原告资格的人可以是任何一个

---

〔1〕 这类诉讼被称为"告发人诉讼"或"检举人诉讼"，目的在于宣告或禁止下列情况：危害公共利益者；法人超越法律授予的合法权利，有可能损害公共利益而必须加以遏制者；为防止某一法定罪行重复触犯，而必须发出告诫者。参见苏文卿："诉讼法发展的新动向——国外公益诉讼制度鸟瞰"，载《探索》2003年第5期。

〔2〕 赵慧："国外公益诉讼制度比较与启示"，载《政法论丛》2002年第5期。

〔3〕《法国民事诉讼法典》第421~429条的规定。参见《法国新民事诉讼法典》，罗结珍译，中国法制出版社1999年版，第85~86页。

〔4〕 ［日］室井力主编：《日本现代行政法》，吴微译，中国政法大学出版社1995年版，第252页。

纳税人，为了维护公共利益，他们可以要求政府公开公费支出的情况。有关检察官提起的公益诉讼，主要体现在实体法中。根据《日本民法典》的规定，检察机关享有下列权利：禁治产宣告请求权及撤销权；关于不在人财产管理的处分请求权及撤销请求权；不在人财产管理人改任请求权；法人的临时理事、特别代理人、清算人选任请求权；不合法婚姻的撤销请求权；亲权丧失的宣告请求权等。

从上述国家的立法例看，各国设置公益诉讼制度的目的相同，大都是为了处理现代型的群体纠纷，维护国家利益和社会公共利益。但是，在案件适用范围上却存在差异。以美国为例，在美国，民事赔偿案件基本上都是损失和所得保持平衡，无论是药品危害还是消费者受害，都不被特别理解为公益诉讼。美国有关公益诉讼的理论和司法实践，之所以将上述类型的案件归入公益诉讼的范围，是从一般的法律形式意义上而言的，是以该类诉讼所要维护和实现的利益以及行为效果为标准所作的划分。其主要出发点，是想利用当事人和律师对私益的关心，寄希望于在法律援引的结果上具有公益的效果。[1] 在日本，上述类型的案件无疑都属于现代型诉讼案件，从形式和实质上说，都应当纳入公益诉讼的范围。因环境诉讼和消费者权益保护问题而引发的诉讼，既是推动公益诉讼向前发展的强大原动力，又是影响公益诉讼制度本质与特征的深刻内涵。

3. 我国民事公益案件范围的界定

关于民事公益诉讼的范围，世界各国法律规定的各不相同。有的国家规定得比较宽泛，有的国家规定得比较狭窄。我国有关公益诉讼范围的规定，应当符合我国国情。公益诉讼案件范围规定得过窄，不利于公共利益的维护；公益诉讼案件范围规定得过宽，会导致国家对民事案件干预过多；关键是寻求公益保护范围的合理性。从立法技术上看，应当采取列举式，将能够确定的民事公益诉讼案件确定下来，不能确定的先不予规定，等时机成熟时通过司法解释增加。我国新修订的民事诉讼法规定的公益诉讼案件范围，包括环境污染和侵害众多消费者合法权益案件等。有学者认为，案件范围规定过窄。全国人大立法部门同志解释，此次法律修改，确立了公益诉讼制度，对公益诉讼的范围和主体作出了规定，立案范围规定的是环境污染、侵害众多消费者合法权益等损害

---

〔1〕 〔日〕棚濑孝雄：《现代日本的法和秩序》，易平译，中国政法大学出版社 2002 年版，第 201 页。

社会公共利益的行为。这个"等"的意思是先等着，是余地、是法律上的发展空间。社会公共利益应当作宽泛解释，包括国家利益。[1] 从我国目前情况看，法律应当确定以下几类案件属于公益诉讼案件范围：

第一，国有资产流失案件。国有资产流失，是指采取非法手段，将国有资产据为己有或者故意加以毁坏，或滥用职权、玩忽职守，致使国有资产受到重大损失的行为。主要包括：未经法定程序低价变卖国有资产；转制过程中使国有资产大量流失；未经法定程序破产；利用无效合同造成国有资产流失等。据有关部门统计，自改革开放以来到 1994 年的 16 年间，国有资产流失大约 5000亿元。换言之，在这 16 年中，国有资产以每天 1 亿元的速度在流失。[2] 从我国现行法律规定看，对国有资产流失案件无能为力，急需建立相应的法律救济机制，对侵害国有资产的行为人进行制裁，让其承担法律责任。目前，最好的办法是将其纳入公益诉讼的范畴。司法实践中，检察机关对这类案件提起公益诉讼已有成功经验可以借鉴。

第二，垄断及不正当竞争案件。随着市场竞争的激烈，行业和行政垄断现象屡禁不止，不正当竞争行为也愈演愈烈。主要表现为，公共事业单位利用其垄断地位，订立格式条款或者强制搭售附加产品；联合限制价格等。然而，长期以来，我国实行的是经济行政管理单轨运行机制，通过各级政府的经济管理部门以国家名义和法律形式，行使对市场经济的监督和管理职能。这种单凭行政管理排斥公民参与的单行运行机制使我国的垄断问题愈演愈烈。因此，应当畅通民事公益诉讼渠道，建立能够吸收社会公众参与市场竞争秩序管理的反垄断公益诉讼机制。

第三，环境污染案件。环境污染案件近几年逐渐增多，一些企业为了短期利益在生产过程中污染环境，使人类生存环境日益恶化。当地行政机关为本地经济的发展、财政的收入，对环境污染行为泰然处之，甚至滥用职权、玩忽职守、徇私舞弊。在这种情况下，受害人或基于诉讼不经济，或基于相互依赖，或感觉胜诉希望渺茫，最终无人起诉，使环境污染情况越来越严重。主要原因是我国现行法律规定的权利主体偏离了社会现实的需要。

第四，侵害众多消费者合法权益的案件。侵犯消费者合法权益的案件多种

---

〔1〕 李湘宁、唐丹妮："'审慎'公益诉讼"，载《财经》2011 年第 27 期。
〔2〕 熊乙麟："民事公益诉讼制度探讨"，载《法制与经济》2008 年第 4 期。

多样，包括产品质量有瑕疵、价格欺骗等。从侵害形式上看，包括已经造成侵权事实和尚未造成侵权事实两种情况。商家的行为已经使消费者蒙受某种损失的，属于已经造成的侵权事实。商家的某些行为在目前还没有给消费者带来损害，但是存在某种隐患，有可能在将来危及消费者利益和安全的，属于尚未造成的侵权事实。由于我国市场经济发展尚未成熟，国家对市场监管不到位，侵害众多消费者合法权益的案件大量滋生。这类案件受害者人数众多，由单个人起诉得不偿失，应当根据我国的现实情况，赋予消费者权益保护协会和个人提起公益诉讼的权利，以切实维护众多消费者的合法权益。[1]

此外，也有学者提出，将确定婚姻无效案件、亲子关系案件、隐私权案件、禁治产案件等也规定在公益诉讼案件范围内。不过，这些案件涉及亲情、友情等因素较多，从目前情况看，检察机关不宜干涉过多，应当尊重当事人的意志，尊重当事人的诉权，由当事人在法定范围内对自身享有的权利进行处分。

（四）民事公益诉讼的程序规则

1. 公益诉讼的立法模式

目前，通过立法的形式确立公益诉讼制度已经成为大多数学者的共识。但是，采用什么样的立法模式确立公益诉讼制度，理论界还存在争议。主要形成了以下三种观点。

第一，在民事诉讼法中规定公益诉讼制度。主要理由是：行政公益诉讼问题可以通过行政复议解决，也可以通过对抽象行政行为提起诉讼，或者建立违宪审查制度等方法解决。公益诉讼可以通过提起民事诉讼的方式予以解决，民事诉讼领域内的诉讼形态最能体现公益诉讼的特点。

第二，在行政诉讼法中规定公益诉讼制度。理由是：公共利益的保护完全可以通过确认诉讼、变更诉讼、撤销诉讼、履行义务诉讼、给付诉讼和执行诉讼六种行政诉讼形态实现，只要在立法上拓展原告人的资格就可。[2]

第三，制定单独的公益诉讼法。理由是：要想从根本上解决公益诉讼问题，只能建立一种行之有效的新型诉讼制度，即制定单独的公益诉讼法，使一切组

---

〔1〕 姚晓霞："浅议市场经济体制下我国民事公益诉讼制度的构建"，载《科技情报开发与经济》2008 年第 35 期。

〔2〕 李桂英："关于是否设立公益诉讼类型问题的探讨"，载《齐齐哈尔大学学报（哲学社会科学版）》2003 年第 4 期。

织和个人都可以根据法律、法规的授权，对侵犯国家及社会公共利益的违法行为有权向人民法院提起诉讼，由人民法院通过审判程序对违法者给予必要的法律制裁。[1]

从公益诉讼的总体状况看，公益诉讼是依托社会正义的概念，分为行政公益诉讼和民事公益诉讼两种形态，其特点是超越了个人利益的代表，倡导寻求法律的改变或者适用，从而影响全社会。公益诉讼是在民事诉讼框架内，以目的为导向的概念，从某种意义上说，是为了保护传统三大诉讼未能有效保护的利益而产生的。由于行政诉讼制度溯源于民事诉讼制度，两者遵循共同的诉讼法理和程序，而且民事诉讼程序更加细化、完善。[2] 当行政公共利益受到侵犯，但是行政诉讼法律未予以规定时，完全可以借助民事诉讼法的规定使公共利益得以维护。因此，仅需要在民事诉讼法之中规定公益诉讼制度即可。[3] 我国新修订的民事诉讼法规定了民事公益诉讼制度。

2. 公益诉讼的诉前程序

公益诉讼制度的设置是一把双刃剑，既有利于公共利益的保护，也可能会导致滥诉。为了防止滥诉情形的发生，有必要设置一套诉前前置程序对公益诉讼案件进行过滤。如果能够通过诉前程序使案件得以解决，就没有必要启动公益诉讼的繁杂程序。具体程序设置如下：在起诉前，提起诉讼的检察机关、其他组织或公民个人对损害国家利益和社会公共利益的行为，认为属于行政机关管辖范围的，应当首先向行政机关进行投诉或者提出处理建议，行政机关接到投诉或者处理建议后，应当立即采取行动，行使行政权力。检察机关、其他组织或公民个人对行政机关处理非法行为的活动可以进行监督。当行政机关拒绝接受检察机关、其他组织或公民个人的意见或建议，不履行职权对违法行为进行处罚，或者处罚不利时，检察机关、其他组织或公民个人可以向人民法院提起民事公益诉讼。如果违法行为不属于行政机关的主管范围，或者主管机关不明确，检察机关、其他组织或公民个人可以直接向人民法院提起公益诉讼。

---

〔1〕 舒迪："公益诉讼困境待解"，载《人民政协报》2005 年 7 月 26 日。

〔2〕《最高人民法院关于执行〈中华人民共和国行政诉讼法〉若干问题的解释》第 97 条明确规定："人民法院审理行政案件，除依照行政诉讼法和本解释外，可以参照民事诉讼的有关规定。"

〔3〕 肖建华、唐玉富："论公益诉讼的理论基础与程序建构"，载《河南省政法管理干部学院学报》2008 年第 1 期。

3. 诉讼的提起方式

纵观世界各国公益诉讼的提起方式主要有三种，即单独提起、参与提起和共同提起。单独提起，是指检察机关、其他组织或者公民个人以原告的身份提起公益诉讼。例如，法国、日本、美国法律都规定，检察院（检察官）有权依法提起民事公益诉讼。参与提起，是指检察机关、其他组织或者公民个人作为从当事人支持原告提起诉讼。法国、日本法律都有相关的法律规定。例如，《日本人事诉讼程序法》第5条第1款规定："检察官应列席婚姻案件的辩论并发表意见。第2款规定：检察官可列席受命法官或受托法官的审问并发表意见。"[1]共同提起，是指检察机关、其他组织或者公民个人与其他当事人一起以原告的身份提起诉讼。我国在设置公益诉讼制度时，上述三种方式都应当以法定形式加以规定，因为诉讼主体的广泛性决定起诉方式的多样性。公共利益关系重大，设置立体化、多元化的救济方式有利于使受损害的公共利益快速恢复原状。[2]

4. 证明责任分配

民事诉讼中一般的证明责任是"谁主张，谁举证"，即当事人对自己提出的主张有提供证据加以证明的责任，否则将承担不利的诉讼后果。在一般证明责任之外，法律还规定了证明责任倒置规则，即法律将属于原告承担的证明责任规定由被告承担。但是，需要注意的是，证明责任倒置规则不能随意适用，只有在法律规定的情形下，才能实行证明责任倒置。目前，根据最高人民法院的司法解释，证明责任倒置只适用六种特殊类型的侵权案件。

我国立法在设置公益诉讼制度，确定证明责任分配规则时，应当根据不同的诉讼主体情况，确定不同的证明责任分配规则。当检察机关作为原告提起公益诉讼时，由于检察机关具有公诉的职能，享有法定的侦查权，在收集证据上处于有利地位。因此，在证明责任的承担上，应当遵循"谁主张，谁举证"的原则，由检察机关对对方当事人侵犯公共利益行为的违法性承担举证责任。当由其他组织或者公民个人作为原告提起公益诉讼时，由于违法行为实施方在社会中往往处于强势地位，原告方收集证据的力量明显不足，为了保障诉讼的公

---

〔1〕《日本新民事诉讼法》，白绿铉译，中国法制出版社2000年版，第145页。

〔2〕肖建华、唐玉富："论公益诉讼的理论基础与程序建构"，载《河南省政法管理干部学院学报》2008年第1期。

平与公正，在证明责任承担上，应当规定证明责任倒置，即由被告方承担证明责任。但是，对民事权益受到损害的事实，原告仍然需要承担证明责任。

5. 案件的审理

设置公益诉讼的目的，是为了维护国家利益和社会公共利益。因此，与通常的民事诉讼程序适用相比，当事人的自由处分权将受到较多的限制。例如，撤诉、和解等。撤诉是指人民法院受理案件后至宣告判决前，原告自愿要求撤回自己诉讼请求的行为。申请撤诉是当事人行使处分权的体现，法律规定当事人应当依法行使处分权，不得损害国家、集体和公民的利益，否则，人民法院将代表国家进行干涉。原告提起公益诉讼后提出撤诉，人民法院应当对原告的撤诉行为进行干涉，除因证据不足，或者被告承认错误并接受处罚外，凡是被告的违法行为事实清楚，证据确实充分，侵犯了国家利益、社会公共利益，扰乱了社会秩序，人民法院应当不允许其撤诉。关于和解，诉讼上的和解是指当事人双方在诉讼中达成的以终结诉讼为目的的协议。涉及公益诉讼的案件，原、被告之间进行和解应当允许，但是应当符合法律规定的条件，并且应当在被告受处罚的幅度范围内进行。

6. 判决既判力范围的扩张

既判力是大陆法系民事诉讼法学的基本理论研究范畴，是指民事判决实质上的确定力，即确定判决对当事人和法院的约束力。既判力的效力对象是后诉，后诉必须尊重和受制于前诉，判决所确定的权利或法律关系，是当事人和法院必须遵守的内容，当事人和法院不得提出相异的主张或者作出矛盾的判决。公益诉讼从保护公共利益出发，具有判决既判力扩张的特点。对于检察机关单独提起的公益诉讼，判决的既判力不及于未参加诉讼的人。对于其他组织基于法律授权提起的公益诉讼，法院判决的效力及于公益团体和授权的团体成员。对于公民个人提起的公益诉讼，如果当事人未在法定的公告期内向法院主张退出公益诉讼，法院判决对所有利害关系人产生法律效力。

7. 诉讼费用的承担

诉讼费用从含义上讲有广义和狭义之分。广义的诉讼费用，是指当事人进行民事诉讼所支出的一切费用。狭义的诉讼费用，是指当事人进行民事诉讼向法院交纳和支付的费用。本书所称诉讼费用，是指狭义上的诉讼费用。公益诉讼的特殊性，决定诉讼费用的承担也应当区别于普通的民事诉讼。当由检察机关作为原告提起公益诉讼时，由于检察机关提起民事公益诉讼是法定的职责，目的是为了维护国家利益和社会公共利益，因此检察院提起公益诉讼花费的费用，包括诉讼费用，应当由国库支出。当由其他组织和公民个人提起公益诉讼时，由于公益诉讼具有复杂性，涉及的费用比较高，诉讼费用的数额也相对比较大，提起民事公益诉讼所花费的费用往往使其他组织和公民个人难以承受。如果因为诉讼费用问题，使其他组织和公民个人丧失提起公益诉讼的可能性，无疑使法律规定付之东流。因此，对其他组织和公民个人提起民事公益诉讼的诉讼费用承担问题应当作出特殊的规定，即其他组织和公民个人提起公益诉讼时，可以暂时不预交诉讼费用。案件审结后，如果原告胜诉，诉讼费用由被告承担。如果原告败诉，诉讼费用可以从公益诉讼基金中支付。

第三部分　诉讼程序

　　程序就是行为从起始到终结的过程。构成这一程序过程的不外乎是行为的步骤、方式，以及实现这些步骤和方式的时间和顺序。民事诉讼程序就是法院、诉讼当事人和其他诉讼参与人实施诉讼行为的步骤、方式、时间和顺序构成的行为过程。其中，步骤是指实现某一程序的若干必经阶段，方式是指实施行为的方法和形式，两者构成了程序的空间表现形式。整个行为过程，是由一个接一个的步骤和方式联结而成的。完成程序过程需要用一定的时间，为提高效率，需要有时限；同时还需要遵循先后次序，这就是顺序。时限和顺序构成了程序的时间表现形式。民事诉讼程序就是由上述步骤、方式、时限、顺序为要素构成的诉讼行为过程，是空间形式和时间形式的统一。

　　多年的法治实践表明，权利的保障必须以适当的诉讼程序为支撑；没有合适的诉讼程序，权利就会成为水中月、境中花，成为美丽的装饰品。正如西谚所言，没有救济就没有权利。因此，完善民事诉讼程序是民事诉讼法学研究的重要课题。

　　民事诉讼程序非常复杂，这里选择审前准备程序、诉调对接机制、法院附设司法 ADR、股东代位诉讼程序作为对象进行专题，主要是考虑到：

　　第一，我国《公司法》虽然确立了股东代位诉讼制度，但是

《民事诉讼法》并没有规定相应的诉讼程序，尽管公司大股东侵害小股东利益的现象时有报道，但股东代位诉讼制度在实践中几乎成了一纸空文。同样地，民事诉讼法对法院附设司法 ADR 也没有明确规定。这些都需要加强研究。

第二，新《民事诉讼法》关于诉调对接机制的规定很不完善；对审前准备程序的修改，主要是增加规定当事人证据交换、分流案件等审前准备的内容，并没有设置独立的审前准备程序，相关的配套制度也不够全面。因此，进一步研究如何确立审前准备程序、完善诉调对接机制，对于充分完善民事诉讼程序体系，无疑是十分重要的。

一、审前准备程序

（一）外国审前准备程序比较研究

法国著名比较法学家勒内·达维德指出：比较法有助于更好地认识并改进本国法律。[1] 审前准备程序是民事诉讼程序的一个重要组成部分，由于历史渊源、文化传统、政治经济条件的差异，不同国家分别确立了不同的审前准备程序，但通过比较分析可以看出，各国民事诉讼程序的共同发展趋势是，民事诉讼活动由偏重开庭审理，转向审前准备与开庭审理并重。本书着重比较分析美、英、法、德等具有代表性国家的审前准备程序，为我国确立和完善审前准备程序提供参考和借鉴。

1. 英美法系审前准备程序

英美法系诉讼法的一个显著特征是，审前准备与开庭审理明显分开，形成相对独立的两个组成部分。例如，美、英实行陪审制度，为降低陪审成本，开庭审理必须集中、连续进行，时间较短，必须做好审前准备工作，为此确立了比较完善的审前准备程序。

（1）美国审前准备程序的特点。美国现行的民事诉讼审前准备程序，主要由证据开示程序和审前会议组成。

第一，证据开示程序。证据开示程序是开庭审理前，双方当事人从对方及第三人处获取有关案情的信息和证据材料的程序制度。1938 年美国民事诉讼规

---

〔1〕 ［法］勒内·达维德：《当代主要法律体系》，漆竹生译，上海译文出版社 1984 年版，第 11 页。

则规定了证据开示程序，主要任务是形成争点，寻找、开示并决定在法庭上提交的证据等，直接为开庭审理作好准备，并保证庭审过程中当事人的对抗和争辩更加公平合理。

证据开示的范围是，与案件有关的不属于保密特权的信息或证据。开示的内容和方式：一是法庭外作证；二是书面询问；三是请求查阅和复制对方当事人所有或保管的文件和实物材料；四是要求对方当事人做体格检查和身心检查。为确保证据开示制度的顺利实施，联邦民事诉讼规则还明确了当事人违反证据开示应当承担的责任。

证据开示的作用：一是暴露事实，明确双方的争点；二是保全审理时不能出庭的证人证言，或冻结证据，防止伪造；三是双方当事人如发现唯一的争点是法律争点，便于援用简易审判程序；四是经过仔细调查，摸清对方的事实和法律争点的分量后，很可能达成和解；即使不能避免法庭审理，也能使审理的事项达到具体化的程度，为审理做好准备。[1]

第二，审前会议。审前会议是为了保证庭审的顺利进行，由法官传唤双方当事人（一般是当事人的代理律师）参加，旨在明晰诉讼争点和整理证据而召开的协调会议，通常在证据开示程序结束后举行。审前会议归纳总结当事人准备活动，制定开庭审理计划，同时努力寻求当事人在开庭前达成和解。法官根据会议内容做出裁定，发出命令，确定争点范围，证据目录、证人名单和其他事项。

审前会议命令产生重要的法律效果：一是审前会议未列明的证人不得出庭作证；二是未经审前会议裁定可以采信和可以提供的证据，开庭时不得提供；三是在命令以外提出的事实争议、法律争议和法律见解，不得进入审判阶段；四是审前会议确定的无争议的事实和法律适用，当事人受禁止翻供原则的限制，不得反悔。[2]

总之，美国民事诉讼审前准备程序的主要作用是，加速处理诉讼，避免拖延诉讼，提高开庭审理的质量，促进和解。[3] 法官在审前程序中只是一个管理者，主要作用是安排日期、日程，对违反规定者进行处理。案件的证据事实和

---

〔1〕 沈达明：《比较民事诉讼法初论》，中信出版社1991年版，第90页。

〔2〕 孙青平、齐聚峰："论民事诉讼审前程序"，载《当代法学》2001年第9期。

〔3〕 《美国联邦民事诉讼规则证据规则》，白绿铉、卞建林译，中国政法大学出版社2000年版，第36页。

使用完全由双方当事人决定，为确保证据开示如期完成，法律赋予当事人许多权利和义务，通过当事人的活动推动诉讼程序。

（2）英国审前准备程序的特点。英国民事诉讼的模式是典型的当事人主义，审前准备程序非常重要，既为审理排除了障碍，更重要的是排除了大量无需审理就能解决的案件。审前程序具有对抗性特征，诉讼当事人的诉讼权利对等、诉讼机会相等。当事人对诉讼发展起主导作用，法院一般不加干预。审前准备程序主要分为四个阶段：

第一阶段，传票令状的送达。原告以传票令状通知被告应诉，要求被告承认送达，并将送达收据送回法院。被告在法定期限内不承认送达或未作防御表示的，法院可以根据原告的请求做出不应诉判决。

第二阶段，诉答阶段。被告针对原告的请求和事实主张做出答辩和驳斥，通常应对原告主张的事实一一进行驳斥，未作驳斥的可视为被告默认，原告无需再予举证。被告提出反诉的，反诉状应在法定期限内送达原告。双方交换的诉讼文书必须载明诉讼请求及其依据的事实主张，便于双方确定共同点，整理争点，避免当事人为对方未主张的事实准备证据，从而使法院审理更加集中，减轻当事人的举证压力，降低诉讼支出。

第三阶段，证据开示。当事人必须在法定期限内将证据清单送达对方，双方都应将自己现有或曾经占有、保管、控制的与诉讼有关的证据资料，向法院和其他诉讼当事人披露。当事人违反这些规定的，对方当事人可以申请法院行使强制开示权，裁定予以开示；当事人不服从的，法官可以命令勾销其请求和答辩书，同时做出该当事人败诉的判决，或者以藐视法庭罪予以制裁。

第四阶段，庭审指导阶段。当事人就一些事项，如修改传票令状和诉讼文书，请求宣誓答复等，向法院申请指示。

一般案件需经过完整的审前程序才正式进入审理登记，等待开庭，但许多案件在原告送达传票令状后，双方发现事实争议不大或没有实质性争议，则可以协商申请法庭不进行正式审理。事实上，绝大多数案件都在庭前审理程序得到解决，进入审理阶段的案件很少。

2. 大陆法系审前准备程序

大陆法系以德国、法国为代表，审理案件不采用陪审团认定事实，完全由法官对证据进行判断进而认定事实。因而，审前准备程序的结构和内容都与英美法系存在较大差异。

（1）德国审前准备程序的特点。德国审前准备程序的职权主义色彩非常明显，为防止当事人故意拖延诉讼，曾取消审前程序，实行一步到庭，但当事人的审前准备往往不够充分，只得允许当事人在法庭辩论结束前可以随时提出证据，经常造成重复开庭，反而拖延了诉讼。为此，1976 年制定的《简化诉讼程序法》将一步到庭改为审前准备与法庭审理两个阶段，明确规定了两种准备程序，即第一次口头辩论程序和书面准备程序；由负责审理案件的法官选择适用。

法官选择第一次口头辩论程序的，应在审查诉状后决定第一次开庭（口头辩论）的期日，通知双方当事人的代理律师届时出庭。双方在第一次开庭前可以通过交换答辩书、再答辩书等文书进行审前准备。第一次开庭主要是整理争点和证据，但法官根据情况可以进行调解或做出缺席判决、中间判决等；案情简单的，经适当的证据调查和辩论后，也可以对案件事实做出最终判断。通过第一次开庭（必要时可以数次开庭）的准备工作之后，法官与双方代理律师协商，对最后开庭集中审理的期日、主要争点、证据等事项做出决定。开庭审理时，当事人以前未提出的主张和证据，原则上不能再提出来作为审理对象。

法官选择书面准备程序的，向被告送达诉状的同时，应规定提出答辩状的日期。被告收到诉状的两周内必须表明自己是否进行争议，决定防御的，必须在法官规定的日期内提出答辩。法官向原告送达被告的答辩状时，可以决定原告提出反驳答辩文书的日期。经过这样书面交换等准备工作之后，法官就集中审理的期日等事项做出决定，正式开庭审理，当事人在书面准备过程中未提出的主张、未事先请求在开庭时予以审查的证据，原则上同样发生失权效果，不能再行提出。[1]

（2）法国审前准备程序的特点。法国的审前准备程序别具特色。传统的观点认为，英美法系诉讼模式多采用当事人主义，大陆法系采用职权主义。但事实上，1806 年法国制定《民事诉讼法典》，深受当时盛行的自由主义思想影响，彻底贯彻了当事人主义，法官完全处于消极被动的地位。由于过分依赖当事人的主动性，导致当事人故意拖延诉讼、滥用权利的现象比较严重。因此，1975 年制定的《民事诉讼法》专门设立准备程序法官，后经数次改革，强化了法官对诉讼进程的干预，在一定程度上提高了诉讼效率，但随着案件增多，法官也不堪重负，往往非常"节约地"行使权力，准备程序的实际运作与立法还有一

---

〔1〕　王亚新："民事诉讼准备程序研究"，载《中外法学》2000 年第 2 期。

定的差距。[1]

法国的审前程序主要是为使案件达到适合判决的程度，对案件的内容（即当事人的主张和证据关系）进行准备，主要工作由当事人及代理律师完成。一是向对方律师送达准备书状，这是一份详细说明自己的主张、载明事实上和法律上的攻击防御方法的诉讼文件。二是将本方的书面证据原本送交对方律师。法国民事诉讼实行书证优先主义，书证是最重要的证据。这些文书的送达均由当事人自行完成，法院不加干涉。

审前程序主要包括四个部分：一是审判长指定协议日期；二是双方当事人的代理律师交换准备书和传达书证；三是代理律师进行协议，一个案件经两次协议仍不能达到适合辩论的程度，审判长就会将案件送交准备程序；四是准备程序，在准备程序法官的指挥下进行准备，是审前程序的一个组成部分。

法国审前程序的突出特点是，准备程序法官拥有很大的权力监督和控制审前程序，以免当事人滥用审前程序拖延诉讼，造成诉讼的低效率和不公正。准备程序法官的权力包括：一是有权监督当事人的诉讼活动，对逾期不送达有关书证的，有权予以制裁；二是有权作出证据调查决定，并对实施情况进行监督；三是有权要求代理律师说明攻击防御的方法，明确法律上、事实上的主张，要求当事人提交辩论用的书证原件或副本；四是有权采取必要的措施，保障当事人顺利提出书证或取得相互通知的书证；五是有权对准备程序中发生的附带性争讼问题作出裁判；六是有权确定诉讼程序的消灭。

3. 各国审前准备程序之比较研究

前述四国审前程序的设置虽有不同，但不乏相似之处。概括而言，其共性和特点是：

（1）程序设置目的一致。审前准备程序的设置是基于案件在当事人之间非经充分准备不进入法庭审理的构想，这是各国审前准备程序的共性原则，目的都是要发挥当事人的作用，节省国家的诉讼支出，使某些案件在庭审前可以达成和解或者以其他方式解决；必须开庭审理的，则为庭审做好准备工作，以提高诉讼效率，更好地实现司法公正。

第一，从发挥当事人的作用来看，设立审前准备程序可以充分调动当事人

〔1〕 屈广清、郭明文："法国民事诉讼审前程序评介及对我国的启示"，载《当代法学》2001 年第7 期。

的积极性，减轻法院负担。当事人主义民事诉讼模式的基础是这样一个假设：当事人是自身最大利益的维护者。诉讼过程中当事人为维护自身利益肯定会积极进行审前准备，客观上减轻了法院的工作负担，使法院真正把注意力放在提高办案质量上。

第二，从解决争议的角度看，各国设立审前程序也是为了防止当事人庭审突袭，使对方措手不及，使法官无从准备。通过审前程序，双方当事人始终处于平等的对抗地位，能够就对方的请求、主张和证据进行充分的辩论，明晰争点，双方无争议的部分不再进入法庭审理。经过审前程序，事实暴露无遗，双方充分了解对方持有的证据和信息，开庭审理之胜败可能已经基本明确，法官适当地加以推动，就很可能促使双方达成和解，无需进入法庭审理。在英美，当事人通过交换诉讼文书、证据开示、审前会议等程序，对双方的争议进行整理，若无实质争议或者分歧不大，就可能采取和解等方式解决争议，以节约时间，节省费用。事实上，美国将近95%的民事诉讼案件经过审前准备程序后，以和解告终，进入法庭审理的不足5%，这是审前准备程序的一大功效。[1]

第三，从诉讼成本来看，国家和当事人都要支出一定的诉讼费用。国家的审前程序成本是指这一阶段的人力和物质耗费。案件如果在审前程序得以解决，国家就节省了开庭审理的费用。显然，审前准备程序以当事人为主导，会相应地减少国家的诉讼成本。当事人进入诉讼需要支出的成本主要包括委托诉讼代理人的费用，本人参与诉讼活动的时间和物质耗费，搜集证据、证人作证、交换证据等环节支付的费用，诉讼保全、先予执行、查封扣押等费用。不经审前准备程序，采取一步到庭的办法，边审理边明确争点，很可能由于准备不足，造成重复开庭，既增加国家的诉讼成本，也会增加当事人的诉讼成本。审前准备充分，会降低诉讼成本。

（2）程序设置重点突出。

第一，证据开示是审前程序的重要组成部分和主要内容。法国实行书证优先主义，证据的交换主要以书面形式进行，即送达准备书和通知书。英美采取言词辩论原则，更倾向于双方当事人的平等对抗，建立证据开示制度，当事人未依法开示的证据在庭审时发生失权效果。通过证据开示，有利于保全和公开证据，防止当事人庭审时搞证据"偷袭"，维护当事人的对抗秩序，提高审判效

---

〔1〕 陈桂明、张锋："审前准备程序比较研究"，载《诉讼法论丛》（第1卷）1998年第4期。

率，促进公正司法。

第二，举证时限制度逐渐受到关注。为避免庭审遭遇证据突袭，被迫中断审理予以核实，西方国家逐渐确立举证时限制度，要求当事人在一定时间内完成举证，不能无限期拖延。未如期开示的证据，在庭审时失效。

第三，法官主要发挥引导作用。各国民事诉讼法主要根据国情来确定当事人与法官之间的权利配置。美国、法国早期都采取绝对的当事人主义，法官处于绝对中立地位，司法实践逐渐暴露出一个突出弊端，即当事人借此拖延诉讼。为此，美国增加了审前会议制度，加强法官对审前程序的控制；法国也强化了法官在审前程序的职权。相反，德国采取职权主义，但在当事人主张的事实和证据方面却坚持当事人主义，由当事人举证。总体来看呈现一种相互借鉴、相互融合的趋势，合理确立当事人与法官的权利义务。

第四，充分发挥律师的作用。律师在审前准备程序中占有重要地位，因为当事人的活动构成审前程序的实质内容，当事人通常委托律师代为诉讼，律师的作用显而易见，发达的律师业是建立完善的审前准备程序的一个重要前提。1994 年美国联邦和各州的法官共约 46 000 人，律师 80 万人，法官人数只有律师的 6.5%。英国的法官与律师的比例仅为 1.5%。1993 年德国有法官 18 913 名，开业律师（注册辩护人）67 562 名，法官人数约为律师的 28%，[1] 足见其律师业之发达，律师对审前程序和诉讼的顺利进行发挥了重要作用。

（3）审前准备程序的不足。各国审前准备程序存在的缺陷：一是审前准备程序比较繁琐，普通当事人难以掌握和运用，通常必须聘请律师代理诉讼，否则就可能承担不熟悉法律带来的不利后果；二是审前程序过分刻板、复杂和形式主义；三是英美法系国家的法官对审前准备程序控制较松，仍可能造成诉讼拖延，当事人特别是具有一定经济能力的当事人为获得有利的判决，总希望延长审前准备的时间，从而拉长诉讼期间，增大了诉讼成本。

总之，各国都在不断总结经验和教训，通过司法实践和立法逐步改进、完善审前准备程序，使诉讼模式更趋合理。而且，不同国家确立的审前制度各有特色，但都相互借鉴，共同发展，总的趋势是诉讼程序更完备，结构更合理，

---

〔1〕 以上数字分别参见宋冰主编的《程序、正义和现代化——外国法学家在华讲演录》，中国政法大学出版社 1998 年版，第 296 页；以及《读本：美国与德国的司法制度及司法程序》，中国政法大学出版社 1999 年版，第 227 页。

内容更规范，值得我国民事诉讼立法和司法实践学习、参考和借鉴。

综上所述，各国的司法实践表明，审前准备活动直接影响开庭审理的效率和公正。审前准备越充分，开庭审理的效率就越高，结果就可能更公正。我国民事审判方式过分强调开庭审理，忽视审前准备，实践中审前程序与庭审程序界限不清，功能发生错位；当事人的诉讼主体地位未能直接真正确立，法官包揽一切，既增大了国家的诉讼投入，也影响了诉讼效率。为解决这些问题，建立审前准备程序势在必行。我们应当借鉴国外审前准备程序的立法和司法经验，完善我国民事诉讼立法。2002 年 4 月 1 日，最高人民法院发布的《关于民事诉讼证据的若干规定》，确立了举证时限和证据交换制度，为审前准备程序的确立奠定了基础。2012 年我国新修订的《民事诉讼法》确定了以交换证据、整理争点、分流案件为核心内容的审前准备程序。但是，需要注意的是，审前准备程序要想真正发挥应有作用，还需要建立配套的实施机制，把当事人作为审前准备程序的主体，设立审前准备程序法官，合理配制当事人与法官的权利义务。同时严格民事诉讼代理人的条件，充分发挥律师的作用，理顺民事诉讼程序，完善民事诉讼制度，以程序公正促进和保障司法公正。

（二）我国民事诉讼审前准备程序之完善

民事诉讼的审前准备，是人民法院受理案件后，开庭审理前，为保证案件审理工作顺利进行所做的各项诉讼活动，主要目的是为开庭审理做好准备，保证庭审顺利进行。[1]审前准备程序是指为了使民事案件达到适合开庭审理的目的而设置的，让当事人在开庭审理之前确定争点和收集证据的诉讼程式。[2]设立审前准备程序能够保证当事人充分行使诉讼权利，保证法院正确行使审判权，切实维护当事人的合法权益，实现民事诉讼的诉讼价值。

1. 我国有关审前准备程序的法律规定

（1）1982 年民事诉讼法的规定。受长期封建专制主义和前苏联诉讼模式的影响，我国的民事诉讼制度实行超职权主义诉讼模式，审前准备工作也充分体现了这一特征。1982 年颁布实施的《民事诉讼法（试行）》涉及审前程序的，主要是第 86 条的规定，即人民法院对追索赡养费、扶养费、抚育费、抚恤金和

---

〔1〕　杨荣新主编：《民事诉讼法学》，中国政法大学出版社 1997 年版，第 325 页。
〔2〕　向忠诚：“论我国民事诉讼审前准备程序的构建”，载《求索》2000 年第 4 期。

劳动报酬的案件，应当在受理后 5 日内将起诉状副本发送被告，被告在收到后 10 日内提出答辩。其他案件的起诉状副本应当在受理后 5 日内发送被告，被告在收到后 15 日内提出答辩状。这一规定涉及的范围很小，内容也很简略，在这种情况下，就审前准备程序来说，当事人基本上完全受法院的制约。

（2）1991 年民事诉讼法的规定。1991 年颁布实施的《民事诉讼法》在一定程度上弱化了法院的职权，更多地重视当事人的作用。[1]该法第 113～119 条分别规定了人民法院和诉讼当事人应当进行的审前准备活动，但并未形成一个完整的审前准备程序。这些审前活动主要包括四个方面：一是送达起诉状，被告提出答辩状；二是告知合议庭组成人员，告知当事人有关诉讼权利和义务；三是全面了解案情，调查必要的证据；四是通知共同诉讼人参加诉讼。其中，送达、告知和通知属于程序性事务，调查证据则涉及案件的实质性内容。这些规定一方面将当事人的举证责任纳入诉讼机制，另一方面继续明确人民法院的调查取证权。[2]

关于举证责任，《民事诉讼法》第 64 条规定："当事人对自己提出的主张，有责任提供证据。"当事人及其诉讼代理人因客观原因不能自行收集证据，或者人民法院认为审理案件需要的证据，人民法院应当调查收集。第 116 条又规定："审判人员必须认真审核诉讼资料，调查收集必要的证据。"民事诉讼法设置当事人举证责任制度，但这个举证责任是不完全的，因为法律没有规定当事人举证不能或举证不充分应当承担败诉意义上的法律后果。同时，也并不意味着法院不负有查明案件事实的职责。事实上，什么属于"必要的证据"，由法官自由裁量，法官完全可以不受约束地调查收集自认为应当收集的任何证据。这些规定表明，我国的审前准备活动是以法官为主导的，以法官的活动为内容，法官调查、收集必要的证据，审查诉讼材料，明确双方的争点和审理的对象，当事人的活动从属于法官的活动。因此，我国的审前准备活动并不存在程序上的法律效力。2007 年民事诉讼法的修改，未涉及审前准备的相关内容。

---

〔1〕 有学者对此作了很好的总结，参见江伟主编：《中国民事诉讼法专论》，中国政法大学出版社 1998 年版，第 42～47 页。

〔2〕 1992 年 7 月 14 日最高人民法院发布的《关于适用〈中华人民共和国民事诉讼法〉若干问题的意见》第 73 条进一步明确，人民法院负责调查收集的证据包括：①当事人及其诉讼代理人因客观原因不能自行收集的；②人民法院认为需要鉴定、勘验的；③当事人提供的证据相互矛盾、无法认定的；④人民法院认为应当由自己收集的其他证据。

（3）民事诉讼证据规则的规定。最高人民法院 2002 年 4 月 1 日颁布施行的《关于民事诉讼证据的若干规定》，重申了当事人负有举证责任，进一步明确了人民法院调查收集证据的具体范围，并且确立了举证时限和证据交换制度，具有三个特点：一是当事人成为举证责任的主体，人民法院居于次要地位。规定明确指出，当事人对自己提出的诉讼请求所依据的事实或者反驳对方诉讼请求所依据的事实，有责任提供证据加以证明。没有证据或者证据不足以证明当事人的事实主张的，由负有举证责任的当事人承担不利后果。人民法院应当向当事人说明举证的要求及法律后果，促使当事人在合理期限内积极、全面、正确、诚实地完成举证。当事人因客观原因不能自行收集的证据，可以申请人民法院调查收集。二是规定了举证时限，以及当事人逾期不举证应当承担的法律后果。三是规定了证据交换制度，从而初步形成了以证据交换为主要内容的审前准备程序。

应该说，最高人民法院的这一规定结合民事诉讼审判方式的改革，完善了民事诉讼法有关审前准备的规定，有利于人民法院通过证据的具体运用查明事实，分清是非，依法作出裁判，是我国民事诉讼改革的一项重大突破，具有重要意义。但是，一方面，这一规定只是司法解释，法律效力的层次较低；另一方面，证据交换和举证时限只是审前准备程序的部分内容，而且实践中还需要配套的具体规则。因此，我国的审前准备程序仍显得不全面，迫切需要通过修改《民事诉讼法》，确立我国民事诉讼审前准备程序，完善民事诉讼制度。

（4）2012 年《民事诉讼法》的规定。随着国家经济社会和法制建设的发展，司法实践中出现了一些新的情况和问题，为了更好地保障当事人的诉讼权利、促进社会和谐稳定，秉持中国特色社会主义法制理念，总结多年的司法实践，我国立法机关对民事诉讼法进行了修改完善。2012 年 8 月 31 日，第十一届全国人大常委会第二十八次会议通过了修改民事诉讼法的决定，并自 2013 年 1 月 1 日起施行。新修订的《民事诉讼法》第 133 条规定：“人民法院对受理的案件，分别情形，予以处理：（一）当事人没有争议，符合督促程序规定条件的，可以转入督促程序；（二）开庭前可以调解的，采取调解方式及时解决纠纷；（三）根据案件情况，确定适用简易程序或者普通程序；（四）需要开庭审理的，通过要求当事人交换证据等方式，明确争议焦点。”上述法律规定，将证据交换纳入了法律规定中，初步确立了审前准备程序，是立法的一大进步。但是，需要注意的是，该项法律规定相对简单，比较原则，具体适用还需要相应的配套措施，具体实施方法和步骤还需进一步探讨研究。

2. 民事诉讼审前准备程序存在的问题

总体来看，我国民事诉讼审前准备程序主要存在以下问题：

（1）当事人的诉讼主体地位在审前程序中尚未完全确立。我国民事诉讼法确立了超职权主义诉讼模式，整个审前程序几乎都是法院和法官的工作程序，权利义务的配置严重偏离当事人，法官从受理案件开始便全面、充分地接触案件的各个方面，对具体的审前准备工作大包大揽，过分主动。相反，当事人一直处于消极状态，显然容易造成法官专断，因为各国的司法实践都证明，法官的职权越广泛，介入案件越早越深，就越容易形成先入为主的思维定势，导致主观专断。我国一直强调法官的作用，当事人似乎适应了这种诉讼模式，案件审理的一切工作都交给法院，似乎是天经地义的。因此，即使当事人承担举证责任，旧审判模式的长期影响也会使当事人一时难以承担起诉讼主体的重任。

从当事人的自身能力看，绝大部分当事人不仅法律意识薄弱，法律知识缺乏，有些当事人甚至连基本的文化知识都不具备，何谈涉及诉讼的法律知识。各国法律发展过程表明，法律越发达、越完备，相应的程序规定就越复杂。面对纷繁的诉讼程序和法律适用，普通公民不可能掌握实质内容。加上我国公民的自我保护意识淡薄，自我保护能力较弱，一旦涉及诉讼，既没有相应的法律知识，可能也不清楚应当从哪些方面提出有利的证据，因而难以收集有关的证据。

从证据收集的对象看，按照传统的思想意识，我国公民出证的对象只能是司法机关，向私人出证，目前还不能被普通公众接受，在许多情况下可能行不通。结果，许多证据是当事人收集不到的，只能申请人民法院调查收集；本应属于当事人承担的举证义务又转给法院，当事人的主体地位难以落实。更重要的是，法院如果不收集这些证据，就可能使当事人因为证据不足承担败诉的后果，这个判决结果很可能是不公正的。

（2）审前程序与庭审程序界限不明，功能错位。审前准备程序与开庭审理程序存在不同的制度价值，功能也不相同，准备是相对于开庭而言的。新修订的《民事诉讼法》虽然明确规定了举证时限和证据交换制度，但审前准备程序还应涉及审判人员的配置和审判组织的完善。审判人员配置不当，也可能使举证时限和证据交换的规定流于形式。目前我国民事案件的审理实行合议制，案件一经受理，即交给合议庭，由主审法官主持进行审理，并负责到底，直至最终做出判决。如果主持证据开示与法庭审理的是同一位法官，法官在证据开示阶段就对案情了如指掌，对案件的审理结果成竹在胸或已有定论，那么，开庭审理就会流于形式，同样产生"先定后审"的弊病。就当事人来说，审前程序的法官就是庭审法官，法官在审前主持调解，当事人如不接受法官的建议，就会担心法官在庭审阶段予以报复，因而心存疑虑，可能违心地做出让步，不利于司法公正的实现。

（3）诉讼代理制度不发达，律师没有发挥应有的作用。民事诉讼制度比较发达的国家，都是以律师业的发达为基础和依托的。当事人为弥补法律专业知识的不足，往往委托律师代理诉讼，律师在诉讼活动中占有重要地位，成为社会活动不可或缺的角色。凡事离不开律师，已经成为西方国家特别是英美的特色。我国律师制度恢复较晚，发展较慢，加上司法制度的影响，在案件审理过程中，律师和当事人处于次要地位，法官居于主导地位，有时甚至可能无视律师的意见，律师在一些案件中事实上成为一种摆设和象征，难以或者没有发挥应有的作用，人们对律师的信心不足，涉及法律事务后能不聘请律师就不请，即使请律师往往也是委托与法官有直接或间接关系的律师，打官司可能变成打关系。

根据《民事诉讼法》第58条的规定，律师、基层法律服务工作者，当事人的近亲属或者工作人员，当事人所在社区、单位以及有关社会团体推荐的公民，都可以成为诉讼代理人，代理人的范围相当广泛。司法实践中有一些案件由普通公民作为代理人参加诉讼，其中不乏出色的代理人，但良莠不齐、鱼目混珠的东郭先生确实大有人在，他们的所作所为进一步败坏了本来就不高的代理人声誉。

现行民事诉讼制度客观上也不鼓励当事人请律师。因为人民法院受理案件后几乎包揽了庭审前的所有工作，从送达各种诉讼文书，审核诉讼材料，到调查收集证据，国家支出了大量的人力、物力和财力，等于国家替有过错的一方当事人分担了大部分诉讼费用，当事人何乐而不为呢？从这个意义上说，当事人似乎没有必要请代理人参加诉讼。诉讼代理人市场的萧条直接影响民事审判方式改革与发展的进程。因此，完善民事诉讼代理制度和律师制度，是确立和完善审前准备程序的一个重要前提。

3. 完善我国民事诉讼审前准备程序的若干设想

我国《民事诉讼法》规定审前准备工作的目的主要与审判主体的职能相联系，忽视了当事人作为诉讼主体的作用，容易导致将当事人作为诉讼客体看待的倾向。国际民事诉讼法的发展趋势是越来越重视诉讼主体的作用，各国民事诉讼都把诉讼公正和诉讼效率作为理想的目标，并且围绕这些目标改革和完善民事诉讼制度。我国也不例外，目前正在进行审判方式的改革。我们应当在新修订的《民事诉讼法》的基础上，建立配套的实施机制，理顺民事诉讼程序，以程序公正促进和保障实体公正。

（1）完善民事诉讼审前准备程序的模式选择。大多数学者都认为，我国应当尽快确立民事诉讼审前准备程序，但是，对于选择、借鉴英美法系还是大陆法系或者其他模式，明显存在不同意见。

第一种意见认为，我国与英美法系国家的文化差异很大，不能照搬英美。英美的证据开示程序是与陪审制度相适应的。陪审团是人民的代表，是不懂法律的普通大众，因此，必须在事实的认定上采取适当的措施，即证据开示程序，当事人在庭审前进行证据交换、交叉询问，为陪审团的审理做好准备。同时，当事人可以了解对方当事人的意见和论据，无理的一方就会采取和解方式解决纠纷。因此，美国的民事诉讼案件经过证据开示程序后，只有5%左右正式进入庭审程序。大陆法系国家由法官主持事实调查和法律适用，没有陪审团认定事实，因而不必确立证据开示程序。我国法律偏向大陆法系，又是成文法国家，没有必要采用英美的证据开示程序。

第二种意见认为，两大法系的文化背景虽有差异，但发展趋势是两大法系的融合和渗透。我国既非大陆法系，也非英美法系，确立一项制度没有必要追究它来自哪个法系，应当信奉拿来主义，只要对我们有好处，就可以拿来，作为借鉴。美国率先采用的证据开示程序对于我国法官素质的现状是适合的，应当借鉴过来。审判方式改革一直以举证责任为中心，弱化法官的调查取证权，强化当事人的举证责任，把举证与当事人的败诉后果结合起来，这就要保证当事人举证的程序。证据开示程序的采用，就可以起到这种作用。

第三种意见认为，不要在这个问题上纠缠不清。确立一项制度首先要看它对我国是否有用。近几年的审判改革已经广泛地采取了庭前交换证据的做法，实践证明是好的，在一定程度上遏制了拖延诉讼以及一审、二审甚至再审庭审时出示证据等行为，缩短了审限。当然，要根据实践经验合理设计审前程序，不是照搬英美的证据开示程序。

第四种意见认为，可以借鉴日本的做法。日本借鉴美国的证据开示程序时没有照搬，而是建立了当事人照会制度。大陆法系的普遍做法是禁止当事人庭前接触，更不用说交叉询问。日本通过照会制度，允许当事人在庭前将自己的证据照会对方当事人。我们可以借鉴日本的做法，参照美国的证据开示程序，建立一种适合我国国情的相应制度。

还有学者认为，应当最大限度地使用庭审前准备程序，只有这样才能做到开庭时不出现突然诉讼，并有可能做到50%的案件缺席判决，30%的案件庭前和解，20%的案件进入正式庭审程序，进行公开审理，从而大大减轻法官的工作量，有效地提高法官的审判工作效率。[1]

上述意见都有一定道理，本书赞同第三种意见，即完善我国民事诉讼法律制度，通过立法借鉴外国的成功经验。发达国家普遍采用的一些制度，只要实践证明是富有成效的，并且借鉴过来有利于完善我国法律制度，我们就可以选择借鉴，不需要过多考虑其法系渊源。正如美国著名大法官霍姆斯的一句经典名言：“法律的生命不在于逻辑，而在于经验。”[2]当然，借鉴不是照搬，而是根据情况加以改造，使之符合我国国情，能够为我所用。近些年来，大陆法系和英美法系国家一方面不断克服本国法律制度的弊端，完善自身的法律制度，另一方面出现了相互借鉴、融合的趋势。例如，法国是大陆法系的典型代表，其审前准备程序既有大陆法系职权主义的做法，也有英美法系当事人主义的影子，两者有机结合，既充分体现了当事人在民事诉讼方面的意思自治，又赋予法官对审前准备程序的指挥、组织等权限，成为符合现代诉讼要求的法律制度。案件的争点在辩论前得以形成，当事人双方基本上能够做到知己知彼，防止了诉讼过程中“突然袭击”、拖延诉讼等弊病的产生。总之，要结合我国的司法实践，认真、系统、深入地研究国外审前准备程序的不同模式，进行科学、合理的吸收和借鉴。

（2）完善民事诉讼审前准备程序的原则。完善审前准备程序必须始终注意坚持公正与效率的原则。

第一，有利于促进司法公正的原则。司法活动具有特殊的运行规律，一方面，司法机构及其工作人员应当与社会有必要的隔阻，因为法官与当事人“自由”接触的过程中很容易受到各种不正当因素的影响。因此，法官应当与案件当事人有必要的隔阻。在英美，法律要求法官与外界保持某种不接触状态。在

---

〔1〕　杨立新：“中国民事证据法研讨会讨论意见综述”，载《河南省政法管理干部学院学报》2000年第6期。

〔2〕　［美］杰弗里·哈泽德、米歇尔·塔鲁伊：《美国民事诉讼法学导论》，张茂译，中国政法大学出版社1999年版，第79页。

日本，为防止社会成员怀疑法官的公正性，"职业法官体系对中立性、公正性达到了极端程度的制度要求，使法官与一般国民以致律师之间的日常生活中的个人直接接触相当困难。"[1]我国设立审前准备程序应当将法官的诉讼活动集中于审前准备和开庭审理两个阶段，并且将两个阶段明确分开，使法官的行为规范化，庭审法官必须处于超然、中立地位，树立法官的公正形象，从制度上有利于实现司法公正。另一方面，审前程序的主要内容是当事人之间进行充分的案件信息交换和证据的收集、开示，保证当事人对诉讼程序的公平利用。因此，当事人必须充分开示诉讼资料，未按要求在审前准备程序提出的主张和证据，庭审时不得再提出，从而使双方当事人在掌握公开、可行的信息的基础上进行辩论和质证等，保证当事人庭审对抗的平等性。总之，确立审前准备程序应当注意排除预断和先定后审，合理配置法官与当事人的权利义务，提高当事人的诉讼主体地位，确保当事人充分披露诉讼信息，从法官和当事人两个方面促进司法公正。

第二，有利于提高诉讼效率的原则。审前准备程序的价值主要是程序公正和诉讼效率两个方面。各国有关审前程序的规则体现了两方面价值的彼此照应。美国的审前会议、英国民事诉讼程序规则规定的法官对案件的管理，以及大陆法系在法官主持下的审前准备程序，无不考虑到诉讼的效率。我国民事诉讼一直实行证据随时提出主义，当事人可以在诉讼的任何阶段提出证据，结果必然造成诉讼拖延，提高诉讼成本。为此，一些法院大胆推进民事审判方式改革，采取"一步到庭"的审判方式，法院受理原告起诉后，在收到被告人发出的应诉通知书的同时，发出确立开庭日期的传票，此后一直到开庭，法官不再接触当事人和证据，当事人之间也不知道对方持有的证据，所有证据都要等到开庭时在法庭上出示、审查、判断。实行"一步到庭"是为了防止法官事先接触当事人和证据，造成先入为主，以保持法官中立和司法公正，从这个意义上说是有益的，但可能带来更大的弊端。"一步到庭"比较适合简单案件，对于复杂案件未必适用。法官和当事人庭审前对证据一无所知，法庭上突然拿出各种证据，很难当场确定证据的真假和效力的大小，结果往往只能是重复开庭，拖延诉讼。新修订的《民事诉讼法》明确规定了举证时限和证据交换制度，要求确定当事人最后的举证期限，在法官的主持下庭前交换证据，这些制度的实施将有利于

---

[1] [日]棚濑孝雄：《纠纷的解决与审判制度》，王亚新译，中国政法大学出版社1994年版，第180页。

提高诉讼效率。

总之，公正与效率是民事诉讼制度追求的终极目标，我国民事诉讼确立和完善审前准备程序必须遵循公正和效率的原则。

（3）完善民事诉讼审前准备程序应解决的主要问题。总结国外经验，结合我国国情和民事审判方式改革的现状，进一步完善审前准备程序重点应当解决好下面五个问题：

第一，完善民事诉讼制度，切实发挥审前准备程序的作用。民事诉讼审前准备程序与庭审程序各有不同的制度价值和功能，外国民事诉讼法律的最大特点，就是审前程序与庭审程序明确分开。我国民事诉讼法对审前准备活动的规定比较简单，审前准备与开庭审理两个阶段的任务界限模糊，实践中容易产生两个问题：一是法官在准备程序就出现审理行为，造成先定后审；二是审前准备的规定对当事人没有实质的约束力，当事人在后续开庭审理阶段可以不断主张新争点，提出新证据，使开庭审理继续发挥审前准备的功能。程序、功能的交错势必造成重复、多次开庭，危及诉讼程序的安定性，影响诉讼效率。[1]

最高人民法院《关于民事诉讼证据的若干规定》确立的举证时限和证据交换，属于证据法规范的内容，审前准备程序属于程序法规范的内容，因此，必须通过修改《民事诉讼法》，全面确立审前准备程序，将审前程序与庭审程序明确分开。随着审判方式改革的深入，一些地方的做法实际上已经变通执行了民事诉讼法的规定。例如，许多法院探索试行将案件审理分为审前准备阶段和开庭审理阶段，并实行庭审前的证据交换制度，取得了良好的效果。事实说明，1991 年民事诉讼法的有关规定已经落后于现实的发展。2012 年我国新修订的民事诉讼法，首次以立法的形式规定了举证时限和证据交换制度，期望对审前准备程序功能的发挥有所裨益。

第二，改革审判制度，设立审前准备程序法官。英国思想家弗兰西斯·培根指出："一次不公正的司法裁判比其他不公正的行为为祸尤烈，因为这些不公正的行为不过弄脏了水流，而不公正的裁判则败坏了水源。"[2]类似地，专门研究社会现代化的著名学者阿历克谢·英格尔斯也指出："如果一个国家的人民缺

---

〔1〕 唐力："论民事诉讼审前准备程序"，载田平安主编：《民事诉讼程序改革热点问题研究》，中国检察出版社 2001 年版，第 447 页。

〔2〕《培根论说文集》，水天同译，商务印书馆 1983 年版，第 103 页。

乏一种能够赋予这些制度以真实生命力的广泛的现代心理基础，如果执行和运用这些现代制度的人，自身还没有从心理、思想、态度和行为方式上都经历一个向现代化的转变，失败和畸形发展的悲剧性结局是不可避免的。再完美的现代制度和管理方式——也会在一群传统人手中变成废纸一堆。"[1] 这说明，一种好制度确立后，还应当有品质优秀的人来执行。我国新修订的《民事诉讼法》虽然确立了以举证时限和证据交换为内容的审前准备程序，但是并未单独设置审前程序法官。要想使审前准备程序真正发挥作用，在规定审前准备程序制度的具体内容的同时，与之相配套，还应当设置审前程序法官，与庭审法官分开，各司其职，各尽其责。

目前，有些法院已经在试行分设法官制度，将法官设置为立案法官、排期法官、证据交换法官和庭审法官等几类，但由于缺乏法律依据和规范，在理论和实践上都存在问题。例如，各类法官之间的关系没有理顺。因此，迫切需要通过修改《民事诉讼法》、《法官法》和《检察官法》的相关内容，确定审前准备法官的地位，明确划分审前准备法官与庭审法官的不同职责，更有利于法官公正裁判。

第三，合理配置法官和当事人的权利义务，强化当事人主体地位。合理配置法官与当事人在审前准备程序中的权利义务，通过立法明确哪些诉讼活动应当由当事人进行，哪些由法官进行，并且使当事人与法官的权利义务配置达到合理的程度，纠正现行法律对审前权利义务的配置严重偏向法院和法官的倾向。当事人负有举证责任，应当在证据交换中处于主导地位。此外，还可以考虑由当事人完成各类文书的送达。法官居于中立地位，主要作用是在审前准备阶段引导当事人举证，组织证据交换，使案件在审前准备阶段分流，部分案件通过和解结案，部分案件进入庭审，以减轻庭审压力，节省诉讼成本。同时应当注意，权利义务的配置既要保障当事人及其诉讼代理人能够全面、充分地进行审前准备，也要有效地防止当事人滥用诉讼权利。因此，应当赋予法官相应的权利，包括对审前准备活动的指挥权和监督权、对当事人申请财产和证据保全的裁定权和决定权，以及必要的制裁权，以保证诉讼活动的顺利进行。[2]

---

〔1〕 殷陆君编译：《人的现代化》，四川人民出版社 1985 年版，第 4 页。

〔2〕 张晋红："审前准备程序及其权利设置"，载江伟、杨荣新主编：《民事诉讼机制的变革》，人民法院出版社 1998 年版，第 422～423 页。

　　第四，严格民事诉讼代理人的条件，充分发挥律师作用。完善审前准备程序与律师制度的发展和完善密切相关。现行民事审判方式在很大程度上把推动诉讼程序的主导权和责任交给法官，没有给当事人及其诉讼代理人的活动留下足够的空间，当事人缺乏聘请律师的动机，律师的代理服务业难以发展。在这种情况下，即使增加法官的数量，仍然会感到人手不够。

　　因此，完善审前程序的一个重要方面就是充分调动当事人的积极性，使当事人成为审前准备程序的主体。当事人为取得较好的诉讼效果，并尽可能地节约成本，比较复杂的案件会聘请律师作为代理人参加诉讼。因此，确立和完善审前准备程序还必须完善律师制度，民事诉讼法应当严格诉讼代理人制度，充分发挥律师的作用。首先，应当从严把握民事诉讼代理人的条件。现行民事诉讼法规定的代理人的条件和范围过宽，在法院包揽一切的审判模式下尚能适应，确立以证据交换为核心的审前准备程序后显然很难适应，代理人主要应当由律师担任，对普通公民担任代理人应当规定相应的条件，使代理人真正担负起自己的责任，发挥应有的作用，维护当事人的合法权益。2012 年新修订的《民事诉讼法》，针对实践中存在有些个人以诉讼代理人的名义长期包揽诉讼，甚至滥用诉讼的情形，从既要满足当事人的法律服务需求，也要有利于维护诉讼秩序考虑，进一步明确哪些人可以担任诉讼代理人。但从法律修改的内容看，范围还是比较广泛，条件也比较宽松。[1] 其次，重大复杂的民事案件应当由律师或者法律专家代理。最后，应当通过立法明确规定，法院可以根据案情，决定胜诉方的律师代理费由败诉方承担，使受害方的诉讼支出由过错方予以补偿。这样规定，既有利于减少当事人的无理诉讼，减轻法院负担，又可以减轻胜诉方的诉讼成本，给受害方提供比较全面的救济，从而鼓励当事人聘请律师代理诉讼。

　　第五，强化诉讼文书的效力，提高文书制作质量。在英国，诉讼文书是法律判决的重要依据，当事人没有列入诉讼文书的请求和事实主张，在案件审理中不能被接纳和承认。诉讼文书在诉讼中占有重要地位。民事诉讼涉及的诉讼文书范围很广，内容各不相同。目前，一些诉讼文书的质量较差，不仅有些当事人制作和使用的诉讼文书不符合规范性要求，甚至人民法院的判决书、裁定

---

　　〔1〕 2012 年新修订的《民事诉讼法》第 58 条规定："当事人、法定代理人可以委托一至二人作为诉讼代理人。下列人员可以被委托为诉讼代理人：（一）律师、基层法律工作者；（二）当事人的近亲属或者工作人员；（三）当事人所在社区、单位以及有关社会团体推荐的公民。"

书、调解书的制作也不能完全令人满意，比较普遍地存在着起诉状、答辩状书写请求不明，事实、理由叙述不清，判决书不讲理等现象。确立审前程序，文书的送达、书面证据的交换，都涉及文书制作问题，诉讼文书起着重要作用。可以考虑适当借鉴英国的做法，赋予诉讼文书更强的法律效力，当事人未列入诉讼文书的请求、事实主张和证据，庭审时一般不予接受和承认，同时明确在哪些特殊情况下可以接受。从而促使文书制作者提高文书的制作水平，推动审前准备程序和庭审的顺利进行，为民事审判方式改革奠定基础。

当然，寻求诉讼方式维护当事人的合法权益，是解决纠纷的最后手段。法律制度的完善既要有利于当事人运用法律手段维护自身权益，同时也应当加大力度开展法制宣传教育，让社会公众知法懂法，学会依法自我保护，避免和减少法律纠纷。

（4）审前准备程序的主要结构和运作方式。从一定意义上说，设置什么样的审前准备程序就有什么样的庭审程序。审前程序的准备活动如何，往往意味着开庭审理的实质和效率。一般来说，审前程序的准备工作越充分全面，开庭审理的效率就越高。因此，完善审前准备程序的核心是确定其结构和运作方式。

第一，审前准备程序的主要结构。审前准备程序的结构主要应当包括传票令状、诉讼文书的送达，证据交换，调查取证，确定开庭日期等具体内容。一是传票令状的送达。立案应当由告诉庭负责，立案法官应配备相应的书记员，主要任务是负责送达传票令状。二是诉讼文书送达。书记员应当以送达传票令状和起诉状副本的方式通知被告应诉，并要求被告承认送达。被告应当在法定期限内将送达收据送交法院，被告在法定期限内不送达的，法院可以根据原告的请求做出不应诉判决。被告对原告的诉讼请求和事实主张做出答辩的，在向人民法院送达收据时，应当将答辩状一并递交人民法院。被告应当在答辩状里对原告主张的事实一一进行驳斥，未加驳斥的事实可以认为被告默认。被告提出反诉的，反诉状也应当在法定期限内送达原告。此后，告知双方在法定时间内提交证据，进行证据交换。三是证据交换。证据交换应当由证据交换法官负责。交换证据的时间可以由当事人协商一致并经人民法院认可，也可以由人民法院确定。法院组织当事人交换证据的，交换证据之日举证期限届满。当事人申请延期举证，经人民法院准许的，证据交换日期相应顺延。对当事人没有争议的事实、证据，交换证据法官应当记录在卷；对有异议的证据，按照需要证明的事实分类记录在卷，并记载异议的理由。通过证据交换，确定双方当事人争议的主要问题。证据交换的次数应当根据案情复杂与否的具体情况确定，不应有次数限制。没有证据或者证据不足以证明当事人的事实主张的，由负有举证责任的当事人承担不利后果。通过交换证据，法官可以促使当事人进行和解或者撤诉。我国新修订的民事诉讼法主要规定由人民法院确定提供证据的期限，没有赋予当事人协商确定举证期限的权利，与当事人主义的诉讼模式显然相悖[1]。四是调查取证。当事人成为审前准备程序的主体后，法院只能依当事人的申请进行调查取证。人民法院应当向当事人说明举证的要求及法律后果，促使当事人在合理期限内积极、全面、正确、诚实地完成举证。当事人因客观原因不能自行收集的证据，可以申请人民法院调查收集。今后修改《民事诉讼法》可以考虑进一步发挥律师的作用，例如，人民法院给指定的律师开具调查令，由律师依法调查取证。五是确定开庭日期。经过审前准备程序后，案件达到适合开庭审理条件的，法官应将案件移送庭审法官，确定开庭审理的日期，进入正式审理程序。

第二，审前准备程序的运作方式。审前准备程序的准备工作，在一定意义上说，仍然是为开庭审理服务的，因此，必须始终围绕辅助庭审的事实审理为中心。审前准备程序的实际运作，应当以能够使庭审达到一次性解决纠纷为主要目的。从我国民事诉讼的实践来看，运用好审前准备程序，关键在于证据交换。因此，审前准备程序的具体运作方式，根据案件事实，区分不同情况，大体上采取这样的规则：一是简单的案件，即事实清楚，争执焦点明确，证据不复杂的案件，可以不经过证据开示程序，实行一步到庭，直接进入庭审；二是案情复杂的，即事实不清，争点不明，证据复杂的，必须按照审前准备程序的要求，经过证据开示，做好庭审准备后，方可开庭审理。采取这样的运作方式，能够使简单的案件尽快进入法庭审理，使复杂的案件通过审前准备程序，为庭审做好准备，发挥审前准备程序的作用，通过更科学、完善的程序，更好地促进司法公正和效率。

---

[1] 2012年新修订的《民事诉讼法》第65条规定："当事人对自己提出的主张应当及时提供证据。人民法院根据当事人的主张和案件审理情况，确定当事人应当提供的证据及其期限。当事人在该期限内提供证据确有困难的，可以向人民法院申请延长期限，人民法院根据当事人的申请适当延长。当事人逾期提供证据的，人民法院应当责令其说明理由；拒不说明理由或者理由不成立的，人民法院根据不同情形可以不予采纳该证据，或者采纳该证据但予以训诫、罚款。"

二、诉调对接机制

美国学者柯恩曾经指出:"中国法律制度最引人注目的一个方面是调解在解决纠纷中不寻常的重要地位。"[1] 如何妥善处理好社会转型中产生的各种矛盾和纠纷,是构建和谐社会必须解决的问题。人民调解是解决纠纷的第一道防线,司法审判制度是解决纠纷维护社会稳定的最后一道防线。完善人民调解与民事诉讼的对接机制,实现制度的有机衔接,不仅有利于发挥人民调解制度解决纠纷的优势,减轻人民法院的负担,而且有利于缓解社会矛盾,实现司法资源的合理配置。

目前,根据我国《民事诉讼法》、《人民调解法》及相关司法解释的规定,诉调对接机制主要包括诉前调解、委托调解、协助调解和司法确认制度。[2] 从对接机制包含的内容看,与国外有所不同,具有独到之处,有关制度对接机制不仅在法律中作出相应的规定,在实践中也有经验的积累,并且取得了一定的成绩。但是,在制度施行过程中,也暴露出一些问题,迫切需要进行深入细致的理论研究和实践探索,总结经验教训,完善法律规定。

(一) 诉前调解与诉讼对接机制

诉前调解,是指当事人之间产生纠纷,向人民法院提起诉讼,在立案接待时,法院对于适合通过人民调解解决的纠纷,向当事人宣传人民调解的优势,并告知其诉讼风险,在征得当事人同意后,暂缓立案,将纠纷交给人民调解委员会进行调解。调解不成的由人民法院审查立案。[3] 为了解决诉讼爆炸、纠纷解决机制单一的问题,实践中,司法行政部门、人民调解委员会与基层人民法院充分利用人民调解工作的特点和优势,大力推进人民调解与诉讼的对接机制,拓展人民调解的工作领域,取得了显著的成效。我国《人民调解法》以立法的形式确定了这一实践成果。该法第 18 条规定:"基层人民法院、公安机关对适

---

〔1〕 强世功:《调解、法制与现代性:中国调解制度研究》,中国法制出版社 2001 年版,第 88 页。

〔2〕 有关诉调对接机制的含义有以下几种理解:一是诉调对接机制是指所有诉讼外的调解与诉讼制度的对接;二是诉调对接机制是指人民调解与诉讼制度的对接,包括诉前调解和司法确认制度;三是诉调对接机制是指诉讼中的调解与判决的对接。本文对诉调对接机制分析研究的范畴,与前述诉调对接机制的内涵和外延略有不同,主要以人民调解与诉讼制度对接机制研究为主,兼顾诉讼中委托调解、协助调解机制的研究。

〔3〕 凫纪华、陈俊生主编:《中华人民共和国人民调解法解读》,中国法制出版社 2010 年版,第 71 页。

宜通过人民调解方式解决的纠纷，可以在受理前告知当事人向人民调解委员会申请调解。法律规定的出台，使诉前调解与诉讼对接有了法律依据，有利于制度的实施和作用的发挥。但是，该项法律制度在具体运用过程中也存在以下问题，需要立法予以完善。具体问题和完善措施如下：

第一，案件的对接范围不明确，需要通过立法予以完善。我国《人民调解法》第2条规定，人民调解的工作范围为民间纠纷。从法律条文的内容看，关于人民调解案件适用范围的规定非常原则，通常认为，凡是发生在公民与公民之间、公民与法人或者其他组织之间，涉及当事人有权处分的人身权、财产权益的纠纷，都属于民间纠纷。按照人民调解法的规定，可以这样理解，只要属于民间纠纷，除法律、行政法规规定应当由专门机关管辖处理的纠纷或者禁止采用调解方式解决的纠纷外，都可以通过人民调解来处理。[1] 但是，实际情况并非如此，从我国目前的实际情况看，人民调解委员会受调解员素质的限制，并没有能力对所有民事纠纷都进行调解。[2]

从人民法院的角度看，根据我国《民事诉讼法》及相关司法解释的规定，除法律规定不能调解结案的案件外，对于有可能通过调解解决的民事案件，人民法院应当调解。同时规定，以下民事案件人民法院在开庭审理时应当先行调解，即婚姻家庭纠纷和继承纠纷、劳务合同纠纷、交通事故和工伤事故引起的权利义务关系较为明确的损害赔偿纠纷、宅基地和相邻关系纠纷、合同协议纠纷、诉讼标的额较少的纠纷。[3] 从上述法律规定看，诉讼调解范围采用的是原

---

〔1〕 全国人大法工委、司法部法制司编著的人民调解法解读一书中也是这样阐述的。参见扈纪华、陈俊生主编：《中华人民共和国人民调解法解读》，中国法制出版社2010年版，第14页。

〔2〕 全国人大法工委、司法部法制司编著的人民调解法解读一书中也解释说明，立法对人民调解的内容没有做出明确规定，主要是因为民间纠纷的具体内容是发展变化的，不同地区的矛盾纠纷表现也不同，因此，对民间纠纷的具体内容可以不做规定。参见扈纪华、陈俊生主编：《中华人民共和国人民调解法解读》，中国法制出版社2010年版，第14页。

〔3〕 最高人民法院2004年公布的《关于人民法院民事调解工作若干问题的规定》第2条规定："对于有可能通过调解解决的民事案件，人民法院应当调解。但适用特别程序、督促程序、公示催告程序、破产还债程序的案件，婚姻关系、身份关系确认案件以及其他依案件性质不能进行调解的民事案件，人民法院不予调解。"

2003年7月4日，最高人民法院公布的《关于适用简易程序审理民事案件的若干规定》第14条规定："下列民事案件，人民法院在开庭审理时应当先行调解：（一）婚姻家庭纠纷和继承纠纷；（二）劳务合同纠纷；（三）交通事故和工伤事故引起的权利义务关系较为明确的损害赔偿纠纷；（四）宅基地和相邻关系纠纷；（五）合同协议纠纷；（六）诉讼标的额较少的纠纷。但是根据案件的性质和当事人的实际情况不能调解或者显然没有调解必要的除外。"

则性加列举式规定相结合的方式。调解前置规定的案件范围比较有限。

从上述法律规定看，涉及调解案件的适用范围存在两种不同的标准，法官在当事人向人民法院提起诉讼时，如何确定何种案件可以在诉前告知当事人向人民调解委员会先行申请调解。如果以《人民调解法》为标准，法官的自由裁量权过大，会导致诉前人民调解制度适用的随意性。实际上等于没有诉调对接案件适用范围的标准，法院愿意受理的案件，可以不告知当事人适用人民调解的方式解决，直接立案；法院不愿意受理的案件，法官就会告知当事人先行通过人民调解解决。甚至可能会出现如果当事人不接受法官的建议，法院拒绝受理案件的情形出现。结果是增加了当事人纠纷解决的时间和路途奔波支出费用的成本，拖延了诉讼。如果法官以司法解释为标准，与《人民调解法》的规定又相矛盾。针对上述存在的问题，在民事诉讼法修改时，应当以立法的形式明确案件对接范围，可以考虑采用原则性规定与列举性规定相结合的方式，将《简易程序规定》中确定的案件调解适用范围，作为诉调对接的案件适用范围。一方面解决法律适用中存在的矛盾；另一方面也会避免制度对接的随意性，以达到限制法官自由裁量权，实现制度合理对接，维护当事人合法权益，维护司法公正、社会和谐的目的。

第二，对接机制的规定太原则，应当细化对接机制的程序性规定。我国诉调对接机制中的诉前调解，与国外的诉前调解有所不同。[1] 对于诉前调解的对接机制，立法只作出了原则性的规定。主要内容见上文的《人民调解法》第18条。由于法律规定较原则，导致司法实践中制度对接时出现问题。

诉前的诉调对接发生于法院立案受理之前，通常做法是：法院收到当事人的书面诉状或口头起诉后，对于适合通过人民调解解决的纠纷，向当事人宣传人民调解的优势，并告知诉讼的风险，在征得当事人同意后，暂缓立案，先由

---

〔1〕 国外的诉前调解，又称附设在法院的 ADR 或司法 ADR，是指以法院为主持机构或者受法院指导，但与诉讼程序截然不同的具有准司法性质的诉讼外解决纠纷的程序。司法 ADR 实质是国家将部分司法权附条件地委托给某些地方性或者专门性 ADR 机构进行处理，同时保留法院对他们的司法审查权，他是一种直接辅助诉讼程序的替代性纠纷解决方式。司法 ADR 综合了诉讼与当事人自行和解的优点，是介于两者之间的纠纷解决模式。诉讼由于过于强调国家强制力的作用，往往不利于纠纷的解决，也不利于执行。当事人自行和解则更多地强调当事人自身的意志，缺乏约束力。司法 ADR 体现国家司法权的介入，在不剥夺当事人诉权的前提下，使当事人运用 ADR 解决纠纷，并通过法定程序使当事人遵守所作出的决定。参见陈琦华："ADR 与中国法院审判制度构建的思考"，载上海市高级人民法院、上海市司法局、上海市法学会编：《纠纷解决多元调解的方法与策略》，中国法制出版社 2008 年版，第 385～386 页。

人民调解委员会进行调解，如果调解成功，当事人需要制作调解书的，补办立案手续，根据双方达成的调解协议制作民事调解书，否则无需立案。为了有效地落实诉前调解与诉讼衔接机制，有些人民调解委员会还在人民法院派驻了人民调解室，主要目的是方便当事人申请人民调解，减轻人民法院的诉讼负担。应当说制度设置的初衷是好的，也取得了一些成效。但是，也暴露出一些弊端。主要表现是，由于对接机制的设置没有具体程序的规定，导致人民法院暂缓立案出现随意性。通常情况下，案件诉讼到法院，法院都会让当事人先到人民调解室进行调解，调解不成，才予以立案，人民调解室成了当事人诉讼的必经之处。这种做法既浪费了当事人的时间，也增加了当事人的诉讼成本。虽然法律规定当事人有拒绝调解的权利，但是，权利规定没有相应的保障措施，不进调解室，人民法院就可能不予立案，当事人的权利形同虚设。[1] 同时，由于法律规定法院对当事人的起诉有审查受理的义务，[2] 当事人向人民法院提起诉讼后，人民法院不履行审查受理的职责，而是劝告、引导当事人通过人民调解的方式解决纠纷，不仅法院行为的合法性会受到质疑，而且还会受到剥夺或妨碍当事人行使诉权的非难；即使是在当事人同意接受委托调解的情况下，当事人的同意能否构成豁免法院立案审查义务的理由，也颇值得怀疑，所谓"暂缓立案"之说也师出无名。[3]

针对上述问题，我们应当从以下几个方面完善立法：一是明确诉前对接机制中法院行为的性质；二是细化对接机制的程序性规定。具体内容包括：①明确对接案件适用的范围；②规定暂缓立案通过人民调解的方式解决的案件，必须经过当事人的同意；③对于暂缓立案的案件法院应当出具裁定书；④赋予当事人异议权；⑤对于暂缓立案的裁定，当事人可以申请复议等。

（二）委托调解与协助调解机制

委托调解，是指对起诉到法院的民事案件，法院在征得当事人同意后，委

---

[1] 刘金华："论调解优先原则"，载王卫国主编：《法大民商经济法评论》（第七卷），人民法院出版社2011年版，第172页。

[2] 我国《民事诉讼法》第123条规定："人民法院应当保障当事人依照法律规定享有的起诉的权利。对符合本法第一百一十九条的起诉，必须受理。符合起诉条件的，应当在七日内立案，并通知当事人；不符合起诉条件的，应当在七日内作出裁定书，不予受理；原告对裁定不服的，可以提起上诉。"

[3] 肖建国："司法ADR建构中的委托调解制度研究——以中国法院的当代实践为中心"，载《法学评论》2009年第3期。

托人民调解委员会、基层群众自治组织、工会、妇联等有关组织或者人大代表、政协委员、律师等个人进行调解的制度。协助调解是人民司法工作的优良传统，是司法民主性的体现。然而，长期以来，协助调解基本上处于休眠状态，法院在诉讼调解中很少会邀请有关单位和个人协助调解，有关单位和个人也不重视履行协助调解义务。[1]

委托调解包括审前准备阶段的委托调解和庭审中的委托调解。协助调解也贯穿于民事诉讼的始终。我国《民事诉讼法》第 95 条规定："人民法院进行调解，可以邀请有关单位和个人协助。被邀请的单位和个人，应当协助人民法院进行调解。"最高人民法院 2004 年公布施行的《关于人民法院民事调解工作若干问题的规定》（以下简称《民事调解工作的规定》）第 3 条规定："根据民事诉讼法第 87 条的规定，人民法院可以邀请与当事人有特定关系或者与案件有一定联系的企业事业单位、社会团体或者其他组织，和具有专门知识、特定社会经验、与当事人有特定关系并有利于促成调解的个人协助调解工作。经双方当事人同意，人民法院可以委托前款规定的单位或者个人对案件进行调解，达成调解协议后，人民法院应当依法予以确认。"

关于协助调解、委托调解存在的问题是，在司法实践中适用较少。同时，委托调解在适用中还存在以下三个问题难以解决：一是从法律依据看，我国《民事诉讼法》第 95 条只规定了协助调解，并未规定委托调解。委托调解只是在《民事调解工作的规定》中做了原则性规定。在民事诉讼法没有对委托调解作出规定的情况下，最高人民法院超越法律规定作出司法解释，司法解释内容本身就不合法，因此，委托调解缺乏合法的法律依据。二是从制度的具体运用看，法律规定有诉前调解，根据新修订的《民事诉讼法》的规定，诉讼中还存在审前调解，民事纠纷经过前述两次调解后，如果还不能达成协议，意味着调解解决的可能性已经很小，法院依法对案件进行审理作出判决即可。如果在这种情况下还委托调解，既浪费司法资源，也会降低诉讼效率。因为诉讼中的委托调解无疑从程序上讲，比协助调解与法院自行调解程序更复杂、操作更为不便，会耗费更多的司法资源。三是委托调解不仅在法律依据上存在问题，也没有相应的运行规则和衔接程序，而且有关委托调解的行为性质等问题，在理论

---

[1] 肖建国："司法 ADR 建构中的委托调解制度研究——以中国法院的当代实践为中心"，载《法学评论》2009 年第 3 期。

研究和司法实践中都存在争议。从目前我国的实践情况看，各地法院委托调解探索中一个共同现象是，普遍很少适用审中委托调解制度。[1]

根据上述存在的问题，本书建议实行诉前调解与审前调解相结合的诉调对接机制，同时实行人民调解协议的司法确认制度，取消诉讼中的委托调解和协助调解制度。诉前调解主要指前述的人民调解与诉讼机制的对接；审前调解是指通过完善审前准备程序，明确证据规则，在法院立案后至开庭审理前，设置举证时限与证据交换制度，使双方当事人在审前准备程序中充分开示证据，审前法官对案件进行调解，使双方当事人达成调解协议，解决纠纷。[2] 除在上述两个阶段可以对案件进行调解外，案件一旦进入庭审不允许人民法院再对案件进行调解。但是，在此后的诉讼阶段，应当允许当事人庭外自行和解。

（三）司法确认机制

司法确认，是指当事人之间产生的纠纷，经人民调解委员会调解达成调解协议后，双方当事人认为必要的，可以在法定期限内共同向人民法院申请司法确认，人民法院对调解协议进行审查，依法确认调解协议的效力，一方当事人拒绝履行或者未全部履行的，对方当事人可以向人民法院申请强制执行。

关于司法确认制度，最早是《人民调解法》作出规定的。2010 年 8 月 28 日，第十一届全国人民代表大会常务委员会第十六次会议通过的《人民调解法》第 33 条规定："经人民调解委员会调解达成调解协议后，双方当事人认为有必要的，可以自调解协议生效之日起三十日内共同向人民法院申请司法确认，人民法院应当及时对调解协议进行审查，依法确认调解协议的效力。人民法院依法确认调解协议有效，一方当事人拒绝履行或者未全部履行的，对方当事人可以向人民法院申请强制执行。人民法院依法确认调解协议无效的，当事人可以通过人民调解方式变更原调解协议或者达成新的调解协议，也可以向人民法院提起诉讼。为了配合人民调解法的施行，2011 年 3 月 21 日，最高人民法院审判委员会通过了《关于人民调解协议司法确认程序的若干规定》（以下简称《人民调解协议司法确认程序的规定》），对司法确认的管辖、案件受理、案件审查方

---

〔1〕 肖建国："司法 ADR 建构中的委托调解制度研究——以中国法院的当代实践为中心"，载《法学评论》2009 年第 3 期。

〔2〕 有关审前调解、法院附设调解的具体运作模式，美国、日本和我国台湾地区比较完善，可供借鉴。其具体内容，见本书第 24 页注 2。

式、司法确认的法律效果、费用，以及案外人权利救济方式等问题作出了明确的规定。法律规定强化了调解协议的效力，运用司法机制对人民调解予以保障，必将有利于人民调解制度的适用和作用的发挥。2012 年我国新修订的《民事诉讼法》将司法确认制度纳入了法律规定。该法第 194 条规定："申请司法确认调解协议，由双方当事人依照人民调解法等法律，自调解协议生效之日起三十日内，共同向调解组织所在地基层人民法院提出。"第 195 条规定："人民法院受理申请后，经审查，符合法律规定的，裁定调解协议有效，一方当事人拒绝履行或者未全部履行的，对方当事人可以向人民法院申请执行；不符合法律规定的，裁定驳回申请，当事人可以通过调解方式变更原调解协议或者达成新的调解协议，也可以向人民法院提起诉讼。"以上法律规定，与《人民调解法》中规定的内容基本相同。

法律规定所具有的重要意义是不容忽视的，但是存在的问题也是必须面对的。司法确认制度存在的问题主要体现在以下三个方面：一是有关司法确认制度性质的问题。目前，虽然《人民调解法》、新修订的《民事诉讼法》和最高人民法院的司法解释都对司法确认制度作出了规定，但是对于司法确认制度的性质尚无定论。该项制度究竟应当属于诉讼性质，还是属于非诉讼性质？二是确认程序问题。人民法院对调解协议进行确认，对调解协议的内容进行形式审查，还是进行实质审查。如果进行实质审查，与调解本身具有的灵活性相矛盾，反而可能暴露矛盾的焦点，激化矛盾；如果进行形式审查，则审查没有意义[1]。三是费用问题。人民法院对人民调解协议进行确认，是否应当收取费用。如果收取费用，与人民调解制度设置的目的不相符，因为人民调解制度的设置，实行不收费原则，目的之一就是为了解决当事人没钱打不起官司的问题。如果不收取费用，工作量大、任务重，法官对该项制度的实行可能会不积极。《人民调解协议司法确认程序的若干规定》第 11 条规定："人民法院办理人民调解司法

---

[1] 《人民调解协议司法确认程序的若干规定》第 6 条规定："人民法院受理司法确认申请后，应当指定一名审判人员对调解协议进行审查。人民法院在必要时可以通知双方当事人同时到场，当面询问当事人。当事人应当向人民法院如实陈述申请确认的调解协议的有关情况，保证提交的证明材料真实、合法。人民法院在审查中，认为当事人的陈述或者提供的证明材料不充分、不完备或者有疑义的，可以要求当事人补充陈述或者补充证明材料。当事人无正当理由未按时补充或者拒不接受询问的，可以按撤回司法确认申请处理。"从上述法律规定看，司法确认应当属于实质审查。这种审查方式是否会再一次地激化矛盾，尚需司法实践的检验，对于其可行性笔者持怀疑态度。

确认案件，不收取费用。"上述司法解释的规定，解决了当事人没钱打不起官司的问题。但是，来自法院自身的问题并没有得到解决。因此，司法确认制度的落实任重而道远。

针对上述问题，提出完善法律制度的如下建议：一是进一步修改和完善民事诉讼法，以立法的形式对司法确认的性质等问题作出明确具体的规定，将《人民调解协议司法确认程序的规定》所规定的内容上升为法律，以提高其效力。建议借鉴国外司法 ADR 的做法，将司法确认制度确定为准司法性质。二是关于费用问题，司法确认可以适当收取费用，具体收费办法可以参照民事诉讼费用收取标准，采取按件收费的方式，规定司法确认案件每件收费 10～20 元。缴纳费用确有困难的当事人，可以申请减免。

此外，还有一个问题需要引起注意，即当事人申请司法确认后，可否再向人民法院提起诉讼的问题。可以认为，通过人民调解的方式解决纠纷，一方面是为了分流案件，减轻人民法院的负担；另一方面也是为了发挥人民调解组织的作用。但是更重要的是，为当事人解决纠纷提供诉讼外的和缓、经济、快速的纠纷解决途径。如果法律规定，经过司法确认后，当事人不能就该纠纷向人民法院提起诉讼，会削弱当事人利用人民调解方式解决纠纷的积极性。但是，如果法律规定，经过司法确认后，当事人可以再一次地向人民法院提起诉讼，又会导致司法资源的浪费。针对上述问题，建议立法可以做出如下规定：当事人双方申请司法确认后，如果还没有向人民法院申请强制执行，一方当事人反悔，可以向人民法院提起诉讼；如果一方当事人已经向人民法院申请强制执行，则案件进入执行程序，就同一案件，当事人不能再向人民法院提起诉讼。

总之，司法确认制度的完善，对于鼓励当事人选择人民调解的方式解决纠纷具有重要意义，该项制度的进一步完善，对于健全人民调解与诉讼制度的对接机制也必将产生重要影响。

三、法院附设司法 ADR

（一）司法 ADR 的含义和历史沿革

1. 司法 ADR 的含义

ADR（Alternative Dispute Resolution）可以根据字面意义译为"替代性（代

替性、选择性）纠纷解决方式"，也可以根据其实质意义译为"审判外（诉讼外或判决外）纠纷解决方式"或"非诉讼纠纷解决程序（方式）"、"法院外纠纷解决方式"等。该概念源于美国，原来是指 20 世纪逐渐发展起来的各种诉讼外纠纷解决方式，现已引申为对世界各国普遍存在着的、诉讼制度以外的非诉讼纠纷解决程序或机制的总称。[1]

司法 ADR，又称为法院附设 ADR，是指以法院为主持机构的替代性纠纷解决机制。ADR 原来与法院进行诉讼无关，主要指民间纠纷的解决办法。但是，20 世纪 70 年代以来，在英美法系国家，特别是美国一些州法院在法院内设仲裁和调解等第三人解决纠纷的制度，实际上是把 ADR 当作了诉讼程序的一环，这种 ADR 被称为司法 ADR，也称为附设在法院的 ADR（Court Annexed ADR）。在美国司法 ADR 包括：法院附设调解、法院附设仲裁、早期中立评价、简易陪审团审理等形式。在日本主要指民事调停和家事调停。另外，我国台湾地区的诉前调解也属于司法 ADR 的范畴。附设在法院的 ADR 虽然是诉讼程序的一环，但按照法院解决纠纷的传统方法说，ADR 仍然被视为诉讼外不经过判决的纠纷解决方式。[2]

2. 司法 ADR 的性质

司法 ADR 具有准司法的性质，与传统的法院审判程序相比较，两者之间既有联系，也存在较大的区别。两者之间的联系主要体现在：①司法 ADR 程序是在法院进行的，法院通常对司法 ADR 程序负有管理、监督的职责；②司法 ADR 程序的主持者是法官；③司法 ADR 程序和法院的诉讼程序存在一定制度上的联系，通常情况下，司法 ADR 程序设置在诉讼程序的前置阶段，与法院的审判程序不完全脱节，具有制度上的连续性。两者之间的区别主要是：①运用司法 ADR 程序解决纠纷具有一定的合意性，双方当事人一般采取妥协的方式解决纠纷，而不像审判程序那样，必须要遵守实体法和程序法的规定；②运用司法 ADR 解决纠纷的程序具有一定的灵活性和便捷性，双方当事人是纠纷解决的主体，主持者一般不直接介入；③运用司法 ADR 程序解决纠纷达成的协议，并不

---

〔1〕　范愉：《纠纷解决的理论与实践》，清华大学出版社 2007 年版，第 138 页。

〔2〕　司法 ADR 虽然不同于审判，但是与诉讼程序相关联，或者在法院主持下解决纠纷，例如，美国各种法院附设的 ADR、日本的家事调停等。参见章武生："ADR 与我国大调解的产生和发展"，载上海市高级人民法院、上海市司法局、上海市法学会编：《纠纷解决多元调解的方法与策略》，中国法制出版社 2008 年版，第 3～4 页。

直接产生法律上的约束力，当事人可以拒绝并要求法院重新审理。从上述分析可以看出，司法 ADR 属于司法系统的一部分，是纠纷进入法院后的非诉讼解决途径，它与审判相辅相成，共同承担着解决纠纷的司法职能。[1]

从性质上说，我国目前的法院调解制度不是严格意义上的司法 ADR 模式，它与判决一样属于国家干预的诉讼活动和结案方式之一，带有浓厚的国家强制色彩。并在审判实践中常常发生调解定位偏差的现象，以调解来代替审判。而作为司法 ADR 的法院附设调解制度则具有一定的合意性，主要是基于当事人自愿选择的个人行为，且在程序上具有较大的灵活性。

3. 司法 ADR 的历史沿革

美国是当代司法 ADR 最为发达的国家，司法 ADR 制度的确立主要有以下三个原因：一是诉讼爆炸引发民事诉讼危机；二是民事诉讼的对抗程序需要高昂的诉讼成本；三是美国属于判例法国家，法官具有造法的功能，对于新型案件的审判，会产生新的规则。而诉讼爆炸的压力，将限制法官这种功能的发挥。1990 年美国的《民事司法改革法》对改革民事司法程序和推广 ADR 作出了明确的规定。1998 年 10 月克林顿总统签署了《ADR 法》，并授权联邦地区法院制定了具体规则，进一步推动了 ADR 的应用。以美国法院附设调解为例，主要具有以下四个特点：①调解以纠纷当事人双方自愿为基础；②调解与审判严格分离，主审法官不参与调解；③调解在开庭审理前交由非营利团体的调解协会来进行，但其程序根据法院的规则来确定；④调解达成的协议视为当事人之间订立的契约。若调解未达成协议，则案件转入法庭审理。如果拒绝的一方当事人没有得到比调解结果更有利的判决，那么要承担拒绝调解后双方产生的诉讼费用。[2]

日本民事调停制度的建立，直接原因是模仿欧洲大陆建立的民商法制度不适合社会的需要，本土资源对移植来的"外来规则"存在排斥性，根据民法规范通过诉讼程序解决特定的纠纷，往往不尽如人意。因此，急需寻求一种过渡性的途径，缓解西化的法律体系和诉讼制度与日本本土社会现实的矛盾。[3]　我

---

〔1〕　韦杨、曾俊怡、刘亚玲："一种路径的尝试——司法 ADR 模式下我国法院非诉讼纠纷解决机制的构建"，载上海市高级人民法院、上海市司法局、上海市法学会编：《纠纷解决多元调解的方法与策略》，中国法制出版社 2008 年版，第 394～395 页。

〔2〕　章武生："ADR 与我国大调解的产生和发展"，载上海市高级人民法院、上海市司法局、上海市法学会编：《纠纷解决多元调解的方法与策略》，中国法制出版社 2008 年版，第 4～5 页。

〔3〕　吕珏："中日调解制度比较"，载《山西高等学校社会科学学报》2002 年第 10 期。

国台湾地区也非常重视法院调解，民事诉讼法规定的调解是在诉前进行。日本与我国台湾地区的调解制度有共通之处，主要具有以下四个特点：①调解程序与审判程序分立，调解未果的由当事人决定是否转入诉讼程序；②调解委员会设在法院内部，调解由法官主持，调解委员由律师、其他社会工作者担任；③调解程序的启动一般由当事人申请，同时法律也规定对某些类型的民事纠纷实行强制调解；④调解程序与诉讼程序紧密衔接，调解协议在获得法院确认后，具有强制执行力。[1]

从上述分析可以看出，每个国家和地区司法 ADR 的建立，都有其历史原因和司法实际情况。因此，我国司法 ADR 制度的构建，不能照抄、照搬其他国家和地区的做法，应当符合我国的国情和特定的社会环境，应当在传统的人民法院调解制度的基础上进行改良和完善，建立法院附设的诉前调解制度。

（二）建立司法 ADR 制度的必要性

现代法制曾经试图以司法作为解决纠纷的唯一方式，但实践证明这种想法是不切实际的。因为诉讼程序的复杂性与费用高昂、迟延共为诉讼固有的弊端和宿疾。程序的复杂性导致诉讼成本的增加，案件的积压，使得诉讼的迟延在所难免，无形中降低了正义的价值。[2] 这使得我们不得不考虑建立一种费用低廉、快捷方便，又不会导致滥讼的纠纷解决制度，司法 ADR 就是顺应法制社会发展的需要，而产生的具有广泛应用性的产物。从目前情况看，构建附设法院的司法 ADR 制度，主要具有以下益处：

1. 降低诉讼成本

日本学者棚濑孝雄认为："'生产正义的成本'分为国家负担的'审理成本'和当事人负担的'诉讼成本'。"[3] 司法资源的有限性与社会纠纷扩张之间的矛盾总是存在的，近年来，随着司法环境的不断改善，法制观念越来越深入人心，公众遇到纠纷，往往寻求诉讼的方式解决，由此导致诉讼案件不断增多，

---

〔1〕 范愉主编：《ADR 原理与实务》，厦门大学出版社 2002 年版，第 328 页。

〔2〕 范愉：《非诉讼程序教程》，中国人民大学出版社 2002 年版，第 27 页。

〔3〕 ［日］棚濑孝雄：《纠纷的解决与审判制度》，王亚新译，中国政法大学出版社 1994 年版，第 283 ~ 296 页。

呈现出"收案多、结案多、存案更多"的现象。[1] 而司法体制的完善也导致诉讼成本不断上升，单一性的通过诉讼的方式解决纠纷，已经无法满足多样化社会关系的要求。因此，各国司法改革的目标之一就是提高纠纷解决效率，降低诉讼成本，而法院附设的司法 ADR 制度有效地解决了这一问题。该制度使一些简易案件、小额案件得到快速、低成本的解决，从而使复杂、疑难的案件得到充分、及时的司法救济，司法资源得到了最优化的利用。

2. 实现案件的繁简分流

当前，社会关系日益复杂，案件类型呈现多元化，新类型案件不断增多。由于立法的滞后性，现代法院在面临新类型案件时，更多地承担起了解释法律、确立规则的职能，法院功能需要重新定位。但是我国现有的比较单一的程序规则，一方面导致简易案件的程序采用过于严格，阻碍了纠纷的快速解决；另一方面对疑难案件缺乏深入细致的研究，解释和确立规则的功能未能充分发挥。[2] 在国外，司法 ADR 经常作为审判的前置程序而存在，其职能是使大量案件在正式审理之前就被消化掉，真正进入庭审的是在审前没有达成协议的案件。设立司法 ADR，在法院内部寻求比诉讼更快捷、简便的方式解决纠纷，可以有效地二次分流案件，减轻法院的诉讼压力，同时也顺应了法院作为社会纠纷主要承接口的现状。西方的经验告诉我们，通过审判的方式解决大部分流入法院的纠纷，既不现实、也不可能。据统计，从 1983～2003 年间，在美国联邦法院提出的民事案件中，平均只有 4% 的案件进入审判，其他要么是不经审判而终结，要么是被撤销或和解等。[3] 司法 ADR 是一种较好的二次分流手段。

3. 发挥当事人的主观能动性

司法权威的确立不仅要依赖公正、透明的程序措施，实现公平、公正的裁判结果，还要通过制度设置使当事人具有更多的参与纠纷解决的机会，在法官主观能动性和当事人能动性之间找到平衡点。从国外的立法和司法实践经验看，

---

〔1〕　由于司法资源有限，司法供需矛盾十分突出，法院难以承受。据有关资料显示，至 2003 年 7 月底，虽经集中清理，全国法院仍有未结案件 185 万件。参见沈恒斌：《多元化纠纷解决机制原理与实务》，厦门大学出版社 2005 年版，第 10 页。

〔2〕　葛玲："从法院面临的困境看纠纷解决机制的完善——兼谈法院功能的定位"，载《法律适用》2006 年第 6 期。

〔3〕　[美] 史蒂文·苏本、玛格瑞特·伍：《美国民事诉讼的真谛》，蔡彦敏、徐卉译，法律出版社 2002 年版，第 214 页。

运用司法 ADR 解决纠纷，比较注重尊重当事人的意志，更能体现当事人的意思自治和反映当事人的利益。因为审判并非是解决纠纷的唯一最佳途径，当事人并非都愿意对簿公堂。设置司法 ADR，为当事人提供步入法院却能够不经过审判解决纠纷的方式，减少了当事人之间的对抗性，满足了当事人寻求和解与维持原有关系的需要。同时，在纠纷解决过程中，当事人充分参与并掌握协议是否达成的主动权，不仅能够充分发挥当事人的积极性，而且能维护当事人之间的良好关系。

4. 缓解社会矛盾

建立司法 ADR 的纠纷解决方式有利于缓解社会矛盾，维护社会的和谐。哈贝马斯的沟通理论认为，人们总希望过一种美好而真诚的生活，而要达至这种生活，就需要相互沟通。人具有沟通理性的潜能，沟通理性根源于生活并得到生活的支持。参与者通过对其沟通事项背后依据的共同理解，接受其有效性，就会实现沟通。传统诉讼模式由于其对抗性，极易导致双方当事人对沟通事项的反向理解，不利于双方之间的沟通和和谐结果的达成，而在司法 ADR 制度下对话式的交流使得双方达成合意的可能性大大增加，这种合意解决纠纷的方式，不仅使人们之间的继续交往成为可能，有利于彻底解决纠纷，而且进一步发展、改进和交换其对社会角色和自我的认同。在客观上也对传统诉讼文化产生影响，使得诉讼对抗性大大缓和，和平解决纠纷的价值受到推崇。[1]

（三）建立法院附设司法 ADR 制度的构想

构建具有中国特色的司法 ADR 制度，必须符合本土资源，符合本国国情，因为不同国家具有不同的发展历程、不同的文化背景。因此，构建我国的司法 ADR 制度，不能照搬西方的做法，我国司法 ADR 制度应当采取审前调解的模式，其制度构建应当注意以下六个问题：

1. 保障程序的规范性

适当的程序保障有利于消除当事人及社会公众对调解的疑虑，也有利于调解效益的最大化。构建法院附设的审前调解制度，不仅要注意制度的设置，还应当注意程序制度的完善。只有如此，当事人才能选择适用该项制度。因为当事人选择适用某项法律制度的原因，主要在于这项制度存在特定的程序利益。

---

〔1〕 范愉：《多元化纠纷解决机制》，厦门大学出版社 2005 年版，第 5～6 页。

如果仅仅把审前调解制度看成是法院的一种职权和结案方式，那么，调解的程序利益并不能真正得到充分的发挥，也不能成为促进利用调解程序的条件和保障。加强程序规范主要应当注意明确以下七个问题：一是制度设置的模式；二是调解案件的适用范围；三是法院附设调解人员的任选、地位、费用等；四是调解协议的法律效力；五是调解的保密制度；六是调解适用的保障措施；七是调解制度与审判制度的衔接等。

2. 明确制度设置模式

在美国根据案件性质的不同，法律将法院附设调解分为强制性和非强制性两类。其中，涉及邻里纠纷、婚姻家庭纠纷、小额或简单纠纷，以及必须借助ADR机构或专家解决的专门性纠纷，调解为庭审的前置程序；其他类型的纠纷，则由当事人自愿提出或由法官建议进入调解程序，调解在庭审前进行。日本的调解中，《家事审判法》规定，除了不适用调解的纠纷事项外，例如禁治产宣告案件等，其他所有人事诉讼事件和普通家庭事件都可以进行调解。日本的《民事调解法》则将家事事件和劳动事件以外的所有民事纠纷均纳入民事调解的范围。根据日本法律规定，调解是诉讼的前置程序，只有调解不成的案件，才能够向法院提起诉讼。加拿大法律规定的调解制度采用的方式比较灵活，有的省份规定调解必须在审判前进行，有的省份则没有这一要求。不仅如此，有的省份还规定，即使已经进入审判程序，根据当事人的自愿，纠纷还可以进入调解程序。[1]

任何一项法律制度的确立都应当符合本国国情，与社会的传统文化、价值取向、道德标准和诉讼观念相协调。我国司法ADR制度的构建，应当从我国的司法实际情况出发，作出系统、规范、符合实际情况的规定。从我国目前情况看，由于我国存在传统的法院调解制度，不宜采用加拿大的做法。现实可行的做法是建立附设法院的庭前调解制度，即案件立案后，除法律规定直接进入强制调解程序的案件外，其他类型的案件根据当事人的自愿进入庭前调解程序。调解达成协议的，制作调解书，该调解书与判决书具有同等的法律效力。调解未达成协议的，案件进入审判程序。

---

〔1〕　韩天岚："论我国法院附设ADR制度的构建"，载上海市高级人民法院、上海市司法局、上海市法学会编：《纠纷解决多元调解的方法与策略》，中国法制出版社2008年版，第415页。

3. 确定案件适用范围

通过各个国家和地区的立法和司法实践经验看，司法 ADR 的受案范围不尽相同。英国在 1999 年《民事诉讼规则》的第 1 条规定：应该根据案件金额、案件重要性、系争事项的复杂程度以及各方当事人的经济状况，采取相应的审理方式，同时要求当事人协助法院推进基本目标的实现，并课以当事人与 ADR 相关的义务。在具体的制度中，其将 ADR 引入案件管理制度，并通过诉讼费用制度和法律援助制度等经济杠杆来促使当事人采用 ADR。[1] 我国台湾地区在修订"民事诉讼法"的过程中，进一步充实和完善了诉前调解制度，根据案件的性质、当事人之间的关系、居住的环境、非讼色彩及争议金额等因素扩大了诉前调解的范围，主要包括两类案件适用诉前调解：一是实行诉前强制调解的案件，如不动产的相邻、共有、租赁争议，雇佣契约争议，交通事故争议，医疗纠纷，亲属财产争议，离婚及同居，抚养争议，财产争议金额在 10 万台币以下等案件；二是当事人双方合意调解的案件，不论诉讼事件之种类，也不问诉讼标的之金额或价额的多少，当事人均可以在起诉前向法院申请调解。[2]

借鉴国外和我国台湾地区的立法和司法实践经验构建我国的司法 ADR 制度，涉及诉前调解的受案范围应当包括以下五类：①当事人双方合意调解的案件；②诉讼标的额较小的案件；③涉及亲情、邻里和合作关系的案件（例如，婚姻家庭纠纷、继承纠纷、宅基地和相邻关系纠纷等[3]）；④权利义务关系较为明显的损害赔偿案件；⑤目前法律尚未明文规定产生纠纷的案件（例如，房屋买卖合同、医疗纠纷等领域出现的新型案件）。

4. 实行制度强制适用

对某些案件规定诉前强制调解，是为了保障制度的贯彻和落实。因为在制度设置之初，当事人对制度不甚了解，规定某些类型案件强制适用诉前调解制度，可以帮助或引导当事人具体运用该项制度，并从制度适用中受益。一方面

---

〔1〕 齐树洁：《英国民事司法改革》，北京大学出版社 2004 年版，第 178 页。

〔2〕 张黎华："法院诉前调解若干问题浅析"，载上海市高级人民法院、上海市司法局、上海市法学会编：《纠纷解决多元调解的方法与策略》，中国法制出版社 2008 年版，第 470～471 页。

〔3〕 最高人民法院 2003 年 9 月颁发的《关于适用简易程序审理民事案件的若干规定》第 14 条规定，下列案件在开庭审理前应当先行调解，具体包括：①婚姻家庭纠纷和继承纠纷；②劳务合同纠纷；③交通事故和工伤事故引起的权利义务关系较为明确的损害赔偿纠纷；④宅基地和相邻关系纠纷；⑤合伙协议纠纷；⑥诉讼标的额较小的纠纷。

成为制度的受益者，另一方面成为制度的宣传者。关于法院附设的审前调解制度是否强制适用，目前我国理论界还存在争议。有学者认为，ADR 属于调解制度，应当全部以当事人的自愿为依据。[1] 有学者认为，应当实行强制调解与自愿调解相结合制度。[2] 本书赞同后一种观点。但是，在确定对某些案件实行诉前调解时，还应当注意以下三个问题：一是"强制适用"并不意味着诉前调解是所有诉讼案件的必经程序；二是诉前调解并未取消当事人的诉权，包括起诉权和上诉权；三是适用强制调解的案件，应当由法律明文作出规定。

纵观世界各国及地区的法律规定，为了保障司法 ADR 的顺利贯彻落实，大都规定某些案件应当实行先行调解。例如，我国台湾地区现行"民事诉讼法"第 403 条就规定了 11 种情形的案件，以及离婚之诉、夫妻同居之诉和终止收养关系之诉，都应在起诉前向法院申请强制调解，否则不能进行诉讼。[3] 日本《民事调停法》也明确规定，有些纠纷需要在诉讼前进行强制调解。

我国法律在构建司法 ADR 的审前调解模式时，为了保障该项制度的推广和贯彻落实，应当在法律中明确规定，对某些类型的民事案件实行诉前强制调解，案件没有经过诉前调解，不能进入诉讼程序。如果调解不成，转入诉讼程序由法庭对案件进行审理。具体强制调解的适用范围同前文所述的诉前调解的案件适用范围。

5. 确定调解人员与审判法官分离制度

实行调解人员与审判法官分离制度的意义在于，维护当事人的合法权益，消除后续案件审理中，可能对法官裁判产生先入为主的不利影响。因为法院附设诉前调解达成的协议，不具有强制执行的效力，通过调解如果当事人之间没有达成协议，案件可能会进入法庭通过法庭审理解决。如果诉前调解中的调解人员与案件审理法官是同一个人，会使案件审理法官对案情的分析认定先入为主，影响司法审判的公正性。

从国外的法律规定看，在美国的法院附设调解中，主审法官不参与调解，调解员一般由受过专门训练并经法院认可的律师担任，通常由 3 名调解员进行调解，但某些情况下也可以由 1 名调解员进行调解，这时可由其他法官担任调

---

[1]　司莉："法院调解制度改革之构想"，载《法制日报》2000 年 5 月 7 日。

[2]　陈琦华："ADR 与中国法院审判制度建构的思考"，载上海市高级人民法院、上海市司法局、上海市法学会编：《纠纷解决多元调解的方法与策略》，中国法制出版社 2008 年版，第 389 页。

[3]　陈荣宗、林庆苗：《民事诉讼法》（下），三民书局 2001 年版，第 1057 页。

解员。在日本法的调解中，法院设有调解委员会，由指定的法官担任调解委员会主任，再从其他有经验学识者中指定 2 名以上的调解员，这 2 名调解员属非正式公务员，由最高法院对其进行任免，有关费用根据最高法院的规定支付。适当时，法官也可以单独进行调解。[1]

我国建立附设法院诉前调解制度，应当实行调解人员与案件主审法官分离制度，以防止法官审理案件时先入为主，保障法官的中立性和案件审理的公正性。具体制度设置方式，可以借鉴人民陪审员产生的方法，在法院内部建立调解人员储备库，设置调解人员名册，调解人员可以由民间调解机构的调解人员、法院退休法官、各高等法律院校具有法律专业知识的教师、各机构中具有专业知识的人员等担任。对于案情相对复杂的案件，可以由 3 名调解人员组成调解庭进行调解；对于案情比较简单的案件，可以由 1 名调解人员进行调解。调解人员的费用可以考虑由国家财政给予一定的津贴补助的方式解决。[2]

6. 规定制度保障措施

建立司法 ADR 是为了分流案件、提高案件调解效率，减轻法院的诉讼负担，增强当事人对纠纷解决的参与性。因此，在鼓励当事人利用调解制度解决纠纷的同时，也应当确立必要的制度保障措施，防止设置的制度被滥用。在国外的法律规定中，大都建立了保障制度实施的机制。例如，日本法律规定，如果当事人接受调解程序后，没有正当理由不参加调解，将会受到罚款的制裁。英国法律规定，在裁定诉讼费用时，法院可以考虑当事人的所有行为，如果一方承诺接受另一方提出的和解要约并付款，可以获得承诺书送达之日为止的诉讼费用补偿。如果原告不接受对方的和解要约，在后续的诉讼中又没有获得更好的结果，应当补偿对方的诉讼费用以及附加利息。美国法律亦规定，如果调解没有被接受，案件转入法庭审理，拒绝的一方当事人如果没有获得比调解更为有利的判决，应当承担拒绝调解后双方所产生的诉讼费用。

---

〔1〕 刘亚玲："司法 ADR 和我国法院非讼纠纷解决机制的构建"，载《诉讼法论丛》（第 10 卷），法律出版社 2005 年第 7 期。

〔2〕 最高人民法院 2009 年 7 月 24 日发布施行的《关于建立健全诉讼与非诉讼相衔接的矛盾纠纷解决机制的若干意见》第 16 条第 2 款规定：开庭前从事调解的法官原则上不参与同一案件的开庭审理，当事人同意的除外。第 26 条规定：有条件的地方人民法院可以按照一定标准建立调解组织名册和调解员名册，以便于引导当事人选择合适的调解组织或者调解员调解纠纷。人民法院可以根据具体情况及时调整调解组织名册和调解员名册。说明司法实际工作部门已经意识到调审人员不分的弊端。在确立司法 ADR 制度时可供参考借鉴。

我国建立司法 ADR 制度，一方面应当注意制度设置给社会、公民带来的益处，另一方面也应当注意制度被滥用的可能性。因此，借鉴国外的做法，建议我国在设置司法 ADR 制度的同时，建立诉讼费用惩罚机制和罚款机制，以保障司法 ADR 制度的顺利施行。建立法律在确立司法 ADR 制度的同时规定：如果案件进入诉前调解程序，当事人无正当理由不参加调解的，将受到罚款的处罚；如果一方当事人不接受调解，案件转入法庭审理程序，拒绝的一方当事人如果没有获得比调解结果更有利的判决，应当补偿对方的诉讼费用以及附加的利息。

四、股东代位诉讼程序

股东代位诉讼是一种特殊的诉讼形态，是指公司的合法权益受到公司董事、监事、控制股东、经理等高级管理人员的侵害，公司怠于起诉或者拒绝起诉时，公司股东依法代位公司以自己的名义，为公司的利益而提起的诉讼。概括而言，股东代位诉讼主要包括以下四方面含义：①公司的合法权益受到不法侵害，主要是指公司利益受到公司的董事、监事、控制股东、经理、高级管理人员等公司内部人员的侵害；②对此损害公司利益的侵害行为，公司怠于起诉或者表示拒绝起诉；③公司的股东代位公司，并以自己的名义，对此侵害行为提起诉讼；④公司股东的起诉是为了公司利益，而不是直接为其个人的利益，因此胜诉利益应当归于公司。因认为股东的诉权来自公司的诉讼权利，英美法系国家的公司法、证券法称此种诉讼为股东派生诉讼（derivative action，国内有的学者译为衍生诉讼）；因认为起诉的股东是代表公司或者代位公司行使诉权的，大陆法系国家或地区的公司法一般称为股东代表诉讼或者股东代位诉讼。

股东代位诉讼作为一种特殊的诉讼形态，与一般诉讼形态相比，其特殊性就在于，它既具有代表性，又具有代位性。原告股东提出诉讼，客观上也相当于代表其他处于同样地位的多个股东提起诉讼，这一点在司法实践中具有重要意义。正是由于存在着这种事实上的"代表性"，在原告股东提起代位诉讼后，其他股东不得再依据同一理由向法院提起诉讼。从理论上说，公司与股东的法律地位应当是分离的，公司应当单独行使诉权，但如果公司处于被告的控制状态下，公司实际上难以行使诉权而提起诉讼，在公司不起诉的情况下，由股东代位公司行使诉讼权利，对公司和其他股东并无害处。就此而言，这种诉讼明显又具有"代位性"。可见，股东代位诉讼同时具有代表诉讼和代位诉讼的双重特征，从理论上说，称之为代表诉讼、代位诉讼，都有一定道理。我国台湾地区学者多数称为股东代表诉讼，也有学者称为股东代位诉讼。[1] 我认为，宜称为股东代位诉讼，因为股东不是作为公司或者其他股东的诉讼代表人，而是在公司不起诉的情况下，以自己的名义代位提起诉讼的。

股东代位诉讼与普通民事诉讼相比，无疑具有自身的特点，实践中可能面临一些特殊问题，因而，股东代位诉讼程序的设计具有一定的特殊性。而且，作为一种新的诉讼形态，在民事诉讼程序中涉及的一些问题如何规范，尚待深入研究。本书按照民事诉讼的一般程序，着重研究股东代位诉讼的特殊问题，并提出相应的建议。

（一）股东代位诉讼的管辖和诉讼告知

1. 股东代位诉讼的管辖

民事案件的管辖，包括两层含义：一是上下级人民法院之间受理第一审民事案件的分工和权限；二是同级人民法院之间，受理第一审民事案件的分工和权限。案件的管辖，实际上是人民法院系统内部，划分和确定某一级或者同级中某一人民法院，对具体民事案件行使审判权。民事诉讼的提起，首先是由原告向人民法院提起诉讼；然后，紧接着就是要确定由哪一级或哪一个法院受理并审理案件。对此，股东代位诉讼也不例外。如何确定股东代位诉讼案件的管辖法院，就是确立股东代位诉讼程序面临的一个重要问题，因为股东代位诉讼的产生，首先应当确定由谁来提起诉讼，其次就应当解决由哪一个法院来管辖的问题。只有这两者都得以确定，才有诉讼的产生，才会进一步涉及其他诉讼规则的运用。

（1）确定股东代位诉讼管辖的意义。明确法院对股东代位诉讼的管辖权，具有两方面的意义：一方面有利于人民法院正确、及时地行使审判权。即可以使各级、各地人民法院依照法律规定各司其职，各负其责，避免不同法院因法定权限不明，对具体案件的管辖发生争议，造成法院互相争夺案件或者相互推诿，以保证股东代位诉讼纠纷能够依法及时得到受理和解决。另一方面，有利于当事人行使诉讼权利。即一旦出现股东代位诉讼案件，便于当事人依据法律

---

〔1〕（台）林国全："股份有限公司董事民事赔偿责任之追究"，载王文杰：《公司法发展之走向》，清华大学出版社2004年版，第32~46页。

规定，向有管辖权的人民法院提起诉讼，避免原告股东上告无门或者找错了法院。同时，被告如果发现受理案件的人民法院对案件无管辖权，也可以依据法定的管辖条件，及时向受诉法院提出管辖权异议，维护自身的合法权益。

我国《公司法》只就股东代位诉讼制度作出了原则性的规定，对于股东代位诉讼案件的管辖权应当如何确定，并未作出具体规定，可能影响法律的有效实施。事实上，在司法实践中已经出现了股东代位诉讼的管辖权争议。

例如，2004年9月9日，中国国际期货公司的小股东苏州新发展投资有限公司等，因公司大股东四川宏达集团有限公司等拖欠中期公司的货款，而公司对此不作为，将大股东和公司董事长田源、董事刘沧龙诉之北京市高级人民法院，由此产生的管辖权争议引起关注。北京市高级人民法院受理案件后，被告均提出管辖权异议，认为此案件系侵权纠纷，不是合同纠纷，争议标的不是借款合同的标的额，北京市既不是侵权行为实施地、侵权行为结果地，也不是被告住所地，因此，北京市高级人民法院没有管辖权。同时，诉讼标的额低于1亿元，不符合级别管辖的规定。北京市高级人民法院认为，我国《民事诉讼法》规定，对法人或其他组织提起民事诉讼，由被告住所地人民法院管辖。同一诉讼的几个被告住所地、经常居住地在两个以上人民法院辖区的，各该人民法院都有管辖权。本案被告之一田源的住所地在北京，因此，北京市高级人民法院对该案有管辖权。各被告仍不服，上诉至最高人民法院。最高人民法院认同北京市高级人民法院的意见，并指出，根据《民事诉讼法》的规定，上级人民法院有权审理下级人民法院管辖的第一审民事案件，据此，最高人民法院驳回了各被告的上诉。[1]

这一案件虽发生在修改后的《公司法》、《民事诉讼法》施行以前，但是，即使在新《公司法》、《民事诉讼法》已经生效实施的今天，同样会产生上述管辖权争议问题，因为无论是《公司法》还是《民事诉讼法》，都没有对股东代位诉讼的管辖权问题作出明确规定，人民法院仍然只能依据民事诉讼法的一般规定，来确定股东代位诉讼的管辖。2012年8月31日，我国新修订的《民事诉讼法》增加规定了公司纠纷地域管辖的规定，该法第26条规定："因公司设立、确认股东资格、分配利润、解散等纠纷提起的诉讼，由公司住所地人民法院管

---

〔1〕　2005年12月8日，北京市高级人民法院一审判决小股东胜诉。该案的具体情况，参见赵继明、喻永会："股东代表诉讼案件的诉讼管辖"，载《中国律师》2006年第5期。

辖。”该项法律制度的确立，既便于当事人诉讼，也便于人民法院调阅公司材料，查明事实，及时作出判决，提高诉讼效率，是立法的一大进步。但是，涉及股东代位诉讼案件的管辖，法律并没有作出明确规定。由此可见，股东代位诉讼的管辖权问题，是进一步修改《民事诉讼法》，建立股东代位诉讼程序迫切需要解决的问题之一。

（2）股东代位诉讼应当由公司住所地法院专属管辖。股东代位诉讼是一种新型诉讼形态，对于股东代位诉讼案件应当如何确定管辖法院，我国新修订的《民事诉讼法》和《公司法》均无明确规定。理论界对此主要存在以下三种意见：

第一种意见认为，股东代位诉讼的实质原告是公司，只是公司怠于起诉或拒绝起诉时才由股东代位起诉的，因此，公司依法应当向哪个法院起诉，股东就应当向该法院提起代位诉讼。具体而言，可以适用我国民事诉讼法规定的级别管辖、地域管辖、移送管辖和指定管辖的一般规定，并且可以适用协议管辖，以凸显双方当事人的意志。据此确定代位诉讼案件的管辖，既能够保持股东代位诉讼制度与民事诉讼法律体系之间的协调一致，又可以体现股东代位诉讼的真正原告是股东的精神。

第二种意见认为，应当借鉴日本的做法，股东代位诉讼案件由公司所在地法院实行专属管辖。因为股东代位诉讼的被告主要是公司董事、监事、高级管理人员等内部人士，同时又涉及公司的其他股东可能参与诉讼，案件的审理大多涉及公司章程、相关协议和被告的行为，实行专属管辖，便利其他股东参与诉讼，便于法院审理。

第三种意见认为，应当区分被告是公司内部人员还是其他人员，分别采取不同的管辖原则。被告是公司董事、监事、高级管理人员等内部人员的，负有对公司忠实、尽职的义务，且一般与公司关系密切，应当由公司住所地法院管辖，这样既方便原告、被告和公司参加诉讼，又不影响法院公正裁决；被告是公司外部人员的，应当按照民事诉讼法的规定确定管辖法院。[1]

股东代位诉讼案件应当由公司住所地人民法院专门行使管辖权，即实行专属管辖。主要理由可以概括为如下两个方面。

第一，有利于当事人参加诉讼。公司是由股东出资设立的，公司的股东一

---

[1] 代贞奎：“股东代表诉讼案件的管辖”，参见 http//www. zwmscp. com/list. asp？unid＝3916.

般不受地域限制，通常，规模较大的股份有限公司的股东可能遍布全国各地。股东代位诉讼主要是由公司的股东针对公司董事、监事、高级管理人员提起的，诉讼主要涉及原告股东、被告董事（监事、高级管理人员等）和公司，就这三者之间的关系而言，联系最密切的地点是公司的住所地。对股东代位诉讼实行专属管辖，规则简单明确，便于操作，股东一旦提起诉讼，被告和公司参加诉讼，以及原告进行调查、取证都比较便利。

尤其重要的是，如果诉讼的原告股东、被告为数人且各处异地，或者诉因涉及侵权责任与合同责任的竞合，不实行专属管辖在实践中可能带来许多不必要的管辖权争议。总之，由公司住所地法院实行专属管辖，更便利当事人和公司参与诉讼。根据日本《商法典》第 268 条第 1 款的规定，日本的股东代位诉讼亦适用专属管辖，即由公司所在地法院管辖。其主要目的就是为了便利公司或其他股东以共同诉讼人身份参加诉讼。

第二，有利于法院顺利审理案件。法院审理股东代位诉讼案件，通常主要涉及对公司董事、经理等高级管理人员行为进行审查，对原告所诉违法或不当行为进行认定，对双方当事人提供的证据进行审查、质证和确认，以及对公司提交的与诉讼有关的其他法律文件（如股东与公司之间的协议、公司章程、公司会议文件、财务会计报表、公司签订的合同等）进行审查等。法院在法庭内外进行这些必须的诉讼活动，大多与公司的住所地有关，因为上述行为、证据或相关文件，主要都是在公司住所地发生或产生的，案件由公司住所地人民法院管辖，有利于法院顺利审理案件，减少诉讼成本，及时作出判决。

此外，我国实务界人士还指出，公司纠纷往往存在违约责任与侵权责任的竞合，不实行专属管辖会带来很多问题，如当事人频繁变换诉因争取本地法院管辖。而且，股东代位诉讼管辖权的确定，实质上对于防止股东滥诉具有一定的作用。目前我国一些地方法院还存在地方保护主义，股东代位诉讼不实行专属管辖，股东滥诉的概率可能会大大增加。[1]

（3）股东代位诉讼应当由中级人民法院专属管辖。确定股东代位诉讼案件实行专属管辖之后，紧接着面临的另一个问题就是，应当由哪一级人民法院实行专属管辖？理论上说主要有两个选择，即可以由基层人民法院行使管辖权，也可以由中级人民法院管辖。

---

〔1〕 赵继明、喻永会："股东代表诉讼案件的诉讼管辖"，载《中国律师》2006 年第 5 期。

股东代位诉讼案件应当确定由公司住所地的中级人民法院专属管辖。主要是因为，股东代位诉讼制度在我国并非土生土长，而是典型的舶来品，需要有一个适应"水土"的过程。我国《公司法》虽然确立了股东代位诉讼制度，但法律规定比较原则化，相关的配套制度还不完善；作为一种新型的诉讼形态，诉讼程序还缺乏有针对性的法律规范，司法实践中审理的这类案件不多，没有更多的案例可以借鉴，法院普遍还缺乏经验，因而，审理股东代位诉讼案件对法官要求比较高。中级人民法院法官的水平相对高于基层人民法院的法官，受到地方保护主义的影响也更小，中级人民法院比较胜任审理股东代位诉讼案件，也符合我国目前的实际情况。

而且，股东代位诉讼案件的专业性较强，大多涉及比较复杂的法律关系，诉讼程序也较为复杂，有些案件涉及的人数较多，涉及的诉讼金额巨大，社会影响比较大，案件如果处理不当，可能产生重大的社会消极影响，甚至还可能影响当地的经济发展和社会安定和谐。目前，我国基层人民法院法官的素质还不高，法律对股东代位诉讼程序又缺乏明确的可操作性的规定，基层法官能否胜任股东代位诉讼案件的审理，虽不能轻易得出否定的答案，但显然存在很大的疑问。因此，从当前的实际情况出发，由中级人民法院管辖，更有利于案件依法公正、及时审理，依法解决争议，维护市场经济秩序和社会稳定，也有利于减少股东代位诉讼在法律实践中的争议，更好地促进股东代位诉讼制度和程序的改进和完善。

2. 股东代位诉讼的诉讼告知

诉讼告知是股东代位诉讼特有的诉讼程序，目的是为了给公司和其他股东提供一个决定是否参加诉讼或者提出异议的机会，防止发生有害于公司和其他股东合法权益的代位诉讼，因为诉讼的结果关系到公司和其他股东的利益。

我国《民事诉讼法》主要规定了人民法院的诉讼告知义务。《民事诉讼法》第 126 条规定："人民法院对决定受理的案件，应当在受理案件通知书和应诉通知书中向当事人告知有关的诉讼权利义务，或者口头告知。"第 128 条规定："合议庭组成人员确定后，应当在 3 日内告知当事人。"最高人民法院的相关司法解释进一步具体规定："法院已经确定开庭日期的，应当一并告知当事人及其诉讼代理人开庭的时间、地点，以便于他们按时参加庭审活动。合议庭组成后，应当在 3 日内将合议庭组成人员告知当事人，以便于他们在必要时依法充分、有效地行使回避申请权。告知后，如果事情有变化，必须调整合议庭组成人员的，应当于调整后 3 日内告知当事人。在开庭前 3 日内决定调整合议庭组成人员的，原定的开庭日期应当予以顺延。"[1]

从这些规定以及股东代位诉讼的特殊性可以看出，我国《民事诉讼法》的诉讼告知与股东代位诉讼的诉讼告知是存在一定差异的。股东代位诉讼属于一种特殊的诉讼形态，应当在《民事诉讼法》中确立特殊的诉讼程序。股东代位诉讼的诉讼告知，除适用民事诉讼法的上述一般规定外，还应有特殊规定，因为股东代位诉讼不仅涉及原告、被告，还涉及公司和其他股东，因此，诉讼告知是股东代位诉讼特有的诉讼程序，目的是为了给公司和其他股东提供一个决定是否参加诉讼或提出异议的机会，防止发生有害于公司和其他股东利益的代位诉讼或诉讼结果；同时也防止重复诉讼的产生。

对此，日本《商法典》第 268 条第 2、3 款规定，股东或公司可以参加代位诉讼，但是因其参加将使诉讼不正当地拖延或者显著增加法院负担时，不在此限。原告股东在提起代位诉讼后，应从速向公司告知该诉讼。可见，按照日本《商法典》的规定，诉讼告知是原告股东提起诉讼后应当履行的一项法定义务。法律规定诉讼告知的目的，主要是为了让公司决定是否参加诉讼，防止重复诉讼。而且，考虑到原告股东有可能与被告董事串通一气故意败诉，以阻止公司和其他股东行使诉权，日本《商法典》第 268 条还规定，即使公司和其他股东不直接参加诉讼，若对代位诉讼的判决不满，可以请求法院再审；请求再审的其他股东的权利义务，与原提起代位诉讼的原告股东的权利义务相同。[2] 美国有关法律虽然没有明确规定原告股东的诉讼告知义务，但规定原告不能随意中止诉讼；原告欲中止诉讼的，必须告知其他股东，使其他股东有参加诉讼的机会。

根据股东代位诉讼的特点，借鉴国外立法，股东代位诉讼程序应当增加规定如下诉讼告知义务。

（1）起诉后的告知义务。原告股东提起代位诉讼后，应当及时告知公司。

---

[1] 参见最高人民法院印发《第一审经济纠纷案件适用普通程序开庭审理的若干规定》（1993 年 11 月 16 日）第 1 条。此外，2002 年 4 月 1 日施行的最高人民法院《关于民事诉讼证据的若干规定》第 33 条第 1 款亦规定，人民法院应当在送达案件受理通知书和应诉通知书的同时向当事人送达举证通知书。举证通知书应当载明举证责任的分配原则与要求、可以向人民法院申请调查取证的情形、人民法院根据案件的情况指定的举证期限以及逾期提供证据的法律后果等。

[2] 《日本商法典》，王书江、殷建平译，中国法制出版社 2000 年版，第 72 页。

因为从制度设计的角度分析，股东代位诉讼本质上包含了为公司利益和为其他股东利益诉讼的含义。股东虽作为原告，但股东毕竟是代位公司提起诉讼的，公司才是诉讼实体权利义务的实际承担人，案件的裁判结果与公司有直接的利害关系。原告股东起诉后，理应将起诉情况告知公司，以便公司决定是否参加诉讼，并且做好诉讼的准备工作。当然，法院在审理股东代位诉讼案件时，应当通知公司参加诉讼。

同时，股东代位诉讼对其他股东的实际利益也存在很大影响，原告起诉后是否需要告知其他股东？如需告知其他股东，应由原告还是法院履行告知义务？对此，尚需深入研究。

原告股东提起代位诉讼是依法行使法律赋予的代位诉讼提起权，任何一个股东只要符合法定条件，均享有这种权利，行使这项权利时应当无须承担告知其他股东的义务。如果要求原告股东起诉后向其他股东履行告知义务，一方面于理不符，对原告行使权利施加了义务，同时可能不必要地增加原告股东的义务，特别是，如果公司股东的人数众多且分散（如股本总额巨大的上市公司），诉讼告知可能构成起诉股东的一个很大的经济负担；另一方面，这种告知对于起诉股东和诉讼本身而言，并无多大的实际意义，其他股东得知后，只能决定自己是否参加诉讼，从而为法院判决对其具有约束力提供一个事实依据，对于起诉股东来说，不论其他股东是否参加诉讼，均不影响诉讼的成立和案件的审理、判决。所以，似不应当要求原告股东向其他股东履行告知义务。

那么，人民法院受理原告股东的诉讼后，是否应当向其他股东为诉讼告知？从保障其他股东诉权的角度看，人民法院应当告知其他股东。经法院告知后，其他股东可以参加诉讼，也可以不参加诉讼，一方面，给其他股东提供一个机会决定是否参加诉讼，并且为法院作出的判决对其他股东产生约束力提供信息基础，其他股东不能因其对股东代位诉讼不知情而否定判决的约束力；另一方面，可以杜绝双重诉讼的发生，避免讼累，节约司法资源。

（2）原告撤诉或达成和解的告知义务。原告股东提起代位诉讼，经作出实体裁判后，判决具有约束力，其他股东将因此而丧失针对同一事由提起代位诉讼的权利。假如原告股东在诉讼过程中决定撤诉或者与被告达成和解协议，就可能损害公司和其他股东的权益，例如，原告股东与被告私下达成协议，被告同意给予原告股东一定的利益，原告要求撤诉或者同意与被告达成和解而结案。一旦出现这种情形，对于保护公司和其他股东的合法权益显然是非常不利的，因为公司和其他股东不能再就同一侵害行为再次起诉被告了，而且对于撤诉或者达成和解协议的情形，其他股东可能并不知情。因此，对于原告股东撤诉、与被告达成和解，法律还应当规定相应的限制措施，如必须经法院审查同意等，后文对此另有论述。

这里主要强调的是，应当在告知程序上加以完善。原告股东决定撤诉的，人民法院在批准撤诉之前，应当告知公司和其他股东，包括未参加诉讼的股东，以便公司和其他股东根据情况，决定是否继续诉讼。公司和其他股东同意撤诉的，该撤诉行为对公司和其他股东均有约束力，公司和其他股东今后不得就同一事实再行起诉。公司和其他股东决定继续诉讼的，诉讼应当继续进行。

同样地，原告股东与被告达成和解协议后，人民法院在批准和解协议之前，也应当通知公司和其他股东。公司和其他股东对协议有异议的，应当允许向人民法院提出异议，人民法院应当审理其异议，再决定是否批准和解协议。此时，人民法院批准的和解协议，对公司和其他股东均有约束力。

显然，原告股东撤诉、与被告达成和解协议的，人民法院经审查，在作出批准的决定之前应当告知公司和其他股东，只有这样，才能防止原告股东通过撤诉、与被告达成和解协议而损害公司和其他股东的利益，使公司和其他股东的合法权益通过诉讼得到维护。

司法实践中，人民法院的诉讼告知可以采取通知、发布公告或者要求公司和其他股东到法院进行登记等有效方式。特别是网络技术的发展为诉讼告知提供了良好的技术基础，通过网络履行诉讼告知义务是一种快捷、便利的有效方式。

（二）诉讼请求权的合并、反诉与举证责任

我国《民事诉讼法》第 140 条规定："原告增加诉讼请求，被告提出反诉，第三人提出与本案有关的诉讼请求，可以合并审理。"最高人民法院《关于民事诉讼证据的若干规定》第 34 条第 3 款规定："当事人增加、变更诉讼请求或者提起反诉的，应当在举证期限届满前提出。"那么，在股东代位诉讼中，原告可否增加诉讼请求，案件可否合并审理，被告如何提出反诉，如何分配举证责任，这些都是建立股东代位诉讼程序所必须研究解决的问题。

1. 诉讼请求的合并

（1）诉讼请求合并审理的必要性。我国《民事诉讼法》第 140 条规定："原

告增加诉讼请求的，人民法院可以合并审理。"普通民事诉讼案件的原告提起诉讼，直接是为了维护自身的合法权益，因此，原告在提起诉讼后又针对同一被告提出增加新的诉讼请求的，法院予以合并审理，显然符合上述法律规定，也是合理的。

但是，在股东代位诉讼中，这个问题变得比较复杂，因为股东提起代位诉讼是为了直接维护公司的权益，间接地维护自己的合法权益。原告股东在代位诉讼中增加诉讼请求可能存在两种情况：一种情况是为了维护公司的合法权益；另一种情况是为了维护自己的合法权益。股东为维护公司的合法权益而提起代位诉讼，需要经过一定的前置程序，而且，一些国家或地区的相关法律都明确规定，特定的前置程序是股东代位诉讼必经的法定程序。股东提起代位诉讼后，在诉讼过程中如果打算增加诉讼请求，那么，增加的诉讼请求就跨越了法定的前置程序这道防线。股东为了维护自己的合法权益，在提起代位诉讼后又增加诉讼请求，那么，增加的诉讼请求就不具有股东代位诉讼的性质，应当属于股东直接诉讼。问题是，法律是否应当允许提起代位诉讼的股东在诉讼中随意增加诉讼请求？对于股东提出增加诉讼请求的，应当如何处理？

从国外立法情况看，在美国，法院最初不允许股东将直接诉讼与代位诉讼合并在一起，原告股东不得将个人的或直接诉讼与派生诉讼结合为同一诉讼，但许多案件并未严格执行。[1] 后来，法院判例逐渐对这类案件的合并审理采取放任的态度，有些州的议会制定法甚至明确规定，允许原告的诉讼请求自由合并。在英国，法院可以将直接诉讼与股东代位诉讼合并在一起审理。

（2）区分具体情况决定是否合并审理。在我国，股东代位诉讼案件的原告在诉讼过程中增加的诉讼请求，可否合并审理，应当根据增加的诉讼请求的不同性质，区分不同情况，区别对待。具体可以区分为两种情况，分别作出不同的法律规定。

第一，增加的诉讼请求与原诉讼请求的性质相同。原告增加的诉讼请求的性质未发生变化，即原告提出增加的诉讼请求也具有代位诉讼的性质，直接目的仍是为了公司的利益，那么，诉讼的性质与系争的事实并没有发生变化，从理论上说，法院没有理由拒绝合并审理。

对此，唯一值得研究的问题是，原告股东追加的诉讼请求，没有像提起代

---

〔1〕 石少侠等编译：《美国公司法概论》，延边大学出版社1994年版，第335页。

位诉讼时的诉讼请求那样经过法定的前置程序，即未先向公司提出请求，而是直接向法院提出的。既然原告股东已经按照法定程序提起了代位诉讼，人民法院依法予以受理，那么，原告股东随后提出增加诉讼请求的，并不会因此对公司和被告的利益造成损害，因为股东只是向法院提出增加诉讼请求，这一请求是否存在事实和法律依据，法院是否承认这一请求并通过判决予以确认，都还需要在法院审理之后才能得出结论。在目前这个阶段所要解决的主要问题，只是能否将增加的诉讼请求与原诉讼请求合并审理的程序问题，并不直接涉及当事人的实体权利义务。因而，应当允许法院将原告股东增加的诉讼请求合并审理。但是，增加的诉讼请求是否具有事实和法律依据，必须经过法院审查认定。

第二，增加的诉讼请求的性质发生变化。如果原告增加的诉讼请求的性质发生了变化，即原告提出增加的诉讼请求具有直接诉讼的性质，是直接为了维护原告自身合法权益而不是公司利益，因而不具有代位诉讼的性质。在此情况下，应当进一步区分两种情形。

一种情形是，原告股东增加的诉讼请求虽然具有直接诉讼的性质，但系争事实与股东代位诉讼系争的事实相同或者存在高度关联关系，那么，从节约诉讼成本，提高诉讼效率的角度出发，法院可以合并进行审理，分别针对两个诉讼请求作出判决。

另一种情形是，原告股东增加的诉讼请求具有直接诉讼的性质，并且系争事实与股东代位诉讼系争的事实之间不存在直接的关联关系，那么，增加的诉讼请求与股东代位诉讼不仅存在性质上的差别，而且系争事实也不相关联，法院即使合并审理，事实上也与审理两个案件没有本质区别。因此，法院不应当合并审理，而是应当告知原告股东另行提起直接诉讼，以维护自己的合法权益。

2. 股东代位诉讼的反诉

民事诉讼的反诉，是指在已经开始的诉讼程序中，本诉的被告通过人民法院向本诉的原告提出的一种独立的反请求。反诉主要具有以下特征：①反诉的当事人具有特定性，即反诉的原告只能是本诉的被告，反诉的被告也只能是本诉的原告，反诉与本诉的当事人之间的这种对应关系是特定不变的，不具有随意性。②反诉的请求具有独立性，不依赖于本诉。即反诉请求是一种可以独立存在的请求，不因本诉的原告放弃诉讼请求而结束，也不因本诉的原告撤回本诉而终结，除非本诉的被告自行撤回或者放弃反诉请求。③反诉的时间具有限定性，即当事人提起反诉，应当在法律规定的期限内提出。根据我国《民事诉讼法》及其相关司法解释的规定，反诉请求应当在举证期限届满前提出。④反诉的目的具有对抗性，即反诉的目的在于抵消、吞并原告提出的诉讼请求，并且有时还可以生成新的权利，使原告败诉，与原告提出的诉讼请求对抗，以维护自己的合法权益。

民事诉讼法规定反诉制度，主要具有以下三个方面的意义：一是从一个侧面体现了法律赋予民事诉讼双方当事人的诉讼平等地位；二是在一定程度上简化了诉讼程序，节省人民法院和当事人的时间和财力，提高诉讼效率；三是可以防止本案审结后，被告再起诉，人民法院作出相互矛盾的判决，以利于维护法院判决的统一性和权威性。对此，我国《民事诉讼法》第51条规定："原告可以放弃或者变更诉讼请求。被告可以承认或者反驳诉讼请求，有权提出反诉。"该法第140条规定："原告增加诉讼请求，被告提出反诉，第三人提出与本案有关的诉讼请求，可以合并审理。"相关司法解释对此也进一步作出了一些具体规定。

那么，根据上述《民事诉讼法》有关反诉的规定和基本原理，股东代位诉讼能否直接适用反诉制度？对此，我国法学理论界存在两种相互对立的观点：一种观点认为，在股东代位诉讼中不能适用反诉制度，因为不符合民事诉讼反诉理论的实质。另一种观点认为，被告提出的反诉只要符合民事诉讼法规定的反诉要件，就应当作为反诉处理。[1]

股东代位诉讼不宜适用反诉，其理由可以分别从理论和实践两个方面加以分析。

从理论上说，股东代位诉讼不能完全符合反诉的特性。如上所述，反诉的一个重要特征是反诉的对象具有特定性，即只能由本诉的被告对本诉的原告提起反诉，反诉的背后隐藏的实际利益冲突，应当是直接在本诉的原告与被告之间展开的。在股东代位诉讼中，假如允许被告对原告股东提起反诉，虽然表面看来符合反诉对象的特定性，但实质上，反诉背后的利益冲突不是在本诉被告与原告股东之间，而是在本诉的被告与原告股东所在公司之间展开的，这是与反诉的性质相矛盾的。因而，从实质上看，反诉应当是不能成立的。被告对

---

〔1〕 高锐：《股东派生诉讼制度研究》，中国政法大学2003年硕士学位论文，第41～42页。在美国，个人股东一般也不可遭受反诉。参见石少侠等编译：《美国公司法概论》，延边大学出版社1994年版，第335页。

原告股东提出的诉讼请求，实际上是另一项诉讼，不能构成股东代位诉讼的反诉。[1]

从实践来看，股东为公司的利益提起代位诉讼，诉讼利益归公司所有。如果适用民事诉讼的反诉，被告提出反诉的，万一原告股东败诉，如何向被告承担赔偿责任可能进一步产生争议。如果规定由公司承担，而公司原本不同意提起诉讼，对公司来说，似乎有欠公平，而且还可能带来股东与被告之间串通损害公司利益的复杂情况。相反，如果规定由原告股东承担，而股东的诉讼出于善意，对股东来说，似乎也不公平。况且，这种威胁的存在也可能影响股东提起代位诉讼的积极性。因此，较为可行的办法是，被告可以另行针对原告股东提起直接诉讼（例如，原告的起诉损害了被告的名誉权），由法院根据具体情况作出判决。股东出于善意的，法院酌情减轻赔偿责任。

3. 股东代位诉讼举证责任的分配

人民法院审理案件，认定案件事实，必须以相关的证据为依据。因此，举证责任的分配在民事诉讼中占有重要地位。我国《民事诉讼法》第 64 条第 1 款规定："当事人对自己提出的主张，有责任提供证据。"这就是我国一些学者通常所说的"谁主张，谁举证"原则。对于举证责任的分配，除适用"谁主张，谁举证"的一般原则，在特殊情况下还实行举证责任倒置。2002 年 4 月 1 日施行的最高人民法院《关于民事诉讼证据的若干规定》第 7 条规定："在法律没有规定，依本规定及其他司法解释无法确定举证责任承担时，人民法院可以根据公平原则和诚实信用原则，综合当事人举证能力等因素确定举证责任的承担。"这一规定进一步完善了举证责任倒置制度。根据学者们对举证责任倒置的理论研究，适用举证责任倒置应当符合以下四个条件：一是必须有明确的法律规定；二是原告就某种事由的证明出现举证障碍；三是根据案件的具体需要，确有必要保护受害人的利益；四是被告就某种事由的存在与否具有证明的可能性。[2]

股东代位诉讼如何分配举证责任，是否需要采取举证责任倒置，实践中还处于探索之中，理论上尚需进一步研究。按照学者提出的适用举证责任倒置的条件，股东代位诉讼中，由于原告股东通常是小股东，在公司治理中居于弱势

---

[1] 同样地，假如被告向原告股东所在公司提出诉讼请求，应另行起诉，也不能作为股东代位诉讼的反诉，因为即使被告的诉讼请求与股东代位诉讼具有一定的关联性，但诉讼请求的被告亦非代位诉讼的原告股东，不符合反诉的特征。

[2] 王利明："举证责任倒置应具备的条件"，载《人民法院报》2002 年 12 月 27 日。

地位，原告与被告掌握的公司经营管理信息等严重不对称，股东不可能详细了解公司的具体经营管理状况，只能根据公司依法公开披露的信息、媒体报道和自己了解的信息进行举证，由股东承担举证责任一般来说比较困难，让其承担对损害事实、损害后果以及因果关系的证明责任，似乎有欠公平。公司的利益受到侵害，股东提起代位诉讼的，有必要保护公司的合法权益。另外，被告通常负责公司的经营管理决策或日常经营活动，掌握公司的各种经营信息，由其承担举证责任更合理，也更符合实际。而且，被告就原告指控的侵害公司利益行为存在与否，完全可以举证予以证明。所以，总体上说，股东代位诉讼不宜适用"谁主张，谁举证"的一般举证原则，而是应当适用举证责任倒置的特殊规则。

目前，我国在司法实践中已经针对类似的情况实行了举证责任倒置。2003年2月1日起施行的最高人民法院《关于审理证券市场因虚假陈述引发的民事赔偿案件的若干规定》第五部分"规则与免责事由"，规定了各虚假陈述行为人的民事赔偿责任，发起人、发行人或者上市公司应当承担无过错责任，其他各类被告可以举出证明自己无过错的证据而获得免责。第四部分"虚假陈述的认定"，对被告举证证明免责事由作出了列举性规定，其中第19条规定，被告如能举证证明原告存在以下事由，即可以免除责任：①原告在虚假陈述揭露日或者更正日之前已经卖出证券，原告的损失与被告的虚假陈述之间不存在因果关系；②在虚假陈述揭露日或者更正日及以后进行的投资，原告的损失与被告的虚假陈述之间不存在因果关系；③明知虚假陈述存在而进行的投资，原告的损失与被告的虚假陈述之间不存在因果关系；④损失或者部分损失是由证券市场系统风险等其他因素所致，[1] 原告的这部分损失与被告的虚假陈述之间不存在因果关系；⑤属于恶意投资、操纵证券价格的，原告的损失与被告的虚假陈述之间不存在因果关系。这些规定虽然是针对直接诉讼作出的，在确定股东代位诉讼的举证责任分配时，可以参考借鉴。

因此，在修改《民事诉讼法》确立股东代位诉讼程序时，可以总结最高人民法院上述司法解释相关规定的实施经验，明确规定股东代位诉讼可以实行举

---

〔1〕 证券市场的系统风险，是指当事人无法控制，非因当事人的行为而产生的风险，如证券市场全面下跌。与系统风险相对的是非系统风险，即当事人可以控制的、因当事人的行为而产生的风险，如当事人违规操作、判断失误或进行投机而产生的风险。

证责任倒置。例如，涉及公司保管的财务会计报表、经济合同、会议记录等文件资料，法院可以根据案件的具体情况和法律规定，裁定由被告承担举证责任。被告拒不提供证据或者不能举证的，应当承担败诉的法律后果。

（三）股东代位诉讼的自认与舍弃、和解与撤诉

1. 股东代位诉讼的自认与舍弃

诉讼上的自认，是指在已经开始的诉讼进行过程中，一方当事人向法院承认对方当事人主张的，对自己不利的案件主要事实。诉讼上的自认对象必须是案件事实，对方当事人关于适用和解释法律的陈述，不能成为自认的对象。诉讼上的舍弃，又称放弃诉讼请求，是指在诉讼中的准备阶段或口头辩论阶段，原告承认自己的请求没有理由，并且表示放弃的行为。

诉讼上的自认与舍弃，结果都可能导致对当事人不利的裁判。但是，自认与舍弃在对象、法律后果上也存在一些差异。主要表现在两个方面：①舍弃的对象是诉讼请求本身，自认的对象是提出诉讼请求或者反驳诉讼请求所依据的事实；②舍弃的后果是，直接导致当事人败诉，因为当事人完全放弃了自己的诉讼请求。而自认的后果主要是可能使自己在诉讼中处于不利的地位，因为当事人承认了对方提出的不利于自己的主要事实，但通常不一定会导致败诉的后果，因为当事人自认的事实不一定都是关键事实，而且，当事人在自认的同时，还可以提出新的事实进行抗辩，如果新的事实被证明成立，当事人仍有可能获得胜诉。

股东代位诉讼的特殊性，客观上可能要求对股东代位诉讼的自认与舍弃作出特殊规定。股东代位诉讼是原告股东代位公司进行诉讼的，诉讼利益直接归属于公司而不是原告所有，诉讼后果甚至诉讼费用很可能也是由公司承担的，原告股东作为诉讼当事人，在诉讼过程中一旦作出自认的意思表示或者放弃诉讼请求，就会对公司的权益产生不利影响。为防止因原告股东在诉讼中自认、舍弃给公司利益造成损害，有必要在立法中对股东代位诉讼的当事人自认和舍弃的行为进行适当的限制。因此，建议在股东代位诉讼程序中做如下具体规定：①对于被告就其与公司之间的法律关系主张的不利于公司的事实，原告股东原则上不得自认。②对于原告股东就公司的利益向被告提出的损害赔偿请求，原告在诉讼过程中作出舍弃表示的，应当征得公司的同意；未经公司同意的，人民法院原则上不得将其作为原告败诉的根据。

2. 股东代位诉讼的和解

民事诉讼的和解，是指在诉讼过程中，双方当事人以终结诉讼为目的达成协议，从而终结诉讼程序。我国《民事诉讼法》第 50 条规定："双方当事人可以自行和解。"第 230 条规定："在执行中，双方当事人自行和解达成协议的，执行员应当将协议内容记入笔录，由双方当事人签名或者盖章。申请执行人因受欺诈、胁迫与被执行人达成和解协议，或者当事人不履行和解协议的，人民法院可以根据当事人的申请，恢复对原生效法律文书的执行。"上述法律规定说明，《民事诉讼法》规定的和解包括两种情况，即诉讼和解与执行和解。当事人在诉讼中达成的和解协议，通常视为原告撤诉，不具有执行力，一方当事人不履行协议的，另一方当事人只能重新起诉。在审判实践中，当事人和解也可以由法院的书记员记入笔录，并由人民法院以调解协议的方式送达双方当事人，从而获得调解结案的效力。所以，一般认为，我国的当事人和解没有独立的制度特征，在不同的情况下，只是导致撤诉或者调解协议的达成。[1] 而和解协议的达成完全是当事人双方的合意，法院则不予干涉，这也是当事人处分原则在民事诉讼中的具体体现。在民事诉讼中，当事人通过达成和解协议的方式终结案件，是一种比较常见的纠纷解决方式，实践中得到普遍运用。

但是，在股东代位诉讼中，一方面，一些股东代位诉讼案件涉及面广，案情比较复杂，特别是涉及上市公司的案件，社会影响比较大，如果处理失当，可能使当事人各方陷入旷日持久的恶性诉讼。为了避免这种危险现象的发生，应当像其他民事诉讼一样，允许甚至鼓励当事人通过协商达成和解协议，从而解决争议，终结案件。另一方面，或许更重要的是，由于股东代位诉讼的特殊性，原告股东是代位公司提起诉讼的，诉讼的利益与诉讼当事人的名义之间存在分离，当事人之间的和解可能面临特殊的问题。例如，原告股东有可能与被告串谋，被告私下给予或允诺给予原告某些好处，原告同意撤诉或者在股东代位诉讼中达成和解协议，结果不仅损害了公司和其他股东的利益，而且排除了其他股东再就被告的侵害行为提起诉讼的可能性。因而，如何保证股东代位诉讼中达成的和解协议的正当性和公正性，维护双方当事人和公司、其他股东的合法权益，尚待进一步研究。

（1）股东代位诉讼能否和解的理论争议。论及和解，首要的问题就是，股

---

〔1〕 江伟主编：《民事诉讼法》，高等教育出版社 2005 年版，第 207 页。

东代位诉讼能否实行和解？对此，国外学者特别是日本学者存在不同的观点，可以概括为否定说、肯定说、有限制肯定说。

否定说认为，依民事诉讼的处分原则和私法自治原则，当事人可自由处分其诉讼权利。唯作为诉讼标的之法律关系与公益有关的，当事人的处分权应受限制。股东为公司对董事提起诉讼，系为公司并为自己及全体股东的利益，属于股东权中的共益权，其在诉讼程序中行使的权利又系公司对董事的权利，并非股东本身的权利。因此，股东起诉后不得进行和解。

肯定说认为，根据法院判决所需花费的时间及费用，与公司胜诉可能取得的赔偿额相比，如果和解更符合诉讼经济，不能无视案件的具体情况，强制要求一旦起诉就必须以判决方式结案。而且，其他股东可以参加诉讼，即使未参加诉讼的，对于和解有异议的，也可以提起再审之诉，请求确认和解协议无效。因此，对和解应予以肯定。

有限制肯定说认为，虽应阻止有害公司和其他股东利益之和解，但继续无经济利益的诉讼乃浪费司法资源且毫无意义，故现实上不得不承认和解的益处和必要性。但和解效力不及于未参加诉讼之股东。如果其他股东经由公告或通知而得知原告提起代位诉讼，事实上已为其提供参加之机会，此时和解效力应及于其他股东。目前，日本学者多赞成此说。[1]

事实上，为防止股东代位诉讼的原告股东与被告串通损害公司和其他股东的利益，一些国家对和解施加了必要的限制。例如，法律明确规定，原告股东与被告之间达成的和解协议，必须经过法院审查批准才能生效。对此，美国《联邦民事诉讼规则》第23条第1款第（2）项规定："未经法院许可，诉讼不得撤回或和解，已提出的撤销诉讼或和解的通知，应按照法院指定的方式送给股东或团体成员。"美国法学会组织编写的《公司治理原则：分析与建议》第7.14条规定："和解及撤诉须经法院同意，法院未同意前，应通知因之受影响的股东，赋予其他股东对和解声明提出异议的机会。"[2] 美国《模范公司法》第7.45条也规定："法院如果认为，建议的撤诉或和解方案将对公司全体股东或某一类股东的利益造成实质影响，它应当指示原告将有关情况书面通知受影响的

---

〔1〕 上述三种学说，参见许美丽："日本商法上股东代位诉讼之和解"，载《财经委专论：赖源河教授六十华诞祝寿文集》，台湾五南图书出版公司1997年版，第21～54页。

〔2〕 刘桂清：《公司治理视角中的股东诉讼研究》，中国方正出版社2005年版，第148页。

股东。和解方案制作方负有证明该方案符合公司及其他股东最佳利益的举证责任。具有利害关系的股东有权出席听证会，并陈述对撤诉或和解方案的不同意见。最后，由法院综合考虑各方面的因素后，决定是否批准和解或撤诉。而且，任何和解及撤诉的提案，都必须在法院的指导下通知股东。"[1] 美国一些州议会通过的制定法，也作了类似的规定。一般来说，美国法院在行使自由裁量权决定是否同意和解时，法院需要综合考虑一些主要因素，包括股东代位诉讼可能获得的被告赔偿额与建议的和解赔偿额、原告获得胜诉的可能性、被告的经济状况等，再作决定。目前，美国多数州的《公司法》都规定，股东派生诉讼达成的任何和解、妥协、中止及撤销诉讼，均需征得法院同意，方为有效。

无论如何，股东代位诉讼的和解与撤诉，都是诉讼当事人主动表示终结诉讼的行为，和解的结果也是撤回诉讼，最终使诉讼终结。根据民事诉讼法有关规定，民事诉讼中，当事人撤诉须经法院审查同意，而和解则是一种更为灵活的方式，当事人的自主权更大，法院的干预很少。因此，股东代位诉讼的和解、撤诉，除适用民事诉讼法的规定外，还必须遵循特殊程序，以便在尊重当事人诉讼处分权的同时，维护企业和其他股东的合法权益。

因此，我国日后修改《民事诉讼法》，在确立股东代位诉讼程序时，有必要根据股东代位诉讼的特征作出有针对性的规定。一方面，股东代位诉讼作为一种新型的民事诉讼形态，同样应当适用处分原则，允许当事人和解，不存在充分的理由足以说明不应当允许当事人自愿和解；另一方面，根据股东代位诉讼的特点，由于原告股东并不能直接取得诉讼利益，如果对原告的和解处分权不加任何限制，法律上任由原告股东自主与被告达成和解协议，很有可能导致一些股东与被告串通，通过代位诉讼中达成和解协议，损害公司和其他股东的利益。假如和解的结果是由被告直接向原告股东或其聘请的律师支付赔偿金，显然与股东代位诉讼制度设置的初衷相违背；假如和解的结果是由公司以较优惠的价格购买原告股东的股份，就会使公司遭受双重损失。由此可知，处分原则作为民事诉讼的一项基本原则，应当适用于股东代位诉讼制度，但同时，为防止原告股东与被告串通共谋，以达成和解的方式结案，损害公司和其他股东的

---

[1] ［美］杰克·弗兰德泰尔等：《民事诉讼法》，夏登峻等译，中国政法大学出版社2003年版，第755页；以及吴飞、吴艳、苗波："论股东派生诉讼与集团诉讼的结合"，载《商业研究》2003年第22期。

利益，很有必要对原告股东的处分权加以适当的限制。

按照广义的理解，股东代位诉讼的和解比较复杂，包括股东起诉前的和解以及诉讼过程中的和解。就是说，在诉讼前及诉讼过程中，股东与董事（被告）、公司与董事之间，都有可能达成和解。下面分别对这两种情况加以分析。

（2）股东起诉前达成和解。在股东提起诉讼前，理论上可能出现两种和解情形，即拟起诉的股东与侵害人达成和解、公司与侵害人达成和解。

第一，拟起诉的股东与侵害人达成和解。股东发现公司董事、经理、控制股东等侵害公司利益的，在向法院起诉前，可能先与侵害人达成和解，侵害人同意支付一定数额的赔偿或者采取其他补救措施，股东同意不向法院提起诉讼侵害人的违法行为。从达成的和解协议的主要内容来看，可以分为两种情况。

一种情况是，和解协议同意由侵害人向拟起诉的股东支付一定的赔偿。既然和解协议只是拟起诉的特定股东与侵害人之间达成的，并未征得公司和其他股东的同意，因而，对公司和其他股东没有约束力。而且，和解协议的主要内容是拟起诉的特定股东获得一定的补偿，这可能是不正当的，对于其他股东可能是不公平的。因此，即使不能认定该和解无效，也不宜鼓励这种和解。当然，如果明确这种协议对公司和其他股东没有约束力，侵害人通常不会同意与拟起诉的股东达成和解协议。

另一种情况是，和解协议的主要内容是，由侵害人向公司支付一定的赔偿或者采取其他救济措施。此时，虽然公司按照协议可能获得赔偿，但公司可能不知道协议的情况，对于赔偿数额等协议内容可能同意，也可能有不同意见。因此，公司如果认可和解协议，愿意接受协议确定的赔偿，则协议对该股东和公司均应具有约束力；公司不同意的，和解协议对公司应无约束力。和解协议对于公司其他股东应无约束力，其他股东如有不同意见，仍可以提起股东代位诉讼程序。

在后一种情况下，虽然表面看来是拟起诉的股东与侵害人达成的协议，但协议的实质内容是侵害人向公司支付一定数额的赔偿或者采取其他救济措施，使公司遭受的损害得到补偿。如果公司其他股东认为补偿或者其他救济措施是合理的，以这种方式解决公司利益受到侵害的问题，未尝不是一种现实的选择。但是，如果公司其他股东对该协议存有异议，他们仍然有权启动提起代位诉讼的法律程序。就是说，协议本身不能阻止其他股东采取行动，即使公司认为协议是合理的、补偿是充分的。

第二，公司与侵害人达成和解。股东在提起代位诉讼之前，应当按照规定向公司提出请求，要求公司起诉侵害人或者采取其他救济措施。公司接到股东的请求后，经调查核实后作出决定，可能出现三种结果：第一种结果是决定起诉侵害人。既然公司已经决定直接起诉被告，以维护公司权益，股东就不能提起代位诉讼了。第二种结果是决定不起诉侵害人。此时，股东能否以及在什么程序下提起代位诉讼，各国法律的规定不尽相同。第三种结果是决定与侵害人协商，并且达成了和解，侵害人同意向公司支付一定数额的赔偿或者采取其他补救措施，公司同意不起诉侵害人。

在第三种情况下，公司与侵害人达成和解的，该和解协议的效力如何，能否约束拟提起代位诉讼的股东和公司其他股东？从理论上说，公司从自身利益出发，通过正常的经营判断，如果考虑到通过诉讼所取得的利益不如和解大，因而决定和解，这一决定应当得到尊重。毕竟，诉讼本身不仅需要花费公司管理层的大量精力，需要聘请律师，支付相当一笔律师费，费时费力，而且胜诉后实际获得的利益（比如，扣除了支付的律师费和其他支出）并不多，如果能够通过和解取得同样多甚至更多的利益，何必要采取诉讼手段？但在另一方面，股东代位诉讼制度的基本逻辑起点，正是基于公司管理层的成员本身可能是侵害人这一特殊事实，虽然公司管理层可能基于正常的商业判断而达成和解，但同样有可能甚至更有可能的是，管理层同意达成和解，实际上牺牲公司和股东的利益，更多地维护了侵害人的利益。如果公司与侵害人达成和解后，公司股东就不能再就侵害人的行为向法院起诉，那么，很有可能，公司管理层会借达成和解而排除股东的诉讼，和解实际上保护了侵害人。

因此，基于股东代位诉讼的特殊性，在公司与侵害人达成和解协议后，如果公司股东对和解协议有意见，仍可向法院提起股东代位诉讼。对此，我国公司法虽无明文规定，但从《公司法》第152条规定的股东起诉的前置程序和条件看，应当认为，即使股东请求公司提起诉讼，公司与侵害人达成了和解协议，如果股东对和解存有异议，只要股东连续持股达到180天以上，且持有的股份数额达到1%以上，就有权提起代位诉讼。

（3）诉讼过程中和解的程序限制。按照民事诉讼法理论，在诉讼过程中，原告股东、公司都可能与被告达成和解。但是，在股东代位诉讼中，公司既然不是完全意义上的原告，甚至被认为是名义上的被告，或者作为诉讼第三人，似乎不能与被告达成和解。只有公司参加诉讼并作为共同原告的，才可以与原告股东一起，与被告达成和解。所以，诉讼过程中的和解，主要是原告股东与被告之间达成的和解。

如前所述，由于股东代位诉讼的特殊性，原告客观上是代表公司和其他股东的利益而进行诉讼的，原告与被告达成的和解协议，不可避免地影响公司和其他股东的利益。而且，原告决定和解表面看来是行使其诉讼权利，实质上是处分公司的诉讼权利。因此，原告股东的和解应当尊重公司和其他股东的意愿。同时，为防止原告与被告达成和解而损害公司和其他股东的利益，有必要从程序上对原告与被告达成和解施加适当的限制。借鉴国外立法和司法实践经验，结合我国民事诉讼程序制度，这种限制可能主要体现在两个方面，即增加公司和其他股东异议程序以及法院审查批准程序。

第一，公司和其他股东异议程序。既然原告股东的诉讼实际上体现了公司和其他股东的利益，那么，在原告股东与被告达成和解协议后，就应当采取一定方式征求公司和其他股东的意见。具体来说，原告股东与被告达成和解的，原告应当及时将和解协议的内容告知公司和其他股东。通知公司，一般来说不存在问题，但告知其他股东，情况比较复杂。对于有限责任公司来说，股东人数较少，原告股东比较容易完成告知其他股东的义务；但对于股份有限公司来说，告知其他股东的要求可能存在困难，主要是原告股东可能不掌握公司其他股东的情况，无法与其他股东取得联系；通常可能采取公告等形式，这就需要支付一定的费用。较为可行的办法是，原告股东通过公司发布公告，向股东履行告知。公司和其他股东得知和解协议的情况后，如果对和解协议存有异议的，有权在法律规定的期限内向法院对和解协议提出异议。

第二，法院审查批准程序。原告股东与被告达成的和解协议，经告知公司和其他股东后，可能出现两种情况，即公司或其他股东提出异议，或者没有人提出异议。

公司或者其他股东向法院提出异议的，法院应当对该项异议进行审查，并作出决定。异议成立的，应当作出不批准和解协议的决定，并通知原告股东；异议不成立的，应当通知提出异议的公司或其他股东，并说明不予采纳异议的理由。

公司和其他股东在规定期限内未提出异议的，和解协议也应提交法院审查批准，因为和解协议只是原告股东与被告之间达成的，为了让和解协议具有解决争议的实际意义，就必须使和解协议具有相应的法律效力，对公司和其他股东也具有约束力，而其他股东可能知道和解协议，也可能由于各种原因而不知道和解协议的存在；而且，和解协议的内容是否损害公司和其他股东的利益，由法院作出司法裁定才是权威的决定。因此，股东代位诉讼的原告股东与被告达成和解的，和解协议应当经法院批准，方可生效，公司和其他股东不得就同一事项再次提起诉讼；未经人民法院审查批准，和解协议不发生法律效力。

如前所述，人民法院对和解协议进行审查，主要是为了防止原告与被告恶意串通损害公司和其他股东的利益。公司和其他股东对和解协议并无异议，或者虽有异议但经审查不能成立，且法院审查并未发现原告与被告有恶意损害公司利益之嫌的，人民法院应当尊重双方当事人的和解意愿，批准和解协议，这对于双方都有利，也符合诉讼经济原则。因为旷日持久的诉讼常常造成当事人两败俱伤甚至多方受损。原告万一败诉，原告和公司的损失是不言而喻的，除承担赔偿责任，还必须支付一笔不菲的诉讼费用；即使原告最终能够获得胜诉，公司获得的补偿也有可能不足以抵偿公司因诉讼而遭受的损失，这种损失不仅包括公司必须支付的各种诉讼费用，还包括公司参与诉讼、公司董事或经理人员应诉而付出相当大的精力，客观上必然给公司的正常经营活动造成不利影响。

需要指出，是否股东代位诉讼的原告与被告达成的所有和解协议，都必须经人民法院批准？对此尚有不同意见。有学者认为，应当区分普通代位诉讼与集团代位诉讼，分别作出不同的规定。普通代位诉讼的原告股东与被告之间，可以通过和解方式结束诉讼，双方在不损害公司利益的前提下，即维护公司债权人利益和全体股东利益的前提下，可以达成和解协议，从而终结诉讼。而集团性代位诉讼的原告与被告达成和解的，和解协议的内容需向全体股东公开，并经法官的严格审查和批准，方为有效。[1] 这种区分从理论上说是有道理的，但是问题在于，如何认定、由谁来确定普通代位诉讼的和解协议是否损害公司和其他股东的利益？实践中，原告与被告达成的和解协议是否损害了公司和其他股东的利益，通常只有在法院对代位诉讼（包括和解协议）进行全面的司法审查后，才能得出结论。因而，从实际操作来看，即使区分普通代位诉讼与集团代位诉讼并分别作出不同的规定，也很难实施。假如规定普通代位诉讼的原告与被告达成的和解不需要法院批准，那么，如何确保该协议不损害公司和其

---

〔1〕 甘培忠："简评中国公司法对股东派生诉讼制度的借鉴"，载赵旭东主编：《公司法评论》，人民法院出版社 2005 年第 1 辑，第 30 页。

他股东的利益？一旦出现争议，仍需设计解决争议的程序。有鉴于此，从实际情况出发，比较切实可行的办法，还是在法律中明确规定，股东代位诉讼（无论是普通代位诉讼还是集团性代位诉讼）的原告与被告达成和解协议的，均需经过法院批准，才能产生法律效力。

3. 股东代位诉讼的撤诉

（1）撤诉的一般规定。撤诉又称诉的撤回，是指法院受理起诉后，原告请求撤回起诉，经人民法院裁定准许撤诉，从而诉讼程序终结。[1]

撤诉是当事人享有的一项重要的诉讼权利。当事人基于处分原则，有权在法律规定的范围内处分自己的民事权利和诉讼权利，撤诉是当事人行使处分权对其诉讼权利加以处分的具体体现。人民法院应当尊重当事人的意愿，切实保障当事人对这一权利的正当行使，对符合法律规定的撤诉行为，应予准许。同时，当事人的撤诉行为应当依法进行，否则人民法院将不予准许。当事人撤诉后，诉讼即告终结，从而避免无谓的诉讼继续进行。

根据《民事诉讼法》的规定，撤诉包括当事人申请撤诉与按撤诉处理两种情形。当事人申请撤诉，一般是指原告基于自己的真实表示，在人民法院宣告判决前，以书面或口头向受诉人民法院提出撤回起诉的申请。人民法院接到撤诉申请后应当依法进行审查，认为原告申请撤诉符合上述条件，且正当、合法的，应作出裁定准许原告撤诉，否则应裁定不准许原告撤诉。原告如有违法行为需要依法处理的，人民法院也可以裁定不准许其撤回起诉。法院如果认为当事人撤诉将会导致对法律的规避或者损害国家、集体利益和他人的合法权益的，应裁定不准许撤诉。

按撤诉处理，是指人民法院依照法律的明确规定，针对当事人的某些行为，比照撤诉的情形对案件作出处理，诉讼程序终结。根据《民事诉讼法》的规定，出现下述情形之一的，人民法院可以按撤诉处理：一是原告经传票传唤，无正当理由拒不到庭的，或者，未经法庭许可中途退庭的；二是原告应当预交案件受理费，人民法院通知其预交后仍不预交或者申请缓、减、免交未获法院批准而仍不预交的；三是无民事行为能力的原告的法定代理人经传票传唤，无正当

---

[1] 广义上说，撤诉泛指当事人向法院撤回诉之请求，不再要求法院对案件进行审判的行为，包括撤回起诉、撤回上诉，还包括原告撤回起诉、被告撤回反诉、有独立请求权第三人撤回参加之诉。这里主要论及原告在起诉后主动申请撤回起诉的情形。

理由拒不到庭的；四是有独立请求权第三人经人民法院传票传唤，无正当理由拒不到庭的，或者未经法庭许可中途退庭的。当然，法律只规定人民法院"可以"而非必须按撤诉处理，人民法院应当根据具体情况区别对待，决定是否按撤诉处理。

（2）股东代位诉讼撤诉的特殊规则。股东代位诉讼的性质，决定了对原告股东的撤诉应当作出特殊规定，而不能放任原告股东随意撤诉，防止股东借撤诉与被告合谋损害公司和其他股东的利益。具体来说，原告股东申请撤诉的，人民法院应当通知公司和其他股东，由后者决定是否继续诉讼。公司或其他股东决定继续诉讼的，由其作为原告，诉讼继续进行，因为原告股东的诉讼实质上是为了公司的利益；公司和其他股东未提出继续诉讼的，法院应当认真进行审查，看原告的撤诉申请是否有充分的正当理由，是否会损害公司和其他股东的利益，并作出是否准予撤诉的决定。

同样地，原告股东在诉讼过程中，如果出现法律规定可按撤诉处理的情形，例如，经法院传票传唤，无正当理由拒不到庭参加诉讼，或者，在庭审过程中未经法庭许可中途退庭的；依法应当预交案件受理费，人民法院通知其预交后仍不预交，或者，申请缓交、减交、免交案件受理费未获法院批准，仍不预交的，法院也不宜按照普通民事诉讼案件决定按撤诉处理，而是应当告知公司和其他股东，看公司或其他股东是否愿意继续诉讼或者支付案件受理费，再根据情况决定是否按撤诉处理。

原告撤诉经法院批准后，该撤诉对公司和其他股东是否具有法律约束力，似不能一概而论。经法院批准的，一般来说应当具有法律效力。但是，股东在一定意义上是代表公司和其他股东起诉的，原告的撤诉既可能是实体法上的原因，也可能只是基于原告自身原因或者程序上的事项，例如，原告股东在诉讼过程中因持股比例变动而不符合原告资格，或者，原告在诉讼程序上存在瑕疵而不能继续诉讼，那么，可否认为，原告主要基于自身原因或程序瑕疵而撤诉的，该撤诉对公司和其他股东没有约束力。

当然，原告股东提出撤诉申请后，法院如果已经告知公司和其他股东，并且公司和其他股东均未提出继续诉讼，该撤诉对公司和其他股东应有约束力。不过，这种情况应当主要适用于有限责任公司，对于股份有限公司特别是股东人数众多且分散各地的大企业，很难保证每一位适格提起诉讼的股东均能实际地获知原告股东撤诉的信息，对于确实不知道撤诉情形的股东，因原告自身原因或程序事项而撤诉的，对该股东应无约束力。[1]

（四）股东代位诉讼的诉讼中止、驳回与诉讼时效

1. 股东代位诉讼的诉讼中止

根据我国民事诉讼法理论，诉讼中止，也称诉讼程序的中途搁置，是指在诉讼进行过程中，由于某些法定情形的出现，使案件的诉讼活动难以继续进行时，受诉法院据此裁定暂停本案诉讼程序的制度。

我国《民事诉讼法》第 150 条明确规定了诉讼中止的具体情形，主要包括以下各项：一是一方当事人死亡，需要等待继承人表明是否参加诉讼的；二是一方当事人丧失诉讼行为能力，尚未确定法定代理人的；三是作为一方当事人的法人或者其他组织终止，尚未确定权利义务承受人的；四是一方当事人因不可抗拒的事由，不能参加诉讼的；五是本案必须以另一案的审理结果为依据，而另一案尚未审结的；六是其他应当中止诉讼的情形。中止诉讼的原因消除后，恢复诉讼。

股东代位诉讼同样可能存在需要中止诉讼的情形。不过，与《民事诉讼法》规定的诉讼中止情形相比较，股东代位诉讼的诉讼中止应当如何规定，则是一个需要进一步研究的问题。在美国，为防止原告股东与被告董事私下交易，损害公司和其他股东的合法权益，法律规定，原告股东如欲中止诉讼，必须告知其他股东，并经法院核准。在日本，对原告股东提起的代位诉讼能否任意中止诉讼，法律似乎没有作出明确规定。对此，日本的法学理论界主要存在两种观点：一种观点认为，对股东代位诉讼原告股东的和解、撤诉、舍弃行为，应当予以限制。另一种观点认为，对原告股东的和解、撤诉、舍弃行为不应予以限制，但是，原告股东在诉讼中实施不正当行为损害公司及其他股东利益的，可以依再审及要求赔偿的方式弥补损失。

在我国，股东代位诉讼制度在法律上确立不久，法律对于股东代位诉讼的诉讼中止问题，以及原告股东提起的代位诉讼不利于公司和其他股东的情形，

---

[1] 在此，法院似不宜通过公告的形式告知其他股东，进而推定其他股东"应当知道"撤诉情形，并认定其应受撤诉的约束。这里显然存在一种两难：一方面，既然绝大部分股东已经通过公告获知撤诉情形并且未提出异议或表示继续诉讼，个别未获知撤诉信息的股东的意愿似乎可以忽略不计；但另一方面，股东代位诉讼制度的重要价值就在于保护小股东，只要符合法律规定的条件，小股东的起诉权不能随意剥夺；如因其不知情的撤诉而排除其起诉权，似有悖于股东代位诉讼的制度价值。

究竟应当如何处理，均未作出明确规定。司法实践中，有可能出现原告股东私下与被告达成交易，损害公司和其他股东合法权益的情形。为了降低原告股东为谋取个人私利中止诉讼的风险，给其他股东参加诉讼的机会，以免公司和其他股东的合法权益受到非法侵害；同时，也为法院提供一个审查的机会，防止中止诉讼的行为对公司造成不当的损害，立法上应当对原告股东中止诉讼加以限制。具体来说，可以考虑，我国《民事诉讼法》在确立股东代位诉讼程序时明确规定：原告股东中止诉讼的，应当告知公司和其他股东；原告股东中止诉讼的请求，须经法院审查同意，方为有效。

2. 股东代位诉讼的驳回

股东代位诉讼既然是一种特殊的诉讼形态，与普通民事诉讼相比具有其自身特点，因此，法律对股东代位诉讼的驳回，也需要作出一些特殊规定。

（1）英美法股东派生诉讼的驳回制度。股东代位诉讼虽然是一种特殊的诉讼形态，但是，各个国家或地区关于股东代位诉讼驳回起诉的规定却存在很大差异，有些国家作出了一些特殊的规定，有些国家和地区却没有专门对此作出规定，而是适用普通民事诉讼的规则。这里主要说明英美法的股东代位诉讼驳回制度。

在美国，法院通常根据公司董事会下属委员会的建议对股东代位诉讼进行审查，并在此基础上决定是否驳回股东的诉讼。20世纪70年代中期，公司的管理层采用特别诉讼委员会的方式，阻却股东提起代位诉讼。在随后的发展过程中，虽然一些州的法院禁止公司通过特别诉讼委员会阻却股东代位诉讼，但是，许多州的法律还是规定，法院对于特别诉讼委员会作出的原告股东的起诉不符合公司最佳利益的决议，应当在进行司法审查的基础上，决定是否阻却代位诉讼。法院审查诉讼委员会决议的方式主要有两种。

一种是所谓的程序审查法。即法院只对特别诉讼委员会及其成员的主观恶意、独立性、是否尽到勤勉义务进行审查。法院经审查，如果认为特别诉讼委员会及其成员符合以上条件，即不存在主观恶意、具有独立性、尽到了勤勉义务，那么，法院就应当作出决定，特别委员会的决议就可以阻却股东提起代位诉讼。

另一种是两步审查法。第一步，法院首先进行程序性审查，考虑潜在的结构性弊端；第二步，法院运用自己的商业判断，来衡量特别诉讼委员会的决议是否可以阻却股东提起代位诉讼。在第二步审查过程中，法官除考虑公司的利益以外，还要考虑其他主体的利益（如债权人的利益）和公共政策。此外，美国法学会组织编写的《公司治理结构的原理：分析与提高》也提出了程序审查与实体审查相结合的审查标准，比前述的两步审查更为严格。[1]

在英国，作为对原告提起股东代位诉讼的第一步骤的抗辩，被告可以根据《高等法院诉讼规则》的规定，申请法院在允许原告继续进行诉讼前，即在审前程序中，首先就原告的诉讼参加权作出决定，或者，被告可以申请法院根据该规则直接驳回原告的诉讼。对于这样的规定，目前还存在争议。一种观点认为，除非有明显的理由，原告不应当被拒绝于法院大门之外。即使冒着干涉公司内部管理的风险，也比冒着拒绝审理一方当事人提起的诉讼，从而否定其所应当得到的公正对待的风险要好得多。另一种观点认为，在股东代位诉讼中，原告的诉讼参加权必须在审判正式开始之前作出决定。首先，这样可以避免无根据和不必要的诉讼；其次，如果能够在一个较早的诉讼阶段终止诉讼，公司就可以节省随后花费在诉讼上的时间和费用。[2]

对于诉讼驳回制度，日本和我国台湾地区的法律，都没有赋予公司或权力部门依据独立的经营判断驳回代位诉讼的权利。

（2）我国股东代位诉讼可适用的驳回诉讼规则。我国《民事诉讼法》第123条规定："人民法院应当保障当事人依照法律规定享有的起诉权利。对符合本法第一百一十九条的起诉，必须受理。符合起诉条件的，应当在七日内立案，并通知当事人；不符合起诉条件的，应当在七日内作出裁定书，不予受理；原告对裁定不服的，可以提起上诉。"最高人民法院关于适用民事诉讼法的司法解释规定："人民法院在立案后发现起诉不符合起诉条件的，应以裁定驳回起诉。裁定不予受理、驳回起诉的案件，原告再次起诉的，如果符合起诉条件，人民法院应予受理。"[3] 此外，最高人民法院1997年颁布的《关于人民法院立案工作的暂行规定》第11、12条规定，对审查不符合法定受理条件，原告坚持起诉的，应当裁定不予受理。不予受理和驳回起诉的裁定书，由负责审查起诉的审判人员制作，报庭长或者院长审批。裁定书由负责审查起诉的审判员、书记员

〔1〕　施天涛：《公司法论》，法律出版社2006年版，第457～458页。

〔2〕　［马来西亚］罗修章、（中国香港）王鸣峰：《公司法权力与责任》，杨飞、林海全、张辉、钟秀勇译，法律出版社2005年版，第981页。

〔3〕　分别参见最高人民法院发布的《关于适用〈中华人民共和国民事诉讼法〉若干问题的意见》（1992年7月14日）第139条第1款、第142条。

署名，并加盖人民法院印章。这些规定表明，我国有关法律和司法解释对驳回起诉裁定的适用，提出了非常严格的要求，必须符合法定的条件，经过法定的审批程序，才能由符合法定条件的人员作出决定。采取这种严格的规范，主要目的是保障当事人充分行使其依法享有的诉讼权利。

股东代位诉讼是我国《公司法》新确立的一种诉讼形态，一方面，公司法对提起代位诉讼的股东资格、前置程序等都作了原则性的规定；另一方面，我国《民事诉讼法》从保护当事人合法权益，促使当事人充分行使权利的角度出发，对驳回起诉作出了比较严格的规定，人民法院在立案后，只有发现起诉不符合起诉条件的，才裁定驳回起诉；而且，裁定驳回起诉的案件，原告再次起诉的，如果符合起诉条件，人民法院应予受理。考虑到这两方面因素，似乎可以认为，对于法院驳回股东代位诉讼的起诉，可以适用《民事诉讼法》的一般规定，不再作出其他特殊规定，既不必对受理股东代位诉讼放宽法定条件，也不能以任何借口限制或者剥夺原告股东提起代位诉讼的权利。

3. 股东代位诉讼的诉讼时效

（1）民事诉讼时效的一般规定。民事诉讼的诉讼时效，是指民事权利人请求法院依强制程序保护其合法权益而提起诉讼的法定有效期限。

公民在合法权益受到侵害时，可以通过多种途径和方式获得救济，最终的救济途径是通过诉讼程序解决纠纷，由国家司法部门对其合法权益依法予以保护。但是，公民通过诉讼的方式维护自己受到损害的权益应当有一个时间限度，不能无限期地长期拖延下去，否则将不利于维护法律关系的稳定性。因此，法律明确规定，在一定的时间限度内，公民可以通过诉讼维护自身的合法权益，一旦超过这个时间限度后，权利人就不能请求人民法院依法对其权益予以保护。这个时间限度，就被称为诉讼时效。法律规定诉讼时效的意义主要体现在以下两个方面：一方面，督促权利人珍惜并及时行使自己的诉讼权利，使自己享有的受到侵害的实体权利及时获得救济，得到法律保护，以达到及时依法维护自身权益的目的；另一方面，尽快通过诉讼确定当事人之间的权利义务关系，使发生争议的法律关系恢复稳定状态，避免法律关系长期处于不确定状态，从而达到维护社会秩序稳定的目的。

依据不同的标准，诉讼时效可以进行不同的分类。根据我国相关实体法和程序法的规定以及诉讼实践，按照使用对象和范围的不同，诉讼时效分为一般诉讼时效和特殊诉讼时效：一般诉讼时效，是指民法统一规定的诉讼时效。根据《民法通则》的规定，权利人向人民法院请求保护民事权利的一般诉讼时效为 2 年。特殊诉讼时效，是指由《民法通则》以外的专门法律和有关司法解释特别规定的时效。因具有特殊情形，其他法律对诉讼时效作出特殊规定，诉讼实践中遇有其他法律规定的特殊情况的，应适用特殊诉讼时效。

按照时效期间或起止时间长度的不同，又可以分为短期诉讼时效和最长诉讼时效：短期诉讼时效是指为促使债权人尽快行使其请求权而由法律特别规定的短于 2 年的诉讼时效；根据有关法律的规定，有些特殊案件的诉讼时效为 1 年，主要包括身体受到伤害要求赔偿的，出售质量不合格的商品未声明的，延付或者拒付租金的，寄存的财物被丢失或损毁的等。最长诉讼时效是指权利人可以向法院请求保护其权利的最长时间限度。因为诉讼时效均自权利人知道或者应当知道其权利被侵害之日，而不是从侵害行为发生之日开始的，所以，法律规定的时效期间比较短。但在有些情况下，由于各种原因，从权利被侵害之日到权利人知道其权利被侵害期间的时间可能比较长，法律关系可能长期处于不稳定状态，基于法律安定价值，有必要为诉讼活动规定一个最后的截止时间。因此，我国《民法通则》规定，民事诉讼的最长诉讼时效为 20 年。即从民事权利被侵害时起超过 20 年的，法律不再予以保护；但是有特殊情况的，人民法院可以延长诉讼时效。

一般诉讼时效、特殊诉讼时效、短期诉讼时效均自权利人知道或者应当知道其权利受到侵害之日起开始计算，到权利人依法采取相应行动时为止，最长诉讼时效则自权利受到侵害时开始计算。

需要注意的是，诉讼时效只是法律规定的权利人请求法律保护其权益的期限，超过诉讼时效的，权利人只是丧失了通过诉讼途径保护其权利的机会，并未否认其实体权利，双方的权利义务关系仍然存在，对方当事人如果自愿履行义务，则不受诉讼时效的限制。对此，我国《民法通则》第 138 条规定：超过诉讼时效期间，当事人自愿履行的，不受诉讼时效限制。最高人民法院《关于适用〈中华人民共和国民事诉讼法〉若干问题的意见》第 153 条更具体地规定："当事人超过诉讼时效期间起诉的，人民法院应予受理。受理后查明无中止、中断、延长事由的，判决驳回其诉讼请求。"这表明，我国民事立法没有完全采用诉权消灭主义（即认为诉讼时效届满后，权利人的诉权归于消灭），因为当事人在超过诉讼时效之后仍可以向人民法院提起诉讼，人民法院仍然应当受理案件。而且，我国立法亦未采用原告胜诉权丧失主义（即认为诉讼时效届满后，权利人享有的胜诉权丧失），因为即使超过了诉讼时效，只要权利人提出请求，义务人承认并自愿履行义务的，人民法院不予干预。因此，就其实质而言，诉讼时效只是赋予债务人在诉讼时效期间届满后拒绝履行义务的抗辩权，并未消灭双方当事人的实体权利义务。

诉讼时效也可能发生中止、中断。诉讼时效的中止也称诉讼时效的暂停，是指在诉讼时效进行期间发生某些事件，妨碍权利人行使请求权，所以这段时间不应计入诉讼时效，而应待这些事件过去后，再继续计算诉讼时效。对此，《民法通则》第139条规定：在诉讼时效期间的最后6个月内，因不可抗力或者其他障碍不能行使请求权的，诉讼时效中止。从中止时效的原因消除之日起，诉讼时效期间继续计算。据此，引起诉讼时效中止的事由主要是不可抗力或者其他障碍，导致权利人不能行使其请求权，并且限于诉讼时效期间的最后6个月内。

诉讼时效中断，是指在诉讼时效进行期间发生了法律规定的某些法律事实，引起诉讼时效中断，待中断事由消除后，诉讼时效期间重新从头起算。《民法通则》第140条规定："诉讼时效因提起诉讼、当事人一方提出要求或者同意履行义务而中断。从中断时起，诉讼时效期间重新计算。"因此在时效期间内，一方面，如果权利人向侵权人提出请求，要求侵权人赔偿损失或采取其他补救措施，或者权利人已经向人民法院起诉，均表明权利人已经依法行使其请求权；另一方面，如果侵权人或者义务人承认权利人的权利，那么，诉讼时效应当中断。如果双方能够解决争议，诉讼时效不再具有实质意义；如果双方不能解决争议，应自诉讼时效中断事由消除后，再重新从头计算诉讼时效。

（2）股东代位诉讼的诉讼时效制度。股东提起代位诉讼，也应当适用诉讼时效制度，受到诉讼时效的限制，否则，公司的法律关系和财产关系将长期处于不稳定状态，既不利于公司的正常经营管理，也不利于公司和其他股东合法权益的维护。所以，股东如未能在诉讼时效期间内提起代位诉讼，就将丧失请求法院予以救济的权利。

那么，如何确定股东代位诉讼的诉讼时效？我认为，应当根据我国《民法通则》有关诉讼时效的规定和民事诉讼时效制度，结合股东代位诉讼制度的特点，确定有利于公司、股东权益保护的诉讼时效制度。原则上，股东代位诉讼适用《民法通则》规定的诉讼时效，同时也需要针对股东代位诉讼的特点作出必要的特殊规定。具体来说，主要应当包括以下内容：

第一，一般诉讼时效期间。如何确定股东代位诉讼的诉讼时效期间，理论上可能存在两个问题。一个问题是，是否适用民事诉讼的一般诉讼时效期间？另一个问题是，时效期间的计算，应当自拟提起诉讼的原告股东还是自公司知道或者应当知道侵害行为之时起，开始计算诉讼时效期间？

关于股东代位诉讼的时效期间能否直接适用民事诉讼的一般诉讼时效期间，在现代公司制度下，股东与公司董事、监事、高级管理人员对公司经营活动、财务状况等相关情况存在着严重的信息不对称，普通股东很难及时发现公司董事、监事、高级管理人员的不法行为，在通常情况下没有机会及时知道公司的权益已经受到侵害，而且，不法行为人肯定会利用公司的职务之便，采取各种手段隐瞒、掩盖其侵害行为，如果严格适用一般诉讼时效期间为2年的规定，很可能有许多代位诉讼面临超过诉讼时效期间的困境。因此，有学者认为，应当将股代位诉讼的时效期间确定为3年。不过，股东代位诉讼不同于普通诉讼的一个重要特点是，公司虽然可能有众多股东，但只要符合法定条件，每一个股东均享有提起代位诉讼的权利，虽然不法行为人的侵害行为不一定及时为全体股东得知，但只要有符合法定条件的适格股东了解侵害行为并依法采取行动提起诉讼，就足够了，并不要求、也不需要全体股东都知情。这一特点在很大程度上弥补了股东不能及时了解侵害行为的缺欠，而且，诉讼时效期间是从被侵害人实际知道或者应当知道侵害行为之日起计算的，这对于各种权益受到侵害的当事人都是相同的；被告故意隐瞒、掩盖其侵害行为的，应当自侵害行为被披露之日起计算时效期间。因此，只要在最长诉讼时效期限之内，股东提起代位诉讼适用一般诉讼时效并不会严重阻碍股东提起诉讼，似无必要将一般诉讼时效延长为3年。

关于诉讼时效期间应当自股东还是公司知道或者应当知道侵害行为之时起开始计算，也有学者认为：依公司的时效期间来计算诉讼时效对原告极为不公，但依原告股东知道或应当知道公司权利被侵害的日期来确定时效，又因每个利害关系人的具体情况不同而带来很大的随意性，使被告在诉讼时效方面的抗辩因提起代位诉讼的人不同而各不相同，这对于被告来讲也难谓公平，因此，建议自侵害行为发生之日起计算诉讼时效，并将诉讼时效确定为3年。表面看来，这样规定使诉讼时效的计算更简单，也更具有确定性，但实质上更有可能阻止股东提起代位诉讼。因为只要不法行为人设法隐瞒、掩盖其侵害行为达到3年届满，股东就因此丧失了提起诉讼的机会，而被告作为公司的内部人员隐瞒其侵害行为既便利，也是实践中的常态。事实上，股东代位诉讼的诉讼时效期间，应当从拟起诉的股东知道或者应当知道侵害行为的时间开始计算，这是因为，虽然股东代位诉讼的原告对被告行使的请求权本属公司，·从这个意义上说，诉讼时效自公司知道或者应当知道其权益受到侵害之日起开始计算，理论上是讲得通的，但是公司作为一个拟制的法人，能及时知道或者应当知道公司利益受到侵害的人，正是拒绝或者怠于起诉的公司董事、监事、高级管理人员，甚至是被告本人。如果是前者，他们知道或者应当知道公司利益受到侵害后却拒绝采取措施，怎么能够以此时间作为股东提起诉讼时效期间的计算起点？如果是后者，被告作为不法行为人，自侵害发生之时就处于知情状态，以此时作为计算诉讼时效期间的起点，显然具有讽刺意味。况且，虽然公司股东可能人数众多，理论上需要根据各个股东的具体情况来确定其知情时间或者状态，但实践中，真正提起诉讼的股东则是确定的、个别的，只需要确定他们知道或者应当知道侵害行为之日，并据此计算诉讼时效期间就可以了，完全没有必要考虑其他股东的情况。特别是，被告的侵害行为通常是在媒体公开披露后才被社会公众和股东了解的，司法实践中确定股东知道或者应当知道侵害行为的时间，不会存在很大的困难。

因此，似可认为，股东代位诉讼的诉讼时效期间，可以适用《民法通则》和《民事诉讼法》规定的一般诉讼时效期间，公司股东应当自知道或者应当知道公司董事、监事、经理等高级管理人员的不法行为之日起，在 2 年内启动代位诉讼程序。需要注意的是，在确定起诉的股东是否超过时效时，应当从股东知道或者应当知道被告的侵害行为时开始计算，到股东启动代位诉讼程序时为止，即到股东履行代位诉讼的前置程序，向公司监事会、董事会提出请求时，而不能机械地要求将诉讼时效计算到股东正式向法院提起代位诉讼时为止，因为股东只要进入前置程序，就表明了自己追究不法行为人的意思表示，公司如果同意起诉或者采取其他适当的措施，同样也可以达到维护公司利益的目的。

第二，最长诉讼时效期间。我国民事诉讼的最长诉讼时效期间，一般来说是自侵害行为发生之日起 20 年。侵害公司利益的行为，就行为人的主观情况来说，有些是故意的甚至是欺诈行为，有些是出于过失或者疏忽；就侵害行为造成的后果来看，有些后果十分严重，甚至触犯了刑法，有些后果比较轻微。对于不同情况，也有必要区别对待。对于触犯刑律的，应当依照刑法追究其刑事责任。对于一些因过失或者疏忽而造成的侵害行为，造成的后果并不严重，行为人亦未故意掩盖其侵害行为的，可以适用更短的诉讼时效，例如 10 年。这样规定的目的，主要不是为了豁免行为人应承担的责任，而是为了维护公司的正常经营秩序，防止公司的法律关系长期处于不确定状态或者破坏公司已经形成的稳定关系，因为公司董事、监事、高级管理人员的行为因过失或疏忽而损害公司利益的，如本非出于故意，且造成的损害并不严重，经过 10 年之后，公司的经营状况和董事、监事、高级管理人员都可能发生很大变化，即使提起代位诉讼追究侵害行为人的损害赔偿责任，对于公司来说可能亦无太大的实际意义，反而可能使公司重新陷入诉讼，破坏公司的稳定或者使公司处于不稳定状态，对公司开展正常的经营管理活动产生不利影响，并不利于公司的利益。

因此，股东代位诉讼的最长诉讼时效，基本上可以适用民事诉讼的一般规定，但需要略加修改完善。建议概括规定为：一是自公司董事、监事、经理等高级管理人员的不法或不当行为发生之日起，20 年内未启动代位诉讼程序的，公司股东就此行为提起代位诉讼的权利不再受到法律的保护；原告有正当理由或者有特殊情况的，人民法院可以延长。二是董事、监事、高级管理人员的行为出于过失或者疏忽而非故意，且行为人未故意掩盖其不法行为的，自行为发生之日起 10 年内公司未起诉或股东未启动代位诉讼程序的，公司股东提起代位诉讼的权利不再受到法律保护。三是公司董事、监事、经理等高级管理人员侵害公司利益的行为构成犯罪的，适用有关的刑事法律关于追诉时效的规定。[1]

第三，诉讼时效的中止与中断。股东代位诉讼的诉讼时效的中止和中断，原则上可以适用民事诉讼法的一般规定。在诉讼时效期间的最后 6 个月内，股东如因不可抗力（例如，发生自然灾害等）或者其他障碍（如股东因生病住院、出国而不能行使权利，或者公司发生合并、分立等），不能及时行使诉讼请求权的，诉讼时效中止。待诉讼时效中止的原因消除后，从原因消除之日起继续计算诉讼时效，以保证股东有足够的时间提起诉讼。

同样，在诉讼时效期间内，针对董事、监事、经理等高级管理人员的不法行为，公司股东直接向侵害人提出请求赔偿公司的损失，或向公司提出请求并

---

〔1〕　根据我国《刑法》的规定，犯罪经过下列期限不再追究，①法定最高刑不满 5 年有期徒刑的，经过 5 年；②法定最高刑为 5 年以上不满 10 年有期徒刑的，经过 10 年；③法定最高刑为 10 年以上有期徒刑，经过 15 年；④法定最高刑为无期徒刑、死刑的，经过 20 年。但是，在人民检察院、公安机关、国家安全机关立案侦查或者人民法院受理案件后，逃避侦查或者审判的，不受追诉期限的限制；被害人在追诉期限内提出控告，人民法院、人民检察院、公安机关应当立案而不予立案的，不受追诉期限的限制。

要求公司采取相应的补救措施，或已经依法向人民法院提起股东代位诉讼，或者侵害人承认其行为给公司利益造成损害的，均属诉讼时效中断的事由。一旦出现这些情形的，诉讼时效应即行中断。

需要注意的是，基于股东代位诉讼的特性，诉讼时效的中止和中断也具有特殊性，主要是重新计算诉讼时效的情形更加复杂化。根据不同的情形，这里可以具体分析如下：

第一，股东直接向侵害人提出损害赔偿的请求遭到拒绝后，或者，股东向公司提出请求后，公司既未及时采取必要的补救措施，又怠于起诉或明确地拒绝起诉侵害人的，应当由股东依照法律规定的程序提起代位诉讼，而不是按照一般规则重新计算诉讼时效，因为股东的行为是履行提起代位诉讼的前置程序。

第二，股东向公司提出请求，且公司针对侵害人的不法行为提起直接诉讼，但是，在直接诉讼过程中公司决定撤诉的，股东还可以向法院提起代位诉讼，因此，对于公司股东来说，应当重新计算诉讼时效，否则，公司就可能借提起直接诉讼后的撤诉，击败股东的代位诉讼提起权。

第三，股东按照法定程序提起代位诉讼后，在诉讼过程中又撤诉的，对于该股东而言，诉讼应终结，股东不得再就同一侵害行为提起诉讼，因而不存在重新计算诉讼时效的问题。但是，该股东的撤诉行为不能阻止其他股东再提起代位诉讼，除非撤诉已经征得其他股东的同意。不过，对于公司其他股东而言，撤诉后如何确定诉讼时效，是适用诉讼中止还是诉讼中断，尚需研究。从确立时效制度的意义来看，似应适用时效中止的规定更为妥当，即原告股东撤诉后，其他股东的诉讼时效应当继续计算。否则，如果适用诉讼中断的规定，在原告股东撤诉后重新从头计算诉讼时效，那么，理论上说，不同的股东可能针对同一侵害行为出现连续不断的诉讼，导致诉讼可以无限期地拖延下去，不利于诉讼效率和法律安定。但是，适用诉讼时效中止也可能产生一个问题，即股东在2年的诉讼时效即将届满之时起诉，诉讼过程中提出撤诉的，可能据此阻止其他股东再提起诉讼。因此，在原告股东提出撤诉后，人民法院应当征求公司和其他股东的意见，由其决定是否继续诉讼，而不是简单地决定同意原告股东撤诉，以免给公司和其他股东造成时效届满的不利后果。

第四，股东依法提起代位诉讼后，法院经审理，决定驳回其起诉的，如果驳回起诉的理由是基于诉讼程序问题或者原告资格问题，该股东仍可在符合法定程序或者法定资格的情况下再次提起诉讼；如果法院驳回起诉是基于实体问题，那么，该股东不得再就同一事由再次提起诉讼。但问题是，对于其他股东而言，诉讼是否因此终结？即法院的裁决是否具有阻止其他股东再行起诉的效力？同样地，法院驳回诉讼的原因如系基于程序问题，如原告股东不符合提起代位诉讼的条件或者未依法院要求提供担保等，则只对原告股东有约束力，不能阻止其他股东再行起诉，不影响其他符合条件的股东依法再次提起股东代位诉讼；但如果法院驳回诉讼的原因系基于实体问题，那么，该裁决具有阻止其他股东再行诉讼的法律效力，其他股东也不得就同一事由再提起代位诉讼。法院裁决驳回起诉的，诉讼时效应当重新恢复计算。

（五）股东代位诉讼的既判力与再审

1. 股东代位诉讼的既判力

所谓既判力，是指法院作出的生效（确定）判决中，关于诉讼标的的判决所具有的通用力或确定力。法院对民事诉讼的判决生效后，可以产生各种效力，其中包括判决的确定力。判决的确定力分为两种：一种是形式上的确定力，即当事人不能以上诉方式请求撤销或变更判决；另一种是实质上的确定力，即既判力，是指判决确定后，当事人不得就该判决所裁判的法律关系再行起诉，也不得在其他诉讼中提出与该判决相矛盾的主张，或者，法院的后诉判决不得与该判决的内容相抵触。[1]

股东代位诉讼的当事人及诉讼参与人之间的关系比较复杂，特别是公司和其他股东的参与，导致判决既判力的确定不同于适用普通民事诉讼程序审理的民事案件，具有一定的特殊性。在美国，法院对股东代位诉讼争议所作的判决，对其他所有股东（包括最初参加诉讼，后来退出诉讼的股东）均有约束力。经法院批准的和解协议与判决具有同样的效力。但是，对于未获得通知的股东，和解协议是否具有约束力，似尚有争议。法院作出的驳回的裁决，既判力取决于驳回的原因。原告自愿撤诉或者由于原告股东不适格（如未能依法院命令提供诉讼费用担保），法院所作的驳回原告诉讼的裁决，对其他股东不具有约束力。原告自愿撤回诉讼的，法院可命令将通知送达其他股东，诉讼可由其他股东继续，没有其他股东继续诉讼的，诉讼将被驳回。[2] 前面已经指出，股东代

---

〔1〕　赵泽君：《民事诉讼规则疑难问题例说》，中国检察出版社2003年版，第263页。

〔2〕　石少侠等编译：《美国公司法概论》，延边大学出版社1994年版，第337页。

位诉讼的原告股东是代位公司行使诉权，以自己的名义提起代位诉讼的，诉讼利益归于公司，因而，公司是案件的直接利害关系人，而且，公司的全体股东是案件的间接利害关系人。人民法院作出的判决，不仅对提出代位诉讼的原告股东具有法律约束力，对公司以及全体股东均有约束力。

据此，我国日后在修改《民事诉讼法》确立股东代位诉讼程序时，对法院判决的既判力的制度设计，应当充分考虑股东代位诉讼的特殊情形，在明确对原告股东的既判力的基础上，还需要进一步明确对公司和其他股东的既判力。

（1）对原告股东的既判力。股东代位诉讼的基本特点是，公司的正当利益受到大股东、董事、监事、经理等高级管理人员的不法侵害时，公司怠于行使诉权提起诉讼的，符合法定条件的股东以自己的名义，为公司的利益对侵害人提起诉讼。原告股东提起代位诉讼，目的是为了直接维护公司的利益，间接地维护自身利益。诉讼结束后，法院判决原告股东胜诉的，公司的利益就可以获得赔偿，因为原告股东是代位公司行使诉权，胜诉的利益应当归公司所有。但同时，虽然原告股东并未直接获得胜诉利益，判决的效力也应当及于原告股东，因为公司依据法院判决获得救济和赔偿后，公司的利益归根到底还是股东的利益，股东的合法利益由此间接地得到了赔偿。

既然针对被告实施的侵害行为，法院的判决已经作出了赔偿的决定，公司已经依法获得了救济，根据"一事不再理"原则，原告股东不能针对同一侵害或诉讼事由再次向法院提起直接诉讼或者代位诉讼，以防止法院在不同诉讼中产生相互矛盾的判决或者产生重复判决。在英美法系国家，为避免因重复诉讼而产生重复赔偿的危险，在通常情况下，立法和判例只允许在诉讼期间持续持有公司股份且连续持有公司股份达到一定期间的股东提起代位诉讼。对此，我国《公司法》作出了相应的规定。

类似地，诉讼结束后，法院判决原告股东败诉的，表明法院已经就原告指控的侵害行为是否存在、是否需要给予救济，作出了判断，原告股东同样不能就同一侵害行为再次向法院提起诉讼。[1] 这里的诉讼，包括代位诉讼，还应当包括直接诉讼。在直接诉讼与代位诉讼竞合的情况下，法院对代位诉讼的判决也具有阻止股东就同一诉因提起直接诉讼的效力。

（2）对公司的既判力。根据股东代位诉讼的性质和特征，法院判决的既判

---

[1] 当然，这里所说的判决，是指依法已经生效的判决或者终审判决。

力应当及于公司，对此，法律应当作出明确规定。具体来说，主要可以从三个方面进行分析：

第一，符合确立股东代位诉讼制度的目的。在股东代位诉讼中，原告股东提起代位诉讼的诉因是，对于公司大股东、董事、监事、经理等高级管理人员实施的损害公司利益的行为，公司怠于或者拒绝提起诉讼，原告股东是代位公司行使诉权，向法院提起代位诉讼，法院依法作出判决后，判决的实体后果归于公司。原告股东胜诉后，侵害公司利益的行为得到了纠正或补救，公司的损失得到赔偿，公司没有必要再就同一侵害行为提起诉讼。而且，公司既然已经在股东提出请求后怠于起诉或拒绝起诉，在股东提起股东代位诉讼并且法院作出判决后，公司再就同一事实提起诉讼，也不符合诚实信用原则。公司如作为共同原告参加诉讼，自然应受到法院判决的约束。

第二，符合诉讼经济原则。法院判决的效力及于公司，一方面，可以防止就同一侵害行为重复起诉导致法院重复作出判决或者作出相互矛盾的判决；另一方面，符合诉讼经济原则，节省诉讼费用。基于程序保障的要求，为维护公司的合法权益，一些国家的法律明确规定，股东提起代位诉讼后，应当向公司提供股东提起诉讼的信息，并给公司提供参与诉讼的机会，公司可以作为诉讼参加人参与诉讼，从而使公司直接受到法院判决的约束。

例如，《美国民事诉讼规则》第23条第1款规定，原告提起代位诉讼的起诉书必须指出原告曾经要求董事会采取行动，必要时必须指出曾经向多数股东提出此项要求或者不提出要求的理由（如未提出的话）。这一法律规定可以看成是股东代位诉讼的既判力及于公司的正当程序基础。

第三，符合"一事不再理"原则。股东代位诉讼的效力如果只及于原告股东、被告和公司其他股东，而不及于公司，那么，诉讼的法律效力可能因缺乏对公司的既判力而遭到破坏，因为法院判决作出后，公司有可能就被告的同一侵害行为再次向法院提起诉讼。一旦出现这种情形，被告将处于被重复起诉的境地，这对于被告来说明显是不公平的。而且，实质上也违背了"一事不再理"原则，因为虽然两次起诉的原告分别是股东和公司，但针对的都是被告侵害公司利益的同一行为。只有法院对股东代位诉讼所作判决的效力同时及于公司，才能真正贯彻"一事不再理"原则。

（3）对其他股东的既判力。通常情况下，股东提起代位诉讼的，法院作出的实体判决对原告股东、被告、公司以及其他股东都有约束力，其他股东的利益间接地得到了法院判决的保护。根据"一事不再理"原则，其他当事人不得以同一理由向人民法院另行提起诉讼。

而且，在诉讼过程中，经过法院审查批准的和解协议，对其他股东也具有法律效力，但需要注意以下几个问题：

第一，程序裁定的既判力问题。在股东代位诉讼中，法院针对程序问题所作的裁定，并不具有绝对的既判力。裁决本身只是对提起代位诉讼的原告股东主体资格的有力证明，且主要对原告股东及被告具有约束力，对公司其他股东不具有约束力。

第二，驳回起诉的裁定的既判力问题。法院如果作出驳回股东代位诉讼的裁定，该裁定的既判力效力应当区分不同的情况区别对待：第一种情形，法院驳回诉讼的原因如系基于实体问题，则该裁定对公司和其他股东应具有约束力；第二种情形，法院驳回诉讼的原因如系基于程序问题（例如，原告股东不符合提起代位诉讼的条件，原告股东未按照法院的要求提供担保，原告未按时交纳诉讼费用等），那么，该裁定只对原告股东有约束力，对公司和其他股东不具有约束力，不影响符合条件的其他股东依法再次提起股东代位诉讼。

第三，准予撤诉的裁定的既判力问题。在股东代位诉讼过程中，原告股东主动要求撤回诉讼的，法院应当及时通知公司和其他股东，征求他们是否参加诉讼或继续诉讼的意见。公司或其他股东愿意诉讼的，诉讼可以继续；如果公司或其他股东不出庭应诉，法院作出的准予撤回起诉的裁定，对公司和其他股东应当具有既判力。

2. 股东代位诉讼的再审

当事人申请再审，是指民事诉讼的当事人对已经发生法律效力的判决、裁定、调解书，认为有错误，向原审人民法院或者其上一级人民法院申请再行审理的行为。我国《民事诉讼法》第199条规定："当事人对已经发生法律效力的判决、裁定，认为有错误的，可以向上一级人民法院申请再审；当事人一方人数众多或者当事人双方为公民的案件，也可以向原审人民法院申请再审。当事人申请再审的，不停止判决、裁定的执行。"第201条规定："当事人对已经发生法律效力的调解书，提出证据证明调解违反自愿原则或者调解协议的内容违反法律的，可以申请再审。经人民法院审查属实的，应当再审。"再审程序是民事诉讼程序制度中的一项补救制度，是一种特殊的复审程序，也是民事诉讼程序制度不可缺少的重要组成部分。在我国的民事诉讼中，人民法院行使国家审判权依法作出的判决和裁定，一经发生法律效力，任何机关、团体、单位和个人都无权变更或撤销，以维护法律的严肃性和权威性，确保当事人之间权利义务关系的稳定性。

生效判决的稳定性必须建立在判决合法、正确的基础上。在司法实践中，各种民事案件错综复杂，目前我国社会处于急剧变革之中，民事法律尚处于完善的过程中，一些法官特别是基层法官的司法水平不高，加之地方保护主义等其他因素的影响，客观上说，即使经过一审、二审而作出的已经发生法律效力的终审判决，也有可能存在裁判错误。按照"以事实为依据，以法律为准绳"的原则，如果已经发生法律效力的裁决确实存在错误，应当依法予以纠正。所以，从一定的意义上讲，设立再审程序的目的就是为了纠正错误的判决，以保证判决、裁定的正确性。

将我国《民事诉讼法》有关再审的规定适用于股东代位诉讼，原告股东、被告认为生效判决认定事实、适用法律有错误的，可以依法申请再审。对此，应当没有什么疑问。但是，公司和其他股东能否申请再审？按照现行《民事诉讼法》的规定，公司、其他股东并非诉讼当事人，自然不能提起再审之诉。

但是，公司、其他股东虽非诉讼当事人，但法院判决直接影响公司的利益，间接影响其他股东的利益。如因某种情形，原告、被告均不申请再审，而诉讼的判决结果明显损害公司和其他股东的合法权益，那么，公司和其他股东何以获得救济？对此，日本《商法典》第268条第3项规定："在股东代位诉讼中，如果原告与被告合谋侵害公司利益，公司和其他股东可以提起再审之诉。"这一规定，目的就是保护公司的合法权益，因为公司可能并未参加诉讼，同时必须受法院裁决的约束。

我国《民事诉讼法》如何规定公司和其他股东申请再审的权利，尚需深入研究。股东代位诉讼涉及的利害关系人范围比较广泛，在有些情况下，公司和其他股东并未参加诉讼，但案件的处理结果与其有直接或间接的利害关系，案件的胜诉或败诉与他们的切身利益密切相关。如果不赋予公司和其他股东提起再审权，已发生既判力的判决可能使公司和其他股东的合法权益受到损害。据此而论，法律应当赋予公司和其他股东提起再审之诉的权利。

但是，在另一方面，股东提起代位诉讼的前提是，公司怠于或者拒绝起诉，而其他股东得知原告股东提起代位诉讼后亦未参加诉讼，这些都表明，就公司权益受到的特定侵害而言，原告股东是最关心公司利益的人。因此，对于法院作出的生效判决是否需要申请再审，申请再审是否符合公司利益，最好还是应当由原告股东作出决定。公司和其他股东既然未参加诉讼，就应当认为原告股东的决定是符合公司利益的。因此，在通常情况下，为维护公司利益，法律赋予原告股东申请再审权就足够了。只有在特殊情况下，才有必要赋予公司和其他股东申请再审的权利。

根据股东代位诉讼的利益和后果主要由公司承担的特点，在下述两种情况下，应当允许公司和其他股东申请再审：

一种情况是，原告股东与被告串谋损害公司利益，或者原告在诉讼中实施了不利于公司和其他股东的诉讼行为的。在这些情况下，原告股东可能不会申请再审，如果不赋予公司和其他股东申请再审的权利，原告的违法行为或不正当行为就会通过生效判决的既判力，给公司和其他股东的利益造成损害。从维护公司和其他股东合法权益，抑制原告股东不法侵害行为的角度出发，应当允许公司和其他股东申请再审。

另一种情况是，法院判决由公司承担实体义务的。如前所述，股东代位诉讼的后果最终可能由公司实际承担，例如，原告股东善意诉讼的，如果法院判决原告股东败诉，诉讼费用通常要由公司承担。在这种情况下，公司并未参加诉讼，但却被判决承担实体义务，如果不允许公司和其他股东申请再审，对公司和其他股东就显得不太公平。如前所述，法院判决并未要求公司承担实体义务的，是否申请再审，应当尊重原告股东的意见，不必再赋予公司和其他股东单独提出申请再审的权利。

第四部分　规制与救济

　　权利与义务相辅相成。正如马克思指出的："没有无义务的权利，也没有无权利的义务。"[1] 法律是以规定权利和义务的方式来运作的行为规范，它明确地告诉人们应该怎样做、必须怎样做、禁止怎样做。未做必须做的，做了禁止做的，就要追究法律责任。

　　所谓规制，就是规范、管理和制约。所谓权利救济，就是通过某种积极方式的运用，使受到损害的权益得到恢复或者补救。救济是权利实现的关键。新修订的《民事诉讼法》规定的权利、义务、责任体系还不完善，特别是规制制度、救济制度缺失和不完善，还没有引起相应的重视。

　　因此，这里选择判决确定后第三人权利救济制度、民事恶意诉讼的规制、法院违反民事诉讼程序性责任三个问题进行专题研究，希望通过这些研究，能够有利于全面完善制度规制与救济体系，使当事人的权利真正得到实现，义务得到落实，违法行为受到法律追究，实现民事诉讼活动的良性运行。

---

　　[1]　中共中央马克思恩格斯斯大林著作编译局编：《马克思恩格斯选集》，人民出版社 1972 年版，第 173 页。

一、判决确定后第三人权利救济制度

在民事诉讼法律制度设置中，各个国家和地区都比较重视对第三人权益的保护。涉及第三人权益的保护，包括事中的权益保障和事后的权益救济。事中的权益保护，主要是指保障第三人参与诉讼的机会；事后的权益救济，主要是针对受不利裁判影响时的救济。

近年来，在我国民事诉讼的司法实践中，当事人通过恶意诉讼等手段，侵害他人合法权益的情形时有发生，特别是法院加强调解工作后，一些当事人利用调解本身的特点，进行诉讼欺诈，损害案外第三人合法权益的现象日益突出。为了维护案外第三人的合法权益，2013年1月1日，我国新修订施行的《民事诉讼法》第56条第3款，增加规定了第三人撤销之诉制度，由此形成了判决确定后，第三人撤销之诉、案外人申请再审和执行异议并存的第三人权利救济制度。诸项法律制度的确立，对保护案外第三人的合法权益大有益处，但是，在适用中也存在诸多问题需要进一步深入研究，诸如，第三人的含义如何界定，与案外人的关系如何理解，第三人撤销之诉与案外人申请再审、执行异议制度的关系怎样协调等。

本书首先通过对第三人含义进行界定，然后对世界上各个国家和地区的相关法律制度进行比较、分析和研究，在此基础上，提出完善我国判决确定后第三人权利救济制度的立法建议，并试图捋清各种救济制度之间的关系，以期进一步完善立法，指导司法实践。

（一）第三人含义解析

根据我国民事诉讼法及相关司法解释的规定，涉及民事诉讼的第三人主要分为两类：一类是诉讼中的第三人；一类是判决确定后，寻求救济的诉讼外第三人。本书中的第三人指的是第二类。

从我国民事诉讼制度的发展历史看，第三人术语的提出与第三人的立法变动密切相关，第三人经历了从"诉讼关系人"到"诉讼第三人"的演变。新中国成立初期，1956年最高人民法院颁布的《关于各级人民法院民事案件审判程序总结》和1979年颁布的《人民法院审判民事案件程序制度（试行）》均规定了第三人参加诉讼的情形，即第三人参加诉讼的，可合并审理。上述规定，可以视为第三人诉讼制度的萌芽。[1]

在 1982 年我国《民事诉讼法（试行）》颁布施行前，对于诉讼第三人，我国审判实践中大都称为"诉讼关系人"。显然，"诉讼关系人"的称谓是模糊的、存在缺陷的。因为除了第三人，诉讼中还存在共同原告、共同被告，这些案件当事人都可以被称为诉讼关系人。"诉讼关系人"法律术语，使在诉讼上处于不同法律地位的诉讼参加人无法区分和界定。

1982 年颁布施行的《民事诉讼法（试行）》摒弃了"诉讼关系人"的提法，使用了第三人的法律术语，标志着民事诉讼第三人制度在我国的确立。根据现行法律规定，我国的诉讼第三人分为"有独立请求权的第三人"和"无独立请求权的第三人"两类。[2]

随着社会经济的发展，社会纠纷形态也趋于复杂化。近年来，当事人之间恶意串通，通过虚假诉讼侵害案外第三人合法权益的情形时有发生，如何使合法权益受到生效裁判侵害的案外第三人获得救济，成为立法亟待解决的问题。2008 年 11 月 25 日，最高人民法院公布的《关于适用〈中华人民共和国民事诉讼法〉审判监督程序若干问题的解释》（以下称《审判监督程序解释》）创设了案外人申请再审制度，为合法权益受到生效裁判侵害的案外人提供了申请再审的救济途径。《审判监督程序解释》第 5 条规定：案外人对原判决、裁定、调解书确定的执行标的物主张权利，且无法提起新的诉讼解决争议的，可以在判决、裁定、调解书发生法律效力后二年内，或者自知道或应当知道利益被损害之日起三个月内，向作出原判决、裁定、调解书的人民法院的上一级人民法院申请再审。在执行过程中，案外人对执行标的提出书面异议的，按照《民事诉讼法》第 204 条的规定处理。这里使用了"案外人"的法律术语。[3] 根据有关部门的

---

〔1〕 参见《民事诉讼法资料选编》，法律出版社 1987 年版，第 280～310 页。

〔2〕 我国《民事诉讼法》第 56 条第 1、2 款规定："对当事人双方的诉讼标的，第三人认为有独立请求权的，有权提起诉讼。对当事人双方的诉讼标的，第三人虽然没有独立请求权，但案件处理结果同他有法律上的利害关系的，可以申请参加诉讼，或者由人民法院通知他参加诉讼。人民法院判决承担民事责任的第三人，有当事人的诉讼权利义务。"

〔3〕 此处的《民事诉讼法》是指 2007 年修订施行的《民事诉讼法》。该法第 204 条规定：执行过程中，案外人对执行标的提出书面异议的，人民法院应当自收到书面异议之日起十五日内审查，理由成立的，裁定中止对该标的的执行；理由不成立的，裁定驳回。案外人、当事人对裁定不服，认为原判决、裁定错误的，依照审判监督程序办理；与原判决、裁定无关的，可以自裁定送达之日起十五日内向人民法院提起诉讼。

解释，人民法院对于案外人申请再审的案件，其中案外人的界定，是指案件原当事人之外的人。[1]

但是，随着恶意诉讼侵害案外人权益现象愈演愈烈，仅依靠案外人申请再审制度，并不能切实解决现实难题。因此，2013 年 1 月 1 日生效施行的《民事诉讼法》增加规定了第三人撤销之诉，以保护受生效裁判侵害的案外第三人的合法权益。该法第 56 条第 3 款规定："前两款规定的第三人，因不能归责于本人的事由未参加诉讼，但有证据证明发生法律效力的判决、裁定、调解书的部分或者全部内容错误，损害其民事权益的，可以自知道或者应当知道其民事权益受到损害之日起六个月内，向作出该判决、裁定、调解书的人民法院提起诉讼。人民法院经审理，诉讼请求成立的，应当改变或者撤销原判决、裁定、调解书；诉讼请求不成立的，驳回诉讼请求。"这里的"第三人"涵盖范围非常狭窄，仅指有独立请求权的第三人和无独立请求权的第三人。

涉及判决确定后第三人权益的保护，当事人的范围确定不能太狭窄，否则，不利于制度的适用和当事人权益的保护。如前文所述，根据我国现行法律规定，涉及判决确定后的第三人，有的称为"第三人"，有的称为"案外人"，含义界定也存在差异。新修订的《民事诉讼法》第 56 条第 3 款中的"第三人"，专指有独立请求权的第三人和无独立请求权的第三人。《审判监督程序解释》中的"案外人"，指的是案件原当事人之外的人。前者称为"第三人撤销之诉"；后者称为"案外人申请再审"。现行法律存在的问题是，从主体范围看，涉及第三人撤销之诉，对第三人主体范围的限制过于狭窄，不利于对权益受损害的案外第三人合法权益的保护。鉴于此，对于《民事诉讼法》第 56 条第 3 款规定的"第三人"，一旦参与诉讼，就成为原审诉讼的当事人，其救济途径应当按照新修订《民事诉讼法》第 199 条的规定申请再审。[2] 如果该"第三人"在原审中没有参加诉讼，就应当属于"案外人第三人"范畴，包括原审未参加诉讼的所有人，而不只是限于有独立请求权的第三人和无独立请求权的第三人。

有学者认为，遗漏必要共同诉讼人的，应当适用新《民事诉讼法》第 200

---

〔1〕 人民法院出版社法规编辑中心编：《最高人民法院适用民事诉讼法审判监督程序司法解释理解与适用》，人民法院出版社 2009 年版，第 108 页。

〔2〕《民事诉讼法》第 199 条规定："当事人对已经发生法律效力的判决、裁定，认为有错误的，可以向上一级人民法院申请再审；当事人一方人数众多或者当事人双方为公民的案件，也可以向原审人民法院申请再审。当事人申请再审的，不停止判决、裁定的执行。"

条第 8 项的规定，按照 "……应当参加诉讼的当事人，因不能归责于本人或者其诉讼代理人的事由，未参加诉讼的" 申请再审。但是，需要注意的是，新《民事诉讼法》第 200 条第 8 项规定的再审事由，看似能够包含除有独立请求权的第三人和无独立请求权的第三人之外的案外人，但第 200 条列举的当事人申请再审的事由，其实并不能适用于案外人，仅适用于案件当事人[1]。而《民事诉讼法》第 56 条第 3 款规定的 "第三人"，实际上并未参加原审诉讼，对于原审当事人而言应当属于案外人[2]。因此，为了使案外第三人的权利真正得到救济，建议法律进一步修改，扩大对《民事诉讼法》第 56 条第 3 款规定的 "第三人" 的解释，或者将其单独列为一条，规定为：案外第三人，因不能归责于本人的事由未参加诉讼，但有证据证明发生法律效力的判决、裁定、调解书的部分或者全部内容错误，损害其民事权益的，可以自知道或者应当知道其民事权益受到损害之日起六个月内，向作出该判决、裁定、调解书的人民法院提起诉讼。人民法院经审理，诉讼请求成立的，应当改变或者撤销原判决、裁定、调解书；诉讼请求不成立的，驳回诉讼请求。此处将 "前款第三人" 修改为 "案外第三人"，即指民事诉讼中案件原当事人之外的人。这样的法律修改，既有利于案外人权利的救济，也有利于扼制恶意诉讼。

（二）域外相关法律制度之比较

从一些国家和地区的法律规定看，都结合本国和本地区的具体情况，设置了判决确定后案外第三人的权利救济制度。虽然在具体制度和程序设置上存在差异，但有些先进的经验值得学习和借鉴。由于法国是较早以立法的形式，对判决确定后案外第三人权利救济制度作出规定的国家，日本相关法律制度的发

---

[1] 《民事诉讼法》第 200 条规定："当事人申请符合下列情形之一的，人民法院应当再审：（一）有新的证据，足以推翻原判决、裁定的；（二）原判决、裁定认定的基本事实缺乏证据证明的；（三）原判决、裁定认定事实的主要证据是伪造的；（四）原判决、裁定认定事实的主要证据未经质证的；（五）对审理案件需要的主要证据，当事人因客观原因不能自行收集，书面申请人民法院调查收集，人民法院未调查收集的；（六）原判决、裁定适用法律确有错误的；（七）审判组织的组成不合法或者依法应当回避的审判人员没有回避的；（八）无诉讼行为能力人未经法定代理人代为诉讼或者应当参加诉讼的当事人，因不能归责于本人或者其诉讼代理人的事由，未参加诉讼的；（九）违反法律规定，剥夺当事人辩论权利的；（十）未经传票传唤，缺席判决的；（十一）原判决、裁定遗漏或者超出诉讼请求的；（十二）据以作出原判决、裁定的法律文书被撤销或者变更的；（十三）审判人员审理该案件时有贪污受贿，徇私舞弊，枉法裁判行为的。"

[2] 高民智："关于案外人撤销之诉制度的理解与适用"，载《人民法院报》2012 年 12 月 11 日。

展演变过程比较曲折，我国台湾地区相关法律制度比较完善，因此本书主要对法国、日本和我国台湾地区的相关法律规定进行比较分析，期望从中吸取经验，总结教训，以完善立法。

1. 法国

从世界各国及地区的法律规定看，法国是较早以立法的形式，对判决确定后第三人权利救济制度作出规定的。

《法国新民事诉讼法典》第 582 条规定："第三人提出取消判决的异议是指，攻击判决的第三人，为其本人的利益请求撤销判决或请为改判之。第三人异议，对提出该异议的第三人，是指对攻击的已判争点提出异议，使之在法律上与事实上重做裁判。"

该法第 583 条规定："任何于其中有利益的人，允许提出第三人异议，但以该第三人在其攻击的判决中既不是当事人，也未经代理进行诉讼为条件。但是，一方当事人的债权人与其他权利继受人，对妨碍其权益的判决，或者如其提出自有之理由，亦可提出第三人异议。非诉案件，仅有未受判决通知的第三人，始准提出第三人取消判决的异议；（1981 年 5 月 12 日第 81–500 号法令）对终审判决，即使是已经向其通知判决的人，亦允许提出第三人异议。"[1]

根据上述法律规定，第三人提出取消判决异议应当具备以下条件：①对确定判决有利益关系，包括生效判决使第三人民事权益遭受损失，或者可能使第三人民事权益面临遭受损失的威胁。②在原审判中不是诉讼当事人。③没有人曾在诉讼中代表他，如果有人代表他，则必须证明代表的欺诈行为。[2]

根据《法国新民事诉讼法典》的规定，第三人提出取消判决的异议还应当遵循以下程序规定：①在对判决的多数当事人为不可分之诉时，仅在所有的当事人均受召唤到案的情况下，第三人异议始予受理。②任何判决，均允许提出第三人取消判决异议，法律另有规定的除外。③第三人取消判决的异议，作为本诉讼请求，在 30 年期间均可提出；期间自判决之日起开始计算，法律另有规定的除外。对受到另一诉讼过程中提出的判决损害的人，可以无时间限制提出第三人取消判决的异议。④争讼案件，已经受到判决通知的第三人，仅在此项通知起 2 个月内提出第三人取消判决异议，始予受理；但如判决通知中明确指

---

〔1〕《法国新民事诉讼法典》，罗结珍译，中国法制出版社 1999 年版，第 117 页。
〔2〕 沈达明：《比较民事诉讼法初论》，中国法制出版社 2002 年版，第 604 页。

出了第三人享有的期限以及可以提出上诉的方式，则不在此限。⑤第三人以本诉请求对判决提出异议，应当向作出受到攻击的判决法院提出；对第三人提出的异议，得由同一司法官作出裁判。[1]

2. 日本

在日本，判决确定后第三人的权利救济制度主要是，第三人依法定事由提起再审。但是需要注意的是，日本《新民事诉讼法》中对第三人民事权益受到侵害时，是否可以提出再审并无专门的规定，第三人提起再审是基于司法上的类推解释，即第三人认为自己的申请事由满足民事诉讼法规定的一般再审事由时，可以用再审之诉恢复自己受到侵害的权利。

从判决确定后第三人权利救济制度的发展历程看，早期的日本《旧民事诉讼法》曾规定运用再审程序进行救济。日本《旧民事诉讼法》第 483 条规定：对于诈害判决，第三人可以准用再审程序中的恢复原状之诉予以救济。第三人应以原确定判决的双方当事人为共同被告。上述法律制度的规定，不仅可以给予第三人及时的救济，而且可以防止裁判的矛盾。但是，该项规定在 1926 年修改法律时被删除了。1996 年修正民事诉讼法时，对于是否增列其为再审事由提出检讨。但学界认为，遗漏诈害再审制度属于立法错误。[2] 现行法解释论则承认这一制度。[3]

在执行程序中，对第三人权利救济的方式主要有两种，即执行抗告和第三人异议之诉。

执行抗告，是指执行当事人对执行法院的执行处分不服，针对执行程序提出的抗告。《日本民事执行法》第 10 条规定：执行抗告不仅适用于当事人，而且适用于第三人，适用期间未收到执行裁定之日起一周之内。根据《日本民事执行法》的规定，对强制执行的标的物，第三人拥有所有权或其他妨碍标的物转让或者交付的权利时，可对债权人提起请求不准许强制执行的异义之诉。同时，第三人可以就执行标的物以债务人为被告向法院提起诉讼，两个诉讼可以

〔1〕《法国新民事诉讼法典》，罗结珍译，中国法制出版社 1999 年版，第 117～119 页。

〔2〕 新堂幸司认为，在判决效力及于第三人之情形下，享有撤销判决之固有利益的第三人，也具有再审适格。……此外，关于欺诈第三人之判决，第三人也可以以此为由提起再审之诉。参见［日］新堂幸司：《新民事诉讼法》，林剑锋译，法律出版社 2008 年版，第 669～670 页。

〔3〕［日］高桥宏志：《重点讲义民事诉讼法》，张卫平、许可译，法律出版社 2007 年版，第 484 页。

合并审理。第三人异议之诉的管辖法院是执行法院，法院受理异议之诉后未作出裁判前，应当停止强制执行。[1]

3. 我国台湾地区

我国台湾地区，判决确定后第三人的权利救济制度主要是，第三人异议之诉和第三人撤销之诉。第三人异议之诉规定在我国台湾地区现行"强制执行法"中，第三人撤销之诉是 2003 年修正"民事诉讼法"时新增加的内容。我国台湾地区现行"民事诉讼法"第 507 - 1 条规定："有法律上利害关系之第三人，非因可归责于己之事由而未参加诉讼，致不能提出足以影响判决结果之攻击或防御方法者，得以两造为共同被告对于确定终局判决提起撤销之诉，请求撤销对其不利部分之判决。"我国台湾地区有学者认为，第三人撤销之诉之设置，旨在提供受判决效力所及之第三人"事后之程序保障"，而与新民事诉讼法第 67 条之一所增设之法院依职权为诉讼告知之制度相结合，共同配套形成"纠纷解决一次性"与"程序保障"之调和机制。[2]

根据台湾地区"民事诉讼法"的规定，第三人提出撤销之诉应当遵循以下程序规定：

（1）. 关于第三人撤销之诉的诉讼要件。根据我国台湾地区现行"民事诉讼法"第 507 - 1 条规定，主要包括以下四项：一是第三人必须在法律上与原裁判存在利害关系，即指第三人在私法上的地位，系因确定判决受直接或间接之不利益。[3] 二是第三人应当以原审中的原告和被告为共同被告，仅以原审中原告或者被告一方为被告提起撤销之诉的属于被告不适格。三是第三人撤销之诉必须对他人间的终局判决提起，如果诉讼尚在进行中，因判决结果尚不确定，是否损害第三人利益尚不可知，没有提起第三人撤销之诉之必要。四是第三人提出的诉讼请求只能是他人之间确定判决对己不利的部分，如果判决对其全部不利，方可诉请撤销全部判决。[4]

（2）. 关于第三人撤销之诉之管辖。根据"民事诉讼法"第 507 - 2 条规定，如果撤销之诉属于作出原裁判的法院专属管辖，则由该法院进行管辖。对于经

---

[1] 白绿铉编译：《日本民事诉讼法》，中国法制出版社 2000 年版，第 215 ~ 216 页。
[2] 黄国昌：《民事诉讼理论之新开展》，北京大学出版社 2008 年版，第 294 页。
[3] 陈计男：《民事诉讼法论》（下），三民书局 2009 年版，第 431 页。
[4] 张志瀚："第三人撤销制度初探"，载《厦门大学法律评论》（总第 13 辑），厦门大学出版社 2007 年版。

过几次不同审级审判的案件，第三人如针对所有判决合并提起撤销诉讼或者仅对上级法院判决提起撤销诉讼，由第二审法院管辖。[1]

（3）关于提起第三人撤销之诉之效力。根据"民事诉讼法"第507-3条规定，第三人提起撤销之诉后，并不能产生使原裁判停止执行的当然效力。但是在以下两种情形下，法院可以裁定原裁判在对第三人不利范围内的判决停止执行：一是出现必要情形；二是第三人申请停止对其不利判决的执行，并提供担保。法院针对上述两种情形，如果作出停止执行的裁定，原裁判执行申请人可以对此进行抗告。同时，该法第507-3条规定，第三人提起撤销之诉，应当自原裁判确定之日起30日内提起，如果判决确定之日先于送达之日，自送达之日起算。如果事后第三人才知道事由的，自知道时起算。但是，存在不得提起撤销之诉的例外情形，即判决确定超过5年的，第三人不得再提起撤销之诉。[2]

（4）关于第三人撤销之诉之判决。根据"民事诉讼法"第507-4条规定，在第三人撤销之诉的理由被法院认可的情形下，法院应当撤销原裁判对第三人不利之部分，并根据第三人申请，在必要时，变更原判决。[3] 第三人胜诉后，原裁判在原当事人之间仍具有法律效力，但是，如果原判决当事人之间的诉讼标的和第三人提起撤销之诉的诉讼标的相同的，不受上述限制。[4]

4. 域外相关法律制度的比较分析

从上述国家和地区的法律规定看，尽管各个国家和地区采取的救济途径不同，但都比较注重判决确定后案外第三人权利的保护。从制度设立的目的看，主要体现在两个方面：一是给因故未能参加诉讼没有获得程序保障，却可能受到判决既判力扩张效果约束的第三人提供救济途径；二是为防止第三人的合法权益受到恶意诉讼的侵害，给第三人提供的有效权利救济方式。

从制度设立的方式看，可以分为两类：一是设立相对独立的第三人撤销之诉制度，即将其作为非常上诉的一种途径，与再审制度并立而设，与普通上诉途径相对应，只有在普通上诉途径无法对第三人提供救济的情形下才能提起，

---

〔1〕 胡军辉、廖永安："论案外第三人撤销之诉"，载《政治与法律》2007年第5期。

〔2〕 邱联恭："第三人撤销诉讼之运用方针"，载《新修正民事诉讼法讲义汇编》，台湾"司法院"2004年印行。

〔3〕 陈计男：《民事诉讼法论》（下），三民书局2009年版，第438页。

〔4〕 邱联恭："第三人撤销诉讼之运用方针"，载《新修正民事诉讼法讲义汇编》，台湾"司法院"2004年印行。

且需法律的明确授权。比较而言，法国和我国台湾地区民事诉讼法，则更强调第三人对判决的撤销权，即许可不受判决效力约束，但是又损害其利益的生效判决的撤销权，可以在事后给予受害人以法律救济。另一类是日本旧民事诉讼法的规定，即不设置独立的第三人撤销之诉制度，而是将其归入再审之诉中一并设立，或者在特别法中加以规定，具体规则准用再审之诉的相关规定。日本旧民事诉讼法有关诈害防止的规定，可以给予第三人及时的救济，并且可以防止裁判的矛盾。[1]

从上述制度设置的程序看，无论采用哪种救济方式，程序设置相对都比较完备，包括原告资格、提起诉讼的期间、管辖、提起诉讼的事由、是否停止原裁判的效力等。完善的程序制度设置，有利于制度的有效施行，可供我国完善立法借鉴。

（三）判决确定后案外第三人权利救济制度关系协调之建议

2013 年 1 月 1 日，我国新修订的《民事诉讼法》第 56 条第 3 款，增加规定了第三人撤销之诉制度，由此形成了判决确定后，第三人撤销之诉、案外人申请再审和执行异议并存的案外第三人权利救济制度。如何理解与适用各项法律制度，完善各项法律制度，协调各项法律制度之间的关系，使法律制度真正发挥作用，是立法、司法、理论界和社会关注的重点。其中，涉及各项法律制度适用中关系协调问题首当其冲。

1. 法律适用中产生的争议

新修订的《民事诉讼法》颁布施行后，由于法律规定得比较原则化，也由于《民事诉讼法》将第三人撤销之诉制度规定于第 56 条第 3 款，因此，在实践适用中产生诸多争议。主要体现在两个方面：一是关于第三人撤销之诉制度主体适用范围的争议；二是关于第三人撤销之诉制度与案外人申请再审制度能否并存的争议。

关于第三人撤销之诉制度适用主体范围的争议。鉴于我国新修订的《民事诉讼法》将第三人撤销之诉制度放置到第 56 条第 3 款，并且规定为"前两款规定的第三人，……"，因此，现多数学者在研究第三人撤销之诉制度时，将第三人撤销之诉制度适用主体的范围限定为有独立请求权的第三人和无独立请求权

---

[1] 董少谋："执行程序中案外人之救济途径"，载《中国法学》2009 年第 5 期。

的第三人。例如，有学者指出，基于对第三人撤销之诉制度目的和性质的理解，在解释适用时首先需要解决的一个问题，就在于什么样的"第三人"能够成为可以提起这种诉讼的适格当事人。从第 56 条的结构看，前两款分别规定了有独立请求权的第三人提起诉讼和无独立请求权的第三人参加诉讼两种程序，而第三款则把可以提起第三人撤销之诉的当事人限定在"前两款规定的第三人"。因此，当事人适格的问题需要限于此范围内并加以进一步的考察。[1] 再如，有学者指出，根据《民事诉讼法》的规定，第三人撤销之诉的原告，须是相当于诉讼中有独立请求权的第三人和无独立请求权的第三人地位的案外第三人。[2]

与上述学说不同的观点指出，新《民事诉讼法》第 56 条第 3 款规定的"第三人"范围，实际上是除了参加原审诉讼当事人之外所有人，即案外人。因此，提起撤销之诉的主体，除了新《民事诉讼法》第 56 条规定的有法律上利害关系的第三人情形之外，司法实践中还应当包括遗漏的必要共同诉讼人情形。[3]

关于第三人撤销之诉制度与案外人申请再审制度能否并存的争议。我国新《民事诉讼法》第 56 条第 3 款，增加规定了第三人撤销之诉制度后，在我国现行法律制度中形成了确定判决后，第三人撤销之诉、案外人申请再审和执行异议并存的案外第三人权利救济制度。由此，在理解适用中，也存在两种不同的观点，即"并存说"和"取替说"。

"并存说"认为，第三人撤销之诉制度出台以前，我国已经形成第三人参加诉讼、第三人执行异议及第三人申请再审三项制度来保证案外第三人的民事权益。前三种制度与第三人撤销之诉四种制度对第三人权益保护模式，势必有功能上的竞合之处，但保护方式还是有较大区别的，应根据案件的具体情况，由案外第三人选择最适宜的方式进行。第三人撤销之诉制度与第三人参加诉讼、第三人执行异议制度规定上有较大不同，第三人不难选择。关于第三人撤销之诉制度与第三人申请再审制度的功能、程序相似程度较高，故建议当事人根据客观情况作出选择，但不能同时选择，因此，在该类诉讼的进行中，必须查明第三人是否已经选择了再审程序，如果第三人已经选择了再审程序，本诉就必须中止审理，等待再审程序的结果。[4]

---

〔1〕 王亚新："第三人撤销之诉的解释适用"，载《人民法院报》2012 年 9 月 26 日。

〔2〕 张卫平："中国第三人撤销之诉的制度构成与适用"，载《中外法学》2013 年第 1 期。

〔3〕 高民智："关于案外人撤销之诉制度的理解与适用"，载《人民法院报》2012 年 12 月 11 日。

〔4〕 冯礼桉："第三人撤销之诉的解释适用"，载 110 法律咨询网 2012 年 10 月 7 日。

"取替说"认为，对于案外人权利救济问题，在起草立法条文时，立法机关曾有案外人申请再审、案外人另诉、案外人撤销之诉三种方案备选，最终选择了撤销之诉制度。撤销之诉作为一种非常救济制度，其主要立法目的在遏制侵害案外人利益的虚假诉讼行为，并以撤销之诉取代案外人申请再审制度，对未能参加诉讼获得程序保障的案外人，在判决、裁定、调解书的效力可能影响其权利时提供的一种救济渠道。[1]

2. 判决确定后案外第三人权利救济制度关系协调之建议

针对上述制度理解与适用上存在的争议，涉及第三人撤销之诉制度主体适用范围问题，本书已经在"第三人含义"界定中进行了论述，认为对第三人应当作扩大解释，以保护案外第三人的合法权益，遏制恶意诉讼。因此，在此不做赘述。本部分内容，主要对判决确定后案外第三人权利救济制度关系之协调问题进行阐述。

从第三人撤销之诉制度确立的目的看，主要是为了遏制恶意诉讼。在民事诉讼法修改过程中，对民事诉讼法采用什么方式保护第三人的权益有不同意见。有的学者认为，当第三人未能参加诉讼又无法通过执行异议对自己的权益进行救济时，可以通过另行起诉的方式解决。有的学者认为，可以通过再审的方式对第三人进行救济。有的学者提出，可以建立第三人撤销之诉来解决，即法律上有利害关系的第三人，因不可归责于自己的事由未能参加原案审理，但原案生效裁判损害其权益且无其他救济手段的，可以请求法院撤销或者改变原生效裁判中对其不利的部分。[2]

从我国现行的法律规定看，对第三人权益的保护，主要是第三人参加诉讼、执行阶段的执行异议制度、当事人申请再审和第三人撤销之诉制度。第三人参加之诉解决了本诉进行中，第三人参与诉讼对其权益保护的问题，即对双方当事人争议的诉讼标的有独立请求权的第三人，有权提起诉讼，参加本诉当事人已经开始的诉讼；对双方当事人争议的诉讼标的，虽然没有独立的请求权，但是案件的处理结果与其有法律上的利害关系的无独立请求权的第三人，可以申请参加诉讼，或者由人民法院通知参加诉讼。但是，需要注意的是，其参加诉

---

〔1〕 高民智："关于案外人撤销之诉制度的理解与适用"，载《人民法院报》2012 年 12 月 11 日。

〔2〕 全国人大常委会法制工作委员会民法室编著：《〈中华人民共和国民事诉讼法〉释解与适用》，人民法院出版社 2012 年版，第 82 页。

讼的前提是知道本诉的存在。而在诸多情况下，案外第三人往往不知道本诉的存在，法院通常也无法知晓或确定哪些人是与案件有利害关系的第三人，应当参加诉讼。例如，在恶意诉讼中，丈夫作为债务人为了逃避偿还债务，与妻子恶意串通，向法院提起诉讼，解除婚姻关系，将夫妻共有财产转移给妻子。在这种情况下，债权人并不知道债务人夫妇恶意诉讼转移财产的诉讼，即使知道也无法参加诉讼。因此，只有第三人参加之诉，对案外第三人并不能提供充分的权益保护。

有关执行异议制度的适用。我国《民事诉讼法》第227条规定："执行过程中，案外人对执行标的提出书面异议的，人民法院应当自收到书面异议之日起十五日内审查，理由成立的，裁定中止对该标的的执行；理由不成立的，裁定驳回。案外人、当事人对裁定不服，认为原判决、裁定错误的，依照审判监督程序办理；与原判决、裁定无关的，可以自裁定送达之日起十五日内向人民法院提起诉讼。"由此可见，执行异议制度解决的是执行程序中第三人的权益保护问题。但是，司法实践中，有些案件双方通过调解达成协议，或者虽然案件经过法院判决，但是双方当事人自愿履行，案件没有进入执行程序，在这种情况下，该项法律制度对案外第三人权益的保护明显不足。因此，适用第三人撤销之诉制度比较适宜。

那么，有些学者提出，可否由案外第三人另行起诉以维护自己的合法权益？从司法程序具体运作看，通过另行起诉的方式保护案外第三人的合法权益存在一定的法律障碍。包括管辖问题和生效裁判效力确定问题。从管辖方面看，根据法律规定，我国虽然施行四级二审终审制，四级人民法院依法都有权受理和审理第一审民事案件，但是，从我国目前情况看，大部分第一审民事案件都是由基层人民法院受理、审理和裁决的。而且有相当数量的案件，是通过两审终审结案的。如果案件经过二审终审，案外第三人向基层人民法院另行起诉，将涉及基层人民法院能否撤销上级法院裁决的问题。如果案外第三人向原诉法院以外的法院提起诉讼，又该如何处理呢？从生效裁判效力确定方面看，如果另行起诉后作出的裁判与原裁判不同，如何处理两个不同的生效裁判也存在问题。

从当事人申请再审制度的适用看，保护案外第三人合法权益也存在障碍。首先，当事人申请再审制度适用的主体是案件当事人，案外第三人并不能直接申请再审。其次，申请再审的条件很严格，申请再审的事由也不以侵害第三人权益为依据，案外人进入再审程序比较困难。最后，根据我国民事诉讼法的规定，如果原诉裁判是由二审法院作出的，当事人对再审裁判不得提起上诉，这无疑会损害从未参加诉讼的案外第三人的审级利益，使案外第三人的合法权益不能得到充分的保护。因此，有必要确立第三人撤销之诉制度。[1]

实际上，涉及判决确定后案外第三人权利救济制度的设置与适用，我认为，第三人撤销之诉与案外人申请再审制度共同构成了保护受生效裁判侵害的案外第三人合法权益保护的屏障。因为第三人撤销之诉与案外人申请再审制度虽有相似点，包括两种制度的设置都是为了遏制虚假诉讼，保护受生效裁判侵害的案外第三人的合法权益；都是针对生效的裁判；原告适格主体可能存在重合；最终产生的法律效果可能相等同。但是，两种制度之间的差别也是显而易见的。主要体现在以下四个方面：

（1）两者的本质不同。第三人撤销之诉的本质属于新诉，是对第三人实体权益的救济。案外人申请再审是特别救济制度，属于再审制度。

（2）两者的适格主体范围不同。第三人撤销之诉的主体是因不能归责于本人的事由未参加诉讼的原审诉讼案件外的第三人，包括有独立请求权的第三人和无独立请求权的第三人。案外人申请再审之诉的主体，法律没有明确的规定，学界主流观点认为，应当是物权人但不限于物权中的所有权人。

（3）适用的程序不同。第三人撤销之诉适用第一审程序，而案外人申请再审之诉适用审判监督程序。

（4）两者提起诉讼的条件不同。根据法律规定，第三人撤销之诉的提起条件是：当事人必须是原审诉讼案件外的第三人；第三人未参加诉讼的原因是因不能归责于本人的事由；有证据证明发生法律效力的判决、裁定、调解书的部分或者全部内容错误；发生法律效力的判决、裁定、调解书损害其民事权益；自知道或者应当知道民事权益受到损害之日起 6 个月内，向作出该判决、裁定、调解书的人民法院提起诉讼。案外人申请再审的条件是：案外人对法院判决、裁定、调解书确定的执行标的物享有实体请求权，主要是物权；无法提起新的诉讼解决争议；应当在判决、裁定、调解书发生法律效力后 2 年内，或者自知道或应当知道利益被损害之日起 3 个月内申请；应当在执行程序开始前或终止

---

[1] 全国人大常委会法制工作委员会民法室编著：《〈中华人民共和国民事诉讼法〉释解与适用》，人民法院出版社 2012 年版，第 81~82 页。

后申请；应当向作出生效裁判的上一级法院申请再审。[1]

从上述比较分析可以看出，第三人撤销之诉与案外人申请再审制度虽有相似点，但也存在着较大的差异，尤其是在适用对象上，差异更为显著。为了使当事人获得更多的权益救济途径，从我国目前的情况看，最高人民法院根据新修订的《民事诉讼法》制定司法解释时，应当保留案外人申请再审制度，以便使判决生效后权益受损害的案外第三人的合法权益能够切实得到保障。

在制度具体适用时，需要协调好各种救济制度之间的关系。判决确定后，第三人未能参加诉讼，案件进入执行程序的，权益受损害的案外第三人可以通过执行异议对自己的权益进行救济。如果没有办法通过执行异议获得救济，可以通过另行起诉的方式解决。如果案件没有进入执行程序，即没有办法通过执行异议获得救济，权益受损害的案外第三人也无法通过另行起诉的方式获得救济，可以选择申请再审，或者提起第三人撤销之诉。需要注意的是，当案外第三人同时可以提起第三人撤销之诉与申请再审时，两者关系的协调问题。法律应当规定，适格的当事人只能选择其中一种诉讼方式，即一旦选择了其中一种诉讼方式，就不能因为"一条路走不通再选择走另外一条路"。法院在审查案件时，如果案外第三人没有提起第三人撤销之诉，而是选择申请再审，法院可以受理。案件一旦审结，第三人又提起第三人撤销之诉的，法院不应当受理。反之亦然。

（四）完善我国判决确定后案外第三人权利救济制度的建议

近年来，在我国民事诉讼的司法实践中，当事人通过恶意诉讼等手段，侵害他人合法权益的案件时有发生。特别是人民法院加强调解工作后，由于调解自身具有的特点，一些当事人利用调解进行诉讼欺诈，损害第三人合法权益的现象日益突出。如何保护权益受到不法侵害的案外第三人合法权益的问题，成为立法中的一个重要问题。从现行的法律规定看，我国法律涉及判决确定后第三人权利救济的制度主要包括：案外人申请再审、执行异议和第三人撤销之诉。

1. 案外人申请再审制度

我国现行《民事诉讼法》只规定了当事人申请再审制度，然而，在司法实

---

〔1〕 汪晖："案外人撤销之诉制度与案外人申请再审制度之比较"，载《人民法院报》2013 年 5 月 22 日。

践中，发生法律效力的判决、裁定、调解书有可能涉及对案外人的影响。因此，《审判监督程序解释》增加了案外人申请再审的相关内容。

根据《审判监督程序解释》的规定，人民法院对于案外人申请再审的案件，经过审查，认为案外人提出的主张成立，原判确有侵害其权利的情形，且无法提起新的诉讼解决争议的，则应当裁定提起再审，本案进入再审程序。[1] 在再审程序中，需要区分不同的情形分别处理。如果案外人不是必要共同诉讼的当事人的，也就是原判的错误并不是遗漏了必须参加诉讼的当事人，而只是原判的某一判项或者调解书的某一项内容侵害或者可能侵害该第三人合法权利的，则仅审理其对原判决提出异议部分的合法性，并应根据审理情况作出撤销原判决相关判项或者驳回再审请求的判决；撤销原判决相关判项的，应当告知案外人以及原审当事人可以提起新的诉讼解决相关争议。如果通过再审，人民法院认为案外人应为必要的共同诉讼当事人的，则需要进一步区分是按照第一审程序还是按照第二审程序进行的再审。在按照第一审程序进行再审时，应追加该案外人为当事人，作出新的判决。在按第二审程序再审时，则应首先进行调解，能够达成调解协议的，制作再审调解书结案；经调解不能达成协议的，应作出再审裁定，撤销原判，将全案发回一审法院重审。一审法院重审时应追加案外人为当事人。[2]

从制度确立目的看，主要是为了保护权益被生效判决损害的案外人的合法权益，应当说制度设置具有一定的积极作用。但是，也存在如下问题：

（1）法律位阶较低。案外人申请再审的规定，源于2007年修改的《民事诉讼法》，是对法律的补充规定，是由最高人民法院以司法解释的形式作出的。从法律位阶上讲，司法解释的效力显然低于全国人民代表大会颁布的法律。2012

---

〔1〕《审判监督程序解释》第5条第1款规定："案外人对原判决、裁定、调解书确定的执行标的物主张权利，且无法提起新的诉讼解决争议的，可以在判决、裁定、调解书发生法律效力后二年内，或者自知道或应当知道利益被损害之日起三个月内，向作出原判决、裁定、调解书的人民法院的上一级人民法院申请再审。"

〔2〕《审判监督程序解释》第42条规定："因案外人申请人民法院裁定再审的，人民法院经审理认为案外人应为必要的共同诉讼当事人，在按第一审程序再审时，应追加其为当事人，作出新的判决；在按第二审程序再审时，经调解不能达成协议的，应撤销原判，发回重审，重审时应追加案外人为当事人。案外人不是必要的共同诉讼当事人的，仅审理其对原判决提出异议部分的合法性，并应根据审理情况作出撤销原判决相关判项或者驳回再审请求的判决；撤销原判决相关判项的，应当告知案外人以及原审当事人可以提起新的诉讼解决相关争议。"

年新修订的《民事诉讼法》增加规定了第三人撤销之诉，却没有规定案外人申请再审制度。由此，产生了两种不同的观点，一是有学者认为，案外人申请再审制度已经被第三人撤销之诉取替了。二是有学者认为，案外人申请再审制度与第三人撤销之诉并存。由于对法律规定理解的不同，导致司法实践中制度适用也出现问题。

（2）制度设置存在缺陷。从我国法律制度的设置看，再审是特殊的救济程序，其目的在于纠错。因此，再审的条件比较严格，门槛比较高，这是无可厚非的。关键在于，法律制度设置存在缺陷，即2012年新修订的《民事诉讼法》施行后，法律规定的第三人撤销之诉与案外人申请再审在目的、功能上存在重合之处，但是法律没有捋顺两者之间的关系。根据《审判监督程序解释》的规定，案外人对原判决、裁定、调解书确定的执行标的物主张权利，且无法提起新的诉讼解决争议的，可以在一定期限内向人民法院申请再审。那么，是否是只要案外人能够作为新《民事诉讼法》第56条规定的适格当事人，就属于不符合"无法提起新的诉讼"这一条件，而只能选择第三人撤销之诉？还是可以在第三人撤销之诉与申请再审之间进行选择？法律必须予以明确，否则会导致制度适用的混乱。

针对上述问题，应当从以下两个方面完善相关立法：

（1）提高法律位阶，通过立法的形式，规定案外人申请再审制度。由于新《民事诉讼法》没有案外人申请再审的规定，导致司法实践中理解的混乱。从法律制度设置的目的、功能和司法实践看，两种制度的设置，都是为了对权利受生效判决侵害的案外第三人予以救济，遏制恶意诉讼。从制度设置的先后看，案外人申请再审法律制度设置在先，第三人撤销之诉制度规定在后。但是，新《民事诉讼法》却只规定了第三人撤销之诉，没有将司法解释中的案外人申请再审制度纳入民事诉讼法，由此导致产生案外人申请再审制度被"取替说"。如前文所述，案外人申请再审与第三人撤销之诉制度存在重合部分，但是，两种制度的区别也是明显的，因此，在修改民事诉讼法时，应当将案外人申请再审制度纳入法律规定，明确其法律地位，使其发挥应有的作用。

（2）明确案外人申请再审与第三人撤销之诉的关系。新修订的《民事诉讼法》规定的第三人撤销之诉，对于保护权利受生效判决侵害的案外第三人的合法权益具有一定的作用，但是，如果法律仅规定第三人撤销之诉制度，取消案外人申请再审制度，会使法律保护范围出现盲区。例如，在司法实践中，目的在于转移财产而串通的虚假诉讼在先，然后原诉的当事人一方再与第三人进行交易等，造成事后对其利益的侵害。此种情况下的第三人，并不属于新《民事诉讼法》第56条规定的对象范围之内，只能通过案外人申请再审进行救济。再如，在众多继承人围绕遗产发生的纠纷中，具有与原告、被告不同权利主张，应当列为有独立请求权第三人的继承人，无论缘于何种事由未能参加诉讼，原诉的判决等法律文书都属于程序错误，应当通过再审程序予以纠正，其只能作为案外人申请再审。[1] 因此，案外人申请再审制度应当予以保留，而不是取消。但是，法律应当明确案外人申请再审与第三人撤销之诉的关系，以防止制度被重复利用。

2. 执行异议制度

案外人执行异议，是指在执行过程中，案外人以对执行标的享有实体权利为由，对民事执行机构对该标的的执行提出不同的意见，要求停止对该标的执行的声明。[2] 案外人执行异议是广义的执行异议的组成部分，该项法律制度在《民事诉讼法》中早有规定，[3] 2007年《民事诉讼法》修改之后，最高人民法院通过制定司法解释对其进行了细化，增强了其操作性。[4] 为了满足民事执行实践的需要，2007年修改《民事诉讼法》，将案外人异议之诉制度引入了民事执行救济体系，开始了我国实体性执行救济制度的构建之路。执行异议之诉制度的建立，对完善我国的执行救济制度具有十分重要的意义。[5]

2012年我国新修订的《民事诉讼法》第227条规定："执行过程中，案外人对执行标的提出书面异议的，人民法院应当自收到书面异议之日起十五日内审查，理由成立的，裁定中止对该标的的执行；理由不成立的，裁定驳回。案外人、当事人对裁定不服，认为原判决、裁定错误的，依照审判监督程序办理；

〔1〕 王亚新："第三人撤销之诉的理解适用"，载《人民法院报》2012年9月26日。

〔2〕 宋朝武：《民事诉讼法学》（第三版），中国政法大学出版社2012年版，第486页。

〔3〕 1991年《民事诉讼法学》第208条规定：执行过程中，案外人对执行标的提出异议的，执行员应当按照法定程序进行审查。理由不成立的，予以驳回；理由成立的，由院长批准中止执行。如果发现判决、裁定确有错误，按照审判监督程序处理。

〔4〕 2008年9月8日最高人民法院审判委员会第1452次会议通过的最高人民法院《关于适用〈中华人民共和国民事诉讼法〉执行程序若干问题的解释》（文中简称《执行程序适用解释》）

〔5〕 2007年修改的《民事诉讼法学》第204条规定："执行过程中，案外人对执行标的提出书面异议的，人民法院应当自收到书面异议之日起十五日内审查，理由成立的，裁定中止对该标的的执行；理由不成立的，裁定驳回。案外人、当事人对裁定不服，认为原判决、裁定错误的，依照审判监督程序办理；与原判决、裁定无关的，可以自裁定送达之日起十五日内向人民法院提起诉讼。"

与原判决、裁定无关的，可以自裁定送达之日起十五日内向人民法院提起诉讼。"由此可见，执行异议制度解决的是执行程序中第三人的权益保护问题。进一步确定了案外人异议之诉的法律地位。案外人异议之诉制度的确立，对于保护案外人的合法权益具有较为重要的意义。但是，制度在施行中存在的问题也应当引起注意。具体主要体现在以下两个方面：

（1）执行异议制度存在缺陷。法律规定的案外人异议制度，将审判监督程序与"另行起诉"程序相掺杂，将对案外人救济的程序与对当事人救济的程序相混合，试图以一个简单的条款涵盖执行异议之诉的诸多程序上的问题，导致理论研究、立法以及司法实践对制度的理解与适用面临困境。

（2）将执行机构的审查作为前置程序，不利于对案外人、当事人权益的保护。根据我国现行《民事诉讼法》的规定，执行机构的审查是案外人、当事人提起诉讼的前置程序。立法理由在于，"审判程序往往比较复杂，如果案外人异议问题一律通过诉讼解决，将使问题过于复杂化，影响执行效率"。[1] 立法初衷是好的，但是，司法实践运用中却未必能够达到预期的效果。

针对上述问题，应当从以下两个方面完善相关法律制度：

（1）废除"审判与执行不分"、"执行救济与审判监督混淆"的案外人异议制度。法律规定将执行机构的审查作为前置程序，存在的问题主要体现在以下几个方面：首先，从案外人角度看，当案外人对执行标的主张实体权利时，只要认为有理，一般都不会轻易放弃权利主张，即使执行机构裁定驳回案外人异议，案外人通常也会通过诉讼程序进一步主张权利。这样一来，使立法设置前

---

〔1〕 2007 年《民事诉讼法》修改过程中，针对我国的案外人异议制度具体应如何设计，存在较大分歧。主要有以下两种观点：第一种观点主张，案外人对执行标的有异议的，应直接提起诉讼，由审判部门通过诉讼程序审理，执行机构不作任何审查。第二种观点认为，案外人异议涉及的问题繁简不一，而审判程序往往比较复杂，如果案外人异议问题一律通过诉讼解决，将使问题过于复杂化，不仅影响执行效率，还可能给债务人拖延履行义务留下空间，不利于债权及时得到实现。因此，有必要通过执行机构的审查解决一部分问题。这种观点又细分为两种思路：一是将执行机构的审查作为前置程序，执行机构对案外人异议先进行初步审查，对执行机构的处理不服的，才能提起诉讼；二是把执行机构的审查和诉讼作为两种并列的程序，由当事人或利害关系人自主选择；三是案外人异议应先向执行机构提出，但执行机构不应作任何审查，只负责征求债权人意见，债权人同意撤销对异议标的执行的，执行法院应尊重其意愿撤销执行；反之，债权人不同意撤销执行的，案外人可以提起诉讼。2007 年《全国人民代表大会常务委员会关于修改〈中华人民共和国民事诉讼法〉的决定》大致采纳了第二种观点中的第一种思路。参见刘学在、朱建敏："案外人异议制度的废弃与执行异议之诉的构建——兼评修改后的《民事诉讼法》第 204 条"，载《法学评论》2008 年第 6 期。

置程序的目的难以实现。其次，从当事人角度看，法律规定将"债务人提起诉讼"依附于"案外人异议"，将执行机构的审查作为案外人、当事人提起诉讼的前置程序，其结果是，如果案外人不提出异议，作为当事人的债务人就无法直接针对实体问题提起诉讼。只有在案外人提出异议，债务人和案外人对执行机构针对执行异议作出的裁定不服的情况下，才有机会提起诉讼以寻求救济。这种制度设置，与直接赋予案外人、债务人诉权的异议之诉制度相比，异议之诉制度显然更有利于执行效率的提高。再次，从审查期限看，法律规定的"人民法院应当自收到书面异议之日起十五日内审查"，可以有两种理解：一是必须在十五日内审查完毕；二是只要在十五日内开始进行审查即可，作出裁定的期限可以超出十五日的限制。如果是后一种理解，显然会影响执行效率。针对上述问题解决的办法是，废除"审判与执行不分"、"执行救济与审判监督混淆"的案外人异议制度，取消执行机构审查前置的规定，完善执行异议之诉制度，明确审查期限，以利于执行异议制度更好地发挥作用。

（2）完善执行异议之诉制度。我国新修订的《民事诉讼法》虽然规定了执行异议之诉制度，但是，还存在如下问题：一是可以提出执行异议之诉的主体不明确；二是提起执行异议之诉的事由不确定；三是管辖法院存在争议；四是提起执行异议之诉的期限有争议。针对上述存在的问题，应当从以下四个方面进行完善：一是明确可以提出执行异议的主体。从大陆法系理论和立法看，一般认为，执行异议之诉包括债务人异议之诉和第三人异议之诉，我国学者大多也只认同这两种基本类型。因此，法律规定可以提出执行异议的主体，应当包括债务人和案外第三人。二是确定可以提出执行异议的事由。就债务人异议之诉而言，其目的在于请求以判决排除执行名义的执行力，故必须要有消灭或妨碍债权人请求的事由才能提起。[1] 就第三人异议之诉而言，其目的在于请求以判决排除对标的物的强制执行，所以第三人对执行标的物必须享有足以排除强

---

[1] 消灭事由包括使请求权的全部或一部绝对消灭的事由和相对消灭的事由。绝对消灭的事由包括：清偿、提存、抵销、免除、混同、解除条件成就、和解、撤销权或解除权之行使、消灭时效完成、免除债务之法律施行等；相对消灭的事由包括：债权让与或债务承担等。妨碍债权人请求的事由，是指可使执行名义所载请求的一部或全部暂时难以行使的情况。包括：债权人同意延期、债务人为同时履行之抗辩、债务人对请求之标的行使留置权，权利滥用或违反诚信原则等。参见杨与龄：《强制执行法论》，中国政法大学出版社 2002 年版，第 191 页。

制执行的权利。〔1〕 三是明确可以提出执行异议的管辖法院。关于异议之诉的管辖，大陆法系的德国、日本以及我国台湾地区的立法均规定，执行异议之诉由执行法院管辖。〔2〕 这样做的好处在于便利。有观点认为，为兼顾执行效率和诉讼公正，在执行法院与作出执行名义的法院不一致的情况下，为避免异议之诉的判决与原判决在事实认定上相矛盾的情况出现，应由作出生效法律文书的法院负责异议之诉的审理。〔3〕 异议之诉由审判机构审理还是执行机构审理，在我国现行的执行体制下，执行机构的设置以及执行权的配置保留了执行庭的裁判职能，执行法官与审判法官都有同样的裁判资格，从实践看，执行机构可以组成合议庭审理异议之诉。但是，从审执分立的规律看，应当由审判机构组成合议庭审理异议之诉。四是明确提起执行异议之诉的期限。债务人提出异议之诉的目的，在于排除执行名义的执行力。如果强制执行程序已经终结，即无排除强制执行名义执行力的可能，再提起异议之诉已无必要。因此，债务人提起异议之诉的期限，应在强制执行程序终结前。〔4〕 第三人提出异议之诉的目的，在于排除对执行标的物的执行，若对该标的物的执行已经终结，即使第三人提起异议之诉，已无实益。因此，第三人提起异议之诉的期限，应在强制执行程序终结之前。〔5〕

3. 第三人撤销之诉制度

第三人撤销之诉，是指因不能归责于本人的事由未参加诉讼的第三人，有证据证明发生法律效力的判决、裁定、调解书的部分或者全部内容错误，损害其民事权益，自知道或者应当知道其民事权益受到损害之日起6个月内，向作出该判决、裁定、调解书的人民法院提起诉讼，请求改变或者撤销原判决、裁定、调解书的制度。第三人撤销之诉赋予了第三人提起诉讼撤销生效判决的权

〔1〕 所谓"足以排除强制执行的权利"，系指就执行标的物有"所有权或其他足以阻止物之交付或让与之权利"，所有权以外的权利包括典权、质权、留置权、地上权、地役权、永佃权、抵押权和占有权等。

〔2〕 参见德国《民事诉讼法》第828条；日本《民事执行法》第38条；我国台湾地区现行"强制执行法"第14、15条。

〔3〕 李祖军：《契合与超越——民事诉讼若干理论与实践》，厦门大学出版社2007年版，第509页。

〔4〕 强制执行程序终结，是指整个强制执行程序终结，如果仅仅是对某一执行标的物之强制执行终结，但价金不足以清偿执行名义所载之债权的，债务人仍可以提起异议之诉。

〔5〕 这里的"强制执行程序终结"，应指对于执行标的物个别之强制执行程序的终结而言。对个别执行标的物之强制执行程序，如已终结，则虽整体的执行程序尚未终结，第三人提起"异议"之诉已无实际利益，只能对债权人提起损害赔偿之诉。

利，这种权利在一定程度上与判决的既判力是对立的，会在一定程度上冲击判决的安定性。但是，如果第三人在没有参加原诉讼的情况下，却要受到原诉讼判决的不利影响，与程序保障的要求是相背离的。因此，在权利受到不法侵害时，应该给予案外第三人相应的司法救济。

新《民事诉讼法》施行以来，第三人撤销之诉制度已经付诸实施，其对遏制通过恶意诉讼的方式侵害案外第三人的合法权益案件的发生，起到了重要的作用。但是，法律适用过程中存在的问题也显现出来。有司法实践部门分析指出，第三人撤销之诉是借鉴法国和我国台湾地区的做法，存在水土不服的情况，由于法律规定得过于概括，导致实务理解比较混乱，可操作性不强。[1] 具体主要体现在以下四个方面：

（1）提起第三人撤销之诉条件的规定过于概括。根据新《民事诉讼法》第56条第3款的规定，提起第三人撤销之诉的条件包括以下几个方面：一是因不能归责于本人的事由未参加诉讼；二是有证据证明发生法律效力的判决、裁定、调解书的部分或者全部内容错误，损害其民事权益；三是自知道或者应当知道其民事权益受到损害之日起6个月内提起诉讼。其中，对"不能归责于本人的事由"，由于法律没有作出进一步的解释和说明，导致司法实践中，对于存在什么样的理由，属于"不能归责于本人的事由"的认定缺乏统一标准，产生理解不同的问题。

（2）缺乏与制度配套的程序规定。一项制度的确立与施行，需要设置与之配套的程序。现行法律规定的第三人撤销之诉制度，没有设置与之配套的程序，导致法院、法官之间对第三人撤销之诉的启动、立案、审理、裁判标准存在不同的看法。

（3）缺乏第三人撤销之诉与申请再审关系的规定。根据现行法律规定，涉及第三人撤销之诉的诉讼，无论是一审生效判决案件，还是二审生效判决案件，在案件审理时，司法实践中均是按一审程序审理，导致第三人撤销之诉与再审之诉之间定位存在冲突，执法者内部意见不一致，直接影响了制度适用的效果。

（4）缺乏惩罚制度与救济制度的规定。新修订的《民事诉讼法》增加规定第三人撤销之诉制度，主要目的是为了遏制恶意诉讼。但在司法实践中，一些

---

〔1〕 章宁旦："第三人撤销之诉缘何'水土不服'——佛山中院分析认为立法语言过于概括可操作性不强"，载《法制日报》2013年12月26日，第8版。

地方在遏制恶意诉讼的同时，放大对案外第三人权利的保护，伤及通过正当途径取得生效裁判文书的当事人，也客观上影响了生效裁判文书的既判力和严肃性。只赋予当事人权利，并规定权利的救济方式，但是没有赋予当事人义务，是制度设置存在的症结所在。[1]

针对上述问题，应当从以下三个方面完善立法：

（1）细化提起第三人撤销之诉的条件。关于第三人提起撤销之诉条件的规定，由于法律规定过于概括，导致司法实践中缺乏可操作性，尤其是对"不能归责于本人的事由"的规定，在理解和适用上分歧较大。建议立法完善时，采取原则性规定与列举性规定相结合的方式，一方面在民事诉讼法中对提起第三人撤销之诉的条件作出原则性的规定；另一方面，在最高人民法院制定的司法解释中，对提起第三人撤销之诉的条件作出案件类型列举性的规定，以防止制度适用的扩大化，或者由于口子收的太紧，把一些权益确实受到损害的案外第三人排除在外。

（2）规定与制度适用配套的程序。第三人撤销之诉制度设置的目的，是为了遏制恶意诉讼，实现民事诉讼法律制度设置的"补漏"平衡，是在制度预防不足时，给予事后救济的补救措施。因此，第三人撤销之诉最重要的价值取向定位，应当是保护因故未能及时参与原诉讼的第三人的救济手段。我国现行民事诉讼法只对第三人撤销之诉制度作出了原则性的规定，未涉及与之相配套的程序性规定，导致司法实践制度运用的随意性。建议完善立法，对第三人撤销之诉的立案标准、审理和裁判标准作出明确具体的规定，以保证法律适用的统一性与权威性。

（3）明确第三人撤销之诉与申请再审的关系。如前文所述，新修订的《民事诉讼法》规定了第三人撤销之诉，在涉及第三人撤销之诉与申请再审的关系处理时，理论界和司法实务界产生了两种不同的认识：一种观点认为，第三人撤销之诉与申请再审之诉两种制度并存；另一种观点认为，第三人撤销之诉取替了申请再审之诉，因此，凡是涉及案外人申请异议的请求，都应当按第三人撤销之诉处理。实际上，第三人撤销之诉与申请再审属于法律设置的两种不同的救济制度，立法应当作出明确的区分，并明确两种不同制度的法律地位，使

---

〔1〕 章宁旦："第三人撤销之诉缘何'水土不服'——佛山中院分析认为立法语言过于概括可操作性不强"，载《法制日报》2013 年 12 月 26 日，第 8 版。

两种制度充分发挥作用。

4. 确立救济制度与惩罚制度

第三人撤销之诉案件的审理，是对受到生效裁判不利影响的第三人权利的首次救济，本质上相当于为权益受损害的当事人设置的第一审救济程序。同时，第三人撤销之诉制度不仅是为第三人受到生效裁判侵害的权利提供程序上的保障，也是对当事人的实体权利进行救济。因此，应该允许当事人对第三人撤销之诉的判决提起上诉。我国法律没有对此作出规定，应当通过立法予以明确。[1]

法律制度的设置，权利、义务和责任应当相配套。我国法律规定了第三人撤销之诉制度，赋予案外第三人提起撤销之诉的权利，却没有规定相应的义务和责任，司法实践中可能会导致第三人滥诉。从第三人撤销之诉制度设置的功能看，是为了对受到生效裁决不利影响的案外第三人予以特殊的救济，是对第三人事前程序保障的补充，因此，应该尽量控制该诉讼程序的启动，对于滥用诉权，没有正当理由提起撤销之诉的第三人应该予以惩罚。因为第三人撤销之诉的提起，对于裁判的权威性和安定性会产生巨大的影响。为了避免第三人撤销之诉的滥用，法律应当规定，如果法院经过审理认为，第三人滥用撤销之诉并存在过错的，应该对第三人进行一定的经济惩罚，具体数额可以根据各地的经济情况分别确定。

二、民事恶意诉讼的规制

民事诉讼制度在一定意义上犹如一把"双刃剑"，善意运用这一制度，无疑可以依法维护受害者的合法权益，维护法律的权威和社会秩序的和谐稳定。但如果民事诉讼制度被恶意地加以利用，则不仅不能发挥其应有的作用，反而会损害他人的合法权益，而且会导致社会秩序的混乱。因此，世界各国都十分重视防止滥用民事诉讼程序。

近些年来，随着经济社会的快速发展，社会利益关系复杂化，公民的权利意识和法律意识普遍增强，民事诉讼大量增加，同时，恶意地滥用民事诉讼程

---

〔1〕 法国新《民事诉讼法》第592条规定："就第三人异议作出的判决，得如同作出此种判决的法院的裁判决定，提出同样的上诉。"参见《法国新民事诉讼法典》，罗结珍译，中国法制出版社1999年版，第119页。

序的恶意诉讼现象也越来越严重，不仅损害了公民、法人和其他组织的合法权益，更重要的是，这种现象如果不及时予以遏制，就可能严重损害法律的权威，造成法律秩序和社会秩序的混乱，影响社会稳定。因此，如何遏制滥用民事诉讼程序的恶意诉讼，是我们当前面临的一个非常紧迫的重要问题。

本书首先阐明恶意诉讼的含义和类型，分析恶意诉讼的成因及危害，然后简要分析国外规制恶意诉讼的相关基本特征，在此基础上，着重研究提出我国进一步完善相关法律制度、防止和遏制恶意诉讼的具体建议。

（一）恶意诉讼的含义、成因及其危害

"恶意诉讼"的概念源于英美，美国的侵权法里有一种侵权类型称为"诉讼程序滥用"。《美国侵权法重述》列举了这类侵权的三种具体形式，即恶意民事诉讼、恶意刑事起诉和滥用诉讼程序。上述三种诉讼行为的行为人都应当承担侵权责任。[1] 大陆法系国家一般没有直接在实体法里对恶意诉讼作出规定，只是在程序法里或者通过相应的判例对恶意诉讼进行相应的规范，因而恶意诉讼的概念不甚明确。[2]

1. 恶意诉讼的含义和类型

我国学者对于恶意诉讼的定义存在多种观点，其中有代表性的观点主要包括：其一，汤维建教授认为，所谓恶意诉讼，是指当事人故意提起一个在事实上和法律上无根据之诉，从而为自己谋取不正当利益的诉讼行为。[3] 其二，王加庚教授认为，恶意诉讼是指当事人明知或者应当知道其诉讼目的是不正当的而仍然诉请保护，以致不正当诉讼的发生，侵害对方合法权益的行为。[4] 其三，高志刚先生认为，恶意诉讼是指当事人主观存有恶意，客观上有伪造证据、虚

---

〔1〕 前两种侵权行为的共同点在于，起诉行为人是恶意地启动诉讼程序，可以统称为恶意起诉。这两种情况下，被恶意起诉的人可以提起滥用法律诉讼的侵权诉讼，从恶意起诉人那里获得补偿。第三种侵权形式是滥用诉讼程序，是指被告提起法律诉讼并不是为了达到诉讼本身的目的，而是通过恶意地、不正当地使用常规诉讼程序实施一种侵权行为，从而导致原告受到损害。这种侵权行为的特征是，行为人享有诉权，但其行使诉权的行为不符合法律规定的目的。与前两种形式不同，这种滥用诉讼程序的行为人在启动诉讼程序上不存在恶意。参见陈桂明、刘萍："民事诉讼中的程序滥用及其法律规制"，载《法学》2007年第10期。

〔2〕 温后钟、沈典松："对恶意诉讼及其规制的思考"，载《法制与社会》2007年第7期。

〔3〕 汤维建："恶意诉讼及其防治"，载陈光中主编：《诉讼法理论与实践》，中国政法大学出版社2003年版，第331~335页。

〔4〕 王加庚："应设立恶意诉讼赔偿制度"，载《人民法院报》2004年7月20日，第4版。

拟事实，旨在损害被告或案外第三人利益或公共利益的非诚信民事诉讼行为。[1] 其四，杨立新教授认为，恶意诉讼，是指明知道没有合法的诉讼理由，意图使他人受到财产上的损害，故意向法院提起民事诉讼的行为。[2]

上述几种定义分别从不同的维度，对恶意诉讼的特征进行了分析归纳，但是难免有些偏颇之处，还不能涵盖恶意诉讼的全部内容。首先，恶意诉讼的核心内容是，行为人提起诉讼系出于恶意，所谓"恶意"，顾名思义应当是主观故意，但定义二所指的"明知或应当知道"显然包含有过失的含义。按照"恶意"的通常含义，行为人因主观过失而提起诉讼的，似不应当属于恶意诉讼的范畴。就此而言，这一定义的内容显然界定不甚严密。其次，定义一、三、四虽然指出了恶意诉讼的核心内容是故意，即"故意"、"恶意"、"明知"，并列举了相关的构成要件，包括"在事实上和法律上无根据"，"伪造证据、虚拟事实"，"没有合法的诉讼理由"等，但是从诉讼形态来看，都只限于原告提起诉讼，事实上，从司法实践来看，恶意诉讼不仅存在于起诉阶段，也存在于诉讼进行过程中，上述定义显然没有完全涵盖恶意诉讼的整体内容。

从本质上说，恶意诉讼是一种与法治精神背道而驰的诉讼行为。当代法治社会的基本精神是保障公民的诉讼权利，应当鼓励公民通过合法的途径维护自身的合法利益。如何做到既能保证当事人依法充分行使诉讼权利，又能保障每个公民的合法权益不受到非法诉讼的侵害，正是规制恶意诉讼的意义所在。因此，首先必须对恶意诉讼的范围作出准确的界定，将其范围规定得过窄，显然难以达到规制恶意诉讼的目的，相反，规定得过宽，又会抑制当事人的诉讼积极性。据此，本书将恶意诉讼定义为，行为人为实现不正当的目的，无正当理由、恶意地提起诉讼或者滥用诉讼程序，从而损害相对人的合法权益的诉讼行为。

依据上述定义，恶意诉讼的构成要件应当是：①行为人实施诉讼行为是为了实现不正当目的；②恶意地、无正当理由地提起诉讼或者滥用诉讼程序；③诉讼的结果使相对人的合法权益受到损害。按照这个定义，恶意诉讼的形式主要包括以下两种具体类型：恶意提起诉讼和滥用具体诉讼程序。这两者的主要区别在于，恶意提起诉讼是指在没有合理依据的情形下提起诉讼，而滥用具

---

〔1〕 高志刚："民事恶意诉讼的规制和风险防范"，载《法学论丛》2008年第3期。

〔2〕 杨立新：《侵权司法对策》，吉林人民出版社2003年版。

体诉讼程序则是指，在合理诉讼的过程中实施妨碍民事诉讼顺利进行的行为。

一般来说，恶意地提起诉讼的情形比较简单明确。但是，滥用诉讼程序的情况就复杂得多，具体而言，滥用诉讼程序通常主要表现为以下四种情形：①恶意地利用诉讼权利。例如，当事人恶意地利用申请回避权、延期审理权、上诉权、异议权等，以便拖延诉讼；再如，当事人在诉讼中突然提出新的证据，进行证据突袭。②实施前后矛盾的诉讼行为。英美法普遍都有禁反言的规定，即当事人在诉讼中实施的诉讼行为必须前后一致，如果当事人变更其诉讼行为会导致对方当事人遭受不公平的结果，对当事人前后矛盾的诉讼行为应予禁止。③不当地制造于己有利的诉讼状态。例如，恶意地利用法律漏洞、妨碍对方当事人实施有效的诉讼行为等。④在诉讼过程中作出虚假陈述或者提供虚假的证据等。[1]

2. 恶意诉讼的成因

近年来，我国的恶意诉讼案件呈明显上升趋势，成为社会各界关注的一个重点问题，出现这种现象的原因比较复杂，主要可以归因于以下三个方面：

（1）诉讼本身的消极性。作为人类特定实践的诉讼，无论在客观上，还是在冲突主体以及统治者的主观认识中，都是能够产生一定的效果，同时又需要支付一定代价的行为。[2] 日本法学家川岛武宜认为：西方人"健讼"，动不动就上法庭；东方人"厌讼"，喜欢采取调解的方式，把大事化小，小事化了，其主要原因是文化差异和法律意识的差异。我国长期处于封建社会，儒家文化居于主导地位，奉行温、良、恭、俭、让的行为规范和道德准则，"和为贵"的观念妇孺皆知，强调绝对的和谐，强调人与人、人与自然乃至整个宇宙间的恰和无间。实现和谐的根本手段是"教化"，使人们出于内心的认识与信念自觉自愿地放弃自己的主张。在儒家思想的熏陶下，人们形成了忍让、宽容、怕事的性格特征，能忍则忍，吃亏是福，怕吃官司等，都是这一性格的真实写照，导致人们的怕诉、厌诉心理。再加上我国古代的法律等同于刑法，诉讼往往与犯罪相关联，在诉讼中不论处于原告地位，还是处于被告地位，都有损名誉和身份。特别是对被告而言，这种负面影响会更大，社会公众一般认为，被告本身就隐含一种不正当的含义，恶意诉讼的行为人恰好就是要利用这种消极的影响来达

---

〔1〕　陈桂明、刘萍："民事诉讼中的程序滥用及其法律规制"，载《法学》2007 年第 10 期。

〔2〕　张建权："恶意诉讼问题探析"，载《浙江师范大学学报》2005 年第 2 期。

到其不正当的目的。

（2）社会诚信的缺失。诚实信用是古今中外正当行为的基本准则，它要求人们在市场活动中讲究信用、恪守诺言、诚实不欺，在不损害他人利益的前提下追求自己的利益。[1] 诉讼作为人类活动的一种，当然也应当遵循这项原则。在司法领域，诚实信用原则起初是为了弥补法律功能的不足，在民事诉讼领域适用则是为了弥补诉讼功能的局限性。在民事诉讼中适用诚实信用原则，对法院来讲，要求法官不得滥用司法裁量权；对诉讼参与人来讲，要求其实施的诉讼行为必须诚实、善意。然而，当今社会诚信缺失，某些人为了达到不正当的目的，追求不正当的利益，故意虚构事实、伪造证据提起诉讼；有些人甚至无故挑起诉讼事端，为自己扬名。从目前案件发生的情况看，恶意诉讼不仅涉及知识产权领域，而且涉及新闻侵权、继承、经济案件等，触及范围之广，令人担忧。[2] 诚实信用的缺失，是恶意诉讼出现的内在原因，导致无辜的人无端陷入诉讼，合法权益遭受侵害，一些人甚至对诉讼产生了恐惧、厌恶心理，缺乏诚信的人通过恶意诉讼获得了不正当利益，使诚信者的合法权益遭受损害，会更加恶化社会的诚信状态。

（3）法律制度的缺陷。法律应当为维护正当的利益而被善意地使用，诉讼法的形式性也应当为维护实质正义而设置。然而，诉讼法上形式性的要件很容易被制造出来，诸多恶意诉讼的情形，恰恰是行为人采用了程序法形式合法的诉讼行为，但不是为了维护自己的合法权益寻求司法保护，而是不正当地利用诉讼程序损害对方当事人的合法权益。在我国现有的法律制度中，只有部分法律对恶意诉讼的形式作了一些简略的规定，例如，我国《宪法》第 51 条以及《民法通则》第 5 条和第 106 条第 2 款、《民事诉讼法》第 49 条第 3 款、第 111、

---

〔1〕 梁慧星：《民法解释学》，中国政法大学出版社 1995 年版，第 301 页。

〔2〕 涉及知识产权领域的侵权案件：南京吴江一家阀门厂的厂长恶意申请"垃圾专利"，并将自己的同行告上法庭。在经济纠纷诉讼中，有故意虚构证据、伪造借条以牟取不义之财的；有原被告合谋，利用法院的判决损害第三者利益的；有恶意申请冻结资金，给对方造成损失的；还有故意耗费时间，拖延诉讼，牟取不当利益的等。参见赵雪彦、黎伟华："惩治恶意诉讼的法律尴尬"，载《民主与法制》2007 年第 6 期。

114 条、《刑法》第 307 条等，都有所规定。[1] 特别是我国 2012 年新修订的《民事诉讼法》明确增加了遏制恶意诉讼行为的法律规定，但是，这些规定大都比较原则化，不便于实际操作，而且，这些规定也很不全面，主要只是对恶意诉讼、恶意逃避债务行为作了明确规定，没有形成遏制恶意诉讼行为的法律制度体系，只能在有限的范围内对恶意诉讼行为起到惩戒的作用，根本不足以遏制贯穿整个民事诉讼过程的恶意诉讼行为。[2]

3. 恶意诉讼的危害

诉讼不仅是纠纷解决机制，也是社会积怨的释放机制，恶意诉讼导致诉讼机能异化，使诉讼纠纷解决功能消减，诉讼纠纷解决机制难以有效发挥作用。从目前的司法实际情况看，恶意诉讼的危害主要体现在以下三个方面：

（1）侵害相对人的合法权益。恶意诉讼的形式虽然多种多样，但是目的却相对确定，即损害对方当事人和案外人的合法权益。有的利用诉讼侵犯被告的财产权；有的原告与被告恶意串通损害案外第三人的财产权益；有的通过诉讼损害对方的商业信誉，使对方丧失商业机会，整垮竞争对手；有的为了提高自己的知名度，假借诉讼之名炒作自己；有的则为了发泄不满情绪提起诉讼等。例如，某当事人为了与配偶离婚时能独占大部分财产，与朋友串通，伪造债务

---

〔1〕《中华人民共和国宪法》第 51 条规定："中华人民共和国公民在行使自由和权利的时候，不得损害国家的、社会的、集体的利益和其他公民的合法的自由和权利。"《中华人民共和国民法通则》第 5 条规定："公民、法人的合法的民事权益受法律保护，任何组织和个人不得侵犯。"第 106 条第 2 款规定："公民、法人由于过错侵害国家的、集体的财产，侵害他人财产、人身的应当承担民事责任。"《中华人民共和国民事诉讼法》第 49 条第 3 款规定："当事人必须依法行使诉讼权利，遵守诉讼秩序，履行发生法律效力的判决书、裁定书和调解书。"第 111 条规定："诉讼参与人或者其他人有下列行为之一的，人民法院可以根据情节轻重予以罚款、拘留；构成犯罪的，依法追究刑事责任：（一）伪造、毁灭重要证据，妨碍人民法院审理案件的；（二）以暴力、威胁、贿买方法阻止证人作证或者指使、贿买、胁迫他人作伪证的……"第 114 条规定："有义务协助调查、执行的单位有下列行为之一的，人民法院除责令其履行协助义务外，并可以予以罚款：（一）有关单位拒绝或者妨碍人民法院调查取证的；（二）有关单位接到人民法院协助执行通知书后，拒不协助查询、扣押、冻结、划拨、变价财产的……"《中华人民共和国刑法》第 307 条规定："以暴力、威胁、贿买等方法阻止证人作证或者指使他人作伪证的，处三年以下有期徒刑或者拘役；情节严重的，处三年以上七年以下有期徒刑。帮助当事人毁灭、伪造证据，情节严重的，处三年以下有期徒刑或者拘役。"

〔2〕《中华人民共和国民事诉讼法》第 112 条规定："当事人之间恶意串通，企图通过诉讼、调解等方式侵害他人合法权益的，人民法院应当驳回其请求，并根据情节轻重予以罚款、拘留；构成犯罪的，依法追究刑事责任。"第 113 条规定："被执行人与他人恶意串通，通过诉讼、仲裁、调解等方式逃避履行法律文书确定的义务的，人民法院应当根据情节轻重予以罚款、拘留，构成犯罪的，依法追究刑事责任。"

提起诉讼，并在诉讼中对证据进行自认，以获得法院不利于己的判决，或者通过法院调解结案，将财产转移，使配偶在后续的离婚诉讼中少分或不分财产，损害配偶的财产权益。再如，凭着一项所谓的专利，江苏省吴江市一家阀门厂的厂长李中（个人独资企业）向扬州市同行（通发公司）提出了高额索赔，并请求法院判令同行销毁所有的"侵权"产品及生产模具。扬州市同行出示多项证据证明原告专利是"垃圾"，但原告却置若罔闻，执意要将官司进行到底。无奈之下，被告只好花费大量的人力、财力陪原告"玩"到底，经过长达 3 年的"诉讼"，原告的专利终被证实为"垃圾"。被拖入"诉累"的被告愤而状告原告"恶意诉讼"，人民法院经审理认为，李中故意以他人受到损害为目的，以恶意申请并应当被认定自始无效的专利权对通发公司提起专利权侵权诉讼，致使通发公司在诉讼中遭受损失，应当赔偿相应的经济损失。依法判定李中赔偿原告通发公司已经付出的律师代理费、公告费等经济损失 21 500 元，案件受理费 5520 元也由李中全部负担。[1] 从司法实践看，行为人提起恶意诉讼，相对人必然应诉、上诉，以至于申请再审，必然耗费大量的时间、精力和财力，影响生产和生活的正常秩序，给相对人造成物质损失和精神损害。

（2）导致司法资源的浪费。英国学者彼得·斯坦和约翰·谢德指出，法律所存在着的价值，并不仅限于秩序、公平和个人自由这三种。许多法律规范首先是以实用性，即获得最大效益为基础的。[2] 通过诉讼的方式解决纠纷具有一定的效果，但是国家也需要付出一定的资源代价。受经济实力的影响，国家的司法资源又是有限的。在美国，每年的诉讼费用达到 1000 亿美元，每年仅州法院系统受理的案件就多达 1800 多万件，而司法力量的发展相对比较滞后。[3] 在我国，根据最高人民法院工作报告显示，2008 年最高人民法院受理案件 10 553 件，全国各级人民法院受理案件 10 711 275 件。另据有关报道，江苏省是市场化程度较高的省份，2008 年，该省高级人民法院受理各类案件 8135 件，同比增

---

〔1〕　智敏："'恶意诉讼'者为'恶意'买单——全国首例知识产权恶意诉讼案宣判"，载《法治与社会》2007 年第 4 期。

〔2〕　［英］彼得·斯坦、［英］约翰·谢德：《西方社会的法律价值》，王献平译，中国人民公安大学出版社 1990 年版，第 2 页。

〔3〕　乔耳·歇沃尔滋："美国民商事争端之选择性争端解决方式评介"，李启欣译，载《现代法学》1997 年第 6 期。

长 174.37%，基层法院受理各类案件 807 391 件，同比增长 25.75%。[1] 2000 年以来，北京市朝阳区法院收案量开始以每年 5000 件的数量持续攀升。2005 年收案、结案双双突破 5 万件，成为全国基层法院收结案冠军，审判一线人员当年年均结案量达到 293 件。[2] 从以上数字可以看出，人民法院案件数量呈现各级、各类型案件全面、爆发式增长的态势。案件数量不断攀升，司法资源的投入却相对滞后，呈现出案多人少的状态。恶意诉讼虽然出于恶意，但人民法院也必须通过正式法律程序进行审理，这就导致人民法院被迫耗费大量有限的司法资源，客观上造成司法机关力量分散，侵占和剥夺了他人合法利用诉讼程序的权利，更加剧了人民法院"案多人少"的矛盾。

（3）影响社会秩序的稳定性。在人类社会的发展过程中，社会主体之间的冲突和矛盾是不可避免的，因为社会资源总是有限的，人们会对权利、地位、资源提出有冲突的要求，而社会又不可能同时满足这些要求。社会冲突会引起社会主体之间的利益失衡，也会引发社会主体之间的对抗心理。对抗心理需要通过一定的途径予以发泄，适当的对抗心理发泄途径具有一定的"社会安全阀"作用，这种"社会安全阀"将纠纷纳入合理的解决机制，通过对敌对情绪的不断排泄，使社会心理趋于平衡状态，从而不至于破坏整个社会结构。[3] 但恶意诉讼的行为人为了启动诉讼程序，通常会伪造证据、捏造事实或虚构法律关系，使起诉行为符合民事起诉的条件，通过诉讼的进行达到不法或者不正当的目的。从微观角度看，恶意民事诉讼行为直接损害的是诉讼相对人的合法权益；从宏观角度看，行为人实施的伪造证据、捏造事实状告他人的行为，也是对正常民事诉讼秩序的极大妨碍和破坏。恶意诉讼对正常司法秩序的冲击，无异是对社会基础的冲击，会破坏司法在公民心中的权威性。"任何人都不应从不当行为中获利"这是一条亘古不变的行为准则，恶意诉讼行为人背道而驰，置法的秩序价值于不顾，严重地背离了诉讼救济合法权益的正当功能，破坏了人们心中既存的法律秩序价值，影响了社会秩序的稳定性，具有较大的危害性。[4]

---

[1] 参见"受理案件破千万法院如何突围"，载《法制日报》2009 年 3 月 13 日。

[2] 参见"调解优先浇灭'诉讼爆炸'引线"，载《法制日报》2009 年 7 月 30 日。

[3] 张胜先、武浩鹏："'恶意诉讼'的社会危害性及对策"，载《河北法学》2002 年第 9 期。

[4] 焦美丽：《民事恶意诉讼的程序法规制研究》，内蒙古大学 2009 年硕士学位论文，第 10 页。

（二）国外规制恶意诉讼法律制度的主要特征

应当说，世界各国都在一定程度上存在着恶意诉讼的现象，因此，各个国家特别是市场经济发达国家一直都在健全相应的法律制度，设法对恶意诉讼加以防范和规制。早在古罗马时期就非常注重防范人们进行恶意诬告，根据皇帝宪法令，原告首先要作出自己绝非诬告的宣誓；在诉讼进行中，任何一方都可以要求他方作"诬告宣誓"，以表明其并非寻衅好讼。原告如果不肯宣誓，其诉权即行作废；被告如果不肯宣誓，其拒绝等于自认。被告也可以对原告提起"诬告诉"，原告如果败诉，就处以其请求权的1/10作为罚金。[1] 在我国，恶意诉讼是随着经济的飞速发展、社会利益的复杂化而出现的一种新型诉讼形态，应当说，我们对于如何防范和规制恶意诉讼，既缺乏充分的法学理论研究，也没有丰富的实践经验，因此，十分有必要学习、借鉴外国的成功经验。

1. 英国、美国规制恶意诉讼法律制度的主要特征

英美法系国家对恶意诉讼的规制比较明确具体，无论实体法还是程序法，都对此作了具体规定，其中，实体法里，恶意诉讼被称为滥用法律诉讼程序，可能构成民事侵权并受到法律制裁；程序法里的"正当程序"理论，则是对恶意诉讼进行规制的法理基础，也是评价恶意诉讼行为的一般性标准。在英美法系，英国和美国无疑最具有代表性，因此，本书简要说明英国、美国规制恶意诉讼的法律制度的主要特点。

（1）英国。恶意民事诉讼作为法律上的概念，最初源自英国法中的"滥用法律程序"。在实体法上，英国法律把恶意诉讼作为一种侵权行为进行规制。根据英国侵权法的规定，恶意诉讼有三种类型：恶意控告、恶意民事诉讼和滥用程序。[2] 其中，恶意民事诉讼，是指行为人没有合理和适当的理由而提起民事诉讼，法院最终判决相对人胜诉，如果相对人因此遭受损害，还可以对行为人滥用法律诉讼行为提起侵权之诉。英国早期的普通法并不认为滥用民事诉讼是一种侵权行为诉讼，但是目前，如果原告能够证明存在某种特别的损害，英国法律就可能确认存在一种民事诉讼的理由。所谓特别的损害，包括对原告的人

---

〔1〕 周枏：《罗马法原论》（下册），商务印书馆1994年版，第885页。
〔2〕 李仁玉：《比较侵权法》，北京大学出版社1996年版，第56页。

身和财产的实体性干涉。[1] 英国对恶意民事诉讼的规制和救济主要体现在正当程序中，如果当事人不当地启动和利用诉讼程序，不但是对程序的滥用，更是滥用了司法救济的必要性。英国《最高法院诉讼规则》明确规定："如果诉讼文件是骇人听闻的、荒谬的、折磨人的，法院应予勾销。"英国新《民事诉讼规则》也规定，法庭可以驳回基于下列情形的任何起诉或辩护：其一，起诉或辩护无任何合理的依据；其二，起诉或辩护是轻率的、攻击性的或明显恶意的，或者有可能阻碍公正诉讼程序进行的；其三，未遵守民事诉讼规则、判例法和法庭命令的。[2]

（2）美国。美国法律并没有直接对恶意诉讼加以定义，恶意诉讼包含在正当程序中。《美国侵权法重述》将恶意诉讼的侵权行为称为"无正当理由的诉讼"，行为人应当就其行为所导致的损害后果承担侵权责任。在美国，基于正当程序原则，当事人启动和适用诉讼程序都应当符合正当程序的要求，一旦程序不公正，就是对其权利的滥用。《美国联邦民事诉讼规则》第11条明确规定，当事人和律师对诉讼文书的签字要求和"真实声明"，签字是针对律师的，真实声明是针对当事人的，当事人及律师签名、呈送或随后提出的每一份诉答状、动议书或其他文件，意味着该人已证实，在此情况下，根据合理调查形成的最佳个人认识、信息和信念。由此可知，当事人和律师不仅要基于诚信确保自己提供的文件是正当的，而且还必须经过合理调查，以证明其主张有合理依据而不是出于任何不正当目的和动机的。该规则第16条第6款还规定，审理前会议中，当事人或当事人的律师未遵守日程安排，或非基于善意参加会议，法官应要求当事人或代理当事人的律师支付由此产生的合理费用，包括律师费用在内。第26条第7款又规定，发现程序中提出的要求、答复和异议不是出于任何不合理的目的，例如故意为难或造成不必要的拖延或导致诉讼中不必要的花费，否则，法院可以命令支付违反规则所导致的合理费用，包含合理的律师费。第34条第4款进一步规定，在录取庭外证言时，法院发现证人或当事人阻碍、延误或其他有碍正当询问庭外作证人的行为的，可给予责任人合理制裁，包括令其支付合理费用及其他当事人由此花费的律师费。[3]

---

〔1〕　徐爱国："英美法中'滥用法律诉讼'的侵权责任"，载《外国法评述》2000年第2期。

〔2〕　沈达明：《比较民事诉讼法初论》（上册），中信出版社1991年版，第250页。

〔3〕　汤维建：《美国民事司法制度与民事诉讼程序》，中国法制出版社2001年版，第354页。

2. 法国、德国、日本规制恶意诉讼法律制度的主要特征

大陆法系国家一般都没有在实体法中直接对恶意诉讼作出明确规定，通常只是在程序法中或者通过判例对滥用诉讼权利作出规定。这里主要以大陆法系比较典型的法国、德国、日本为例加以简要说明。

（1）法国。法国的法律中并没有十分明确"恶意诉讼"的含义，而是更多地使用"诉权滥用"的概念。法国也是最先在立法中使用"权利滥用"概念的国家，而"诉权滥用"就源于"权利滥用"。在19世纪以前，"诉权滥用"仅适用于财产法范围，随着人们对社会本位主义重要性的认识日趋加强，"诉权滥用"的含义逐渐超出财产法的范畴，而被赋予更多程序意义上的色彩。[1] 对是否滥用诉权的判断标准主要为：一是当事人是否具有诉权，即是否满足诉的利益和主体资格的法定要求。二是当事人的主观意图是否恶意，根据此项判断标准，如果当事人在不具备法定"诉讼利益"和"主体资格"的情况下向法院提起诉讼，就构成诉权滥用；当事人向法院提起诉讼时虽然具备法定的"诉讼利益"和"主体资格"，但如果主观上存在恶意，例如拖延诉讼等，也会受到法庭的处罚。需要注意的是，法国学者最初认为，诉权滥用的主观构成要件只有恶意或故意，因为有些情况下，当事人对自己是否正当地行使诉权缺乏正确的认识，而且在法国，诉权的行使具有自由性、任意性，不能对当事人行使诉权严格要求，因此，法国民事诉讼中有故意滥用诉权承担责任的判例，但过失除外。后来的判例对这一认知进行了修正，转而认为，一般过错以及可以受到指责的轻率行为都可构成滥用诉权，应当承担损害赔偿责任。《法国新民事诉讼法》第32条就明确规定："对于拖延或其他不正当手段进行诉讼的，可以处100至1万法郎的民事罚款，并且不影响可能对其要求的损害赔偿。"[2]

（2）德国。德国的实体法律也没有恶意诉讼的具体规定，《德国民法典》第226条和242条权利滥用的普遍禁止，似乎使权利滥用成为一条基本的原则。德国学者也反对诉权滥用，但由于受实体法的限制，从"滥用诉权"到"滥用诉讼权利"的过渡在德国持续了良久，学者之间更是争论不休，严格区分实体法与程序法的主流观点，不可能将实体法规定的条款直接用于程序法，有关《德国民法典》第226条能否适用于程序法的争论，直到20世纪30年代才有了新的

---

〔1〕 张晓薇："滥用诉讼权利之比较研究"，载《比较法研究》2004年第4期。

〔2〕 罗结珍：《法国新民事诉讼法典》，中国法制出版社1999年版，第9页。

转机。1933 年以后，受意识形态的影响，对公平因素的可接受，导致了程序法范围内认识的变化；刺激了诚实信用扩大适用的趋势，基于诚实信用原则，对当事人的诉讼权利同等重视，一方滥用诉讼权利的行为必将受到否决。在这种情况下，德国修改了《民事诉讼法》，规定了当事人诉讼真实的义务，要求当事人必须完全且真实地就事实上的状态作陈述，如果出现恶意陈述虚伪事实、妨碍对方当事人陈述、提出无理争辩及提出不必要的证据，法院可以处以罚款。[1] 至此，"真实义务"作为诚实信用原则在民事诉讼法中的延伸，成为判断诉讼行为合法性、有效性的标准，具有了程序法上的独立意义。

（3）日本。日本学者也主张对恶意诉讼行为进行法律制裁，其基本理念是，行为人虽然以违反法律、契约、公序良俗的行为取得了诉讼上某种权限或者具备某种法律构成要件，但是不应当允许行使该权限或使用该法律来损害对方当事人的正当利益。[2] 关于恶意诉讼的规制，日本学者也试图在实体法中寻找法理依据，将诚实信用原则引入诉讼法，但却招来非议，直到第二次世界大战以后，在年轻一代学者的推动下，日本高等法院在一个案件里采信了"程序诚信"的说法，才完成了这一过程。《日本新民事诉讼法》第 2 条规定："裁判所应为民事诉讼公正并迅速地进行而努力，但是进行民事诉讼应以诚实信用为之。"该原则适用于禁反言、禁止不当促成有利诉讼状态、禁止程序权利滥用等情形。该法第 384 条之二第 1 款规定："在根据前条第 1 款规定驳回控诉的情况下，认为控诉人提起控诉仅以拖延诉讼的终结为目的时，告诉法院可命其交纳作为提起控诉手续费而交纳金额的十倍以下的现金。"[3] 该项法律规定从程序上规定了对于恶意诉讼行为人的制裁措施。

3. 简要评析

比较研究是为了把握法律制度设置的脉络，避免我国在建立健全相关制度时走弯路。通过上述对两大法系主要国家规制恶意诉讼的法律制度的分析不难看出，大陆法系国家的法律体系比较严密，各部门法调整的社会关系领域泾渭

---

〔1〕 刘荣军："诚实信用原则在民事诉讼中的适用"，载《法学研究》1998 年第 4 期。

〔2〕 ［日］谷口安平：《程序的正义与诉讼》，王亚新、刘荣军译，中国政法大学出版社 1996 年版，第 147 页。

〔3〕 ［日］兼子一、竹下守夫：《民事诉讼法》，白绿铉译，法律出版社 1997 年版，第 320 页。《日本新民事诉讼法》第 384 条第 1 款规定：控诉法院认为第一审判决为适当时，应驳回控诉请求。参见白绿铉编译：《日本新民事诉讼法》，中国法制出版社 2000 年版，第 349 页。

分明，对能否适用实体法的规定调整程序法领域的恶意诉讼行为一直持相当谨慎的态度，因此，大陆法系国家通常并没有在实体法中对恶意诉讼作出规定，只是在程序法中或者通过判例对恶意诉讼进行相应的规范，采用的是以程序法为主、实体法为辅的方式，因此恶意诉讼的概念不甚明确。比如前文已经指出的，德国受实体法的限制，从"滥用权利"到"滥用诉讼权利"的过渡持续了很久；日本学界对用于实体法的诚实信用原则规制恶意诉讼的提法，在早期也受到非议。

与大陆法系国家不同，英美法系国家的相关法律似乎更加重视对公民社会生活和民事权益的保护，采用实体法与程序法并重的方式对恶意诉讼进行比较全面的规制。此外，两大法系对恶意诉讼的判断标准也有所不同，大陆法系主要从诚实信用原则出发来判断当事人的诉讼行为是否属于恶意民事诉讼、诉讼主体对诉权的行使是否超过诚实信用的范畴；而英美法系主要以"正当程序"的理念作为界定和规制恶意诉讼行为的基本标准，一般不需要对行为人的主观状态进行考察，一旦行为违背了正当程序，就可能构成恶意诉讼。

（三）完善我国规制恶意诉讼法律制度的具体建议

恶意诉讼是一种特殊的侵权行为，其侵权方式往往具有隐蔽性，有时不那么容易察觉，因此，如果规制不当，极有可能对正常的民事诉讼活动产生消极影响。因此，一方面，恶意诉讼的原因比较复杂，我们不能信奉"法律万能主义"，就是说，不能把规制恶意诉讼完全局限于法律层面，但另一方面，在建设法治国家的大趋势下，如果我们能够建立健全相关的法律制约体系，不仅能够为民事诉讼程序的顺利进行保驾护航，同时也能够提高恶意诉讼行为的法律成本，有效地遏制这种行为。据此，本书以下主要就在现有法律规定的基础上，如何进一步健全和完善我国规制恶意诉讼的法律制度，提出若干具体意见和建议。

1. 明确恶意诉讼的构成要件

虽然恶意诉讼行为存在已久，许多国家都建立了比较完善的法律制度进行规制，但是，我国法律才刚刚开始对恶意诉讼进行规制，并且仅作了原则性的规定，还没有形成遏制恶意诉讼的法律制度体系，更缺乏判断恶意诉讼的具体标准，致使审判实务很难确定某一具体行为是否为恶意诉讼行为。恶意诉讼行为作为一种侵权应当受到法律的制裁，对恶意诉讼行为进行制裁应当符合一定的法律条件，否则可能导致制度适用的扩张，影响正常诉讼的顺利进行。参考上述国外的法律制度，结合我国恶意诉讼的现状，恶意诉讼的构成要件应当包括以下四个方面：

（1）主观上存在恶意。所谓恶意，是指行为人明知道其诉讼行为不具有正当性，却利用诉讼活动达到诉讼之外的不正当目的，即为实现非法利益而利用诉讼来损害他人合法权益。从恶意诉讼的目的看，行为人是想通过诉讼损害他人的合法权益，因此主观上只能是恶意。过失是指行为人违反了对他人的注意义务，过失行为造成的损失是由于行为人疏忽大意或者过于自信而造成的，有过失的行为人既不希望也未放任损害结果的发生，心理状态与"恶意"是相矛盾的。如果行为人向人民法院提起诉讼，目的是为了实现自己的诉讼请求，维护自身的合法权益，并没有损害他人利益的意思，只不过是在诉讼中由于自身的过失使诉讼产生了不利于他人利益的客观影响，这种情形似不宜列入恶意诉讼的范围，否则，恶意诉讼的含义过宽，就会对当事人诉权的正常行使产生不利的影响，既造成法官的自由裁量权过大，使无恶意的人怯于诉讼，或者使一些原本能够进入正常程序的诉讼进入恶意诉讼程序，形成不应有的纠纷，从而不必要地增加了诉讼成本，浪费了司法资源。从另一个角度看，把"故意"作为判断是不是恶意诉讼的标准，更便于司法实践中具体操作和运用。

（2）客观上实施了违法行为。除主观具有恶意外，恶意诉讼的构成还须行为人实施了恶意诉讼行为，单纯的思想活动、语言叙述还不能构成恶意诉讼。例如，某人在博客里或短信中声称自己要提起诉讼的行为，或者以提起诉讼相威胁而谋取不法利益的行为，都不能称之为恶意诉讼。恶意诉讼的表现形式是多种多样的，包括利用诉讼制造讼累，损害相对人的财产权益，损害相对人的名誉，损害案外第三人的财产权益等。但是，恶意诉讼必须以实际行动表现出来，其表现形式应当是积极的、主动的作为，不作为不能构成恶意诉讼。

（3）存在损害事实。损害事实，是指由于恶意诉讼给相对人或案外人合法权益造成的损害，包括物质损害、精神损害和人身损害。物质损害的范围比较广，主要指相对人因为被迫应诉而支出的各种费用，一般来说，应当包括相对人为了应对恶意诉讼而支出的交通费、住宿费、通讯费、材料费等相关费用等；精神损害则是指相对人因无故陷入诉讼带来的社会压力在精神上的体现，应当包括因为诉讼使其名誉、声誉受损，造成的精神痛苦，例如，因恶意诉讼的进行给相对人及其家属带来巨大的社会舆论压力，导致其名誉、商誉减损。另外，恶意诉讼有时还会给相对人造成人身损害，例如，恶意民事诉讼行为人利用宣告死亡程序，致使相对人丧失作为父母、配偶的合法身份，使其人身权益受到损害。恶意诉讼产生的危害比较大，即使法院最终判决受害人胜诉，但诉讼给受害人带来的消极影响往往很难在短时间内彻底消除。

（4）违法行为与损害事实存在因果关系。违法诉讼行为与损害事实之间有因果关系，是指违法诉讼行为作为原因，损害事实作为结果，在它们之间存在前者引起后者的客观联系。在恶意诉讼中，由于行为人借助公权力非法加害相对人或案外人，违法诉讼行为和损害结果之间的因果关系被法院行使职权的表象掩盖起来，有时比较难以判断，因此应当采用相当因果关系说对恶意民事诉讼进行判断，[1] 即依照一般社会经验和认识水平，如果违法诉讼行为可能引起损害事实，而在实际上也确实引起了，两者之间就存在因果关系，行为人应承担相应的法律责任。[2]

2. 健全抑制恶意诉讼的法律程序

我国的实体法并没有对恶意诉讼作出专门规定，1991 年《民事诉讼法》第50 条第 3 款规定："当事人必须依法行使诉讼权利，遵守诉讼秩序，履行发生法律效力的判决书、裁定书和调解书。"这项法律规定通常被认为是禁止诉讼权利滥用的原则性规定，但是因为这一规定过于抽象，难以具体实施，无法直接用来规制恶意诉讼行为。

2012 年新修订通过的《民事诉讼法》进一步明确规定了恶意诉讼的两种情形。该法第 112 条规定："当事人之间恶意串通，企图通过诉讼、调解等方式侵害他人合法权益的，人民法院应当驳回其请求，并根据情节轻重予以罚款、拘留；构成犯罪的，依法追究刑事责任。"第 113 条规定："被执行人与他人恶意串通，通过诉讼、仲裁、调解等方式逃避履行法律文书确定的义务的，人民法院应当根据情节轻重予以罚款、拘留；构成犯罪的，依法追究刑事责任。"这两条法律规定首次直接使用了"恶意"一词，应当说是立法的一大进步，但是同样也存在一些问题，具体来说：一是法律条文的规定仍然比较原则化，并没有明确规定恶意诉讼统一的判断标准；二是恶意诉讼的范围比较狭窄，只涉及通

---

〔1〕 相当因果关系，是指作为侵权行为要件的因果关系，只须具备某一事实，依据社会共同经验，即足以导致与损害事实同样的结果。

〔2〕 温后钟、沈典松："对恶意诉讼及其规制的思考"，载《法制与社会》2007 年第 7 期。

过诉讼逃避债务、侵占他人财产、逃避执行法律文书确定义务的行为，对于借拖延诉讼恶意增加对方的诉讼成本，以及通过诉讼损坏他人名誉、信誉等恶意诉讼形式，也并没有作出规定；三是恶意诉讼的形态比较单一，只规定了双方当事人恶意串通的恶意诉讼，表面看来似乎排除了单方恶意诉讼的情形，而这类情形在实践中并不少见；四是对恶意诉讼的处罚比较片面，法律规定的处罚形式只有驳回诉讼请求、罚款、拘留、追究刑事责任，却没有规定相应的赔偿责任，只关注了对公共秩序的损害，却忽略了最重要的损害，即给相对人造成的损害；五是缺乏规制恶意诉讼的健全程序。

针对这些问题，需要进一步明确恶意诉讼的具体标准，适当扩大恶意诉讼范围，确立恶意诉讼损害赔偿制度，同时还必须健全抑制恶意诉讼的法律程序。这里着重就进一步建立健全抑制恶意诉讼的法律程序提出如下建议：

（1）在起诉时遏制恶意诉讼，使某些恶意诉讼不能进入审判程序。司法实践中存在许多当事人虚构案件事实、伪造证据、诬告对方的诉讼，也存在恶意反诉的情形。根据我国现行法律规定，当事人的起诉只要符合法律规定的形式条件，法院即可受理案件，这就很难在源头把住关，很容易让恶意诉讼进入审判程序。为此，建议在起诉条件上增加"诉之利益"的规定，使人民法院有权依照"诉的利益"的要求，拒绝受理那些具有不良企图和动机的诉讼，从而把这类恶意诉讼直接排斥在法院大门之外。

（2）发挥审前准备程序的作用，排除某些恶意诉讼。我国新修订的民事诉讼法规定了审前准备程序，司法实践中应当科学合理地利用该项程序，不断地完善审前准备程序，使该程序的运用起到遏制恶意诉讼的作用。有些国家的民事诉讼法律明确规定了与庭审程序并列的审前准备程序，确立审前准备程序的主要目的是收集和交换证据，使双方当事人能够在此过程中充分发表自己的意见、提出自己的主张，确定案件的争议焦点，为庭审作好准备。同时，通过审前准备程序也可以发现恶意诉讼行为人的不法企图和动机，及时采取措施进行遏制，排除干扰，保证庭审能够顺利进行。例如，通过审前程序交换证据，可以防止当事人在庭审中突然提出证据，实施诉讼突袭，借此拖延诉讼；再如，对于当事人的恶意举证，可以通过审前准备程序将其排除等。我国新修订的民事诉讼法确立了审前准备程序，今后应当注意很好地运用这一程序，使其能够发挥遏制恶意诉讼的作用。[1]

（3）严格撤诉条件，遏制恶意诉讼行为。撤诉，是指在人民法院受理民事案件之后宣告判决前，原告要求撤回起诉的行为。我国《民事诉讼法》第145条规定："宣判前，原告申请撤诉的，是否准许，由人民法院裁定。人民法院裁定不准许撤诉的，原告经传票传唤，无正当理由拒不到庭的，可以缺席判决。"在司法实践中，有些恶意诉讼者并不以胜诉为目的，而是意图通过诉讼过程损害相对方当事人的人身和财产权益，所以，一旦难以达到不法目的并且可能败诉时，就会通过撤诉来逃避败诉的风险。根据我国现行法律规定，诉讼程序在启动后可否以诉讼的方式终结，完全取决于法院和原告，被告对此没有任何权利。但是原告提起诉讼后，被告必须被动地付出人力、物力、财力和时间应付诉讼，而原告要求撤诉时，被告却不享有任何异议权，这显然是不公平的，属于权利不对等。因此，建议进一步完善民事诉讼法，增加规定：在案件受理后被告提交答辩状前，原告的撤诉请求是否被允许，由人民法院裁定；在被告提交答辩状后，原告申请撤诉的，应在征得被告同意后，由人民法院裁定。这样规定，不仅更好地体现了双方当事人的诉讼地位平等，而且增加原告撤诉的难度，在一定意义上也有利于遏制恶意诉讼行为。

（4）限制恶意上诉，防止诉讼拖延。法律确立二审程序的目的，是为了纠正一审不当或者错误的裁判，实现公正司法，维护当事人的合法权益，但在司法实践中，有些人会恶意利用二审程序损害相对方当事人的合法权益，例如，为了拖延一审判决的生效时间，虽然明知一审判决是公正的，即使上诉也会被驳回，但却仍然提起上诉，并且利用在上诉审期间转移财产、隐匿财产，妨碍将来生效判决的执行。对于当事人实施这类恶意诉讼行为，应当予以罚款的经济制裁，以减少甚至杜绝此类诉讼案件的发生。

（5）加强对调解协议合法性的审查，避免当事人恶意串通损害案外第三人的合法权益。从目前的司法实践看，双方当事人在诉讼中恶意达成调解协议的案件占有一定的比例，他们达成调解协议的主要目的是为了转移财产、非法占有财产和逃避债务，损害案外第三人的合法权益。这类案件的隐蔽性强，通常

---

〔1〕 我国2012年新修订通过的《民事诉讼法》第133条规定："人民法院对受理的案件，分别情形，予以处理：（一）当事人没有争议，符合督促程序规定条件的，可以转入督促程序；（二）开庭前可以调解的，采取调解方式及时解决纠纷；（三）根据案件情况，确定适用简易程序或者普通程序；（四）需要开庭审理的，通过要求当事人交换证据等方式，明确争议焦点。"

很难发现，而且，双方达成的调解协议一经法院确认，即产生与法院生效判决同等的法律效力，其社会危害性也比较大。对此，人民法院应当强化对调解协议合法性的审查，不仅应当审查调解协议内容的合法性，而且应当审查达成调解协议目的的合法性，以防止当事人假借调解协议之名行恶意诉讼之实。

　　3. 完善规制恶意诉讼的相关法律制度

　　前述分析已经指出，对现实问题诉讼的规制比较全面的英美法系国家，是同时在实体法和程序法作出规定的，从我国当前恶意诉讼不断增多的现实情况看，在我国现行法律框架内对恶意民事诉讼行为进行规制，也应当综合利用程序法和实体法的优势，一方面在相关的实体法里明确规定，恶意诉讼是一种独立的侵权行为，并且建立相应的恶意诉讼侵权损害赔偿制度；另一方面，还要注意发挥程序法的作用，剥夺恶意民事诉讼者的程序利益，并对其进行司法惩罚，敦促其合理合法地利用法律程序，从而在根本上遏制恶意诉讼的产生。具体来说，当前比较紧迫的是建立恶意诉讼的损害赔偿制度、完善遏制恶意诉讼的"案外人"司法救济制度，下面分别加以说明。

　　（1）建立恶意诉讼损害赔偿制度。我国现有法律缺乏对"恶意诉讼"及其法律后果的规定，使恶意诉讼的受害者在合法权益受到侵害后难以寻求法律的保护，而实施恶意诉讼的行为人却不需要承担相应的赔偿责任，客观上纵容了恶意诉讼案件的发生。依英美法，滥用法律诉讼可以构成一种独立的民事侵权行为责任，其基本含义是：被告恶意地、没有合理和适当的理由，使原告陷入一种刑事的诉讼或民事的诉讼，诉讼结果有利于原告，即被告造成的诉讼失败，原告因此受到损害，原告可以提起滥用法律诉讼的侵权行为诉讼，从被告那里获得补偿。[1] 这就使恶意诉讼的当事人必须承担赔偿的责任。

　　根据我国的现行法律规定，诉讼费用的承担方式承袭了大陆法系国家的做法，即由败诉方承担，但是，诉讼费用却不包括胜诉方的律师费。这样的规定在一定程度上有利于遏制恶意诉讼，但是，相对于被诉者心理上、财产上遭受的损失而言，实属微不足道。况且，为了降低当事人诉讼的门槛，国务院的《诉讼费用交纳办法》出台后，民事案件的受理费用大幅降低，在当事人享受诉讼便利的同时，诉讼案件的数量也在逐年增加，当事人启动诉讼程序的风险不断减小，这客观上为恶意诉讼者提供了契机。恶意诉讼行为人成功地将对方拖

---

　　〔1〕　徐爱国："英美法中'滥用法律诉讼'的侵权责任"，载《外国法述评》2000 年第 2 期。

人诉讼，耗费了对方的大量时间和精力，恶意诉讼法在诉讼过程中获得不法利益，即使最终败诉，也只需要承担低廉的诉讼费用，可以说是一场"低成本高回报"的赌博，何乐而不为。

因此，借鉴国外遏制恶意诉讼的经验，我国应当完善相关的法律制度，使恶意诉讼的当事人在经济上受到应有的惩罚，使其进行恶意诉讼的经济利益得不偿失，就可以有效地遏制恶意诉讼行为。具体来说，就是要建立恶意诉讼的损害赔偿制度，对于实施恶意诉讼行为者，人民法院除驳回其诉讼请求、要求其承担诉讼费用、给予其他处罚以外，还应当赔偿因恶意诉讼给对方造成的损失，包括经济损失和精神损失等。

关于如何确立恶意诉讼的损害赔偿制度，程序法学者与实体法学者还有不同意见。程序法学者认为，恶意诉讼行为是在程序中产生的，从程序规制的角度看，恶意诉讼的民事责任是程序违法的辅助制裁手段，因此，应当在民事诉讼法中作出规定，因此，建议民事诉讼法增加规定：对滥用诉讼权利，违反诉讼义务的行为，可由当事人诉请违反者承担损害赔偿的民事责任。[1] 大陆法系国家和地区也有以程序法规制恶意诉讼的先例，例如葡萄牙、澳门特别行政区。[2] 实体法学者却认为，恶意诉讼作为一类具体的侵权行为，应当在侵权责任法里作出规定。中国社会科学院提出的民法典草案建议稿——《中国民法典草案建议稿附理由·侵权责任法编》第 39 条规定："恶意对他人提起民事诉讼，或者进行违法犯罪告发，起诉或告发的事实被证明不成立，并且给被起诉者、被告造成财产损失的，应当承担赔偿责任。恶意起诉、告发行为对受害人的名誉、隐私或者其他人格尊严构成严重损害的，适用本法第 27、28 条的规定。"[3] 我国对恶意诉讼的规制应当借鉴英美法系国家的做法，采用实体法与程序法并重的方式，分别在实体法与程序法中作出相应地规制恶意诉讼的规定。根据现有法律规定的情况，应当在侵权责任法里确立恶意诉讼的损害赔偿制度，并且，侵权责任法里应当明确地将恶意诉讼作为一种特殊的侵权行为，即在一般侵权行为之外，对恶意诉讼的侵权行为单独列举，以利于对恶意诉讼的规制。

关于恶意诉讼的赔偿范围和方式，也需要进一步明确。恶意诉讼行为人实

---

〔1〕 田平安、罗建豪："民事诉讼法律责任论"，载《现代法学》2002 年第 2 期。

〔2〕 分别参见《葡萄牙民事诉讼法》第 456 条的规定；《澳门民事诉讼法》第 385～388 条的规定。

〔3〕 梁慧星：《中国民法典草案建议稿附理由·侵权行为编》，法律出版社 2004 年版，第 45～46 页。

施危害行为，侵害了他人的合法权益，应当承担赔偿责任。在恶意诉讼中，财产损失不可避免，人身利益损害和精神损害也大量存在，受害人无端陷入诉讼，被动应诉，需要付出相当的人力物力和精力，对于相对人参加诉讼支出的合理费用，只要有证据加以证明，恶意诉讼行为人就应当予以赔偿。具体来说，赔偿的范围应当包括以下费用：

第一，诉讼费用。主要有如下四项：一是案件受理费，无论恶意诉讼行为人是否败诉，都应由其承担案件受理费；二是误工费和差旅费，即被告及其法定代理人、委托代理人为了对抗原告的起诉，耽误工作造成的工资、奖金、补助等财产方面的损失，以及被告方为调查取证、参与庭审所产生的交通费和住宿费等；三是通信费、材料费和鉴定费，包括受害人在诉讼活动中支出的电话费、传真费和邮递费，相关诉讼材料的打印费、复印费，为找到支持己方诉讼请求的证据而向专业机构申请鉴定所支出的费用等；四是咨询费、律师费，即受害人向专业机构咨询的费用、聘请律师的费用等。

第二，人身利益损害。受害人如果是自然人，恶意诉讼可能对受害人的健康、名誉、信用、隐私等人格利益和身份利益造成损害；受害人如果是企业法人，往往会造成受害人商誉的受损。

第三，精神损害。恶意诉讼行为在对被告的人身权益、财产权利造成损害的同时，也会使受害人遭受不明真相人的误会，影响受害人的正常生活，给受害人的精神带来无法量化的痛苦。为了更好地保护受害人的合法权益，应当将精神损害赔偿纳入恶意诉讼的赔偿范围。当然，具体操作时需要法官具备较高的专业素质和能力，可以参考最高人民法院《关于确定民事侵权精神损害赔偿责任若干问题的解释》确定具体的赔偿数额。[1]

（2）完善遏制恶意诉讼的"案外人"司法救济制度。民事诉讼的当事人，是指因民事权利义务发生争议，以自己的名义进行诉讼，要求人民法院行使民事裁判权的人。当事人有广义和狭义之分。狭义的当事人仅指原告和被告，广义上的当事人除原告和被告以外，还包括共同诉讼人和第三人。案外人显然不属于上述当事人范围之列。但是，在恶意诉讼中，除存在当事人恶意提起诉讼，无理缠讼，以耗费对方当事人人力、物力、财力、声誉等情形外，还存在着以损害案外人合法财产为目的，一方当事人虚构另一方当事人，或者双方当事人

---

〔1〕　侯子龙：《恶意民事诉讼初探》，中国政法大学2011年硕士学位论文，第33页。

恶意串通，虚构债权债务关系，或者以虚假的证据、隐瞒证据等不正当手段进行民事诉讼，获得法院判决，侵害案外人合法财产权益的案件。这类恶意诉讼主要具有三个特征：一是行为人借助合法的方式侵害案外人的合法权益；二是案外人无法进入正在进行的诉讼程序；三是原被告通常采用虚构虚假事实予以自认，或者通过提供虚假证据等恶意串通的方式，利用合法程序，诱导法院作出错误的裁判。

从目前的司法实践来看，这类恶意诉讼主要包括以下三种类型：一是逃避债务型，即行为人为了逃避偿还案外人的债务，与对方当事人串通，恶意进行诉讼。例如，丈夫作为债务人为了逃避偿还债务，与妻子恶意串通，向法院提起诉讼，解除婚姻关系，将夫妻共有财产转移给妻子。二是转移财产型，即行为人为了在以后的诉讼中获得本来不应当获得的财产，与对方当事人恶意串通进行诉讼。例如，丈夫为了在以后的离婚诉讼中多分得财产，与朋友串通虚构债务，转移财产，损害妻子的合法权益。[1] 三是规避法律型，即行为人与案外人之间原本存在法律关系，应当履行交付特定物的义务，但为了规避义务的履行，与他人恶意串通进行诉讼，通过法院调解达成协议，将特定物交付对方当事人，损害案外人的合法权益。例如，甲以 70 万元的价格购买房屋一套，转手以 100 万元的价格卖给乙。后来，房价上涨，甲又将房子以 140 万元的价格卖给丙。为了逃避向乙履行义务，甲与丙串通，由丙向人民法院提起诉讼，确认甲丙之间的房屋买卖合同有效。在诉讼中甲丙双方达成协议，依据生效的调解书，甲将房屋过户给丙。当乙得知此事时，诉讼已经终结，调解书已经履行完毕，乙的权益受到损害却无法获得司法救济。[2]

根据现行民事诉讼法的规定，上述几类案件中权益受到损害的案外人在诉讼进行中即使知道案件的进行情况，也无法以正当的身份进入诉讼程序维护其合法权益；而在案件审结后，案外人即使知道权益受损，也无法通过正当的手段寻求司法救济。为了有效地遏制此类恶意诉讼，维护案外人的合法权益，应当完善相关的法律制度，对这些类恶意诉讼行为予以遏制。具体建议如下：

第一，赋予案外人以第三人的身份参加原被告正在进行的诉讼的权利，扩

---

〔1〕 邱星美："论诈害案外人恶意诉讼之程序法规制"，载《法律科学》2005 年第 3 期。

〔2〕 徐力英："民事再审程序中设立第三人异议制度之构想"，载曹建明主编：《程序公正与诉讼制度改革》，人民法院出版社 2002 年版，第 674 页。

大有独立请求权第三人制度的适用范围；或者建立防止恶意损害案外人利益的第三人诉讼参加制度。2012 年我国新修改的《民事诉讼法》第 56 条增加规定了第三人撤销之诉，该条内容共分三款，第 1 款规定："对当事人双方的诉讼标的，第三人认为有独立请求权的，有权提起诉讼。"第 2 款规定："对当事人双方的诉讼标的，第三人虽然没有独立的请求权，但案件处理结果同他有法律上的利害关系的，可以申请参加诉讼，或者由人民法院通知他参加诉讼。人民法院判决承担民事责任的第三人，有当事人的诉讼权利义务。"第 3 款规定："前两款规定的第三人，因不能归责于本人的事由未参加诉讼，但有证据证明发生法律效力的判决、裁定、调解书的部分或者全部内容错误，损害其民事权益的，可以自知道或者应当知道其民事权益受到损害之日起六个月内，向作出该判决、裁定、调解书的人民法院提起诉讼。人民法院经审理，诉讼请求成立的，应当改变或者撤销原判决、裁定、调解书；诉讼请求不成立的，驳回诉讼请求。"该条第 3 款的规定明确赋予了第三人提出撤销之诉的权利，但是，其中所指的"第三人"的范围非常狭窄，仅限于有独立请求权的第三人和无独立请求权的第三人，却未赋予其他案外人提起诉讼的权利，对权利受到损害的案外人的保护明显不够，难以遏制上述的恶意诉讼。因此，建议进一步完善《民事诉讼法》第 56 条第 3 款的规定，将其中的"第三人"改为"案外人"，以扩大对权利人合法权益的保护。同时，对案外人作广义界定，即广义当事人之外的任何人。这样规定，对于维护案外人的合法权益，有效遏制上述几类的恶意诉讼，能够发挥积极的作用。

第二，赋予案外人对生效的判决、裁定、调解申请再审的权利，即当案外人认为人民法院已经生效的判决、裁定、调解系因当事人恶意诉讼形成，并且侵犯其合法权益的，有权在法定期限内向人民法院申请再审，请求撤销已经生效的判决书、裁定书、调解书。2008 年 11 月 25 日，最高人民法院公布的《关于适用〈中华人民共和国民事诉讼法〉审判监督程序若干问题的解释》第 42 条规定："因案外人申请人民法院裁定再审的，人民法院经审理认为案外人应为必要的共同诉讼当事人，在按第一审程序再审时，应追加其为当事人，作出新的判决；在按第二审程序再审时，经调解不能达成协议的，应撤销原判，发回重审，重审时应追加案外人为当事人。案外人不是必要的共同诉讼当事人的，仅审理其对原判决提出异议部分的合法性，并应根据审理情况作出撤销原判决相关判项或者驳回再审请求的判决；撤销原判决相关判项的，应当告知案外人以及原审当事人可以提起新的诉讼解决相关争议。"上述司法解释的规定，显然有利于保护案外人的合法权益，有助于遏制恶意诉讼，但是其法律效力层级比较低，其合法性也一直受到质疑。因此，建议修改民事诉讼法时将上述司法解释的规定上升为法律条文。

第三，进一步完善检察机关对调解书抗诉的权利。我国 1991 年《民事诉讼法》没有赋予检察机关对调解书的抗诉权[1]而且，由于法律没有赋予案外人申请再审的权利，所以，案外人向检察机关请求抗诉也会被拒绝。即使检察机关不拒绝案外人的申请，但是对于涉及调解结案的案件，既然法律并未规定检察机关对调解结案的案件享有抗诉权，因此，检察机关也不能抗诉。但在司法实践中，不少恶意案件的发生，恰恰是双方当事人恶意串通诉讼，不正当地达成调解协议的结果。为了从诉讼的源头和结果上遏制恶意诉讼，法律既应当赋予案外人申请再审的权利，还应当赋予检察机关对调解结案案件的抗诉权。

2012 年新修订的《民事诉讼法》有限制地赋予了检察机关对调解书的抗诉权，该法第 208 条第 1、2 款规定："最高人民检察院对各级人民法院已经发生法律效力的判决、裁定，上级人民检察院对下级人民法院已经发生法律效力的判决、裁定，发现有本法第二百条规定情形之一的，或者发现调解书损害国家利益、社会公共利益的，应当提出抗诉。地方各级人民检察院对同级人民法院已经发生法律效力的判决、裁定，发现有本法第二百条规定情形之一的，或者发现调解书损害国家利益、社会公共利益的，可以向同级人民法院提出检察建议，并报上级人民检察院备案；也可以提请上级人民检察院向同级人民法院提出抗诉。"这一规定明确赋予了检察机关对调解书的抗诉权和检察建议权。但是，需要注意的是，检察机关对调解书的抗诉是附有条件的或者是有限制的，即损害国家利益或者社会公共利益。涉及对案外人个人利益的损害是否包含在其中，显然还有疑问，因为涉及利益保护的法律规定通常概括为国家利益、社会公共利益、他人合法权益。但《民事诉讼法》的上述规定恰恰缺少"他人合法权益"的常用表述，导致法律的保护出现空档，恶意诉讼中最需要保护的受害人合法的个人利益却不能得到这一规定的保护，这对于遏制恶意诉讼明显不

---

[1] 我国 1991 年《民事诉讼法》第 185 条规定，最高人民检察院对各级人民法院已经发生法律效力的判决、裁定，上级人民检察院对下级人民法院已经发生法律效力的判决、裁定，发现有本法第 179 条规定情形之一的应当提出抗诉。地方各级人民检察院对同级人民法院已经发生法律效力的判决、裁定，发现有本法第 179 条规定情形之一的，应当提请上级人民检察院按照审判监督程序提出抗诉。

利，因此，建议进一步完善检察机关对调解书的抗诉权，将合法的个人利益纳入《民事诉讼法》第208条的保护范围，以更好地防止和遏制通过达成调解协议而实施的恶意诉讼。

<h2 style="text-align:center">三、法院违反民事诉讼程序性责任*</h2>

法谚曰："无制裁则无法律规则"。[1] 制裁是所有法律规则的内在构成要素，每一项法律规则要在现实中得到实施，就必须使违反规则的人受到相应的法律制裁。根据我国现行的法律规定，法院违反民事诉讼法的法律责任体系以行政责任、刑事责任等实体性法律责任为主，程序性法律责任缺失，显然不利于约束和制裁民事诉讼中的程序性违法行为，不利于保障当事人的诉讼权利，也不利于促进司法公正。

所谓法院违反民事诉讼程序性责任，是指法院因违反民事诉讼法设定的程序性义务，依法承受的程序性权益受损的不利后果。民事诉讼程序性责任主要具有三个特点：①强制法院承担的是程序上的不利后果，而非实体上的不利后果，即那些受到民事诉讼程序违法行为直接影响的行为、裁决，不再具有法律效力，也不能产生预期的法律效果。②受规制的法院程序性违法行为范围广泛，即制裁范围几乎涵盖了法院在民事诉讼中可能出现的所有民事诉讼程序违法行为。③使法院的程序权益受到减损，使当事人的诉讼权利得到救济，即对违法行为实施者进行谴责和惩罚，阻却其再次实施违法行为；对违法行为的受害者进行补偿，包括精神上的抚慰和物质上的补偿以及权利的回复等。目前，我国《民事诉讼法》规定的"法院违反民事诉讼法的程序性责任"（通常称为法院民事诉讼程序性责任）的类型主要是"撤销原判，发回重审"[2]，另外还规定了

---

　　* 本部分与苗兴娟合作完成。

　　[1]《牛津法律大辞典》，光明日报出版社1989年版，第797页。

　　[2] "撤销原判，发回重审"的法律依据是《民事诉讼法》的规定。《民事诉讼法》第170条规定："第二审人民法院对上诉案件，经过审理，按照下列情形，分别处理：（一）原判决、裁定认定事实清楚，适用法律正确的，以判决、裁定方式驳回上诉，维持原判决、裁定；（二）原判决、裁定认定事实错误或者适用法律错误的，以判决、裁定方式依法改判、撤销或者变更；（三）原判决认定基本事实不清的，裁定撤销原判决，发回原审人民法院重审，或者查清事实后改判；（四）原判决遗漏当事人或者违法缺席判决等严重违反法定程序的，裁定撤销原判决，发回原审人民法院重审。原审人民法院对发回重审的案件作出判决后，当事人提起上诉的，第二审人民法院不得再次发回重审。"

"撤销原判，驳回起诉"[1] 和 "撤销原裁定"[2]。"撤销原判，发回重审" 的法律规定，对于约束民事诉讼程序性违法行为发挥了一定作用，但存在三方面缺陷：一是法院民事诉讼程序性责任适用范围狭窄，审判人员的自由裁量权过大；二是法院民事诉讼程序性责任类型相对单一，若干民事诉讼程序违法行为没有对应的责任予以规制；三是缺乏独立的程序性裁判机制。针对这些问题，借鉴国外立法经验，结合我国立法和司法实践，笔者尝试提出以下建议。

（一）关于法院程序性责任的适用范围

1. 有关诉讼程序性责任的法律规定存在的主要问题

根据 1991 年《民事诉讼法》的规定，最高人民法院在《关于适用〈中华人民共和国民事诉讼法〉若干问题的意见》第 181 条具体列举了四种可以 "撤销原判、发回重审" 的情形：①审理本案的审判人员、书记员应当回避而未回避的；②未经开庭审理而作出判决的；③适用普通程序审理的案件当事人未经传票传唤而缺席判决的；④其他严重违反法定程序的。这一规定以及《民事诉讼

---

[1] "撤销原判，驳回起诉" 的法律依据是最高人民法院出台的司法解释的规定。最高人民法院《关于适用〈中华人民共和国民事诉讼法〉若干问题的意见》（以下简称《若干问题的意见》）第 210 条规定："人民法院提审或按照第二审程序再审的案件，在审理中发现原一、二审判决违反法定程序的，可分别情况处理：（1）认为不符合民事诉讼法规定的受理条件的，裁定撤销一、二审判决，驳回起诉。（2）具有本意见第 181 条规定的违反法定程序的情况，可能影响案件正确判决、裁定的，裁定撤销一、二审判决，发回原审人民法院重审。"第 186 条规定："人民法院依照第二审程序审理的案件，认为依法不应当由人民法院受理的，可以由第二审人民法院直接裁定撤销原判，驳回起诉。"

[2] "撤销原裁定" 的法律依据是最高人民法院出台的司法解释的规定。《若干问题的意见》第 110 条规定："对当事人不服财产保全、先予执行裁定提出的复议申请，人民法院应当及时审查。裁定正确的，通知驳回当事人的申请；裁定不当的，作出新的裁定变更或者撤销原裁定。"第 187 条规定："第二审人民法院查明第一审人民法院作出的不予受理裁定有错误的，应在撤销原裁定的同时，指令第一审人民法院立案受理；查明第一审人民法院作出的驳回起诉裁定有错误的，应当在撤销原裁定的同时，指令第一审人民法院进行审理。"

法》的相关规定都附加了一个限定性条件，即"可能影响案件正确判决的"。[1] 2012年新修订的《民事诉讼法》第170条规定："第二审人民法院对上诉案件，经过审理，按照下列情形，分别处理：（一）原判决、裁定认定事实清楚，适用法律正确的，以判决、裁定方式驳回上诉，维持原判决、裁定；（二）原判决、裁定认定事实错误或者适用法律错误的，以判决、裁定方式依法改判、撤销或者变更；（三）原判决认定基本事实不清的，裁定撤销原判决，发回原审人民法院重审，或者查清事实后改判；（四）原判决遗漏当事人或者违法缺席判决等严重违反法定程序的，裁定撤销原判决，发回原审人民法院重审。原审人民法院对发回重审的案件作出判决后，当事人提起上诉的，第二审人民法院不得再次发回重审。"在司法实践中，上述法律规定主要存在下述两方面的问题：

第一，民事诉讼程序违法行为的范围狭窄。法律规定的权利、义务和责任是相辅相成的，没有只享受权利不承担义务的，也没有只承担义务不享受权利的。同时，义务的履行还需要责任的保证，民事诉讼法律制度的设置亦是如此。我国民事诉讼法每设定一项行为规范，通常就意味着必须有相应的制裁条款来保证其实施。从现行法律规定看，我国法律规定的程序违法情形太少，前述《若干问题的意见》明确规定的只有三种类型，对"其他严重违反法定程序的"情形未做进一步规定。例如：合议庭组成不合法、法庭的裁决是由没有出席案件全部庭审活动的审判人员作出、法庭的判决和裁定没有说明理由或者理由不充分、合并审理不当、滥用简易程序等，这些民事诉讼程序违法行为会不会导致"撤销原判，发回重审"，法律未做明确规定。从新修订的《民事诉讼法》的规定看，对程序违法的情形似乎作出了列举性的规定，但只是列举了两种情形，即原判决遗漏当事人或者违法缺席判决，范围亦相当狭窄。实际上，法律越是

---

[1] 1991年《民事诉讼法》第153条规定："第二审人民法院对上诉案件，经过审理，按照下列情形，分别处理：（一）原判决认定事实清楚，适用法律正确的，判决驳回上诉，维持原判；（二）原判决适用法律错误的，依法改判；（三）原判决认定事实错误，或者原判决认定事实不清，证据不足，裁定撤销原判决，发回原审人民法院重审，或者查清事实后改判；（四）原判决违反法定程序，可能影响案件正确判决的，裁定撤销原判决，发回原审人民法院重审。当事人对重审案件的判决、裁定，可以上诉。"最高人民法院在《若干问题的意见》第181条规定："第二审人民法院发现第一审人民法院有下列违反法定程序的情形之一，可能影响案件正确判决的，应依照民事诉讼法第一百五十三条第一款第（四）项的规定，裁定撤销原判，发回原审人民法院重审：（1）审理本案的审判人员、书记员应当回避而未回避的；（2）未经开庭审理而作出判决的；（3）适用普通程序审理的案件当事人未经传票传唤而缺席判决的；（4）其他严重违反法定程序的。"2012年新修订的《民事诉讼法》实施后，在新的司法解释出台之前，《若干问题的意见》并未宣布失效。

以抽象的"其他严重违反法定程序"的方式对程序性责任情形作出规定，表面上看来，适用范围宽泛无边，实际上在司法实践中，这种程序性责任得到适用的可能性就越小。司法实践中，一些地方违反民事诉讼程序的现象比较普遍，但是单纯因民事诉讼程序违法行为发回重审的案件微乎其微。法律明确规定的民事诉讼程序违法行为都难以依法得到严格的约束和制裁，何谈"其他严重违反法定程序"行为的适用。

第二，法院认定程序违法行为的自由裁量权过大。我国现行《民事诉讼法》第170条和《若干问题的意见》第181条规定，二审法院可以对存在程序违法事由的判决予以撤销并发回重审。但都附有一项限制条件"可能影响案件正确判决的"。这个限制条件内涵复杂，又规定得很原则化，不同的审判人员可能有不同的理解，因而，二审法院对此拥有极大的自由裁量权。新修订的《民事诉讼法》增加了"严重违反法定程序"的规定，何为"严重"，只能由法院自由裁量。并且，宣告无效的后果不具有类似刑事诉讼中非法证据排除规则那样的明确性[1]，只能由审判人员自由裁量。假如某一被宣告无效的诉讼行为对后来的诉讼行为或诉讼决定具有直接的影响，审判人员就要考虑哪些行为、文书和决定应被列入宣告无效的范围。此后，审判人员还要估量该项诉讼行为的无效可能对整个诉讼活动产生的影响，以便决定将诉讼程序退回到哪一诉讼阶段或者审级。更为重要的是，审判人员不仅仅宣告将诉讼行为撤销，还必须命令下级法院重新实施该诉讼行为。这样，审判人员在宣告无效问题上似乎拥有几乎不受限制的自由裁量权。在排除了当事人有效参与的情况下，审判人员对如此繁多的事项很难不独断专行。

不难看出，我国法院程序性责任的适用范围过于狭窄，对一些侵犯当事人基本权利的程序性违法行为，缺乏予以制裁的法律依据。法院程序性责任适用的范围必须有足够的广度，以涵盖所有严重违反民事诉讼程序的行为。当然，这并非意味着法院程序性责任的适用范围越广泛越好，因为法院程序性责任的

---

[1] 在刑事诉讼中，审判人员一旦适用非法证据排除规则，其结果一般是非法所得的控方证据被排除于法庭之外，不得作为指控证据加以使用。在适用这一规则时，审判人员在是否排除非法证据以及排除哪些非法证据方面确实也有一定的裁量空间，尤其是在依据利益权衡原则确定是否排除某一实物证据，是否排除"毒树之果"的问题上，审判人员更有相当大的解释余地。但总体而言，排除规则的运用至多导致有争议的证据不具有可采性，不会影响其他证据的法律效力，更不会带来整个起诉或有罪裁决被推翻的后果。

本质，是规定违反法定诉讼程序的行为不得产生预期的法律效力，通常会导致诉讼程序返回到该行为实施前的状态，行为人必须重新实施该行为。法院程序性责任的适用范围过于宽泛，诉讼中被宣告无效的行为过多，就很有可能导致诉讼程序不断反复，造成诉讼效率低下。因而，设定法院程序性责任的适用范围，应当注意在公正与效率之间保持合理的平衡。

2. 民事诉讼程序违法行为的区分

根据侵权情况和危害后果，可对民事诉讼程序违法行为作出三种必要的区分：一是严重的民事诉讼程序违法行为；二是一般的民事诉讼程序违法行为；三是技术性诉讼程序违法行为。原则上，只有对于那些严重的民事诉讼程序违法行为，尤其是那些严重侵犯当事人诉讼权利、损害公平审判的行为，法院才可以直接采取宣告无效的制裁措施。而且，对于这种严重的民事诉讼程序违法和侵权行为，法律必须以详细列举的方式作出明文规定，即所谓程序性无效的"合法性原则"[1]。对于明文规定的严重民事诉讼程序违法行为，法院不仅可以采取宣告无效的制裁措施，而且还可以做出"自动的宣告无效"，即这些行为本身就是无效的，不需要附加任何限制性条件，是不需要经过任何自由裁量的"绝对无效"[2]。对于一般的民事诉讼程序违法行为，可以附加限定条件，即"可能影响案件正确判决的"。就是将民事诉讼程序违法行为区分为绝对无效的行为与相对无效的行为。

针对 2012 年新修订的《民事诉讼法》第 170 条的规定："第二审人民法院对上诉案件，经过审理，按照下列情形，分别处理：……（四）原判决遗漏当事人或者违法缺席判决等严重违反法定程序的，裁定撤销原判决，发回原审人民法院重审。原审人民法院对发回重审的案件作出判决后，当事人提起上诉的，第二审人民法院不得再次发回重审。"如前所述，新修订的《民事诉讼法》只对严重违反法定程序的情形作出了列举性的规定，而对一般的民事诉讼程序违法行为未作出规定，并且对于严重违反法定程序的行为，只规定了原判决遗漏当

---

〔1〕　根据合法性原则，宣告诉讼行为无效必须以法律有明确的无效之规定为前提。《澳门刑事诉讼法典》第 105 条明确规定了诉讼行为无效的合法性原则："一、违反或不遵守刑事诉讼法之规定，仅在法律明文规定属无效时，方导致有关诉讼行为无效。二、法律未规定诉讼行为无效，则违法之诉讼行为属不当之行为……"参见《澳门刑事诉讼法典》，中国政法大学出版社 1997 年版，第 177 页。可以认为，该规则同样适用于民事诉讼程序违法行为的认定。

〔2〕　无需附加其他条件，只要行为本身是违法的，即属无效。

事人或者违法缺席判决两种情形，这样的法律规定，显然不足以规范司法实践活动。根据最高人民法院《关于适用〈中华人民共和国民事诉讼法〉若干问题的意见》司法解释的规定，对于原判决违反法定程序，裁定撤销原判决，发回原审人民法院重审的案件，用的是"可能影响案件正确判决的"的限定语予以限定。其存在的缺陷表现为：这一规定不应用来限定严重的民事诉讼程序违法行为，只应用来限制一般的民事诉讼程序违法行为。对于严重的民事诉讼程序违法行为，只限于适用法律以明文列举的方式作出的规定。只有对于一般的民事诉讼程序违法行为，才需要附加限定条件，即"可能影响案件正确判决的"，然后由审判人员结合具体案情来认定。对于一些造成的侵权后果不明显、在损害公共利益和法律秩序方面非常轻微的民事诉讼程序违法行为，可视为一种技术性民事诉讼程序违法行为，这种违法行为，纯属形式上的违反程序步骤、格式和方法，很少涉及侵权、损及利益或者违反诉讼原则，不会带来任何明显的消极法律后果。涉及相关违法行为的典型例子，例如，有关起诉状、判决书的格式和内容不符合法律规定，有关材料未列入案卷，或者案卷笔录没有必要的签名等"违法"情形。我国《民事诉讼法》规定了一些带有技术性和手续性的程序规则，对于这种有瑕疵的民事诉讼行为，即使存在违反诉讼程序的情况，也只应被认定为不当情形或者不规则行为。被宣告为不规则行为的，尽管存在瑕疵，但比无效行为的瑕疵程度轻得多，因此可以允许这种瑕疵通过较为容易的方法获得补正。总之，法院民事诉讼程序性责任尽管不一定适用于所有违反民事诉讼程序的行为，但一般的民事诉讼程序违法行为都应当受到相应的程序性制裁，这是必须遵循的一般原则。

（二）关于法院程序性责任的类型

根据《民事诉讼法》第 170 条的规定，以及最高人民法院《若干问题的意见》第 181、110、187 条的规定，我国民事诉讼法主要确立了"撤销原判，发回重审"以及"撤销原裁定"两种程序性责任方式，从整个程序性责任方式体系来看，"撤销原判，发回重审"与"撤销原裁定"属于程度比较严重的两种制裁方式，其性质是宣告诉讼行为无效。诉讼行为被宣告无效意味着：①依据该项无效诉讼行为制作的诉讼文书将被视为"不曾制作"，要从诉讼案卷中予以撤除。如果只是部分文书不符合法律规定，则该文书可以存留案卷之中；如果诉讼文书全部不符合法律规定，则该无效文书就不应继续留在案卷之中，而应被全部撤除，并不再对诉讼程序的进展有任何积极的影响。无论是审判人员还是律师，都不得再从那些被撤除的诉讼文书中引述任何对某一方当事人不利的情况。②诉讼行为无效制度的适用，不仅会导致那些有瑕疵的诉讼行为被宣告无效，而且还会使依附于该行为之诉讼行为均失去法律效力。但是，无效宣告并不影响那些不受该无效行为影响的其他行为继续有效。某一诉讼行为一旦被宣告无效，即导致诉讼程序退回到无效行为出现的诉讼阶段和审级，所有存在瑕疵的诉讼行为连同受其直接影响的诉讼行为或有关裁决结论本身，都不再产生任何法律效力。在刑法中，根据犯罪由轻到重存在不同的危害程度，因而刑罚也设置了管制、拘役、有期、无期、死刑等轻重不同的刑罚方式。但是，我国民事诉讼法尚未对程度不同的民事诉讼程序违法行为规定程度不同的程序性法律责任。

针对我国立法和司法的实际情况，应当从以下两个方面予以完善：

1. 区分民事诉讼程序违法行为的绝对无效与相对无效

诉讼行为无效，是法院程序性责任的主要类型，是大陆法系国家比较发达的程序性责任制度。所谓民事诉讼行为无效，是指法院对于那些存在严重程序违法或者程序瑕疵的民事诉讼行为，直接宣告其丧失法律效力的制度。目前，包括法国、意大利、葡萄牙在内的大陆法系国家均确立了诉讼行为无效制度。根据《法国民事诉讼法典》的规定，可适用诉讼行为无效的诉讼行为包括：法庭的组成不合法、部分法庭成员没有出席案件全部庭审活动、审判违反公开审判原则、判决和裁定没有说明理由等。在意大利，诸如法庭违反公开审判原则、未告知证人有关义务和责任等方面的行为，都属于可宣告无效的程序错误。

根据诉讼行为无效的合法性原则，对于所有违反法律程序的诉讼行为，不应确定完全整齐划一的程序后果，而应区别对待，并且只有在法律明文规定的情况下，才确立诉讼行为无效的后果。不过，即使那些法律明文规定的无效情形也应当区别对待，即对于那些严重影响公正审判的民事诉讼程序违法行为，可以规定诉讼行为绝对无效的后果；对于更大量的一般民事诉讼程序违法行为，则确立诉讼行为相对无效的后果。所谓绝对无效，是指在任何情况下，此种诉讼违法行为都不可补救而必然带来无效后果。在大陆法系国家，绝对无效所针对的，都是最严重地损害公正审判原则的程序违法行为。绝对无效不仅具有不可补正的效力，而且还会产生以下法律后果，即不仅利害关系人可以提出宣告无效的申请，而且法院可依据职权主动宣告该诉讼行为无效；诉讼行为之无效可以在任何诉讼阶段提起。与此相反,相对无效又可称为可补正的无效[1]。在民事诉讼法明确规定以宣告无效作为制裁手段的场合下,如果法律没有特别指明需要宣告不可补正之无效,则这种诉讼行为之无效需要由利害关系人提出抗辩,也就是要提出要求法院宣告无效的申请,法院不得依据职权自行作出无效之宣告。而且,在提出的诉讼期间方面,也要受到较为严格的限制。

大陆法国家的有关法律规定中,相对无效的情形占据了诉讼行为无效的绝大多数情形。无论是不可补正之无效,还是可补正之无效,都不仅会带来诉讼违法行为被宣告无效之法律后果,而且还会使依附于该行为之各诉讼行为,以及可能受该无效宣告影响的其他诉讼行为均失去法律效力。但是,无效之宣告并不影响那些不受该无效行为影响的其他行为继续有效。当然,审判人员在宣告诉讼行为无效时,必须要明确指出失去法律效力的诉讼行为范围,并在必要时命令审判人员重新实施该项诉讼行为。因此,根据民事诉讼程序违法行为的严重程度,建议我国应当将诉讼行为无效区分为"诉讼行为绝对无效"和"诉讼行为相对无效"。

2. 明确民事诉讼程序违法责任的类型

民事诉讼程序违法责任的类型,主要是前述的诉讼行为无效,包括诉讼行为的绝对无效与相对无效;此外还有一些辅助性责任类型,包括重新作为、责令实施或停止或补正诉讼行为等。因此,民事诉讼程序性违法责任的类型主要可以归纳为以下四种:

(1) 诉讼行为绝对无效。诉讼行为绝对无效是相对于诉讼行为相对无效而言的,是指诉讼行为严重违反法定的构成要件,绝对不能产生预期的法律效力,当事人可随时提出宣告该诉讼行为无效的申请。绝对无效的"绝对",主要表现在以下三个方面:一是不可补正。行为人即使在行为实施后立即意识到行为存在缺陷并要求予以补正,也不能使其产生预期的法律效力。二是利害关系人申请法院宣告行为无效没有期间的限制,即法律对违法行为的利害关系人在违法行为实施后,何时要求宣告行为无效,没有严格的时间要求,利害关系人可以在各个诉讼阶段申请法院作出无效之宣告。三是无效可以由违法行为的受害方

---

[1] 这种诉讼行为之无效,需要由利害关系人提出抗辩,即提出要求法院宣告无效的申请。否则,法院在任何诉讼阶段都不会依据职权自行作出无效之宣告。在符合法定的条件下,这种无效可以获得补救并不再导致无效之法律后果。

申请法院宣告，也可以由法院依职权主动宣告。该类程序性责任适用的民事诉讼程序违法行为，需由法律明确规定。例如，对于一审法院未经依法传票传唤当事人到庭，即违法缺席判决的案件，当事人不服一审法院作出的判决，向上一级法院提出上诉，法院查明确实有程序违法事实存在的，应撤销原裁定并责令法院重新组成合议庭，使程序恢复到诉讼违法事实出现以前的状态。在立法技术上，应当在民事诉讼法中明确规定可绝对撤销原判的具体情形，并且规定：违反本条款规定的，第二审法院应做出撤销原判、发回重审之宣告。

（2）诉讼行为相对无效。诉讼行为相对无效，是指对于不是特别严重违反民事诉讼法公正审判原则的诉讼行为，需结合该诉讼行为对当事人诉讼权利的侵害程度等因素，综合确定是否给予无效宣告的责任类型。对于该类型诉讼行为无效的申请，必须在法定的期间内提出，法院才认定其无效。如果规定了提起时限，需在规定时间内提起；如果没有规定提起时限，则需在下一诉讼阶段进行前提出[1]，超过法定的期间，法院将推定行为有效。而且，此类民事诉讼程序性责任的认定，需由当事人主动提起申请，法院在任何诉讼阶段将不会依据职权自行作出无效之宣告。此外，审判人员需结合民事诉讼程序违法行为对当事人诉讼权利的侵害程度，自由裁量作出裁决。如果确实造成了当事人诉讼权利的损害，危害公正审判原则，就应宣告无效，责令重新作为。

相对无效还涉及尽管不明显违反民事诉讼法规定，但实际上侵犯了当事人诉讼权利的情况，这种情形可称为实质性无效。实质性无效，是指法院的诉讼行为并没有明显违反民事诉讼法的规定，但经当事人主张并证实确实构成了对当事人诉讼权利的侵害，则审判人员可经自由裁量作出无效之宣告。对于中间诉讼行为相对无效的范围，许多国家和地区都采用排除的方法进行界定，即除法律明确规定属于绝对无效的情形外，都属相对无效。

诉讼行为相对无效制度还面临一个重要问题，即诉讼行为无效的补正。诉讼行为之无效一旦获得补正，该诉讼行为即与合法行为一样，能够产生法律规定的效果，从而变成有效行为。例如，如果取决于抗辩之无效在法律规定的期

---

〔1〕 民事诉讼程序通常分为如下阶段：①起诉和受理；②审理前的准备；③开庭审理；④裁判；⑤上诉；⑥执行。此外，审判监督不是通常的诉讼程序，不是必经阶段。举例来说，对于发生在开庭审理阶段的程序性问题应尽量在这个阶段解决，而不能拖到裁判阶段；如果是开庭审理完后才发现的，应在判决作出前提出。不管什么原因，如果是在判决作出后才提出的，则需接受"判决结果与诉讼违法行为之间存在关联性"的检验。

限之外才提出，则有关诉讼行为就将获得补正，从而变成有效行为。除此以外，有利害关系之当事人一旦明示放弃就该诉讼行为之无效提出抗辩的，或者明示对有关可撤销的诉讼行为加以接受的，则有关诉讼行为之无效也可以获得补正。

（3）重新作为。重新作为是指某一行为因违反民事诉讼程序而被撤销后，要求法院重新作出另一个法律行为。承担重新作为这种责任方式须具备两个前提条件：一是在前的法律行为被撤销；二是在法律上有重新作出另一个法律行为的必要性。例如，当事人认为合议庭组成人员中存在法律规定的回避情形的，当事人提出了回避申请，而法院却作出了驳回回避申请的裁定。若经查实，法院的"驳回回避申请的裁定"确实存在错误，则法院经审理后可撤销该裁定，并责令另行组成合议庭，重新对案件进行审理。"重新作为"常与诉讼行为无效同时适用。

（4）责令实施、停止或补正某诉讼行为。责令实施诉讼行为是针对责任主体"该为而不为"所采取的责任类型，也就是说，法院及其审判人员自始没有按照民事诉讼法的要求实施民事诉讼行为，而该民事诉讼行为又是必须实施的，因此，有权机关可以责令违法者实施该诉讼行为。相反，如果违法者正在实施某种民事诉讼程序违法行为，属于"不该为而为"的，则有权机关在宣告已进行民事诉讼程序违法行为无效的同时，应责令其停止继续实施该民事诉讼程序违法行为。对于轻微的民事诉讼程序违法行为，不需要撤销或宣告无效的，可通过补正的方式使相关诉讼行为具备合法的要件。

（三）关于设置独立的法院程序性责任裁判程序

目前，我国的程序性裁判只是实体性裁判的附属品，不论立法还是司法实践均未引起足够重视，对民事诉讼程序违法没有独立的裁判程序。相比之下，美国的非法证据排除规则在适用时，往往被纳入一种类似于上诉审查的程序性裁判程序。提出排除非法证据申请的当事人为该程序的启动者，审判人员为专门的裁判者。该项申请有专门的提出和裁决阶段，如审判动议阶段。审判人员在该阶段将就审判人员行为违法问题加以专门审查，并作出专门的裁决。当然，即使在法庭审判阶段，被告人仍有机会提出这种申请。不过，审判人员这时对违法行为的认定，只能在法庭审判过程中附带加以审查并作出裁决。在长期的司法判例中，美国联邦最高法院为这种程序性裁判程序制定了详细、具体的实施规则。从认定违法行为的申请、受理、答辩、听证模式，到证明责任的分配和证明标准的确定，有关证据规则的运用，司法裁决的运作方式，再到当事人双方对审判人员裁决提出再救济的途径等，都按照上诉审查的程序模式加以构建，以体现双方对抗、审判人员负责司法裁判这一诉讼要求。[1]

我国有必要借鉴这种程序性裁判程序，设置独立的程序性责任裁判程序，具体内容如下：

1. 程序性责任裁判程序的两种类型

设置我国法院程序性责任裁判程序，应包括两种基本类型：一是一审法院基于本院当事人的程序性请求，对当事人所申请的程序性事项是否合法或侵犯了其诉讼权利进行审查，经过审查后作出相应裁决。二是上级法院对于下级法院当事人提出的程序合法性审查申请进行审查，并作出相应裁决的法律行为。具体说来：

（1）在案件审理过程中，当事人对法律规定的一般民事诉讼程序违法行为或法律没有明确规定的民事诉讼程序违法行为不服的，须先向本法院提出审查之诉，不服本院程序性裁决，才可以向上级法院提出上诉。这样规定，主要是针对不太严重的民事诉讼程序违法行为，给予原审法院一次纠正自身错误的机会，尽可能使这种程序性问题在一审法院得到解决。

（2）对于法律明确规定的严重危害公正审判的行为，当事人可选择向本院或上一级法院提出程序合法性审查申请，从而为当事人提供尽可能全面、及时的权利救济机会。

2. 审查和裁决的基本程序

当事人的程序性申请权行使后，会发生一系列法律程序层面的效应。法院在接到当事人控告审判人员违反法定程序的申请后，应当立即进行审查。经过审查，如果一项程序性裁判涉及某一事实的认定，控辩双方对该事实又存在较大争议的，至少应有三名以上的审判人员参与审理，应通知涉嫌实施违法行为的司法人员与申请人同时到庭，并听取争议双方的意见。听证应当贯彻直接和言词审理的原则，按照证据调查的要求组织较为复杂、正式的听证程序。在此程序中，申请一方可以提出证据，通知证人出庭，在必要时，法院还可以通知了解争议情况的人出庭作证。作为答辩方的法院也可以提出证据，通知本方证

---

[1]　陈瑞华："大陆法中的诉讼行为无效制度——三个法律文本的考察"，载《政法论坛》2003年第5期。虽然这是在刑事诉讼中适用的制度，但其原理在民事诉讼法中同样适用。

人出庭。证据调查结束后，双方还可以就诉讼违法事实是否构成，以及法院民事诉讼程序性责任应否实施等问题进行辩论。辩论结束后，法院依法作出裁定并及时通知争议双方。

程序性裁定有两类：一是经过听证，认为申请人所申请的程序性制裁不具有事实和法律上的支持，如诉讼违法事实不存在，或者程序性制裁没有必要适用，则法庭可以驳回申请人的程序性申请；二是法庭确认诉讼违法的事实存在，而这种违法也属于法定的法院民事诉讼程序性责任的适用范围，就可以宣告某一程序性制裁措施的适用。只有在程序性裁判结束之后，法庭才可以继续恢复那些曾被暂时中断的实体性裁判问题。

基于诉讼成本的考虑，一审法院所作的程序性裁决通常可以采取裁定的方式，但为方便双方当事人有效地行使上诉权，一审法院所作的结论必须采用书面裁定的形式，并给出简要的裁判理由。上级法院就程序性问题所作的裁决也可以采取裁定的方式。如果是当事人就程序性错误提出了撤销原判的诉讼请求，一旦上级法院确认确实存在足以导致撤销原判的程序性错误，就应当对于这种程序性错误作出全面的说明，并对其裁判理由作出充分的解释。如果是一审法院作出的程序性裁决，争议双方对裁决不服的，还有权向上级法院提起上诉；如果是二审法院作出的裁决则是终审裁决，仍然不服的，就只能寻求再审救济。对于撤销原判、发回重审的情形，只能发回一次，而且最好选择与原审法院同级的其他法院来审理；如果发回重审后，当事人再次提出程序性合法性审查的诉讼申请，二审法院须亲自进行审判。

3. 程序性上诉制度的特殊规定

在我国，人民法院作出一审判决后，当事人就民事诉讼程序违法行为只能选择向上级人民法院提起程序性上诉的方式寻求权利救济。与实体性上诉不同的是，程序性上诉不仅具有纠正下级法院判决错误的功能，而且还在维护公正审判原则方面具有一些独立的保障作用。各国的法律基本上都明确规定，对于下级法院的判决不服，当事人可以从事实认定和法律适用两个角度提出上诉。尤其在英国和德国，上诉可以分为"对事实错误的上诉"与"对法律错误的上诉"。其中，对下级法院是否违反法律问题的审查，被视为上诉制度赖以存在的主要基础。下级法院在审判中所存在的"法律错误"又可以分为"实体性法律错误"和"程序性法律错误"。那些以下级法院的程序性法律错误为根据的上诉，可以称为"程序性上诉"。

　　对于特别严重的程序性错误，上诉法院可以仅仅因为这些错误而宣告初审法院的判决无效。这就带来了一种"程序违法即宣告判决无效"的制裁效果。例如，根据美国法律的"自动撤销"原则，那些被视为严重侵犯公民宪法性权利的程序错误，成为上诉法院推翻原审判决的唯一理由，不再对这种错误进行所谓的"无害错误"审查。英国高等法院无论是在审理上诉案件还是裁判司法审查之申请时，只要遇到初审法院违法行使审判管辖权或者违反自然正义原则的情况，不论是否对判决产生了影响，都一律宣告撤销这种初审判决。德国法中的"绝对的第三审上诉理由"，也将一系列法定的严重程序错误作为上诉法院撤销原判的唯一根据，而不论其是否影响了下级法院的判决结果。

　　在我国，撤销原判制度的适用程序是上级法院针对下级法院审判程序的合法性实行的上诉审查。原则上，上级法院对当事人提出的程序性上诉请求，一般应通过专门的上诉审查程序，对于案件是否具备程序性上诉的理由以及应否做出撤销原判裁决等问题，加以审查并作出裁判。这种上诉审查通常应采取开庭的方式，给予当事人双方就程序错误是否存在，以及应否撤销原判等问题进行当庭辩论的机会。经过上诉审查，上级法院应做出附具理由的裁决。尤其是对于那些撤销原判、发回重审的案件，上级法院还应着重解释为什么下级法院的审判程序存在错误，以及这种错误为什么需要纠正。在案件发回重审后，负责重新审判的下级法院需要在消除原来的程序错误的前提下，重新举行法庭审判程序。

　　除此之外，程序性裁判制度的建立和实施，还有赖于法院审判方式的进一步改革。我国目前的二审程序几乎无法受理一种专门的程序性上诉，无法对一审法院的民事诉讼程序违法行为作出独立的司法审查，并作出专门的裁判结论。因此，建立一种专门的负责对下级法院适用实体法和程序法情况加以司法审查的第三审程序，在事实复审之上增加一个专门的法律复审程序，以实现对民事诉讼程序违法行为的审查，应当成为未来中国司法制度的改革方向。

（四）关于程序性责任裁判机制

　　立法的意义不仅在于制定出完美、理想的法律规则，更在于确保已经生效的法律得到实施。因此，任何法律制度的运作都必须有一系列相关的配套制度。《若干问题的意见》第 181 条确定了二审法院对一审法院的程序性审查权，对于维护法院审判的公正性和严肃性具有积极意义。但与美国、英国和德国上诉制度有明显区别〔1〕，我国的上诉制度不存在专门的"对适用法律错误的上诉"程序，程序性裁判只能在二审程序中附带进行，不具有独立的地位。《民事诉讼法》和相关司法解释关于上诉理由的规定，对"适用法律错误"和"违反法定程序"的行为作了区分，"适用法律错误"的结果是改判、撤销或者变更，而"原判遗漏当事人或者违法缺席判决等严重违反法定程序的"，其结果是"撤销原判、发回重审"。实际上就是将程序性上诉排除于"对法律适用错误的上诉"之外。二审法院对于"事实不清、证据不足"的案件，会进行开庭审理；对事实清楚、适用法律错误的案件，可以通过书面审查的方式作出裁决。但是，对于当事人提出的程序性上诉，二审法院很难采取开庭方式进行审理，而是仅仅通过阅卷、询问当事人等方式作出裁判结论。即使在少部分开庭审理的案件中，二审法院也没有就民事诉讼程序违法问题经过专门的审判程序，而是将对案件的事实认定、实体法律适用等实体问题与程序违法问题一并加以审查，一审程序存在程序违法问题只不过是附带的上诉理由。

长期以来，我国法院对诉讼违法"视而不见"，将程序性裁判排除在法院裁判的范围之外。当程序裁判游离于司法裁判之外时，为了追求实体真实而不择手段就成了一种正常现象。尽管《民事诉讼法》规定，对于一审法院的民事诉讼程序违法行为，第二审法院可以撤销原判、发回重审，但第二审法院有关撤销原判、发回重审的裁定，在那些原判决认定基本事实不清的案件中运用的最为普遍。在大多数情况下，第二审法院对于当事人以第一审法院存在诉讼违法为由所提出的上诉，都作出了维持原判、驳回上诉的裁决。对于一审程序中的民事诉讼程序违法行为，当事人如果向本级法院提出程序性申请，法院很少举行独立的裁判活动，法院不会因为程序性问题而中断法庭调查和法庭辩论活动并对程序争议展开专门的调查并作出裁判，而是将其纳入法庭审理过程中，在法庭调查和法庭辩论中附带地予以解决。

为了真正落实法院民事诉讼程序性责任，必须完善程序性裁判机制，使被侵权的当事人有提出权利救济申请的程序途径。只有程序规则的健全和程序性裁判的确立，使得上级法院对下级法院能够在程序上形成有效的制约，回归司法裁判的基本形态，才能使司法权威得以确立。针对我国存在的程序性裁判主

---

〔1〕 英美及大陆法系国家基本上都实行三审终审制，第三审是专门的法律审，包括对实体法适用的审查和程序法适用的审查两个方面。

体缺乏独立性地位的状况，应当构建法院程序性裁判的机制。具体来说，建立和完善法院程序性违法裁判机制应当重点明确以下内容：

1. 关于程序性裁判的启动方式

民事诉讼程序违法行为更多的是侵权行为，法院程序性责任制度在很大程度上具有权利救济的功能。因此，程序性裁判应贯彻不告不理和司法被动性的理念。发生民事诉讼程序违法行为后，应当尽量由该行为的直接受害者发动有关的司法裁判程序，而不应过多强调裁判者依据职权主动启动纠正程序的正当性。在当事人提出无效之抗辩的场合下，尤其是在那些相对无效得到实施的程序中，当事人通常为宣告无效程序的启动者，法院为宣告无效问题的裁判者。这种程序的诉讼色彩较之那种审判人员主动发动的无效宣告程序要浓烈得多。法院通过对有关诉讼行为合法性的审查，确认审判人员的行为存在程序违法的，就可以作出诉讼行为无效之宣告。当然，对于法院所作的这种裁决，利害关系人还有提出上诉的机会。

作为一种行使诉权的方式，无论法院最终是否作出宣告无效的裁决结论，当事人所拥有的这种促使法院审查审判程序合法性的能力，获得了为权利而斗争的机会，能够当面向司法裁判者说明申请宣告无效的理由，并可以针对对方的观点做出必要的反驳和辩论，从而获得影响和说服裁判者的机会，这本身就属于一种有效的司法救济。

2. 关于程序性裁判的诉讼阶段

原则上，法律明确规定的严重危害审判公正的民事诉讼程序违法行为，在行为发生后的任何时间都可以提出；有提出时间限制的诉讼违法行为，应在法定的诉讼时间内提出，没有时间限制的程序性错误应尽量在下一诉讼阶段前提出；不规则行为与相对无效一样，也需要利害关系人在法定期间内提出抗辩。否则，有关的行为瑕疵即被视为获得补正，该有瑕疵的诉讼行为也就仍然具有法律效力。相对于相对无效而言，对不规则行为提出抗辩的期间较为短暂。对于民事诉讼程序中存在的不规则行为，利害关系人只能在该行为作出后立即提出有关的抗辩，才会促使审判人员对该行为作出无效之宣告，并使那些可能受到该行为影响的其他行为失去法律效力。但是，利害关系人在有关行为作出时不在现场的，在他们被通知参与诉讼程序或者实际参与诉讼程序之日起的限定日期内，必须提出无效之抗辩，否则，该不规则行为之瑕疵即被视为获得补正。

3. 关于程序性裁判适用的证据规则

只有实现举证责任的合理分配，才有希望最大限度地查清审判机关的行为到底是否违反法律规定，从而决定是否对其进行程序性制裁。由于法院的诉讼行为大都是公开进行的，当事人能够参与其中，当事人在对法院行为的举证方面基本不存在非常大的困难。同时，由于审判人员享有司法豁免权（doctrine of judicial immunity）[1]，对在审判过程中实施的行为享有免予出庭作证或受审的特权。因此，原则上，提起程序性申请的当事人，应当就审判人员是否违反了民事诉讼法，或者侵犯了当事人的诉讼权利，承担举证的责任。当然，当事人在某些事项上确实存在举证困难的，在当事人提出原审程序违法的基本证据或证据线索以后，法院应依职权进行调查。

证明标准的适用也应当区分不同的情况确定不同的标准。具体内容如下：

第一，如果民事诉讼程序违法行为是法律明文规定的绝对无效行为，只要当事人能证明民事诉讼程序违法行为存在，就可以据此宣告该诉讼行为无效。

第二，对于一般民事诉讼程序违法行为，当事人不仅需证明民事诉讼行为违法，还需证明民事诉讼程序违法行为对实体结果产生了直接的影响，才可以宣告该民事诉讼行为无效。在大多数情况下，下级法院的审判程序违法，不会导致上诉法院的自动撤销结果，至多成为上诉法院在做出撤销原判之裁决时所要考虑的一个重要因素。换句话说，法院对于存在一般程序违法案件，在是否撤销原判方面享有一定的自由裁量权。对于这种撤销原判，我们可称之为"自由裁量的撤销"。上级法院在作出撤销原判的裁决时，重点要考虑的是下级法院的审判程序违法与原审判决之间的关系。

就当事人的证明责任来说，原则上，当事人仅指出下级法院存在违反法律程序问题是远远不够的，还需要说明以下情况：一是下级法院的审判没有适用特定的法律程序，或者错误地适用了某一法律程序，从而造成了一种民事诉讼程序违法；二是这些民事诉讼程序违法，对于原审判决的产生具有直接的影响，从而使得民事诉讼程序违法行为与下级法院的判决具有内在的关联性。只有在这种民事诉讼程序违法已经达到可能影响原审判决结果的程度时，上级法院才会作出撤销原判的裁决。由于程序性事项的证明与实体性事项的证明在诉讼效果上存在差异，一个关系到当事人的诉讼权利，一个关系到当事人的实体利益。

---

[1] 陈永生："刑事诉讼的程序性制裁"，载《现代法学》2004 年第 1 期。

同时考虑到当事人对程序性问题承担证明责任的能力相对较弱的现实状况，兼顾诉讼的效率，证明标准可以适当降低。可以认为，当事人提供的证据，能够证明民事诉讼程序违法行为的存在达到"极大可能性"时，就可以认定当事人的主张，从而作出有利于当事人的裁决。

第三，对于技术性诉讼违法行为，当事人需要提供证据证明民事诉讼程序违法行为确实侵害其合法权利或造成其他实际损害，才可认定诉讼行为无效。

总之，建立法院民事诉讼程序性责任体系是一项系统工程。法院民事诉讼程序性责任适用的范围，需要有足够的广度，但适用范围的确定必须兼顾公正与效率。针对轻重程度不同的民事诉讼程序违法行为，需要设定不同的责任类型。为保障法院民事诉讼程序性责任制度的落实，必须完善程序性裁判机制，使被侵权的当事人有提出权利救济申请的程序途径。本书研究之意在于，对司法实践中"法院有法不依行为"进行约束，相关制度设置只是尝试性探索，希望抛砖引玉，今后能有更多学者关注此问题。

结　论

　　法律的生命在于实施。法律的有效实施，既需要有良好的法律制度，能够适应经济社会发展的现实要求；也需要有完善的法律程序，能够保证法律的良好规定真正落实。为了确立良好的法律制度，一方面，法律规定应当具有确定性和稳定性，以确保法律的权威性；另一方面，法律规定也必须根据现实的发展及时修改完善，以确保法律的适应性。为了建立完善的法律程序，必须使每一项权利都有相应的法律程序，作为实现权利的程序依据，这就要求我们必须尽快为法律规定的各项权利的实现，制定相应的法律程序，确定实现权利的路径；同时还要不断完善法律程序，使之能够更有效地保障权利的实现。

　　改革开放以来，我国的社会主义法律体系逐渐形成，随着法治不断推进，权利的内容日益丰富；但同时，由于立法任务繁重，立法程序不够完善，法律的修改落后于现实的要求；另一方面，受长期以来重实体、轻程序思想的影响，法律程序的完善更落后于法律制度的确立，不时出现法律确定的权利因为缺乏适当的程序而得不到有效保护的现象。

　　因此，在中国特色社会主义法律体系已经形成的前提下，应当根据经济社会的发展变化，不断深入地开展法律制度和法律程序的理论和实证研究，总结实践经验，及时发现问题，解决问题，完善法律，以增强法律的实用性和可操作性。民事诉讼法的修改完善亦是如此，需要更多学者关注立法和司法实践中法律适用存在的问题，进行更深入、细致的研究，不断完善民事诉讼法律制度。可以说，民事诉讼法相关问题的研究以及法律制度的完善，是一项繁重而艰苦的长期工作，任重而道远。

参考文献

一、著作

1. 〔美〕罗斯科·庞德:《通过法律的社会控制》,商务印书馆 1984 年版。

2. 〔美〕博西格诺等:《法律之门》,邓子滨译,华夏出版社 2000 年版。

3. 〔美〕杰弗里·哈泽德、〔美〕米歇尔·塔鲁伊:《美国民事诉讼法学导论》,张茂译,中国政法大学出版社 1998 年版。

4. 〔美〕史蒂文·苏本、〔美〕玛格瑞特·伍:《美国民事诉讼的真谛》,蔡彦敏、徐卉译,法律出版社 2002 年版。

5. 〔美〕杰克·弗兰德泰尔等:《民事诉讼法》,夏登峻等译,中国政法大学出版社 2003 年版。

6. 〔日〕谷口安平:《程序的正义与诉讼》,王亚新、刘荣军译,中国政法大学出版社 1996 年版。

7. 〔日〕室井力主编:《日本现代行政法》,吴微译,中国政法大学出版社 1995 年版。

8. 〔日〕棚濑孝雄:《现代日本的法和秩序》,易平译,中国政法大学出版社 2002 年版。

9. 〔日〕棚濑孝雄:《纠纷的解决与审判制度》,王亚新译,中国政法大学出版社 1994 年版。

10. 〔日〕新堂幸司:《新民事诉讼法》,林剑锋译,法律出版社 2008 年版。

11. 〔日〕兼子一、竹下守夫:《民事诉讼法》,白绿铉译,法律出版社 1997 年版。

12. ［法］托克维尔：《论美国的民主》（上卷），董果良译，商务印书馆 1988 年版。

13. ［法］勒内·达维德：《当代主要法律体系》，漆竹生译，上海译文出版社 1984 年版。

14. ［英］丹宁勋爵：《法律的未来》，刘庸安、张文镇译，法律出版社 1999 年版。

15. ［英］彼得·斯坦、［英］约翰·谢德：《西方社会的法律价值》，中国人民公安大学出版社 1990 年版。

16. ［马来西亚］罗修章、（中国香港）王鸣峰：《公司法权力与责任》，杨飞、林海全等译，法律出版社 2005 年版。

17. 张文显：《法哲学范畴研究》（修订版），中国政法大学出版社 2001 年版。

18. 汤维建等：《美国民事司法制度与民事诉讼程序》，中国法制出版社 2001 年版。

19. 樊纲：《市场经济与经济效率》，上海三联书店、上海人民出版社 1995 年版。

20. 王利民：《司法改革研究》，法律出版社 2000 年版。

21. 范愉：《非诉讼纠纷解决机制研究》，中国人民大学出版社 2000 年版。

22. 杨荣馨主编：《民事诉讼原理》，法律出版社 2003 年版。

23. 强世功：《调解、法制与现代性：中国调解制度研究》，中国法制出版社 2001 年版。

24. 费孝通：《乡土中国》，三联书店 1984 年版。

25. 江伟：《民事诉讼法专论》，法律出版社 2005 年版。

26. 章武生：《民事简易程序研究》，中国人民大学出版社 2002 年版。

27. 柴发邦主编：《民事诉讼法新编》，法律出版社 1992 年版。

28. 齐树洁：《英国民事司法改革》，北京大学出版社 2004 年版。

29. 陈荣宗、林庆苗：《民事诉讼法》（下），三民书局 2001 年版。

30. 汤维建等：《民事诉讼法全面修改专题研究》，北京大学出版社 2008 年版。

31. 丁子江：《美国之劫：美籍华人与美国法律的真实较量》，中国工人出版社 2002 年版。

32. 沙国文、房保国：《诉讼制度改革研究》，学林出版社 2003 年版。

33. 金友成主编：《民事诉讼制度改革研究》，中国法制出版社 2001 年版。

34. 周道鸾主编：《外国法院组织与法官制度》，人民法院出版社 2000 年版。

35. 麦高伟、杰弗里·威尔逊主编：《英国刑事司法程序》，姚永吉译，法律出版社 2003 年版。

36. 瞿同祖：《中国法律与中国社会》，中华书局 2005 年版。

37. 杨荣新主编：《民事诉讼法学》，中国政法大学出版社 1997 年版。

38. 刘家兴主编：《民事诉讼法学》，北京大学出版社 1994 年版。

39. 徐瑞柏、汤树华主编：《经济审判实用全书》，中国经济出版社 1995 年版。

40. 常怡主编：《民事诉讼法学》，中国政法大学出版社 1999 年版。

41. 江伟主编：《民事诉讼法》，高等教育出版社、北京大学出版社 2002 年版。

42. 白绿铉：《美国民事诉讼法》，经济日报出版社 1998 年版。

43. 张卫平、陈刚：《法国民事诉讼法》，中国政法大学出版社 1996 年版。

44. 叶自强：《民事证据研究》，法律出版社 1999 年版。

45. 江伟主编：《民事诉讼法》（第二版），高等教育出版社 2005 年版。

46. 李浩：《民事举证责任研究》，中国政法大学出版社 1993 年版。

47. 全国人大常委会法工委民法室编著：《〈中华人民共和国民事诉讼法〉释解与适用》，人民法院出版社 2012 年版。

48. 宋朝武：《民事证据法学》，高等教育出版社 2003 年版。

49. 韩象乾主编：《民事证据理论新探》，中国人民公安大学出版社 2006 年版。

50. 肖建华：《民事诉讼立法研讨与理论探索》，法律出版社 2008 年版。

51. 刘善春、毕玉谦、郑旭：《诉讼证据规则研究》，中国法制出版社 2000 年版。

52. 最高人民法院民事审判第一庭编：《民事诉讼证据司法解释的理解与适用》，中国法制出版社 2002 年版。

53. 《法国新民事诉讼法典》，罗结珍译，中国法制出版社 1999 年版。

54. 《德意志联邦共和国民事诉讼法》，谢怀栻译，中国法制出版社 2001 年版。

55. 《日本新民事诉讼法》，白绿铉译，中国法制出版社 2000 年版。

56. 周枏：《罗马法原理》，商务印书馆 1996 年版。

57. 廖中洪主编：《民事诉讼改革热点问题研究综述》，中国检察出版社 2006 年版。

58. 颜运秋：《公益诉讼理念研究》，中国检察出版社 2002 年版。

59. 韩志红、阮大强：《新型诉讼——经济公益诉讼的理论与实践》，法律出版社 1999 年版。

60. 张卫平：《程序公正实现中的冲突与衡平》，成都出版社 1993 年版。

61. 沈达明：《比较民事诉讼法初论》，中信出版社 1991 年版。

62. 《美国联邦民事诉讼规则证据规则》，白绿铉、卞建林译，中国政法大学出版社 2000 年版。

63. 宋冰主编：《程序、正义和现代化——外国法学家在华讲演录》，中国政法大学出版社 1998 年版。

64. 《培根论说文集》，水天同译，商务印书馆 1983 年版。

65. 殷陆君编译：《人的现代化》，四川人民出版社 1985 年版。

66. 扈纪华、陈俊生主编：《中华人民共和国人民调解法解读》，中国法制出版社 2010 年版。

67. 范愉：《纠纷解决的理论与实践》，清华大学出版社 2007 年版。

68. 范愉：《非诉讼程序教程》，中国人民大学出版社 2002 年版。

69. 范愉主编：《ADR 原理与实务》，厦门大学出版社 2002 年版。

70. 沈恒斌：《多元化纠纷解决机制原理与实务》，厦门大学出版社 2005 年版。

71. 《日本商法典》，王书江、殷建平，中国法制出版社 2000 年版。

72. 石少侠等编译：《美国公司法概论》，延边大学出版社 1994 年版。

73. 刘桂清：《公司治理视角中的股东诉讼研究》，中国方正出版社 2005 年版。

74. 施天涛：《公司法论》，法律出版社 2006 年版。

75. 赵泽君：《民事诉讼规则疑难问题例说》，中国检察出版社 2003 年版。

76. 《民事诉讼法资料选编》，法律出版社 1987 年版。

77. 人民法院出版社法规编辑中心编：《最高人民法院适用民事诉讼法审判监督程序司法解释理解与适用》，人民法院出版社 2009 年版。

78. 黄国昌：《民事诉讼理论之新开展》，北京大学出版社 2008 年版。

79. 陈计男：《民事诉讼法论》（下），三民书局 2009 年版。

80. 宋朝武：《民事诉讼法学》（第三版），中国政法大学出版社 2012 年版。

81. 杨与龄：《强制执行法论》，中国政法大学出版社 2002 年版。

82. 李祖军：《契合与超越——民事诉讼若干理论与实践》，厦门大学出版社 2007 年版。

83. 杨立新：《侵权司法对策》，吉林人民出版社 2003 年版。

84. 梁慧星：《民法解释学》，中国政法大学出版社 1995 年版。

85. 梁慧星：《中国民法典草案建议稿附理由·侵权行为编》，法律出版社 2004 年版。

二、论文

1. 吴明童、张婷："诉讼公正与效率之关系研究"，载《中国诉讼法学研究会 2001 年年会论文集》。

2. 陈桂明、李仕春："程序安定论——以民事诉讼为对象的分析"，载《政法论坛》1999 年第 5 期。

3. 杨浙京、彭海鹏："论司法公正的相对性"，载《人民司法》2001 年第 11 期。

4. 谭世贵、黄永锋："论诉讼效率及其实现"，载《中国诉讼法研究会 2001 年年会论文集》。

5. 章剑生："公平与效率：法院如何适应市场经济的建立和发展"，载《中国法学》1994 年第 2 期。

6. 任群先："司法公正与效率的法理学思考"，载《人民司法》2001 年第 12 期。

7. 刘庆富、谷国文："司法公正与审判效率之辩证关系"，载《人民司法》2001 年第 5 期。

8. 郭晓光："对人民法院'三全'调解的冷思考"，载《中国政法大学民商经济法学院 2009 年秋季论坛论文集》。

9. 严亚国："司法审判应当回归本质"，载《法制日报》2009 年 4 月 20 日。

10. 陈冠甥："马锡五精神实质没有过时"，载《法制日报》2009 年 4 月 20 日。

11. 林艺芳："由 ADR 制度谈我国法院调解制度的改革"，载《法制与社会》2008 年第 7 期。

12. 章武生、张其山："我国法院调解制度的改革"，载江伟、杨荣新主编：《民事诉讼机制的变革》，人民法院出版社 1998 年版。

13. 王红岩："试论民事诉讼中的调审分立"，载《法学评论》1999 年第 3 期。

14. 张晋红："法院调解的立法价值探究——兼评法院调解的两种改良观点"，载《法学研究》1998 年第 5 期。

15. 李浩："民事审判中的调审分离"，载《法学评论》1996 年第 4 期。

16. 孙泊生："美国法院的调解制度"，载《人民司法》1999 年第 3 期。

17. 吴行政："海峡两岸法院调解制度之比较"，载《法律适用》2000 年第 6 期。

18. 朱雨晨："法院高调解率背后的隐忧"，载法制网 2009 年 6 月 11 日。

19. 李学宽："陪审制若干问题研究"，载金友成主编：《民事诉讼制度改革研究》，中国法制出版社 2001 年版。

20. 何家弘："陪审制度纵横论"，载《法学家》1999 年第 3 期。

21. 何家弘："中国陪审制度的改革方向——以世界陪审制度的历史发展为借鉴"，载《法学家》2006 年第 1 期。

22. 南岸："'平民法官'，听起来很美"，载《法制日报》2009 年 6 月 19 日。

23. 韩妍：《论陪审制度》，中国政法大学 2009 年硕士学位论文。

24. 刘兰秋："日本陪审员制度之评介"，载《中国司法》2005 年第 8 期。

25. 刘艺工、李拥军："关于人民陪审制度难以执行根源的探讨"，载《甘肃政法学院学报》1998 年第 1 期。

26. 刘计划："我国陪审制度的功能及其实现"，载《法学家》2008 年第 6 期。

27. 吴玉章："陪审制度在中国的兴衰"，载《读书》2002 年第 7 期。

28. 詹菊生："论我国陪审制度的缺陷与重构"，载人民司法编辑部编：《中国司法改革十个热点问题》（论文集），人民法院出版社 2003 年版。

29. 林亮景："论陪审制度的完善——以人民陪审员陪而不审为视角"，载《四川教育学院学报》2009 年第 4 期。

30. 罗智勇、冯浩："对我国陪审制的理性思考——从比较两大法系陪审制生存条件的视角"，载《时代法学》2004 年第 3 期。

31. 李爱玲："英美法系陪审制度对我国的借鉴价值"，载《法制与社会》2009 年第 5 期。

32. 王冬冬："我国人民陪审制度应走向平民化——兼议《关于完善人民陪审员制度的决议》的有关规定"，载《法制与社会》2009 年第 3 期。

33. 刘晴辉："关于专家在民事诉讼中地位的思考——以专家陪审模式为视角"，载《社会科学研究》2009 年第 1 期。

34. 肖扬："树立科学的司法观，扩大民主，促进司法公正"，载《人民法院报》2005 年 7 月 8 日。

35. 罗勤：《关于人民陪审制度的再思考》，武汉大学 2004 年硕士学位论文。

36. 李克诚："海选人民陪审员观察：司法改革的鲶鱼试验"，载《东方早报》2008 年 1 月

14 日。

37. 周溯、吴远阔："试论管辖异义的主体和客体"，载《法学》1995 年第 3 期。

38. 肖晗、王茜："浅析管辖权异议"，载《江西法学》1994 年第 1 期。

39. 叶仁文、魏鸣镝："也谈管辖异议的主体——与周溯、吴远阔同志商榷"，载《人民司法》1996 年第 1 期。

40. 杨路："管辖权异议若干问题探讨"，载《法学评论》1998 年第 5 期。

41. 刘志英、李富堂："论管辖权异议"，载《河北法学》1993 年第 6 期。

42. 季卫东："法律程序的意义——对中国法制建设的另一种思考"，载《中国社会科学》1993 年第 1 期。

43. 陈桂明、张锋："民事举证时限制度初探"，载《政法论坛》1998 年第 3 期。

44. 厦门市中级人民法院、厦门大学法学院联合课题组："新民事诉讼证据司法解释的执行与完善——厦门市两级法院执行〈关于民事诉讼证据的若干规定〉情况的调研报告"，载《法律适用》2003 年第 4 期。

45. 孙辙："新的证据与相对化的举证时限制度"，载《人民司法》2002 年第 5 期。

46. 韩波："论举证时限的裁量空间"，载《证据科学》2010 年第 6 期。

47. 田淑霞："浅议'新的证据'"，载《法制与经济》2012 年第 8 期。

48. 吕慧：《论民事诉讼中的专家证人制度》，对外经济贸易大学 2004 年硕士学位论文。

49. 季美君、姚石京："国外专家证人制度探析及借鉴"，载《中国司法》2012 年第 8 期。

50. 林峰：《民事公益诉讼若干问题研究——以无锡太湖蓝藻污染事件为视角》，复旦大学 2008 年硕士学位论文。

51. 叶明："公益诉讼的局限及其发展的困难——对建立新型经济诉讼的几点思考"，载《现代法学》2003 年第 5 期。

52. 王健、孙含飞："公益诉讼：缓行还是推行"，载《法律与生活》2002 年第 11 期。

53. 孙笑侠："论法律与社会利益——对市场经济中公平问题的另一种思考"，载《中国法学》1995 年第 4 期。

54. 郑晨："有关民事公益诉讼的法律思考"，载《科技创业月刊》2009 年第 1 期。

55. 马守敏："公益诉讼亟待开放"，载《人民法院报》2001 年 6 月 15 日。

56. 肖建华、唐玉富："论公益诉讼的理论基础与程序建构"，载《河南省政法管理干部学院学报》2008 年第 1 期。

57. 陈兴生、宋波、梁远："民事公诉制度质疑"，载《国家检察官学院学报》2001 年第 3 期。

58. 杨秀清："我国检察机关提起公益诉讼的正当性质疑"，载《南京师大学报（社会科学版）》2006 年第 6 期。

59. 李湘宁、唐丹妮："'审慎'公益诉讼"，载《财经》2011 年第 27 期。

60. 张晋红、郑斌峰："论民事检察监督权的完善及检察机关民事诉权之理论基础"，载《国家检察官学院学报》2001 年第 3 期。

61. 章武生："论人民检察院发动再审权和对其他民事审判活动的监督权"，载《人大报刊复印资料·诉讼法学、司法制度》2004 年第 5 期。

62. 王福华："我国检察机关介入民事诉讼之角色困顿"，载《政治与法律》2003 年第 5 期。

63. 宋朝武："论公益诉讼的十大基本问题"，载《中国政法大学学报》2010 年第 1 期。

64. 郝霞：《论我国民事公益诉讼原告主体资格》，中国政法大学 2010 年硕士学位论文。

65. 郭道辉："论公民权与公权力"，载《政治与法律》2005 年第 6 期。

66. 阮大强："论在我国建立经济公益诉讼制度的根据"，载《天津师范大学学报：社会科学版》2001 年第 4 期。

67. 陶红英："美国环境法中的公民诉讼制度"，载《法学评论》1990 年第 6 期。

68. 苏文卿："诉讼法发展的新动向——国外公益诉讼制度鸟瞰"，载《探索》2003 年第 5 期。

69. 赵慧："国外公益诉讼制度比较与启示"，载《政法论丛》2002 年第 5 期。

70. 熊乙麟："民事公益诉讼制度探讨"，载《法制与经济》2008 年第 4 期。

71. 姚晓霞："浅议市场经济体制下我国民事公益诉讼制度的构建"，载《科技情报开发与经济》2008 年第 35 期。

72. 李桂英："关于是否设立公益诉讼类型问题的探讨"，载《齐齐哈尔大学学报（哲学社会科学版）》2003 年第 4 期。

73. 舒迪："公益诉讼困境待解"，载《人民政协报》2005 年 7 月 26 日。

74. 王亚新："民事诉讼准备程序研究"，载《中外法学》2000 年第 2 期。

75. 屈广清、郭明文："法国民事诉讼审前程序评介及对我国的启示"，载《当代法学》2001 年第 7 期。

76. 陈桂明、张锋："审前准备程序比较研究"，载《诉讼法论丛》（第 1 卷）1998 年第 4 期。

77. 向忠诚："论我国民事诉讼审前准备程序的构建"，载《求索》2000 年第 4 期。

78. 杨立新："中国民事证据法研讨会讨论意见综述"，载《河南省政法管理干部学院学报》2000 年第 6 期。

79. 张晋红："审前准备程序及其权利设置"，载姜伟、杨荣新主编：《民事诉讼机制的变革》，人民法院出版社 1998 年版。

80. 陈琦华："ADR 与中国法院审判制度构建的思考"，载上海市高级人民法院、上海市司法局、上海市法学会编：《纠纷解决多元调解的方法与策略》，中国法制出版社 2008 年版。

81. 刘金华："论调解优先原则"，载王卫国主编：《法大民商经济法评论》（第七卷），人民法院出版社 2011 年版。

82. 肖建国："司法 ADR 建构中的委托调解制度研究——以中国法院的当代实践为中心"，载

《法学评论》2009 年第 3 期。

83. 章武生："ADR 与我国大调解的产生和发展"，载上海市高级人民法院、上海市司法局、上海市法学会编：《纠纷解决多元调解的方法与策略》，中国法制出版社 2008 年版。

84. 韦杨、曾俊怡、刘亚玲："一种路径的尝试——司法 ADR 模式下我国法院非诉讼纠纷解决机制的构建"，载上海市高级人民法院、上海市司法局、上海市法学会编：《纠纷解决多元调解的方法与策略》，中国法制出版社 2008 年版。

85. 吕珏："中日调解制度比较"，载《山西高等学校社会科学学报》2002 年第 10 期。

86. 葛玲："从法院面临的困境看纠纷解决机制的完善——兼谈法院功能的定位"，载《法律适用》2006 年第 6 期。

87. 韩天岚："论我国法院附设 ADR 制度的构建"，载上海市高级人民法院、上海市司法局、上海市法学会编：《纠纷解决多元调解的方法与策略》，中国法制出版社 2008 年版。

88. 张黎华："法院诉前调解若干问题浅析"，载上海市高级人民法院、上海市司法局、上海市法学会编：《纠纷解决多元调解的方法与策略》，中国法制出版社 2008 年版。

89. 刘亚玲："司法 ADR 和我国法院非讼纠纷解决机制的构建"，载《诉讼法论丛》（第 10 卷），法律出版社 2005 年版。

90. （台）林国全："股份有限公司董事民事赔偿责任之追究"，载王文杰：《公司法发展之走向》，清华大学出版社 2004 年版。

91. 赵继明、喻永会："股东代表诉讼案件的诉讼管辖"，载《中国律师》2006 年第 5 期。

92. 高锐：《股东派生诉讼制度研究》，中国政法大学 2003 年硕士学位论文。

93. 王利明："举证责任倒置应具备的条件"，载《人民法院报》2002 年 12 月 27 日。

94. 许美丽："日本商法上股东代位诉讼之和解"，载《财经委专论：赖源河教授六十华诞祝寿文集》，台湾五南图书出版公司 1997 年版。

95. 吴飞、吴艳、苗波："论股东派生诉讼与集团诉讼的结合"，载《商业研究》2003 年第 22 期。

96. 甘培忠："简评中国公司法对股东派生诉讼制度的借鉴"，载赵旭东主编：《公司法评论》，人民法院出版社 2005 年第 1 辑。

97. 高民智："关于案外人撤销之诉制度的理解与适用"，载《人民法院报》2012 年 12 月 11 日。

98. 张志瀚："第三人撤销制度初探"，载《厦门大学法律评论》（总第 13 辑），厦门大学出版社 2007 年版。

99. 胡军辉、廖永安："论案外第三人撤销之诉"，载《政治与法律》2007 年第 5 期。

101. 董少谋："执行程序中案外人之救济途径"，载《中国法学》2009 年第 5 期。

102. 王亚新："第三人撤销之诉的解释适用"，载《人民法院报》2012 年 9 月 26 日。

103. 张卫平：“中国第三人撤销之诉的制度构成与适用”，载《中外法学》2013 年第 1 期。

104. 冯礼桉：“第三人撤销之诉的解释适用”，载 110 法律咨询网 2012 年 10 月 7 日。

105. 汪晖：“案外人撤销之诉制度与案外人申请再审制度之比较”，载《人民法院报》2013 年 5 月 22 日。

106. 刘学在、朱建敏：“案外人异议制度的废弃与执行异议之诉制度的构建——兼评修改后的《民事诉讼法》第 204 条”，载《法学评论》2008 年第 6 期。

107. 宁旦：“第三人撤销之诉缘何水土不服——佛山中院分析认为立法语言过于概括可操作性不强”，载《法制日报》2013 年 12 月 26 日。

108. 陈桂明、刘萍：“民事诉讼中的程序滥用及其法律规制”，载《法学》2007 年第 10 期。

109. 温后钟、沈典松：“对恶意诉讼及其规制的思考”，载《法制与社会》2007 年第 7 期。

110. 汤维建：“恶意诉讼及其防治”，载陈光中主编：《诉讼法理论与实践》，中国政法大学出版社 2003 年版。

111. 王加庚：“应设立恶意诉讼赔偿制度”，载《人民法院报》2004 年 7 月 20 日。

112. 高志刚：“民事恶意诉讼的规制和风险防范”，载《法学论丛》2008 年第 3 期。

113. 张建权：“恶意诉讼问题探析”，载《浙江师范大学学报》2005 年第 2 期。

114. 赵雪彦、黎伟华：“惩治恶意诉讼的法律尴尬”，载《民主与法制》2007 年第 6 期。

115. 智敏：“‘恶意诉讼’者为‘恶意’买单——全国首例知识产权恶意诉讼案宣判”，载《法治与社会》2007 年第 4 期。

116. 乔耳·歇沃尔滋：“美国民商事争端之选择性争端解决方式评介”，李启欣译，载《现代法学》1997 年第 6 期。

117. 张胜先、武浩鹏：“‘恶意诉讼’的社会危害性及对策”，载《河北法学》2002 年第 9 期。

118. 焦美丽：《民事恶意诉讼的程序法规制研究》，内蒙古大学 2009 年硕士学位论文。

119. 张晓薇：“滥用诉讼权利之比较研究”，载《比较法研究》2004 年第 4 期。

120. 刘荣军：“诚实信用原则在民事诉讼中的适用”，载《法学研究》1998 年第 4 期。

122. 徐爱国：“英美法中‘滥用法律诉讼’的侵权责任”，载《外国法述评》2000 年第 2 期。

123. 田平安、罗建豪：“民事诉讼法律责任论”，载《现代法学》2002 年第 2 期。

124. 侯子龙：《恶意民事诉讼初探》，中国政法大学 2011 年硕士学位论文。

125. 邱星美：“论诈害案外人恶意诉讼之程序法规制”，载《法律科学》2005 年第 3 期。

126. 徐力英：“民事再审程序中设立第三人异议制度之构想”，载曹建明主编：《程序公正与诉讼制度改革》，人民法院出版社 2002 年版。

127. 陈瑞华：“大陆法中的诉讼行为无效制度——三个法律文本的考察”，载《政法论坛》2003 年第 5 期。

128. 陈永生：“刑事诉讼的程序性制裁”，载《现代法学》2004 年第 1 期。